残疾人社会保障与服务国际论坛
暨第三届残疾人事业发展论坛

残疾人社会保障与服务研究

中国残疾人事业发展研究会　编

华夏出版社

图书在版编目(CIP)数据

残疾人社会保障与服务研究／中国残疾人事业发展研究会编.
—北京:华夏出版社,2010.8
ISBN978－7－5080－5896－2

Ⅰ.①残… Ⅱ.②中… Ⅲ.①残疾人—社会保障—中国—文集②残疾人—社会服务—中国—文集 Ⅳ.①D669.69－53

中国版本图书馆CIP数据核字(2010)第158555号

华夏出版社出版发行

(北京东直门外香河园北里4号 邮编:100028)
新 华 书 店 经 销
三河市李旗庄少明装订厂印刷装订
720×1030 1/16开本 28.50印张 560千字
2010年8月北京第1版 2010年10月北京第1次印刷
定价:65.00元

(本版图书凡印刷装订错误可及时与我社发行部联系调换)

编者说明

2009年12月1日至2日,中国残疾人联合会、中国残疾人事业发展研究会、北京大学、中国人民大学、山东大学、吉林大学及广东省残疾人联合会在广州市共同举办了残疾人社会保障与服务国际论坛暨第三届残疾人事业发展论坛。在国际金融危机背景下,讨论残疾人的社会保障与服务,意义重大。德国、意大利等国家的政府官员,挪威残联、国际助残、瑞典辅助用具协会、英国隆纳济世助残和卢森堡、丹麦等国的残疾人组织代表,国务院研究室、民政部、教育部、人力资源和社会保障部、卫生部等相关部委的官员,有关方面的专家、学者,中国残疾人事业发展研究会的部分理事和常务理事,以及广东、江苏、安徽、河南、湖北、云南、广西、内蒙古、天津、重庆等省区市的残疾人工作者共200多人,围绕"残疾人社会保障与服务"的主题开展广泛深入的交流与研讨。论坛共收到论文百余篇,经专家评审共有100篇论文入选本论文集。论文集由领导贺信与致辞、专题报告、残疾人社会保障研究、残疾人社会服务研究、国际经验交流和相关论文存目等几部分组成。

论文表达了作者或课题组对残疾人社会保障与服务的理解和观点,尽管多有创新和探索,但不足之处在所难免,欢迎广大读者提出宝贵意见。

中国残疾人事业发展研究会
2010年8月

目 录

贺信与致辞

邓朴方致残疾人社会保障与服务国际论坛的贺信 ……………………（3）
张海迪在残疾人社会保障与服务国际论坛上的致辞 …………………（4）
展涛在残疾人社会保障与服务国际论坛上的致辞 ……………………（6）
徐显明在残疾人社会保障与服务国际论坛上的致辞 …………………（8）

专题报告

我国残疾人社会保障与公共服务状况及发展对策 …………… 程　凯（13）
用发展的理念来促使我国残疾人事业快速发展 ……………… 郑功成（18）
残疾人事业发展的两个方向 …………………………………… 郑晓瑛（21）
老龄化趋势下的中国失能老人服务现状与对策 ……………… 王振耀（22）
大力推进特殊教育的改革与发展 ……………………………… 李天顺（27）
中国的公共就业服务和促进残疾人就业 ……………………… 刘丹华（32）
贯彻落实深化医药卫生体制改革意见
　　积极促进残疾人康复事业持续发展 ……………………… 张宗久（36）

残疾人社会保障研究

基本社会保障均等化主要问题研究 …………………………… 丁元竹（45）
我国残疾人社会保障的基本理念和原则 …………… 黎建飞　赵启峰（57）
农村重度残疾人社会保障问题分析及需求预测 …… 宋玉安　贾玉娇（63）
中国残疾人两个体系建设的几点思考
　　——"积极福利"、分阶段的"福利化"和"职业化"/"专业化"
　　………………………………………………………………… 葛忠明（73）
残疾人生活津贴和护理津贴方案设计 ………………………… 杨立雄（82）

从残疾人就业现状谈残疾人就业保障金的征管使用……… 姜　竹　张万明（100）
我国残疾人社会福利体系研究……………………………… 周　沛　曲绍旭（112）
经济全球化背景下中国残疾人社会救助制度的创新路径………… 包学雄（121）
残疾人社会保障中政府与民间组织的合作模式初探：一个初步的探讨
………………………………………………………………………… 杨方方（128）
城市残疾人社会支持密度及其影响因素分析
………………………………………………………………………… 周林刚（135）
关于残疾人康复与工伤保险康复资源整合的探讨………… 朱丽敏　孙树菡（145）
"两个体系"建设的路径选择………………………………………… 张永安（151）
农村残疾人最低生活保障的现状与对策思考……………………… 李玉德（156）
在"两个体系"建设中
加强对残疾人特别扶助的几点思考……………………………… 谭和平（163）
金融危机背景下的中国残疾人事业………………………… 迟承镇　白德耀（169）
"1＋8"武汉城市圈残疾人事业发展研究…………………………… 曾玉兰（181）
无障碍：起点与超越………………………………………… 李丕钧　欧亚民（199）
中国工伤保险制度建设与工伤康复发展……………………………… 张　军（204）
残疾人社会保障与服务体系建设若干问题初探…………………… 施李国（211）
残疾人"新农保"工作的实践与创新………………………………… 段寅生（222）
关于建立残疾人保障制度的实践与思考…………………………… 厉才茂（230）
"两个体系"建设要突出农村残疾人………………………………… 李福华（237）

残疾人社会服务研究

北京市残疾人服务需求问题的调研报告
………………… 姚　远　尹　银　范西莹　厉才茂　唐春梅（243）
残疾人服务的城乡差距研究
——依据山东省第二次残疾人抽样调查分析………… 林聚任　陈晓斌（250）
残疾人福利服务与扶助需求的影响因素分析……………… 米　红　朱晓晓（263）
残疾人服务体系建设几个核心概念与问题的初步研究
………………………………………………………… 李　敬　马洪路（279）
山东农村残疾人及其照顾者家庭健康护理需求调查研究
………………………… 臧渝梨　侯晓红　李　娜　刘　婷（291）
老年残疾人生活照料需求与服务保障供给………………………… 许　琳（296）

新公共服务理论与我国残疾人公共服务体系的构建……………谈志林(302)
社会服务视域下的中国残疾人组织建设研究……………解玉喜(312)
残疾人社区工作及社区服务发展路径选择…………陈 漭 冯利辉(326)
改革开放三十年来我国残疾人就业工作的回顾与思考……王 铁 胡仲明(345)
残疾人就业服务体系的构建:从分割到融合…………廖 娟 赖德胜(352)
广东省残疾人"两个体系"建设的实践与创新……………宋卓平(358)
推进基本现代化残疾人服务体系建设的实践与探索……………高晓平(367)
对残疾人"两个体系"建设的几点思考……………杨志民(377)
广州残疾人服务体系的实践与前瞻……………梁左宜(384)
重视和加强残疾人公共服务建设……………高建伟(392)
残疾人服务体系建设的实践与思考……………谢嘉庆(398)
构建智力残疾人社区康复和辅助就业服务模式…………徐凤菊 周燕婷(404)
民办社会工作服务机构的管理和作用……………殷 芳(414)

国际经验交流

澳大利亚残疾人社会保障与公共服务的基本经验及对我国的启示
………………………………………………………………刘文海(429)
英国实施残疾人社会保障和社会政策所面临的挑战
………………………………………………〔英国〕Raymond Lang(430)
卢森堡大公国的长期护理保险现状概述 ……〔卢森堡〕安德烈·克尔格尔(431)
挪威的残疾人社会保障和社会服务
……………………………〔挪威〕Stian Oen Hanne Erdal Witsee(436)
为中国残疾人事业的发展略尽绵薄之力 …………〔丹麦〕Steen Christiansen(438)
中国的残疾人社会保障和社会服务
………………………………………………Jean Van Wetter(尚维德)(440)
丹麦的残疾人社会保障 ………………………〔丹麦〕Stig Langvad(442)
瑞典的残疾人政策………………………〔瑞典〕Kerstin Heinemann(444)
德国的残疾人社会保障和社会服务 …………〔德国〕Stefanie Pagel(446)

相关论文存目

残疾人社会保障体系研究——以天津市为研究对象
　　　　　　　　　　　　　　　　　天津社会科学院　　汪　洁　孙学智
对精神残疾本质的再理解　　　　　天津社会科学院社会学所　　王小波
成年监护制度与残障人士权益保护——以民法视角观察
　　　　　　　　　　　北京大学法学院，中国残疾人事业发展研究会　　马忆南
残疾人观念的变迁和中国残疾人社会工作的历史、现状和发展趋势
　　　　　　　　　　　　　　　　　　　浙江大学公管学院　　马　良
试论残疾人人力资源的特殊性　　　　　　　中央财经大学　　黄　震
加强产学研合作，促进残疾人高层次就业　　残疾人就业促进网　　杨　兵
残疾概念框架演变对残疾调查的影响
　　　　　　　　首都医科大学公共卫生与家庭医学学院　　彭晓霞　王　嵬
中国特色的残疾人社会服务体系建构　　广州大学广州发展研究院　　谢建社
　　　　　　　　　　　　　　　　　　广州大学人权研究中心　　马焕英
城乡残疾人致残原因的比较分析　　四川大学公共管理学院社会学系　　陈彩霞
建构主义视角：残疾人问题的建构机制及解决策略
　　　　　　　　　　　　　　　　　华南农业大学公管学院　　卓彩琴
英国残疾人社会福利经费筹集的历史考察　　　　河北大学　　张殿清
台湾地区残疾人福利保障制度及其启示　　暨南大学经济学院　　王　鹏
浅析残疾人社会支持网络的构建及作用
　　　　　　济南大学政法学院，山东大学残疾人事业发展研究中心　　乔世东
从方法论的角度看残疾人对策研究的视角
　　　　　　山东财政学院政法系，山东大学残疾人事业发展研究中心　　杨　彦
残疾人就业现状分析与对策——基于西安市的调查数据
　　　　　　　　　　　　西安交通大学公共政策与管理学院　　温海红　关　博
浅谈我国残疾人社会保障现实困境及发展路径选择　　深圳大学管理学院　　卞　飞
"官办"还是"官投民办"——民间助残服务组织出路探讨
　　　　　　　　　　　　　　　　　福建师范大学　　邢元梅　张碧红
广东省残疾人事业发展的特色研究　　华南理工大学　　左伟清　游逊侨
老年残疾问题及其社会政策思考——以广东为例　广东省社会科学院　　刘梦琴
浙江省残疾人健康期望寿命表的编制及分析
　　　　　　　　　浙江大学劳动保障与公共政策研究中心　　米　红　朱晓晓

目 录

促进残疾人就业的公共政策研究——基于广州调查数据的分析
　　　　　　　　　　　　　　　清华大学人文学院　张湖东　葛　燕
浙江省残疾人就业与社会保障的年龄模式　北京大学人口研究所　孙　茜
残疾人特殊教育水平偏低原因及对策　　　　　　暨南大学　董革慧
社会工作视角下的残疾人服务
　　　中国人民大学社会与人口学院,残疾人事业发展研究院　高圆圆　王武林
安徽省残疾人社会保障政策创新与工作实践报告　安徽省残疾人联合会　张纯和
统筹城乡发展中的残疾人事业研究——以湖北省为例
　　　　　　　　　　　　　　　　　　湖北省社会科学院　凌　新
　　　　　　　　　　　　　　　　　　湖北省残疾人联合会　江传曾
残疾儿童非正规义务教育思路　　　　福建省残疾人联合会　赵小瑜
论城市残联工作的若干辩证关系——兼论城市残联组织的社会作用
　　　　　　　　　　　　　　　　　　武汉市残疾人联合会　张晓东
工疗机构智力残疾人的法律关系及社会保障
　　　　　　　　　　　　　广州市残疾人事业研究会　符大伟　高国胜
加强残疾人社会保障与服务体系建设的思考
　　　　　　　　　　　　　　内蒙古呼伦贝尔市残疾人联合会　刘玉庆
残联组织在残疾人"两个体系"建设和"三项权利"保障中的作用
　　　　　　　　　　　　　　　　　　吉林市残疾人联合会　刘保忠
用科学发展观指导残疾人工作　　　　辽源市残疾人联合会　高光烈
论残疾人与无障碍环境　　　深圳市残疾人辅助器具资源中心　朱图陵
抓住金融危机之机,发展残疾人事业　广州市残疾人联合会康宁农场　葛红颖
　　　　　　　　　　　　　　　广州市天河区猎德街残联　耿　焱
切实维护残疾人的生存权、发展权和参与权
　　　　　　　　　　　　　　吉林省残疾人职业培训中心主任　董　爽
广州地区残疾大学生社会支持、应对方式与心理健康的相关性研究
　　　　　　　　　　　　　　　　　　广州康复实验学校　冯永强
深圳市残疾人社会保障政策分析和展望　深圳市残疾人联合会　洪　平
发挥深圳综合配套改革先行示范新优势
　　积极探索新时期残疾人事业发展的新路子
　　　　　　　　　　　　　　深圳市残疾人联合会　黄福秀　谭光明
"两个体系"建设中的残疾人社会参与问题　深圳市残疾人联合会　何义林
开拓创新,积极探索深圳民办残疾人服务机构管理新模式

· 5 ·

深圳市特殊需要儿童早期干预中心　王　坚　李飞华

残联事业单位在"两个体系"建设中的发展难题及思考

深圳市特殊需要儿童早期干预中心　吴洪广

立足深圳市残联系统　浅谈残疾人"服务体系"

协康残疾人康复服务中心驻市早期干预中心　李金贵

深圳市残疾儿童的资助普惠和特惠

深圳市特殊需要儿童早期干预中心　张　玲

残疾人社会保障
与服务国际论坛
暨第三届中国残疾人
事业发展论坛

贺信与致辞

全 国 政 协 副 主 席
中 国 残 疾 人 联 合 会 名 誉 主 席
中 国 残 疾 人 事 业 发 展 研 究 会 名 誉 会 长

邓朴方致残疾人社会保障与服务国际论坛的贺信

去年的这个时候，中国残疾人事业发展研究会在北京成立并举行了第二届残疾人事业发展论坛。今天，在国际残疾人日前夕，大家又聚会广州参加残疾人社会保障与服务国际论坛暨第三届中国残疾人事业发展论坛。一年来，世界和中国都发生了很大变化，几十年未遇的国际金融危机带给这个世界和发展中的中国以深刻的影响，人们不得不再一次反思如何正确地认识和解决发展这个大问题，并根据实际情况对发展的政策乃至战略做出调整。在中国，这种变化和调整的一个突出方面就是前所未有地加大面向全民的社会保障与公共服务的力度。这不仅是缓解危机的一剂良方，也是促进全面协调可持续发展的一项治本之策。在这样一个大背景下，讨论残疾人的社会保障与服务问题，无疑是非常有意义的。

改革开放30多年来，中国沿着现代化道路一路快步前行，残疾人事业也向前迈进了一大步。但是，发展中出现和累积起来的一些问题也提醒我们，发展起来以后的问题不比发展时少。发展的不协调、不平衡是我们不得不面对的重大挑战。残疾人事业面对的一些困难，残疾人生存和发展方面遇到的一些问题，就是这种不协调、不平衡的集中反映。发展中的问题要用发展的办法去解决，通过弥补残疾人等社会弱势群体在社会保障和基本公共服务方面的缺失，保障他们平等、参与、共享的基本权利，应当是调整传统的发展模式，探索新的发展思路，努力实现科学发展的重要内容和必然要求。社会转型和金融危机的双重压力，大大加快了社会保障和基本公共服务的均等化进程，残疾人保障与服务如何纳入其中，并针对他们普遍性的基本特殊需求，争取做出一些具有长久解决之效的制度性安排，是我们十分关注并期待着的。在这方面，各地有许多行之有效的做法和经验，应认真加以总结推广，国外的一些先进理念和实践成果也值得借鉴。

希望国内外专家、学者和残疾人工作者深入探讨，发挥理论研究的创造力、说服力、影响力，加快推进残疾人社会保障与服务体系建设，温暖8300万残疾人和他们的家庭。我对你们关注社会弱势群体、改善他们福祉的努力表示感谢，对你们身上体现出的高度社会责任感和人道主义的精神表示钦佩。借此机会，我也向研究会各位常务理事、理事和全体会员一年来的工作表示感谢。

祝残疾人社会保障与服务国际论坛暨第三届残疾人事业发展论坛圆满成功！

中国残疾人联合会主席
中国残疾人事业发展研究会顾问

张海迪在残疾人社会保障与服务国际论坛上的致辞

今天,"残疾人社会保障与服务国际论坛暨第三届中国残疾人事业发展论坛"在美丽的花城广州开幕了,对残疾人事业理论研究来说,这是一件值得高兴的事。我从北京飞来,那里正是寒冬,可是在这里我却感到了如同春天般的温暖,因为你们带来了对残疾人的无限关怀。在此,我谨代表中国残疾人联合会对这个论坛的举办表示热烈的祝贺!向莅临本次论坛的各位嘉宾,向关心和支持残疾人事业发展的海内外各界朋友表示衷心的感谢!

众所周知,在我们这个地球上有60多亿人口,其中有6亿多残疾人,中国就有8300多万残疾人。这个庞大的数字包含着非常复杂的内容。残疾人这个词汇叠加着无数的痛苦和不幸,它蕴含着残疾人美好的梦想、热切的渴望,还有不屈的抗争。其实,从生命的历程来看,每个人都可能面临残疾的潜在威胁,只是造成的原因、发生的时间、持续的时间和造成的影响不同。

生命的残缺是人类进化和发展的必然代价,因此无数的人承受过残疾的痛苦,肉体的、精神的。而在这痛苦之上,他们还因为社会原因受到歧视和不公平的待遇。人类社会经过了长期的演变和发展,才有越来越多的人从理论上认识到,不论是健全人还是残疾人,都应当享有平等地生存和发展的权利。其实,无论是健全还是残疾,生命的本质都是高贵的,都应该享有阳光、空气和水。世界上有哭泣和悲伤,也有欢乐和幸福,所有这一切都是由生命来感受和品尝的。生命的形态总是不完整的,这种不完整性正是人类进化的必然,不完整促使人们认识完整,并且为美好的生命前景做不懈的努力。事实上,在文学中悲剧的力量更强大,痛苦是幸福的比照。残疾人承受的痛苦让人们看到了什么是幸福、自由和健康。因此,我对那些忍受残疾之痛,而依然能面带微笑生活的兄弟姐妹始终怀有深切的同情和敬意。

残疾不是哪一个人的痛苦,而是人类的痛苦之一。残疾人问题不仅是生命个体的健康问题,更是一个有关人的尊严、公正和进步的社会问题。对残疾人问题认识的深入意味着社会文明的进步,通过对残疾人问题的研究,我们会更好地认识生命,维护人的尊严,创造符合人的生命多样性的生存环境。

在这个世界上,残疾人和健全人共同创造着历史和文化。残疾人问题说到底,还是社会环境造成的,正是一部分人对残疾人的歧视、偏见和排斥的存在,才使人的残疾成了问题。只有消除歧视和偏见，保障和实现残疾人的平等权利，残疾人才能回归社会主流生活，获得身心的全面解放，创造美好的生活。中国残疾人联合会正在积极推动残疾人社会保障与服务体系的建设，希望残疾人共享社会发展成果，我们的目标是实现残疾人"平等、参与、共享"。

残疾人事业是崇高的人道主义事业，它的进步要靠政府和社会的支持和帮助，创造良好的人文环境，从观念上消除歧视和偏见，并最终以法律的形式保护残疾人的权利。这项事业也离不开理论界的关注。当前中国的残疾人事业面临许多需要解决的问题，要改善残疾人的生存状况必须做大量的调查研究和分析，也需要理论的支持。这个论坛对残疾人问题的理论探讨和论证，一定会拓展我们的视野，给残疾人问题研究注入更多的活力。我也期待本次论坛能为改善残疾人生存质量提供有力的理论支持。我相信，通过大家的共同努力，我们的愿望一定能实现！

最后衷心祝愿大家在广州度过美好的时光，并且收获友谊和成果！

预祝残疾人社会保障与服务国际论坛圆满成功！

吉 林 大 学 校 长
中国残疾人事业发展研究会顾问

展涛在残疾人社会保障与服务国际论坛上的致辞

今天是残疾人社会保障与服务国际论坛暨第三届中国残疾人事业发展论坛隆重举行的日子，也是我国残疾人事业发展过程中值得纪念的一天。在此，我代表吉林大学向论坛的召开表示热烈的祝贺！

我国有8300多万残疾人，这是我国经济社会发展到今天必然要面对的社会问题。在人口老龄化快速发展、社会风险高度增加、天灾人祸不可避免的当今社会，残疾绝非只是残疾人个人和家庭本身的问题，解决残疾人问题，国家和社会都有着不可推卸的责任。一直以来，对残疾人的关注程度可以说是一个国家文明程度的体现。让残疾人超越自我，融入社会，共享经济社会发展成果，是时代赋予我们的责任和使命。论坛的召开关乎民生、心系发展，能够为更好地向残疾人士提供社会保障与服务提供决策支持，具有重大的社会影响和深远的现实意义。

作为一名吉大人，我深深感觉到，胸怀天下弱势群体是一种已经被内化的"天然品格"和"与生俱有的使命"。2009年9月21日，中国残联、吉林省残联和吉林大学联合成立"残疾人事业发展研究中心"，共同开展残疾人事业理论与实践研究，这是吉林大学整体发展战略规划的一个重要组成部分，致力于残疾人事业理论与实践研究是大学理应承担的一种重要社会责任，是大学校长的光荣使命。作为高校，我们应该帮助残疾人不断超越自我。超越是一种积极向上的态度，超越是一种自强不息的奋斗，超越是一种坚韧不拔的意志。现实生活中我们经常看到一些身残志坚的强者，他们超越了生理障碍，超越了心理障碍，超越了环境障碍，以一种更加积极的态度生活，为社会创造了巨大价值。残疾人能否超越自我，既取决于自身奋斗，也取决于社会提供的条件和环境。从高校而言，我们可以发挥相关学科联合攻关的优势，如通过临床医学、护理学、电子学等学科的深入研究，帮助残疾人实现康复，将其生理障碍带来的不便降低到最低程度，同时发挥心理学研究的优势，在生理康复的同时，为残疾人打造健康的心理环境，为残疾人更好的超越自我贡献力量。

作为高校，我们应该帮助残疾人不断融入社会。今天，社会的快速发展与进步，使得社会成员走出家庭，融入社会。社会是一种由各种各样的关系构成的"关系场"，而在各种关系中，占主导地位的是由职业所形成的工作关系。残疾人由于自身障碍，即便有能力从事一些力所能及的工作，也往往因为缺少工作机会而只能待在家中，很难进行相应的社会交往。因此，我们应积极将残疾人群体纳入到社会之中，积极发掘残疾人自身所蕴含的人力资源，其中一个主要途径就是通过一定的知识与技能培训，使其在身体条件允许的情况下创造一定的社会价值。作为大学，在招生过程中对残疾人应一视同仁，同时动员在校学生走进残疾人群体，帮助残疾学生解决学习生活中遇到的困难，使其更好的融入社会。

  作为高校，我们有责任也有义务帮助残疾人提高分享社会发展成果的能力。残疾人的处境和社会尊重残疾人的状况如何，是衡量社会文明程度的重要指标。今天，我们可以在街道上看到为盲人设计的盲道，在公共场所看到为残疾人开设的绿色通道，这些都是可喜的变化。但从根本上保证残疾人分享社会发展成果的办法，就是进行有效的制度设计，保障其分享经济社会发展成果的权益。诸如残疾人的社会保障问题、社会福利问题、权益保护问题等等。现在很多高校都开设社会保障学、社会政策学以及政治学等专业，通过对残疾人的相关制度研究，从制度层面更好的去维护残疾人分享经济社会发展成果权益，也是高校承担社会责任的重要途径之一。

  我们可以看到这种使命与责任的践行，可以实实在在地培养大学生的社会责任感、同情心、爱心和无私奉献的高尚品质，砺炼大学生自强不息的奋斗精神，为我们这个时代造就更多的优秀人才，同时通过造就一批以研究残疾人问题为学术特色的研究人员，关注重大现实问题，参与国际竞争与合作，回答国家对解决残疾人问题的重大理论需求，这既是残疾人的需要，也是吉大自身发展的需要。我们要不断努力，让吉林大学成为中国最关注残疾人的大学，在为解决残疾人问题提供服务的过程中，造就既掌握了科学文化知识技能，又有使命感的大批优秀人才。

  最后，预祝本次论坛取得圆满成功！

山 东 大 学 校 长
中国残疾人事业发展研究会顾问

徐显明在残疾人社会保障与服务国际论坛上的致辞

一般而言，以法学家的视野来观察一个社会的进步有这样几个视角：一是看一个社会的解放程度要通过妇女来观察。妇女的解放程度和参与程度就是社会的解放程度；二是看一个社会的希望程度要通过儿童来观察。儿童强则国强，儿童有理想则社会、国家、民族就有希望。三是看一个社会的公正程度要通过穷人来观察。当穷人认为他致贫的原因在于自己而不在于制度和社会时，就会接受贫富的差别。让穷人也能够尊严地生存，则贫者也会趋于安定，穷人安则社会安。四是看一个社会的文明程度要通过身体障碍人来观察，当身体障碍人能够享受到社会保障并充分享受到优质的公共服务的时候，这个社会就是文明的。国家的目标是建设富强、民主、文明、和谐的社会，论坛以身体障碍人社会保障与公共服务为目标，恰恰关涉国家的发展目标和社会的进步。因此，我认为，这两个论坛的意义是重大的，它既涉及制度的建设和完善，又涉及社会的发展与文明。

身体障碍人事业的发展需要三种作用力。一是政府的领导和推动，二是社会各界的广泛参与，三是身体障碍人自身的努力。山东大学不是政府，但山东大学是社会的组成部分。山东大学基于自身的德性和社会责任，在推动身体障碍人事业发展方面做了一些有益的工作。早在数年前，山东大学即组建了专门的以身体障碍人事业发展为研究对象的学术研究机构：山东大学身体障碍人事业发展研究中心。这个中心与全国其他同类研究机构相比有自己的三大特点：其一，这个中心是山东大学与山东省残联共同组建的，是社会上推动身体障碍人事业发展的最强有力的单位结合起来的，这一特点说明中心的工作最贴近残疾朋友的需要；其二，这个中心集合了山东大学全校的优质资源，由社会学、经济学、法学、护理学、医学等学科的优质研究力量集合在一起而组成，是山东大学的全校性平台。这个特点说明中心具有较强的综合优势，能够做大课题，做大事情；其三，这个中心注重理论与实践相结合。他们不仅仅注重理论研究，更重要的是在实践中发挥作用。北京大学的中心以人口研究为特色，人民大学的中心以社会保障研究为特色，山东大学的中心则以社会服务研究为自己的特色。在这次论坛上，山东大学派出了一支庞大的队伍，我想大家可以听到他们的声音。他们不仅编著了与我们这个事业相关的国字号学术刊物，更多的是做了大量的实际工作。

身体障碍人事业是高尚者、理想者和行动者的事业。面向未来，我想应该用发展的观点看待身体障碍人事业的发展。在我看来，身体障碍人事业的发展应有新的理念来引领，这些新理念应该涵盖以下几个方面。

一是树立"大的身体障碍人观"。身体障碍人分广义和狭义两种。从狭义上看，现在中国身体障碍人总数已经超过了8000万。但如果用广义的身体障碍人观点来观察社会，我想其数量要远远超过这个数字。从人权主体的分类上看，人权主体分为一般主体和弱者主体两类，而人权主体的理论结论却是所有的一般主体最终都会变为弱者主体。这个理论告诉我们，几乎所有现在正常的人迟早都会变成身体障碍人。所不同的是其与狭义的身体障碍人发生障碍的时间与原因有所区别。在这个意义上，每个正常的人都是未来的身体障碍人。关注身体障碍人实际上就是关注所有人、关注人人、关注一切人。这就是大的身体障碍人观。

二是树立积极的身体障碍人观。在哲学意义上，身体障碍人与普通人一样，享有同等的生命尊严；在法律意义上，身体障碍人与普通人一样，享有平等的公民权利和人权；在发展意义上，身体障碍人与普通人一样，具有生存、发展和贡献的能力，只是他们的能力在某些方面与普通人不尽一致。所以，身体障碍人不是"无能力的人"（people with disabilities），而是具有"不同能力的人"（people with different abilities）。

三是树立积极的社会福利观。在积极的社会福利观视角下，用于身体障碍人事业的社会开支，应该被视为经济社会发展中的必要成本，是不得不付出的社会成本，而不应再把它当做负担。谁把用于身体障碍人事业的开支视为负担，谁的社会福利观就是落后的和消极的，谁就等于把残疾的原因推给了身体障碍人本人，而这种观点显然是不公平和错误的。

四是建立规范科学合理的资源管理体系和职业化、专业化的服务体系。合理的资源管理体系能够避免资源的耗费，而职业化、专业化的服务体系能够高效地将资源转化为服务，并使服务升值。

五是用人权的观点来对待身体障碍人事业的发展。从人权的角度看，如何使身体障碍人获得和享有平等、参与、共享和发展的权利，是这个事业最核心的内容。修改《残疾人保障法》时，我作为全国人大常委和法律委员会的委员，感觉有两个遗憾。我当时提出来新法中应增加两个要素。一个是变更"残疾人"的概念。概念的演变大家都很清楚，上个世纪50年代初，社会上称"残疾人"为"残废人"，把"残废人"改称为"残疾人"是一种进步。如果又把"残疾人"改成今天我所称呼的"身体障碍人"，我想这又是一个进步。因为"残疾人"这个概念中仍残留着差别与蔑视的成分，但是新概念未被采用。第二个遗憾是关于身体障碍人的各种权益，包括受教育权、就业权、康复权、社会保障权等，这些均有专章专门规定。但我认为还有一项是身体障碍人特有的权利，即享有无障碍通行的权利，但也未能写进去，只是规定为身体障碍人提供一个无障碍通行的环境，而没有把"无障碍通行"作为身体障碍人独有的权利对待。这不能不说是一大缺憾。

总之，身体障碍人事业的发展依赖于一个健康的社会。我非常赞同邓朴方同志的一个观点，"没有残疾的个人，只有残疾的社会"。山东大学愿意与各位一道，为建设一个健康和更加文明的社会而努力！

残疾人社会保障
与服务国际论坛
暨第三届中国残疾人
事业发展论坛

专题报告

我国残疾人社会保障
和公共服务状况及发展对策[①]

中国残疾人联合会
中国残疾人事业发展研究会
程　凯

改革开放以来，通过实施残疾人保障法和国家五个残疾人事业发展规划，针对残疾人的康复、教育、就业、扶贫、社会保障、维权、文化体育、无障碍环境等保障与服务不断拓展，政府和社会为残疾人提供服务的能力和水平不断提高，探索和积累了残疾人社会保障与公共服务的有效做法和经验[②]，残疾人社会保障制度建设得到不断加强，残疾人服务工作格局初步形成。2008年3月，中共中央、国务院发布《关于促进残疾人事业发展的意见》（中发〔2008〕7号），明确提出了建立残疾人社会保障体系和服务体系的基本理念、指导原则和政策措施。2008年4月，全国人大新修订的《中华人民共和国残疾人保障法》专章提出残疾人社会保障一系列具体要求。2010年3月，国务院发布《关于加快推进残疾人社会保障体系和服务体系建设的指导意见》（国办发〔2010〕19号）。残疾人社会保障与公共服务事业进入一个新的发展阶段。

一、残疾人社会保障与服务体系的现状

近年来，伴随着覆盖城乡社会保障体系的建立和基本公共服务均等化的进程，残疾人社会保障与服务体系建设取得了新的进展：

在基本收入和支出方面，截至2009年3月，城镇残疾人家庭人均可支配收入为8578.1元，比2008年高出90.9元，增幅为1.1%；农村残疾人家庭人均可支配收入为4066.1元，比2008年高出262.5元，增幅为6.9%。城镇残疾人家庭恩格尔系数为44.7%，农村残疾人家庭恩格尔系数为47.05%，分别比上一年降低3个和4.5个百分点，残疾人生活水平普遍得到提高。

在社会保障方面，截至2009年3月，139.12万城镇残疾人享受最低生活保

---

① 文中数据引自《2009年全国残疾人状况监测报告》与《2008年中国残疾人事业统计年鉴》。

② 参见中国残联第五次全国代表大会报告"五个必须"（www.cdpf.org.cn）。

障，占城镇低保对象的5.96%，低保标准208元，月人均补助141元；各地普遍实行分类施保，对残疾人等特殊困难的低保对象在补助标准和审核程序上予以照顾；383.2万残疾人享受农村低保，占农村低保对象的8.89%；74.84万残疾人纳入农村"五保"供养，370多万残疾人得到临时救济和定期补助。

特别值得提出的是，近两年湖北、安徽、陕西等中西部地区设立了针对残疾人特殊困难的生活救助制度。以安徽为例，截至2009年8月，已经为384564名贫困重度残疾人发放生活特别救助，补贴标准：城镇户籍人口每人每年600元，农村户籍人口每人每年360元。专项生活救助制度成为最低生活保障制度的一项有效的补充性制度安排，有效地解决了残疾人基本生活方面的特殊困难和需求。

在社会保险方面，根据全国残疾人状况监测结果[1]，2008年以来，城镇残疾人参加至少一项社会保险的比例显著提高，2009年度达到64.3%，其中参加基本医疗保险的达到64.3%，参加城镇职工或居民基本养老保险的达到42.1%。农村残疾人参加新型农村合作医疗比例持续上升，2009年达到94.4%，参加新型合作医疗的农村残疾人中，87.6%的残疾人在1年内看过病，人均看病花费1570.1元。看过病的农村残疾人中有41.7%的人通过新型农村合作医疗进行了报销，人均报销743.8元。《国务院关于开展农村新型社会养老保险试点的指导意见》（国发〔2009〕32号）明确要求对农村重度残疾人参保个人缴费部分地方政府予以全额或部分补贴，这一政策的落实，试点地区残疾人参保率有望达到甚至超过平均水平。由于"新农保"只在10%地区刚开始试点，截至2009年3月，农村残疾人参加新型农村养老总体比例仅为4.0%。在公共服务方面[2]，2008—2009年度，残疾人接受过康复服务的比例为23%；在全国范围内基本建立健全省级聋儿、孤独症儿童康复训练机构，已建立1700多个聋儿康复机构、6000多个肢体残疾康复训练机构和2000多个辅助器具供应服务机构，在1644个市县开展精神病防治康复工作，在780个市辖区和1411个县（市）开展了社区康复工作，累计建立社区康复站77142个。

全国为盲、聋、智残儿童少年兴办的特殊教育学校已发展到1672所，义务教育普通学校附设特教班有2844个，在校的盲、聋、智残学生约58万人。残疾儿童少年义务教育入学率农村为68.5%，城镇为73.7%，全国平均水平为69.5%。全国省（自治区、直辖市）、市（地、州）、县（区、市）三级残疾人

---

[1] 由国家统计局、民政部、卫生部和中国残联共同发起的全国性残疾人状况动态监测在全国31个省（区市）734个县近3万样本人口范围内进行。

[2] 残疾人公共服务数据引自《2009年度全国残疾人状况监测报告》和《2008年中国残疾人事业发展统计公报》（www.cdpf.org.cn）。

职业教育培训机构（系、专业）达1757个，接受残疾人职业培训的普通机构有1974个，一年有近80万人次残疾人可以接受到职业教育与培训。

城镇各级残疾人就业服务机构达到3127个，农村残疾人服务社1883个，城镇新安排36.8万残疾人就业，136.3万残疾人通过扶贫开发解决温饱。已建、改建、新建托养服务机构1703个，为2.2万智力残疾人和0.8万精神残疾人及1.8万其他残疾类别中的重度残疾人提供了托养服务。

开设省级盲文及盲人有声读物图书馆（室）41个、各类文化活动场所56处、体育活动场所139处，市（地）级盲文及盲人有声读物图书馆（室）308个，各类文化活动场所3474处、体育活动场所1053处；已挂牌的省、市（地）残疾人体育训练基地分别达到174个和533个，残疾人文化、艺术和体育生活更加活跃。

7个省、83个市（地）、330个县（市、区）出台了无障碍建设与管理法规或政府令；874个市、县、区系统开展无障碍建设；建立残疾人法律援助（服务）中心2711个，办理案件2.1万件；命名了6717个残疾人维权示范岗，为残疾人提供法律服务的案件有3万余件。

基层残疾人组织规范化建设得到整体推进，全国省市县乡残联实有人员已达9.45万人，全国3.96万个乡镇选聘残疾人专职委员3.68万名，52.1万个社区（村）选聘残疾人专职委员34.5万名。全国已竣工并投入使用的各级残疾人综合服务设施共计2205个，基层为残疾人服务的能力得到加强。

二、残疾人社会保障与服务面临的机遇和挑战

我国残疾人社会保障与服务体系建设正处在起步阶段，还面临着很多困难和问题。最突出的矛盾就是残疾人的特殊困难和需求往往被普遍化、平均化的要求所掩盖或忽视，现有的社会保障和基本公共服务缺乏针对残疾人特殊需求的内容和有效措施；残疾人社会保障制度和服务体系还不完备，覆盖面还比较窄，缺乏总体规划和统筹协调机制；残疾人保障与服务投入明显不足，服务设施和专业人才队伍匮乏；资源不足和现有资源整合利用不足的问题同时存在；保障与服务能力和水平与社会平均水平和广大残疾人需求之间还存在比较大的差距，难以有效解决残疾人最关心、最直接、最现实的特殊困难和基本需求。2009年全国残疾人状况监测表明，超过一半的有就业能力且在就业年龄段的残疾人未就业，残疾人家庭人均可支配收入是全国水平的54.6%，增长幅度远低于全国平均水平。49.5%的城镇残疾人和65%的农村残疾人需要生活救助，目前平均仅有23%左右的残疾人享有城乡最低生活保障，近40%的残疾人未

参加任何社会保险，40.5%的城镇未就业残疾人和76.9%的农村未就业残疾人靠家庭供养和邻里接济。加快推进残疾人社会保障体系和服务体系建设已经成为一项十分紧迫的任务。

同时我们也要看到，残疾人社会保障与服务体系建设面临前所未有的重大机遇。党的"十七大"提出了经济、政治、社会、文化建设的新格局，社会事业加速发展；面对国际金融危机，我们也更加深刻地认识到，必须转变经济增长方式，着力发展社会保障与公共服务以改善民生、扩大内需；中央7号文件、国发19号文件对残疾人社会保障与服务体系建设提出了明确的要求，残疾人"两个体系"建设得到地方政府的高度重视，政策和资金支持力度不断增加。我们相信，残疾人社会保障体系和服务体系建设必将进入一个快速发展的时期，切实为残疾人的生存和发展提供稳定的制度性的保障。

三、对残疾人社会保障与服务体系建设工作的展望

今后一个时期，我们将着力做好以下几个方面的工作：

一是建立健全残疾人社会保障制度，提高残疾人社会保障水平。要落实残疾人社会保险的政府补贴，继续扩大社会保险尤其是基本医疗、基本养老保险的覆盖面，逐步将残疾人急需的康复医疗项目纳入社会保障支付范围。要大力发展残疾人福利，提高残疾人福利水平。随着我国社会福利从补缺型向适度普惠型发展，要逐步提高对低收入残疾人的专项生活救助，大力开展对0—6岁残疾儿童免费的抢救性康复；对重度残疾人适配基本型辅助器具、残疾人家居环境无障碍建设和改造、日间照料、护理与居家托养给予政府补贴。要着力发展重度肢体、智力、精神残疾人托养服务[①]。

二是加快残疾人服务体系建设，提高为残疾人服务的能力和水平。要加强残疾人服务体系建设的总体规划，积极探索更加公平、更有效率的制度安排。以专业机构为骨干、社区为基础、家庭邻里为依托，有效整合各方资源，统筹发展康复、教育、就业、扶贫、托养、无障碍、文化体育、维权等服务项目，不断扩大残疾人享有服务的覆盖面，全面提高为残疾人服务的能力和水平。

三是要建立有利于残疾人社会保障与服务体系建设科学发展的体制机制。政府在残疾人社会保障体系和服务体系建设中要发挥主导作用，要把残疾人社会保障体系和服务体系建设纳入当地国民经济和社会发展总体规划、相关专项规划和

---

① 2009—2011年，中央财政将安排6亿元专项资金，支持开展针对智力、精神和重度残疾人进行托养服务——"阳光家园"计划。2009年2亿元专款已经下达31个省（区市）。

年度计划，建立健全政策法规体系，纳入政府职责。要进一步加大投入，建立稳定的经费保障机制。残疾人社会保障与服务等经费通过各级财政预算予以安排，并随着国民经济发展和财政收入增长而逐步增加；同时，通过社会捐助及个人与单位负担等多渠道筹集经费。要加强机构设施和人才队伍建设，加强科技创新和应用，严格行业管理。要充分发挥社会力量和社会资本在残疾人社会保障与服务体系建设中的积极作用。

四是要统筹城乡和区域残疾人社会保障体系和服务体系的建设与发展。西部地区要重点发展，优先解决残疾人的基本生活、就学、就医等迫切服务与保障需求；中部地区要坚持并加快建设与发展，缩小残疾人社会保障与服务与社会平均水平的差距；东部地区要全面建设与发展，努力实现保障与服务的能力、水平与残疾人的需求相适应，并率先实现社会保障与服务的制度化、专业化和规范化。按照城乡一体化的总体要求，大力支持、加快推进农村地区残疾人社会保障体系和服务体系建设，完善农村服务设施，构建以"新农合"、"新农保"、最低生活保障制度和其他救助为基础，以农村残疾人扶贫服务为重点，统筹残疾人医疗、康复、教育、就业、住房、文化、权益维护等内容的农村残疾人社会保障体系和服务体系基本格局，推进城乡残疾人社会保障一体化和服务均等化。

五是要加强对残疾人社会保障与服务体系建设的研究。我国残疾人社会保障体系和服务体系建设是一个全新的命题，我们要加强基础性调查研究工作，学习和借鉴各领域及世界各国的先进经验和教训，探索更适应国情的制度安排和服务模式，使残疾人社会保障体系和服务体系建设能够兼顾公平与效率，既融于国家社会保障与公共服务的大局，又能真正惠及有特殊需要的残疾人，最终实现制度的可持续发展，为残疾人带来更多和更长久的福祉。

（本文已发表于《红旗文稿》2010年第9期）

用发展的理念来促使
我国残疾人事业快速发展

中国人民大学 郑功成

残疾是人类社会固有的问题，是人类进化、社会进步和人类文明发展过程中所付出的一种社会代价。发展残疾人事业，保障残疾人合法权益，实现残疾人平等、参与、共享的目标，是各国社会发展水平与文明进步程度的重要标志。近30年来，伴随着改革开放与经济社会快速发展的脚步，我国的残疾人事业逐渐被纳入国民经济和社会发展大局，政府持续加大投入和支持，推进健全保障残疾人权益的法律与政策体系，使残疾人在康复、教育、就业、社会保障等方面得到了全面发展，残疾人事业也由救济安养为主的初创阶段，进入了以追求"平等、参与、共享"为目标，以康复、教育、就业、社会保障、权益保障、文化体育、无障碍环境建设等为主要内容的综合性社会事业发展阶段。然而，尽管我国残疾人生存状况不断改善的情况有目共睹，但客观而论，这种改善的程度不仅有限，而且更多的是因为经济增长带来的普惠性的收益分享，旨在改善并保障残疾人生存状况的社会政策体系还不完善，制度还不健全。如残疾人就业水平与社会保障等均明显低于社会平均水平，传统福利模式在消退（如福利企业），康复体制仍然分割，特殊教育较为落后，残疾人还很难获得真正平等的就业权，残疾人福利保障依然残缺。而且，随着人口老化结构的加深和人均寿命的延长，老年残疾人群体在加速扩大，其他各种致残风险亦有上升趋势，这些问题与现象的客观存在，决定了国家需要更加重视残疾人事业的发展，以缓解残疾人贫困的加剧，满足残疾人群体的基本需求，促进残疾人的社会参与。这已经成为国家发展进程中的一项重要且紧迫的任务。

在新时期残疾人事业的发展中，尤其需要更新理念。因为过去制约残疾人事业发展的经济因素在变化，国民经济持续高速增长带来了国家财力的日益增强和社会资源的日益丰厚；社会环境也在变化，公平、正义、共享已经成为社会的主流价值；立法机构对《残疾人保障法》的修订完善、对《残疾人权利公约》的批准，中共中央国务院《关于促进残疾人事业发展的意见》、《关于加快推进残疾人社会保障体系和服务体系建设的指导意见》的发布，以及近年来一系列政策措施的出台，又表明影响残疾人事业发展的政治因素已经处在历史上最好的时期；国家对社会保障体系建设与公共服务事业发展的重视与投入的持续加大，同样构成了残疾人事业发展的有利条件。可见，残疾人事业面临的形势与环境是前所未有的，现在的根本问题是能否真正树立起与时俱进的残疾人事业发展新理念，并用以指导残疾人事业的制度设计与发展实践。在这方面，我认为，促进和确保所有残疾人充分和平等地享有一切人权和基本自由，应当是能够适应时代发展的新理念，这一理念在中国已经有了相应的法制基础，也为整个残疾人社会政策的发展奠定了基础。具体而言，新的残疾人事业发展理念即是以平等为基石、共享为条件、融合为途径、发展为目标的发展型理念，它强调以平等观替代以往存在的歧视观，以共享（或合理分享）经济社会发展成果替代以往极为有限的特别照顾，以开发残疾人的人力资源替代以往的医疗补救，以全面促进残疾人与整个社会的融合替代以往因环境障碍等原因导致的事实上的隔离，以政府、社会、家庭共同承担责任的社会模式替代家庭负责与社会补贴的医疗模式，最终通过残疾人事业的全面发展来促进残疾人的全面发展。

基于残疾人面临的问题和残疾人事业发展的历史经验与教训，以及预测未来社会的残障风险与残疾人的新诉求，在确立新的残疾人事业发展理念的同时，还必须优化残疾人事业发展的制度设计，并在借鉴国外经验的条件下尽可能采取优良的技术方案。具体而言，新时期残疾人事业的全面发展需要同时在以下几个方面努力：

1. 用新的理念来营造有利于残疾人事业发展的社会氛围。包括大力宣传公平、正义、共享的社会主流价值观，不断提升并强化公民平等意识，创造有利于残疾人平等参与和全面融入社会的舆论环境，确立基于残疾的社会模型，切实推动残疾人事业全面发展的理论研究，等等，所有这些都是实现制度创新和促进残疾人事业全面发展的重要条件，应当引起高度的重视。

2. 优化残疾人社会保障制度安排。一方面，需要按照"一般+特别"的模式尽快建立、健全残疾人社会保障制度，即坚持一般性制度安排与专项制度安排相结合、经济保障与服务保障相结合的制度建设思路来构建残疾人社会保障的目标模式。一般性社会保障制度应当基于公平、正义、共享的原则，充分考虑并满足残疾人的一般性社会保障需求。而面向残疾人的专项制度安排应当奉行减免或者补偿残疾人群体由于残疾而导致的额外费用支出或者福利需要的建设原则，如建立面向残疾人尤其是重度残疾人的福利津贴制度等。另一方面，需要重视消除当前有关制度安排与政策措施中不利于残疾人事业与残疾人全面发展的规制，改变面向残疾人的社会保障制度日益碎片化的倾向，加快建设能够适应残疾人群体特点、实现残疾人群体内部公平目标并可以满足残疾人群体特别需求的残疾人福利制度。

3. 促进残疾预防、康复、护理的政策协同与资源整合。不容讳言，对残疾预防（如对先天残疾的提前干预、职业伤害的事先防范等）的忽视，康复体制、政策与资源的分割、长期护理制度的缺乏，都在直接影响和制约着残疾人事业的发展，改变这种格局已经成为减少残疾、促进残疾人事业发展的重要条件。因此，国家应当加大对残疾预防的投入，将分割在不同部门或行业的康复资源进行有效整合，同时建立护理保险制度及社会化的长期护理服务机制。

4. 重视残疾人的人力资源开发，并将其作为促进残疾人就业与发展的政策基石。残疾人虽然存在着身体与功能障碍，但许多大有作为的残疾人案例证明，残疾人也是国家宝贵的人力资源，只要重视残疾人的人力资源开发，就一定能够在促进其全面发展的过程中实现提升其素质与技能的目标。因此，需要改变忽视残疾人人力资源开发、让残疾人在劳动力市场上被动就业的现状，国家应当将残疾人人力资源开发纳入人才强国和造就亿万高素质劳动者的行动之中，制订适合残疾人人力资源开发的政策，形成适合各类残疾人人力资源开发的特殊教育与培训机制，使残疾人能够在机会平等、素质与技能提升、过程公平的条件下主动、积极就业，并在工作中实现自己的全面发展。

5. 按照政府主导、官民结合的原则，加快推进残疾人社会服务体系建设。残疾人较健全人更加需要社会服务，而家庭结构的小型化与人口老龄化步伐的加快，使这种需求的满足更具有必要性与紧迫性。在这方面，政府无疑肩负着主导责任，包括推动相关立法、科学规划布局、加大财政投入、规范服务标准等。但要真正全面满足残疾人社会服务的需求，还必须依赖社会及民间力量的参与，包括大力发展各类为残疾人服务的社会组织并使之网络化，用政府的公共资源调动民间或社会的人力、物力与财力参与到残疾人事业中来。如不仅对民办的残疾人公益服务组织实行免税政策，还应当有相应的直接的财政投入。

此外，还需要进一步完善残疾人法制体系，确保残疾人享有参与和融入社会的平等机会与环境条件，扶持与残疾人事业相关产业的发展，促进与残疾人事业相关的科研探索，推动残疾人事业的国际合作等，最终促使我国残疾人事业获得全面、健康、持续的发展。

残疾人事业发展的两个方向

北京大学人口研究所　郑晓瑛

当今中国既面临"黄金发展期",又面临"矛盾凸显期",残疾人事业发展处于一个新的起点,挑战和机遇并存。发展残疾人事业是一个社会工程,是全社会共同的责任。残疾人事业关注的不仅仅是残疾人群体,而是整个人群。从生命历程的观点看,每个人随时都有残疾和死亡的可能,主要原因是不可抗逆的衰老和不确定的致残风险。关注残疾,关注残疾人是全社会共同的需要。

残疾人事业发展有两个最主要的方向:一个是做好残疾预防;二是加强残疾人社会保障与服务。残疾预防的目的是"让残疾人少",从源头上控制残疾的发生和发展,减少残疾发生的风险,降低残疾发生的比例,控制残疾发展的程度。这是做好残疾人事业的根本。残疾预防是成本最低,效果最好的社会战略。有一半以上的残疾都是可以预防的。我国正处于残疾比例增加,残疾风险增大的社会转型期。尽快研究制订并实施国家残疾预防行动计划,建立健全残疾预防体系已经十分必要和非常迫切。残疾的出现又是不可避免的,因此,"让残疾人好",保障和提高残疾人的生存质量和生活质量,加强残疾人社会保障与服务是残疾人事业发展的又一个重要方向。

2007—2009年度全国残疾人状况监测结果表明,残疾人总体生活状况有一定改善,但与全社会平均水平相比,仍存在不小差距,残疾人在医疗、康复、教育、就业、社会参与等方面还面临许多困难。通过对残疾人生存、发展和环境三大类17项指标的监测,残疾人全面小康实现程度与国家统计局公布的全国全面建设小康社会实现程度相比差距还相当明显。在我国整体推进社会保障与服务事业发展的同时,需要给予残疾人特别的关注和照顾,特别是在经济保障、医疗和康复上予以倾斜,实施特别的政策保护。只有同时抓好这两个方向,残疾人事业才能真正实现又好又快的发展。

老龄化趋势下中国失能老人的服务现状与对策

民政部社会福利和慈善事业促进司　王振耀

一、老年残疾人的基本现状和困难

(一) 老龄化趋势大大加快

1. 目前中国 60 岁以上老年人口已达 1.69 亿，且每年以近 1000 万的速度增加。全国 65 岁以上的人口比例 1982 年为 4.9%，而 2008 年则上升到 8.3%，总数达 1.0956 亿。全国 60 岁以上人口，据各省公布的数据，已达到 1.69 亿。到本世纪中叶，将从现在 9 个人中有 1 个老人，发展到 3 个人中就有 1 个老人，高龄化、"空巢"化将日益严重。

2. 根据相关调查，全国失能老人已达 940 万人。其中城市 194 万，农村 746 万；全国部分失能老人 1894 万，其中城市 370 万，农村 1524 万。

3. 老龄化问题已成为我国残疾人，尤其老年残疾人以及失能老人产生的主要原因。根据第二次全国残疾人抽样调查数据测算，60 岁及以上人口中残疾人数量比 1987 年增加了 2365 万，占全国残疾人总数新增量的 75.5%，占到全国 60 岁以上老年人口的 15% 以上，其中相当一部分属于重度残疾的失能老人。

(二) 养老服务存在三大困难

1. 半数老年人基本生活缺乏社会保障。大部分老年人未纳入制度性的社会保障安排，主要依靠家庭。全国老年人口中除去 5293 万离退休人员和 1641.4 万低保人员，有近 1 亿老年人口养老仍依赖自我保障，且主要集中在农村老年人群体。

农村老年残疾人中靠自我养老或靠子女供养的在 80% 以上，在我国 1000 多万重度残疾人中，仅有 100 多万因年老、年幼或因战因公负伤致残等原因，享受到国家抚恤或集体的供养、救济，绝大部分只能靠家庭亲属供养，其中有相当一部分就是重残的失能老人。

2. 社会养老服务业滞后。急速的城市化没有为老年人留下多少社区活动空间，缺少活动场所和设施。社区居家养老服务业仍然处于起步阶段，主要集中在一些城市的部分示范点，目前全国还没有一个城市全面普及城市社区养老服务业。养老护理行业尚处于传统的养老服务方式，居家养老主要依赖于保姆服务。

目前，残疾人托养服务也尚处于起步阶段，部分新建的智力、精神和重度残疾人服务机构安置了一些重度的残疾失能老人，但还不可能全面覆盖重度残疾的失能老人。

3. 长期护理的设施缺乏。2008年全国共有机构类和社区类收养单位38243个，养老床位245万张，收养老人近203万。其中城镇养老机构5264个，社会福利院1522个，机构总数近7000个，其中有155.6万人集中在农村"五保"供养机构。面对全国月940万失能老人的需求总量，城镇机构总体收养量和平均收养量很小，机构和床位数仍远远满足不了庞大且在日益增长的需求。

（三）开展失能老人服务面临的主要问题

1. 尚未形成与经济水平和老龄化趋势相适应的全国失能老人养老护理服务行业。全国老年人口的服务可至少撬动1万亿元规模养老产业，是一个庞大的市场，但中国养老产业尚处于"沉睡"阶段。

2. 尚未建立失能老人护理津贴制度。由此导致养老护理服务很难广泛地开展起来。

3. 针对失能老人的长期照料机构和护理人员严重缺乏。全国仅有2万多有资质的、适合从事长期社会护理服务的养老护理员，机构管理缺乏分类标准和管理规范。长期照料机构和护理人员严重缺乏。

总体上，中国目前老年人口基数增大，高龄老人比例高，家庭养老功能弱化，重度残疾失能老人的护理服务缺乏。而中国的养老护理服务总量巨大、需求紧迫，面对几百万失能老人缺乏社会护理服务的重大问题，中国现在至少有几千万个家庭都为此困扰。

二、中等发展阶段的老年残疾人福利政策格局

中国的养老护理服务业的政策格局与我国目前的经济发展水平严重不适应。2008年，我国的人均GDP已经达到22698元，超过了3000美元。但是，我国的老年人社会福利政策甚至低于一些人均GDP1000美元左右的发展中国家，困扰我们和正在讨论的一些养老护理服务业的基本问题，在许多发展中国家都已经基本解决，如印度、巴基斯坦、蒙古等一些周边国家在建立全民免费医疗的基础上开展养老服务业的经验就值得我们学习借鉴。据南非社会发展部部长2009年11月16日在民政部介绍，南非4600万人口中，就有1200万人领取不同形式的政府救济金和津贴。

由经济发展水平所决定，养老服务业尤其是针对失能老人的社会护理服务问题、老年福利政策需要三个方面的转型：

（一）家庭赡养向社会赡养的转型

1. 面对社会结构的变化，家庭赡养的功能正在退化；
2. 家庭赡养功能的弱化和社会赡养模式的尚未建立健全，导致了一系列的家庭矛盾和社会问题；
3. 在强化政府责任和社会赡养职能上政府与社会需要达成广泛的共识；
4. 家庭赡养功能需要逐步转向社会赡养，而首先就是要建立老年人基本生活的制度性保障，构建针对失能老人尤其重度残疾的失能老人的护理服务体系。

（二）公共管理向社会服务的转型

1. 政府在养老护理服务业方面的公共管理方式需要转变。要意识到政府向社会提供直接的社会服务的重要性；
2. 养老护理服务业应该遵循社会服务的运作要求，将重点放在研究老年人特别是失能老人的特殊需求，如何组织管理大量的服务组织和服务人员等方面上来；
3. 最终实现政府公共管理的模式从一般性的行政管理向直接面对老年人的社会服务模式转变。

（三）原则指导向专业规划的转型

1. 中国的老年人尤其是失能老人服务业长期发展水平不高，主要在于行政部门的理论建构和政策规划方面存在缺陷。如不善于计算数据、不善于设计模型、不善于整体规划等；在相当长的时期中，我们讨论宽泛的原则过多，而进行专业化的设计太少。
2. 我们的目标应该是尽快建成与中等经济发展水平相适应的养老服务体系，细化有关失能老人，乃至重度残疾失能老人的护理服务项目，制订一系列的专业性规划，推动产业化链条的形成。

三、确立老年残疾人福利政策的战略框架

（一）基本战略和指导方针

1. 第一位的是要实行基本生活优先的原则。针对1亿老年人的基本生活实现一定水平的制度性社会赡养；首要的是对1800万80岁以上没有退休金的高龄老人发放高龄津贴，宁夏已经普遍实行，全国实行起来已经具备充分条件；

2. 同等重要的是还要确定急需优先的方针。针对900多万尚未得到基本护理的失能老人，特别是其中更为困难的重度残疾失能老人，要建立提供基本照料的社会护理服务机制，规范其服务内容，提高专业化、个性化服务水平，进而拓展到近2000万半失能老人的社会护理服务制度的建立。

（二）可行性分析

1. 近1亿老年人需要的基本养老金总量，按每人每月55元算，每年660元，全国每年需要660亿元。依据现行政策要到2020年才能筹集完毕，每年只能解决10%——100万左右，但是在这10年期间，1亿老年人的基本生活能不能得到一点特殊的保障优惠呢？这对我们是一个很大的挑战。

2. 900多万失能老人的社会护理服务问题。根据各地条件的差异，最保守估计也需要一百多亿的投入，这需要一个政策战略的大调整，在这个过渡完成前，至少应在制度性保障上落实两大津贴：第一，尽快在全国普及80岁以上无养老金的老人按月发放高龄津贴；第二，全面推广养老护理津贴制度，对失能老人护理服务发放津贴，同时对重度残疾的失能老人应予以适度的政策倾斜。

（三）三项重点工作

1. 第一项是居家养老服务，要在全国全面开展起来；
2. 第二项是推动兴建以长期护理为基本服务内容的养老院，首先解决失能老人的护理问题，各级政府应该对本地失能老人展开调查，确定护理方式；
3. 第三项是推动养老护理员队伍建设，努力建成专业性较强又有适应能力的专业护理员队伍。

（四）社会福利行政的近期举措

以人为本，将生活完全不能自理老人的照料问题，即失能老人社会护理服务问题列为重点问题，并将开展如下工作：

1. 制订方案,建立失能老人的具体标准,在全国尽快开展摸底调查。

2. 各级地方政府,县(市)、乡、镇甚至街道都应掌握本地失能老人底数实情,分类指导,提供个性化社会护理服务措施。

3. 将推动尽快在全国普及对80岁以上无养老金的老人按月发放高龄津贴,并推广对失能老人护理发放津贴,兴建支持以长期护理为基本服务内容的养老院,推动养老员队伍的建立与发展。

实现失能老人服务业以及整个老年服务业健康发展需要包括政府、知识界在内的老年理论界知识生产方式的转型,特别需要组建多种领域而又中外结合的养老服务咨询公司,告别过去传统、落后的理论构建和管理方式。包括失能老人、重度残疾失能老人服务业在内的老人服务产业的发展,需要组织化、社会化、产业化的生产方式,要研究大量的数据、设计大量的模型,开展试点,积累经验,整合各类各种形式的养老单位和养老资源,将中国的养老服务产业赋予真正的人本力量和知识内涵,以尽快在短期内确立起有中国特色的养老服务体系。

大力推进特殊教育的改革与发展

教育部基础教育二司　李天顺

大力推进特殊教育事业的改革与发展，是落实科学发展观和构建社会主义和谐社会战略部署、促进义务教育均衡发展和实现教育公平的重要内容，也是残疾人事业发展的一个重要方面。2009年5月11日，教育部、民政部和中国残联在北京联合召开了第四次全国特殊教育工作会议，提出要以科学发展观为指导，不断完善特殊教育体系，切实保障残疾人受教育权；要坚持特教特办，加强组织领导，完善法律法规，加大财政投入，提高办学和残疾学生学习生活条件，加强特教教师队伍建设和保障；要大力提升特殊教育事业水平，让教育之光照亮每位残疾人的人生。

一、努力构建与经济社会发展相适应的残疾人教育体系

教育关系着残疾孩子的成长进步和一生的发展，要求我们一定要在构建残疾人社会保障体系和服务体系的工作中，努力构建完善的残疾人教育体系，并将其作为坚持教育优先发展的一个重要任务。

（一）将基本普及残疾儿童少年义务教育作为发展特殊教育的首要任务。全面提高残疾儿童少年义务教育的普及水平一直是特殊教育工作的重点，是保障残疾人能够获得终身教育的关键一步，是政府发展特殊教育的首要责任。要采取有力措施，进一步巩固和完善以随班就读和特教班为主体、特殊教育学校为骨干的特殊教育体系，大力普及残疾儿童少年义务教育，努力提高教育质量。城市和经济发达地区三类残疾儿童少年的入学率要基本达到当地普通儿童少年的水平，努力提高教育质量，实现高水平、高质量普及残疾孩子九年义务教育；已经"普九"的广大农村地区在巩固"普九"成果时，要把逐步提高三类残疾儿童少年入学率作为重要任务，努力实现基本普及残疾孩子九年义务教育的目标；个别特别困难地区也要在大力推进"普九"同时，积极创造条件，使残疾儿童少年义务教育的入学率达到70%左右。对于重度肢体残疾、重度智力残疾、孤独症、脑瘫和多重残疾儿童少年，也要积极创造多种条件实施义务教育。

（二）积极推进特殊教育从普及九年义务教育向幼儿教育和高中阶段教育两头延伸。首先要高度重视残疾儿童教育和发展的关键期，努力整合资源，积极开

展残疾儿童学前教育和早期康复训练,切实将残疾儿童早期发现、早期干预、早期康复等项工作摆上日程,为他们的终身学习和成长奠定坚实基础。同时,要高度关注九年义务教育普及后残疾学生继续学习的需求,针对残疾人的特点,加快发展以职业教育为主的残疾人高中阶段教育。要积极支持、统筹安排高中阶段特殊教育学校(班)的建设;残疾人中等职业学校要根据经济社会的发展需要拓宽专业设置,积极扩大招生规模;普通高中要扩大招收具有接受普通教育能力的残疾学生数量;中等职业学校要采取独立或与特殊教育学校联合办学等形式,为残疾人提供职业教育;残疾人职业培训机构要充分发挥骨干示范作用。

(三)大力支持残疾人高等教育的发展。要进一步完善高等学校招收残疾考生的政策和办法,统筹安排高等特殊教育学院(专业)的建设,适应高等特殊教育发展的需要。已有的高等特殊教育学院(专业)要在不断加强内涵发展的基础上,扩大招生规模,拓宽专业设置,提高办学层次。同时,要认真研究残疾人的学习特点和所面临的实际困难,鼓励采取成人高等学历教育、自学考试、远程教育等多种灵活的方式,满足残疾人接受高等教育的需求。

(四)积极发展残疾人成人教育。要依托各种教育资源,利用社区成人培训机构和远程教育等多种形式,以就业为导向,加强对残疾人的职业技能和就业技能培训,将扫除残疾青壮年文盲纳入扫盲工作整体规划同步推进,逐步形成职前教育与职后教育相沟通、文化教育与职业教育有机结合、普通课程与专门课程协调发展的残疾人终身教育体系,不断提高残疾人的就业能力、创业能力和发展能力。

二、加强和完善支持特殊教育发展的保障机制

特殊教育的发展需要全方位的倾斜支持和强有力的保障机制,必须深入贯彻、落实国家有关法律、法规和政策,将特殊教育作为坚持教育公平、促进教育均衡发展的重点领域,坚持"特教特办",制订特别措施,予以特别扶持,不断完善和加强稳定有效的保障机制。

(一)逐步加大对各级各类学校残疾学生的资助力度。要研究制订面向全体残疾学生的普惠性政策,通过制度化的规定大力资助他们完成学业,使他们不因家庭经济困难而影响学习。要继续采取有力措施,在认真落实义务教育阶段学生"两免一补"政策的基础上,针对贫困残疾儿童少年的特殊需要,进一步增加补助项目,扩大补助范围,提高补助金额。同时,不断增加政府投入,大力开展各种公益资助活动,建立健全资助制度,努力做好非义务教育阶段残疾学生的资助工作。要把在普通高校、普通高中、中等职业学校和特殊教育学校高中部(班)的残疾学生及时纳入相应的国家资助政策体系,予以优先安排。要通过整合相关

资助手段，努力做好幼儿园、学前班、学前康复机构的家庭经济困难残疾孩子的资助工作。

（二）加强特殊教育学校建设。要认真做好特殊教育学校布局和建设规划，在人口 30 万以上、残疾儿童少年相对较多、尚无特殊教育学校的县，独立建设一所特殊教育学校；残疾儿童少年人数较少的县，要在地市范围内，统筹规划，合理布局，建设好一所或几所特殊教育学校，努力保障需要在特殊教育学校就读的适龄残疾人受教育的权利。要加大薄弱特殊教育学校改造力度，不断改善特殊教育学校的办学条件，提高特殊装备水平，并统筹安排好高中阶段特殊教育学校和高等特殊教育学院或专业建设。要努力把特殊教育学校办成高水平的、残疾学生学习成长的乐园。

（三）加强随班就读支持保障体系建设。所有实施义务教育的学校都要积极创造条件，接收具有接受普通教育能力的残疾儿童少年随班就读，不断扩大随班就读的规模，努力保障具有接受普通教育能力的适龄残疾人受教育的权利。关键的问题是要着力推进随班就读支持保障体系的建立和完善，制订相应政策，建立起奖励和激励机制，鼓励和支持普通学校招收残疾学生随班就读。要加大对随班就读的投入，在有残疾学生随班就读的学校建好资源教室，加强特殊教育学校定期委派教师到普通学校巡回指导随班就读工作的制度，强化对普通学校特殊教育班和随班就读教学工作的指导、监控，不断提高随班就读的质量与水平。

（四）加大特殊教育学校的经费保障力度。要从特教学校学生少、班额小、办学成本高的实际出发，制订合理的特殊教育学校生均公用经费标准，保障学校正常运转，支持学校的发展。要继续设立并不断提高特殊教育专项补助费，贯彻落实"扩大彩票公益金用于特殊教育的份额"、"从残疾人就业保障金中安排一定比例资金用于特殊教育学校（院）开展包括社会成年残疾人在内的各种职业教育与培训"等政策，加大资源整合的力度，不断增加对特殊教育学校的投入，从制度层面不断加大特殊教育学校的经费保障力度。

（五）加强教师队伍建设。要适应特殊教育发展和残疾儿童少年义务教育普及的需要，加大特殊教育教师的培养力度，保障教育教学质量的不断提高。要根据实际情况合理制订特殊教育学校教职工编制标准，吸引更多的优秀人才加入特殊教育教师队伍。要进一步改善特殊教育教师待遇，提高特殊教育学校教职工的工资和特殊教育津贴待遇，对普通学校主要承担残疾儿童随班就读工作的教师给予补助。同时，要加大对教师培训工作的支持力度，以促进教师专业发展、提高教师队伍整体素质为目的，以师德教育和新理念、新课程为重点，组织实施特教教师的全员培训。

三、不断提高特殊教育的质量与水平

坚持以人为本,以全面提高残疾学生的综合素质为根本,不断提高教育教学的质量与水平,充分关注残疾学生的个性发展,使不同类别、不同程度的残疾学生都能够接受适合的、良好的教育并得到有效发展,是残疾人社会保障体系和服务体系的重要内容之一。

(一)加强特殊教育的针对性。要采取有力措施,针对残疾学生的身心特点和特殊需求,因材施教、因人施教。要加强教师培训和对特殊教育学校教育教学的指导,按照时代发展的需要和特殊教育的规律深入推进特教学校的课程改革,促进特教学校转变教育观念,更新教育模式,改进教学方法。在普通学校,要针对随班就读残疾学生的特点,采取有效措施提高教育教学质量,使残疾孩子能够得到特别的关心和受到良好的教育。要进一步加强残疾学生的世界观、人生观、价值观教育,培养他们乐观面对人生和自尊、自立、自强的精神。要注重残疾学生的潜能开发和缺陷补偿,使残疾学生的基础知识、基本技能、身体心理素质、艺术修养和实践能力等综合素质得到全面的提高,使他们的学习和成长更加适应经济社会发展的需要,具有更强的全面融入社会的意识和能力。

(二)加强残疾学生的职业技能培养。特殊教育学校要开足开好劳动技能课、职业技术课和综合实践活动课,加强学生的动手能力培养和社会实践活动,使残疾学生能够掌握必要的实用技能和生活能力,扬长避短,平等参与社会生活。残疾人中等职业学校要加强骨干专业课程建设,紧密结合残疾学生的身心特点和特长,不断提高在就业市场上的竞争能力;高等特殊教育院校要不断更新教学内容,合理调整专业结构,努力适应经济社会发展需要培养高层次人才。要通过多种途径不断加大特殊教育学校职业培训经费投入,促进职业教育实训基地资源共享,并在生产实习基地建设、职业资格认定、就业安置等方面制订优惠政策和具体扶持保护措施。要使残疾学生成为有理想、有抱负、有技能、会生活、受欢迎、自食其力的社会公民和各种有用之才。

(三)加快特殊教育学校的现代化建设。要普及现代教育思想和教育观念,提高特殊教育学校的管理水平和教育教学水平,加速推进特殊教育学校的现代化建设。要加快特殊教育学校的信息化建设,进一步完善特殊教育信息化环境,充分发挥信息技术在生理缺陷补偿方面的作用,广泛开展现代远程教育,建好国家特殊教育资源库,促进优质特殊教育资源共享;要大力推进特殊教育学校图书馆、实验室和各种专用教室和康复设施的建设,采取有效措施配足配好教学仪器设备,特别是各种特殊教育专用的教学和康复设备,满足各类残疾学生的学习需求。

（四）加强特殊教育的科学研究。特殊教育面对的是每一个残疾学生个性化特点鲜明的特殊需求，较之于其他各级各类教育，更需要现代教育思想、科学教育理论和先进教育方法的指导。要充分重视特殊教育的研究工作，有关教育科学研究方面的规划和立项，将倾斜支持特殊教育。要及时跟踪国际特殊教育的前沿动态和发展趋势，紧密结合我国实际，针对特殊教育发展的重点、难点和热点问题开展研究，为决策服务，为教育教学实践服务。各级各类特殊教育学校也要紧密结合课程改革的推进，围绕提高残疾学生综合素质和能力这一主题，广泛深入地开展校本教研，不断提高教育教学水平。

特殊教育是反映整体教育发展水平的一个窗口，发展特殊教育是社会文明进步的一个重要标志。我们一定要深刻认识所肩负的历史责任，从科学发展和构建和谐社会的高度，认真贯彻落实党的"十七大""关心特殊教育"的要求，按照国务院办公厅转发的《关于进一步加快特殊教育事业发展的意见》，振奋精神，真抓实干，切实在全社会形成关心支持特殊教育的氛围，下大力发展特殊教育，使特殊教育的普及程度进一步提高，教育教学质量进一步提高，现代化水平进一步提高，努力完成发展特殊教育的各项任务和目标，为在21世纪我国特殊教育事业取得新的更大成绩和再上新台阶而努力奋斗！

中国的公共就业服务和促进残疾人就业

人力资源和社会保障部就业促进司 刘丹华

一、中国积极的就业政策和公共就业服务

中国是一个发展中的人口大国，城乡二元经济结构特征突出，又处于体制转轨和产业结构升级的历史阶段，这一时期，就业面临青年就业、农村劳动力转移就业、下岗失业人员再就业同时出现的"三碰头"局面，就业的总量矛盾和结构性矛盾都十分突出。在这种大背景下，残疾人和各类困难群体的就业面临更多挑战。

中国政府将就业作为"民生之本"，给予了高度的重视。上世纪90年代末，为解决2000多万下岗失业人员的再就业问题，政府广泛动员各方面力量，实施了促进就业的社会工程，并在保障下岗职工基本生活的基础上，充分借鉴了全国各地和国际的经验，综合运用宏观经济政策、社会政策和劳动力市场政策，制订了积极的就业政策，将解决下岗失业问题的工作重点从保生活转到了促就业。随着下岗职工的问题逐步解决，又对政策进行扩展、调整和充实，完善了促进就业的财政、税收、工商、社保、服务、培训等具体政策，形成了比较完善的政策体系。2008年实施的《就业促进法》，使中国促进就业的政策体系、制度和机制纳入了法制化轨道。目前，"实施积极的就业政策"，已成为国家基本的方针政策，成为构建社会主义和谐社会的重要措施。

积极的就业政策体系包括七个方面的主要内容：一是对经济发展施加政策影响，使之有利于扩大就业。二是对劳动者就业予以政策支持，调动他们自主就业的能动性。三是对企业用人给予政策引导，使之愿意更多地吸纳就业。四是对困难群体实施就业援助政策，帮助他们摆脱失业困境。五是对市场供求匹配施加影响，强化公共就业服务和培训。六是对失业的治理与就业相结合，并进行预防和调控。七是对社会保障制度进一步完善，使之与促进就业形成联动机制。在中国积极的就业政策体系中，发展公共就业服务和对包括残疾人在内的就业困难群体实施就业援助，是十分重要的内容。

经过三十年的发展，中国各级政府已建立了公共就业服务制度，覆盖全国的公共就业服务体系已经形成，并已全面实行对全部劳动者免费提供基本就业服务的制度。根据《就业促进法》，县级以上人民政府要建立健全公共就业服务体系，设立公共就业服务机构，为劳动者免费提供就业信息、政策咨询、职业指导、职业介绍、就业援助、就业和失业登记等基本的就业服务，所需经费由政府

财政承担。目前,在各省、市、区县都建立了公共就业服务机构,设立综合性服务场所,为劳动者求职和用人单位招聘提供全面的服务,收集发布人力资源市场的供求信息,并为失业人员落实各项就业扶持政策;在90%以上的城市街道和社区,80%乡镇都设立了公共就业服务基层所、站,为本辖区的求职者和用人单位提供基础服务,重点帮助失业人员就业,对就业困难人员和零就业家庭实施就业援助。作为中国公共就业服务体系的一个特色,政府依托各级残疾人联合会,建立了专门的残疾人就业服务机构,为残疾人开展服务。

二、促进残疾人就业的政策与服务

中国政府高度重视促进残疾人就业。1990年通过的《残疾人保障法》规定,国家保障残疾人劳动的权利,各级政府要为残疾人创造劳动就业的条件,并明确了残疾人就业实行集中与分散相结合的方针,采取优惠政策和扶持保护措施,使残疾人劳动就业逐步普及、稳定、合理。1999年,国务院办公厅转发了劳动保障部等部门《关于进一步做好残疾人劳动就业工作的若干意见》,全面推行按比例安排残疾人就业的政策。2007年,国务院发布了《残疾人就业条例》,对用人单位按比例安排残疾人的责任、各级政府保障残疾人就业的政策措施、政府为残疾人提供免费就业服务等作出了更加具体的规定。

中国残疾人就业政策实行集中与分散结合的方针。残疾人就业有三条主要渠道:一是政府和社会依法兴办残疾人福利企业、盲人按摩机构和其他福利性单位,集中安置残疾人。国家对上述单位实行资格认定和税收优惠,并在生产、经营、技术、资金、物资、场地使用等方面给予扶持。二是包括政府部门在内的所有单位,都要依法按照职工人数的一定比例安排残疾人就业,并为残疾人提供适当的工种、岗位。上述比例由各地根据本地区的实际情况规定,但不得低于1.5%。如果用人单位安排残疾人达不到规定比例,就要缴纳残疾人就业保障金,保障金用于促进残疾人就业。三是鼓励残疾人自主创业。对残疾人从事个体经营的,国家给予税收优惠和小额信贷扶持,有关部门免收管理类、登记类、证照类的行政事业性收费。贫困残疾人个体经营者参加养老保险,残疾人就业保障金给予补贴。上述政策已实施多年,2007年《残疾人就业条例》发布以来,各级政府进一步加大了各项政策落实和检查的力度,残疾人就业得到更大的发展。

在就业服务方面,各级政府举办的公共就业服务机构免费向残疾人开放,为残疾失业人员提供职业指导、职业介绍等免费服务;各地认定的就业困难人员中有不少残疾人,对被认定为就业困难人员的残疾失业人员,街道、社区、乡镇公共就业服务机构建立台账,实施一对一的就业援助,并落实社保补贴、岗位补贴等政策，帮助他们实现就业，对实在难以由用人单位吸纳就业的，由政府开发公益性岗位安置。各级政府每年都将帮助困难群体就业的人数作为就业工作的任务目标，千方百计落实。2002年到2008年，全国共帮助830多万就业困难群体人员实现再就业，其中就包括就业困难的残疾人。各级残联举办的残疾人服务机构则承担着为残疾人服务的专门职责，建有为残疾人服务的专门场所，负责收集求职残疾人的信息、向用人单位推荐残疾人、组织残疾人开展培训，并接受人力资源和社会保障部门的委托，为残疾人进行失业登记。随着中国公共就业服务体系的发展完善，越来越多的残疾人得到了免费的就业服务。

三、应对金融危机促进残疾人和其他困难群体就业

2008年下半年以来，国际金融危机在对中国经济造成严重影响的同时，也对中国就业带来前所未有的巨大冲击。由于大量企业出现困难，岗位流失严重，甚至有不少企业停产或倒闭，同时经济增速减缓，对就业的拉动能力减弱，劳动力供大于求的矛盾进一步加剧，失业率上升。受影响最大、最深的是农民工、城镇就业困难人员和高校毕业生这三个群体，他们中的相当一部分人成为新形势下的就业困难群体。一是农民工大量失业。约有1200万农民工因失业提前返乡，其中有些已多年在外就业，举家搬迁到沿海城市居住，突然失业给他们的生活带来极大的困难。二是城镇灵活就业的困难人员又陷入困境。由于企业最先裁掉的往往是各种临时用工，经济危机造成的消费下降也严重影响了服务业的经营，因此已就业的困难人员中，许多灵活就业人员转为失业，重新陷入困境，新的就业困难人员也在不断出现，而整个就业环境的恶化又进一步导致他们再就业困难程度加深。三是高校毕业生就业矛盾突出。2009年毕业生达到历史最高的610万人，而企业预计招聘人数却大幅度减少，一部分来自农村和城镇贫困家庭的毕业生毕业后无法得到家庭的经济资助，如果不能尽快就业，就会陷入贫困境地。在整体就业压力加大、需求降低的情况下，这三个群体中的残疾人，则是困难群体中的困难群体，就业面临更大的困难。

面对金融危机的严重影响，中央政府明确提出，要实施更加积极的就业政策，确保就业局势稳定。国务院和有关部门迅速制订并实施了一系列稳定和扩大就业的政策措施，主要包括六个方面：一是通过经济发展拉动就业。实行大规模投资拉动就业计划，结合4万亿投资计划，两年可拉动2400万个就业岗位。二是帮扶企业克服困难，努力稳定就业。通过"五缓"（缓缴五项社会保险费）、"四减"（降低四项社会保险费费率）、"三补"（社会保险补贴、岗位补贴、职业培训补贴）、"两协商"（企业与工会或者职工双方平等协商）等措

施，减轻企业负担，通过保企业来保岗位，通过稳定劳动关系来稳定就业。计划为企业减负 2000 亿元，稳定 2000 万个就业岗位。三是加大政策扶持力度，鼓励自主创业。实施促进创业带动就业计划，计划扶持城乡劳动者 150 万人创业，带动 450 万人就业。四是针对受影响大的三大群体，分别采取政策措施，促进和帮助其就业。五是推出特别职业培训计划，提高劳动者就业能力。2009 年计划组织 1500 万城乡劳动者参加职业培训。六是加强公共就业服务，改善就业环境。2009 年计划为 2500 万城乡劳动者提供免费就业服务。为保证上述政策落实，财政还加大对就业的投入，仅中央财政就业专项资金转移支付 2008 年 261 亿元，2009 年增加到 420 亿元。这些政策措施出手快、力度大、组合性强，对稳定就业局势起到了重要作用。截至 2009 年三季度末，全国新增就业人数 851 万人，完成全年目标任务的 94%，扭转了 2008 年第四季度快速下滑的趋势；企业岗位流失速度减缓；登记失业率为 4.3%，与一季度持平；农民工外出就业人数已接近 2008 年同期水平，绝大多数农民工找到了工作；高校毕业生签约率与 2008 年同期基本持平。全国就业局势保持了基本稳定。

在金融危机影响下努力保障和促进包括残疾人在内的困难群体就业，是我们政策的一个重点。针对城镇就业困难群体，我们的工作目标：一是使每一个新出现的符合认定条件的就业困难人员和零就业家庭能够及时在街道、社区公共就业服务机构登记，并得到就业援助；二是帮助登记的就业困难人员尽快通过企业吸纳、公益性岗位安置或灵活就业等方式实现就业；三是保证每一个零就业家庭在规定时间内至少一人实现就业；四是帮助符合条件人员落实社保补贴、岗位补贴等就业扶持政策。为此，各地加强了日常的援助工作，开发了更多的公益性岗位，帮助困难人员就业。在元旦前和国庆节前，人力资源和社会保障部还会同中国残联等单位，开展了全国性的援助行动，组织所有街道、社区公共就业服务机构的工作人员开展入户家访活动，了解每个就业困难人员的情况，对他们进行"一对一"帮扶，着重落实社保补贴、岗位补贴等就业援助政策。在援助活动中，还组织了不少专门针对残疾人的就业服务活动，如动员企业提供岗位，举办残疾高校毕业生、农民工和失业人员专场招聘会等等，这些活动取得了较好效果。

目前金融危机还未见底，严峻的就业形势难以在短期内缓解。因此中国各级政府仍然把解决就业问题，特别是促进受金融危机影响较大的困难群体的就业，确保就业局势的稳定，作为政府工作的重要任务。我们将根据就业困难人员的情况，提前部署元旦、春节前后的就业援助活动，残疾失业人员也是援助的重点。我们将与中国残联一道，组织全国的公共就业服务机构和残疾人就业服务机构，为残疾人提供更周到的服务，为促进残疾人就业创造良好的环境。

贯彻落实深化医药卫生体制改革意见 积极促进残疾人康复事业持续发展

卫生部医管司 张宗久

2009年4月，中共中央国务院印发《关于深化医药卫生体制改革的意见》，国务院印发《医药卫生体制改革近期重点实施方案（2009—2011年）》。2009—2011年要重点抓好五项改革：一是加快推进基本医疗保障制度建设，二是初步建立国家基本药物制度，三是健全基层医疗卫生服务体系，四是促进基本公共卫生服务逐步均等化，五是推进公立医院改革试点。五项重点改革涉及医疗保障制度建设、药品供应保障、医药价格形成机制、基层医疗卫生机构建设、公立医疗机构改革、医疗卫生投入机制、医务人员队伍建设、医药卫生管理体制等关键环节和重要领域。抓好这五项改革，可以从根本上改变部分城乡居民包括残疾人缺乏医疗保障和公共医疗卫生服务长期薄弱的状况，扭转公立医疗机构趋利行为，使其真正回归公益性，有效解决当前医药卫生领域的突出问题，为全面实现医药卫生体制改革的长远目标奠定坚实基础。

一、《关于深化医药卫生体制改革的意见》的主要内容

（一）深化医药卫生体制改革的指导思想、基本原则和总体目标

（1）指导思想。以邓小平理论和"三个代表"重要思想为指导，深入贯彻落实科学发展观，从我国国情出发，借鉴国际有益经验，着眼于实现人人享有基本医疗卫生服务的目标，着力解决人民群众最关心、最直接、最现实的利益问题。坚持公共医疗卫生的公益性质，坚持预防为主、以农村为重点、中西医并重的方针，实行政事分开、管办分开、医药分开、营利性和非营利性分开，强化政府责任和投入，完善国民健康政策，健全制度体系，加强监督管理，创新体制机制，鼓励社会参与，建设覆盖城乡居民的基本医疗卫生制度，不断提高全民健康水平，促进社会和谐。

（2）基本原则。医药卫生体制改革必须立足国情，一切从实际出发，坚持正确的改革原则。

——坚持以人为本，把维护人民健康权益放在第一位。坚持医药卫生事业为人民健康服务的宗旨，以保障人民健康为中心，以人人享有基本医疗卫生服务为

根本出发点和落脚点，从改革方案设计、卫生制度建立到服务体系建设都要遵循公益性的原则，把基本医疗卫生制度作为公共产品向全民提供，着力解决群众反映强烈的突出问题，努力实现全体人民病有所医。

——坚持立足国情，建立中国特色医药卫生体制。坚持从基本国情出发，实事求是地总结医药卫生事业改革发展的实践经验，准确把握医药卫生发展规律和主要矛盾；坚持基本医疗卫生服务水平与经济社会发展相协调、与人民群众的承受能力相适应；充分发挥中医药（民族医药）作用；坚持因地制宜、分类指导，发挥地方积极性，探索建立符合国情的基本医疗卫生制度。

——坚持公平与效率统一，政府主导与发挥市场机制作用相结合。强化政府在基本医疗卫生制度中的责任，加强政府在制度、规划、筹资、服务、监管等方面的职责，维护公共医疗卫生的公益性，促进公平公正。同时，注重发挥市场机制作用，动员社会力量参与，促进有序竞争机制的形成，提高医疗卫生运行效率、服务水平和质量，满足人民群众多层次、多样化的医疗卫生需求。

——坚持统筹兼顾，把解决当前突出问题与完善制度体系结合起来。从全局出发，统筹城乡、区域发展，兼顾供给方和需求方等各方利益，注重预防、治疗、康复三者的结合，正确处理政府、卫生机构、医药企业、医务人员和人民群众之间的关系。既着眼长远，创新体制机制，又立足当前，着力解决医药卫生事业中存在的突出问题。既注重整体设计，明确总体改革方向目标和基本框架，又突出重点，分步实施，积极稳妥地推进改革。

（3）总体目标。建立健全覆盖城乡居民的基本医疗卫生制度，为群众提供安全、有效、方便、价廉的医疗卫生服务。

（二）完善医药卫生四大体系，建立覆盖城乡居民的基本医疗卫生制度。

（1）全面加强公共卫生服务体系建设。促进城乡居民逐步享有均等化的基本公共卫生服务。加强对严重威胁人民健康的传染病、慢性病、地方病、职业病和出生缺陷等疾病的监测与预防控制。

（2）进一步完善医疗服务体系。加快建设以社区卫生服务中心为主体的城市社区卫生服务网络，完善服务功能，以维护社区居民健康为中心，提供疾病预防控制等公共卫生服务、一般常见病及多发病的初级诊疗服务、慢性病管理和康复服务。

（3）加快建设医疗保障体系。加快建立和完善以基本医疗保障为主体，其他多种形式如医疗保险和商业健康保险为补充，覆盖城乡居民的多层次医疗保障体系。鼓励工会等社会团体开展多种形式的医疗互助活动。鼓励和引导各类组织和个人发展社会慈善医疗救助。

（4）建立健全药品供应保障体系。加快建立以国家基本药物制度为基础的药品供应保障体系，保障人民群众安全用药。

（三）着力抓好五项重点改革，力争近期取得明显成效

（1）加快推进基本医疗保障制度建设。基本医疗保障制度全面覆盖城乡居民，3年内城镇职工基本医疗保险、城镇居民基本医疗保险和新型农村合作医疗参保（合）率均达到90%以上；城乡医疗救助制度覆盖到全国所有困难家庭。

（2）初步建立国家基本药物制度。建立比较完整的基本药物遴选、生产供应、使用和医疗保险报销的体系。

（3）健全基层医疗卫生服务体系。加快农村三级医疗卫生服务网络和城市社区卫生服务机构建设，发挥县级医院的龙头作用，用3年时间建成比较完善的基层医疗卫生服务体系。

（4）促进基本公共卫生服务逐步均等化。国家制订基本公共卫生服务项目，从2009年起，逐步向城乡居民统一提供疾病预防控制、妇幼保健、健康教育等基本公共卫生服务。

（5）推进公立医院改革试点。改革公立医院管理体制、运行机制和监管机制，积极探索政事分开、管办分开的有效形式。

二、认真落实深化医药卫生体制改革各项任务

这次医药卫生体制改革要从四个方面来把握。一是公益性。坚持政府主导，强化政府责任，加强政府在规划、筹资、制度、监管等方面的职责，维护并实现基层医疗卫生机构公共医疗卫生的公益性。二是实事求是。因地制宜，分类管理，使基层医疗卫生机构管理体制、运行机制和服务模式既符合经济社会发展实际又满足群众基本医疗卫生需求。三是统筹协调。从全局出发，统筹协调购买公共卫生服务、药品零差率销售、绩效考核、收支两条线管理等综合配套改革重点工作之间的关系。做到着眼长远，立足当前；统筹兼顾，突出重点；分步实施，协调开展。四是点面结合。按照国务院办公厅《关于印发医药卫生体制五项重点改革2009年工作安排的通知》（国办函〔2009〕75号）的要求，边试点、边总结、边推广，点面结合，以点促面，实现医改相关工作的指标要求。今年通过开展以下几项工作，有效改善群众看病就医条件，提高医务人员的能力水平，提高医疗服务质量和效率，为预防和减轻残疾、改善残疾人的生活状况发挥重要作用。

（一）健全基层医疗卫生服务体系

1. 加强基层医疗卫生机构建设

完善农村三级医疗卫生服务网络，发挥县级医院的龙头作用，三年内中央重点支持2000所左右县级医院（含中医院）建设，使每个县至少有1所县级医院基本达到标准化水平。完善乡镇卫生院、社区卫生服务中心建设标准。2009年，全面完成中央规划支持的2.9万所乡镇卫生院建设任务，再支持改扩建5000所中心乡镇卫生院，每个县1—3所。支持边远地区村卫生室建设，三年内实现全国每个行政村都有卫生室。三年内新建、改造3700所城市社区卫生服务中心和1.1万个社区卫生服务站。中央支持困难地区2400所城市社区卫生服务中心建设。

2. 加强基层医疗卫生队伍建设

制订并实施免费为农村定向培养全科医生和招聘执业医师计划。用三年时间，分别为乡镇卫生院、城市社区卫生服务机构和村卫生室培训医疗卫生人员36万人次、16万人次和137万人次。完善城市医院对口支援农村制度。每所城市三级医院要与3所左右县级医院（包括有条件的乡镇卫生院）建立长期对口协作关系。继续实施"万名医师支援农村卫生工程"。采取到城市大医院进修、参加住院医师规范化培训等方式，提高县级医院医生水平。2009年的工作目标：一是在全国支持986个县级医院（含中医院）、3549个中心乡镇卫生院和1154个城市社区卫生服务中心等基层医疗卫生机构建设；二是为乡镇卫生院招聘执业医师1000人，鼓励地方在此基础上自行增加招聘数量；在岗培训乡镇卫生人员12万人次、城市社区卫生服务人员5.3万人次；三是900个三级医院与2000个县级医院建立起长期对口协作关系。

（二）实施重大公共卫生服务项目

按照国务院确定的医改近期重点工作部署，2009年先期启动六项重大公共卫生服务项目，将直接惠及亿万群众及家庭。

1. 增补叶酸预防神经管缺陷项目

为加大出生缺陷干预工作，降低我国神经管缺陷发生率，提高出生人口素质，利用中央财政专项补助经费，对全国准备怀孕的农村妇女免费增补叶酸预防神经管缺陷。

（1）目标。根据我国出生缺陷需要优先解决的领域和问题，以我国重大出生缺陷——神经管缺陷为首要干预目的，对目标人群采取有效干预措施，从而达到降低神经管等缺陷发生的目标。到2011年，对全国准备怀孕的农村妇女免费增补叶酸,目标人群增补叶酸知识知晓率达到90%,叶酸服用率达到90%,叶酸服用依从率达到70%。

(2)项目范围和内容。在全国31个省(区、市)实施,对象为准备怀孕的农村妇女,包括流动人口。为准备怀孕的农村妇女免费增补叶酸,在孕前3个月——孕早期3个月服用,预防神经管缺陷等。

2. 15岁以下人群补种乙肝疫苗项目

(1)目标。在全国范围内对1994至2001年出生的未免疫人群实施乙肝疫苗接种,进一步降低该人群乙肝病毒感染率和乙肝表面抗原携带率。

(2)项目范围和内容。在全国31个省(区、市)及新疆生产建设兵团,为1994年1月1日至2001年12月31日出生的未接种或未完成乙肝疫苗全程接种的儿童实施接种。

3. 农村妇女乳腺癌、宫颈癌检查项目

(1)目标。通过宣传、健康教育和为全国35—59岁农村妇女进行"两癌"检查等方式,提高"两癌"早诊早治率,降低死亡率,逐步提高广大农村妇女自我保健意识和健康水平。

(2)项目范围和内容。在全国31个省(区、市)的221个县(区)开展宫颈癌检查,其中东部30个县(区),中部78个县(区),西部113个县(区),2009年各项目县完成应查人数的20%,2010年和2011年分别完成应查人数的40%;在全国200个县(区)开展乳腺癌检查,每县每年完成2000人。

4. 消除燃煤型氟中毒危害项目

(1)目标。落实以改炉改灶为主的综合防治措施,保证按期实现《全国重点地方病防治规划(2004—2010年)》目标;进一步扩大燃煤污染型氟中毒病区的改炉改灶覆盖范围,建立可持续防控机制,逐步消除燃煤污染型氟中毒危害。

(2)项目范围。河南、湖北、湖南、四川、贵州、云南6个省。落实以改炉改灶为主的综合防治措施,加强健康教育。

5. 农村改水改厕项目

(1)目标。建设农村无害化卫生厕所,提高农村卫生厕所普及率、加快农村改厕无害化进程,到2011年年底全国农村卫生厕所普及率达到68%。完善农村饮水水质卫生监测网络,保障农村饮水安全工程供水质量和卫生防病效果。

(2)项目范围和内容。在全国除上海市以外的30个省(区、市)和新疆生产建设兵团进行农村无害化卫生厕所建设,重点支持肠道传染病、血吸虫病、寄生虫病多发区和贫困地区;在全国除上海市以外的30个省(区、市)和新疆生产建设兵团对已建农村饮水安全集中供水工程进行水质卫生监测,重点支持氟砷病区农村防病改水工程水质卫生监测。

6. "百万贫困白内障患者复明工程"项目

（1）目标。用3年时间，利用中央财政专项补助经费，对目前全国100万例贫困白内障患者进行复明手术，使符合手术条件的贫困白内障患者能得到及时的手术治疗。

（2）项目范围和内容。在全国除北京、上海市以外的29个省（区、市）和新疆生产建设兵团实施。2009—2011年对全国贫困白内障患者进行筛查，并为100万例贫困白内障患者进行复明手术，对手术费用给予补助。

（三）加强医疗服务质量监管

1. 深入开展"医院管理年"和"医疗质量万里行"活动

自2005年以来，卫生部组织开展了"以病人为中心，以提高医疗服务质量为主题"的医院管理年活动，这是卫生系统坚持以人为本，贯彻科学发展观，解决人民群众反映突出的看病就医问题，构建社会主义和谐社会的一项重大举措。目的是加强医疗服务监管，逐步建立健全我国医院管理评价体系和评价制度，引导和促使医院规范执业行为，重视内涵建设，加强医疗质量安全管理，提高医疗服务质量和效率，努力让群众看好病，维护群众的健康权益。

2009年起，为贯彻落实国务院安全生产会议精神，进一步提高医疗质量，保障医疗安全，在医疗安全百日专项检查的基础上，结合医院管理年活动、"平安医院"创建工作，卫生部组织开展了"医疗质量万里行"活动，要求各级各类医院坚持以人为本，以病人为中心，保证医疗质量和医疗安全，保障患者合法权益，努力为人民群众提供安全、有效、方便、价廉的医疗服务。

2. 推动合理用药，预防和减少残疾发生

为合理使用抗菌药物、规范医疗机构和医务人员用药行为，卫生部、国家中医药管理局和总后卫生部印发了《抗菌药物临床应用指导原则》，要求各级各类医疗机构和医务人员认真贯彻执行，以避免和减少由于抗生素使用不当造成残疾。

三、共同推动残疾人事业持续发展

医疗卫生事业与残疾人事业密不可分。随着经济社会发展和科技进步，医疗卫生事业必将为保障人民群众身体健康发挥更大的作用，同时，人民群众对医疗卫生事业也提出了更高的要求。要按照中央和国务院的统一部署，积极推进医药卫生体制改革，让广大残疾人公平享有医药卫生体制改革带来的成果，使医药卫生事业为残疾人事业发展、为社会和谐文明进步做出新的贡献。

（一）加强工作中的沟通协调

为切实加强医改工作的领导，国家成立了以李克强副总理为组长，16个部门参加的深化医药卫生体制改革领导小组，统筹组织和协调改革工作。在推动医药卫生体制改革过程中，卫生部门与残联等部门要主动交流信息，沟通情况，协调政策，落实责任。凡是重大的政策措施，都应充分考虑到对残疾人事业的影响。在各项具体工作中，各部门各单位要加强联系、密切配合。

（二）全面做好组织实施工作

近年来，国家陆续出台了一系列医改配套文件和操作性文件，近期还将陆续出台一些。为了实现改革的目标，各级政府要给予财力保障，2009—2011年各级政府需要投入8500亿元，其中中央政府投入3318亿元，以保证改革的顺利开展。在具体实施过程中，需要因地制宜、积极探索，创造性地开展工作，不断总结和积累经验。

（三）认真开展绩效评估工作

深化医药卫生体制改革，既是过去工作的延续，又有时代特征和丰富的内涵。要收到预期的成效，需要在积极推动的同时，以群众满意、事业发展、医务人员受鼓舞为标准，不断修正错误，发扬成绩，认真开展考核评估，不断改进我们的工作。

残疾人社会保障
与服务国际论坛
暨第三届中国残疾人
事业发展论坛

残疾人社会保障研究

基本社会保障均等化主要问题研究

国家行政学院决策咨询部　丁元竹

引言：问题的提出

党的十六届五中全会、六中全会和党的"十七大"都把实现基本公共服务均等化放在重要位置。近年来，中央政府各部门、地方各级政府都把促进基本公共服务均等化列为本部门、本地区工作的重要内容，学术界也以学以致用为宗旨，开展相关研究。于是，我们的生活和理论研究中就有了教育均衡发展、公共卫生和基本医疗均等化等一系列实践和思想。

2008年以来，完善社会保障体系成为政府工作的重要内容和社会关注的热点问题。尤其是为应对国际金融危机冲击，社会保障体系建设提速，建立一个人人能够享有社会保障的普惠型社会福利体系就提上了议事议程。我们正是在这样一个背景下开展基本社会保障均等化研究的。

一、主要思想和实践回顾与分析

基本社会保障（Basic Social Security）是国内外学者和实践者共同关注的问题。尤其是在国际上，实务部门和学界都对其进行了长期的探索。人们从不同的历史条件、不同的理论和不同的理念出发，对基本社会保障给予不同的理解和界定。

（一）国际上的有关观点

1. 基本社会保障权利。这个观点以国际劳工组织（International Labor Organization）为代表。国际劳工组织提出了有关基本社会保障权利的"核心内容"，认为基本社会保障应当包括：基本医疗保健、家庭基本福利、老年人和残疾人的基本养老保险，提供基本社会保障是政府的义务。把社会保障作为人类的基本权利也是许多其他国际组织的一贯做法。《世界人权宣言》第22条阐明："每个人，作为社会的一员，有权享受社会保障，并有权享受他的个人尊严和人格的自由发展所必需的经济、社会和文化方面各种权利的实现，这种实现是通过国家努力和国际合作并依照各国的组织和资源情况。"这个论述表明了实现社会权利的基本原则：人人应当享有，国家积极介入，与国家经济社会发展水平相适应。《世界人权宣言》第 23 条之后的有关条款分别对劳动权、社会保障权以及福利权等作了阐述，其中对社会救济有关键意义的是第 25 条第 1 款："人人有权享受为维持他本人和家属的健康和福利所需的生活水准，包括食物、衣着、住房、医疗和必要的社会服务，在遭到失业、疾病、残废、孤寡、衰老或在其他不能控制的情况下丧失谋生能力时，有权享受保障。"确保公民的基本权利是国家的基本责任。这样，问题就和公共财政联系在一起了。

2. 基本社会保障（Basic social security）和专门社会保障（Contingent social security）说。坎南（K. P. Kannan）认为，发展中国家应当建立两类社会保障体系，基本社会保障和专门社会保障。基本社会保障为所有社会成员提供体面的生活；专门社会保障面向不同的情形——年老、伤残和疾病。南非宪法规定："每个人都享有社会保障的权利……，包括，如果他们不能自助或者帮助自己的配偶或子女，就可以得到社会救助。"在南非，大约有半数人群生活在贫困线下，有一半穷人没有家庭社会保障。基本社会保障是面向所有人群的，特殊社会保障是面向社会中的特殊群体，如残疾人等。就特殊人群来说，他们享受的特殊社会保障也是他们的基本权利。

3. 全球化要求的基本社会保障。斯坎（M. Cichon）认为，在全球化时代，符合全球化要求的基本社会保障应当包括：第一，通过国家的多元体系获得医疗保健（财政支付的、社会赞助的、私人或小额保险等）；第二，允许孩子接受教育的家庭福利；第三，支持因失业而陷入贫困者的再就业体系；第四，为老年人、残疾人和求生者准备的基本社会保障体系。过去几十年的实践表明，全球化对人类的社会保障和社会福利体系的影响是巨大和深远的，我们越来越不能离开全球化及其体系来讨论社会保障问题了。

4. 基本社会服务（Basic Social Services）。德国规定："基本社会服务包括保健、食品、安全饮用水和基本教育，它们可以持续地改进贫困人群的生活条件，是所有反贫困行动的基本要素。"在很多国家或地区，基本社会服务是为社会的弱势群体提供的。基本教育和保健服务可以由教育保障和医疗卫生保障来解决，食品和安全饮水可以通过社会救助来解决。因此，基本社会服务是基本社会保障的延伸和实践。

（二）国内的主要观点

我国一些学者在对社会保障研究的基础上，提出了基本社会保障的概念。

1. 三要素说。中国人民大学郑功成教授认为："社会救助、医疗保障与养老保障制度解决的贫有所助、病有所医与老有所养，是整个社会保障体系中承担免除人的生存危机、疾病恐惧和解除养老后顾之忧（简称'二免除一解除'）三大基本保障责任的支柱性制度安排，优化社会保障制度安排，关键在于优化这三大基本保障制度。"郑功成在现行社会保障体系框架内寻找基本社会保障的内涵和外延，这样比较容易操作和与现行政策衔接。

2. 四要素说。以中国社会科学院景天魁教授为代表。从社会福利的理论和实践出发，景天魁提出了底线公平理论："基础性的福利制度即是满足底线福利需求的制度，主要包括三种：第一种是最低生活保障制度，第二种是公共卫生和医疗保障制度，第三种是基础教育制度（义务教育制度）。""养老保险中的基础养老金，医疗保险中的基本医疗服务以及公共福利、公共服务中的人人共享部分等等，也属于底线部分。但由于这些制度是'跨底线'的，既有底线部分，又有底线以上部分，所以尽管它们也是很重要的制度，却不能作为划分底线的标志"。景天魁在方法上已经超出了现有的社会保障体系，从大社会福利，或者公共服务的视角来论述底线问题，目前中国学术界持有这种观点的学者为数不少。

基本社会保障与基础社会福利是我国学者对于同一问题的不同表述。与郑功成不同，景天魁承认基础养老金具有底线意义，是很重要的制度安排，但又认为它具有跨底线特征。另外，景天魁把基础教育作为基础性福利。

上述两个代表性的观点都具有价值意义和操作意义。在价值意义上，他们都主张必须建立兜底的社会保障制度或福利制度来确保居民的基本权利。在操作意义上，我国现阶段建立全国统一的基本社会保障或基础社会福利还为时过早，但是，从局部做起还是可行的。当前，首要的任务是树立起人人享有基本社会保障的理念，推动社会保障不分城乡和地区地覆盖到每一个人。在这个意义上说，这些研究具有重要的价值先导意义。

（三）国际上的有关实践

自19世纪末以来，各个国家都建立了适合自己特点的社会保障制度，这些制度设计上千差万别，形形色色。由于历史、政治、经济、文化等因素的影响，各个国家的社会保障制度是不一样的，其基本的收入、医疗、住房和教育的标准也不尽相同，财政来源、给付方式、给付水平、支出对象和政府的角色差异很大。

以美国为例。在美国，《社会保障法》把政府对穷人承担的责任进一步制度化。包括：第一，建立由联邦政府掌管的养老金制度，其资金来源是从工资总额中征收1%的税收，先是决定从1942年开始发放，后来提前到1940年，凡是65岁以上退休工人，按个人贡献大小，每月可得到10至85美元不等。在此之前已经退休的人员，政府提供最高每月15美元的养老金。第二，雇员和雇主分担失业保险,联邦和州政府合办。第三,联邦政府提供资金照顾残疾人及其未成年子女。美国20世纪30年代通过的社会保障法存在的主要问题是,没有覆盖农场工人和家庭佣人,另外,各州失业保险金标准相差悬殊。

之后,罗斯福的后继者们不断地完善1935年建立起来的社会保障体系。20世纪60年代,林登·约翰逊考虑到穷人和老年人无力支付治疗费用的可能性,建立和完善老年保健医疗制度,为所有65岁以上的老年人提供80%的医院费用。医疗补助制度提供的津贴足够为所有年龄所有有资格得到政府帮助的穷人支付医疗账单。1967年7月,在这项计划执行一周年之际,1900万美国老年人中的1770万登记为老年保健医疗制度的受益人,有五分之一的老年人按照这个制度住过医院,1200万人因此减轻了医疗支出。时至今日,奥巴马仍然在为医疗体制改革绞尽脑汁。

美国社会保障制度的发展历史说明,社会保障制度都是基于一定的历史条件建设和完善的,受当时的政治、经济、文化和社会因素影响巨大,所以世界上也就没有形成一个统一的社会保障模式。就世界范围而言,由于涉及基础教育、卫生保健、基础养老保险和社会救助在各国的不同财政来源、给付方式、给付水平、支出对象和政府角色,等等,基本社会保障在各个国家的衡量标准和衡量方式也不一样。通过货币标准"补差"可能是实现均等化的最简捷办法。

(四) 国内的有关实践

党的十六届五中全会提出实现基本公共服务均等化的战略思想以来,我国各地各部门进行了大量的实践。例如,在我国统筹城乡改革试验区的成都市,根据《成都市民基本养老保险试行办法》(市政府令第135号),金堂县2007年6月率先试行农民基本养老保险。至2007年8月底试点工作结束时,参保人数达到7291人,其中从业年龄内参保人员占总参保人员的80%,基本实现了参保年龄结构比例合理。在此基础上,自9月1日起正式在全县全面推开,初步实现了城乡基本养老保险和基本医疗保险的全覆盖。截至目前,该县已有2.45万名农民参保(年底可达3万人),其中,从业年龄内人员占参保总人数的71.56%。现在,全县已为5700余名参保农民按月发放养老金。

2009年,中共中央国务院关于医疗卫生体制改革的意见和国务院关于在全国10%的县进行新型农村社会养老保险试点的意见中充分体现了基本公共服务均等化的理念和思想。

二、基本社会保障的特征与意义

社会保障是指在人们患病、失业、年老、死亡、生育、意外伤害等情况下确保其基本收入、医疗、住房和教育等权利的一项制度安排,是人类在 20 世纪进行的最有意义的创新之一。

(一) 基本权利

基本社会保障是满足所有社会成员的保障,它不仅要覆盖在正规部门就业的人员,也要覆盖自雇就业者、兼职人员和没有固定工作的劳动者,确保他们在患病、失业、年老、病故、生育、意外伤害时的基本生活。基本社会保障也是社会权。社会权是基于福利国家和社会国家的理念,为使任何人都可以获得合乎人性尊严的生存,而予以保障的所有权利的总称。这种社会权利表现为三个方面:第一,人有义务去满足他人的基本生存权;第二,强调正义、公平、履行义务、寻求公正的社会经济权。给予穷人实际的社会权,托马斯·潘恩进一步强调:"不是施舍而是权利,不是慷慨而是正义。"第三,基本社会保障权是一种接受权亦即积极人权,享有接受权是有资格接受某物或以某种方式受到对待的权利。

(二) 社会权

社会权是伴随着人权的国际化,人权内容的不断被扩展而出现的。人权不仅仅局限在政治领域,还发展出经济、社会和文化权利即社会性权利,也即社会权。社会权的产生基于以下几个方面的原因:①人类对生存与发展的需求;②自然威胁与社会威胁(含市场机制与竞争机制)导致的人类生存条件的脆弱性;③资源和权利的稀缺性;④道德与理性对人类需求的表达和实现将是一个长期的历史过程。作为社会共同体生活的一项原则,任何处于危难中的人都有权向他人呼救,所有的人都有责任解除呼救人的危难,因此,国家应当以积极作为的姿态介入这一社会性权利的实现领域,使社会经济的弱者获得实际上的自由。

(三) 弥补功能

基本社会保障体制可以弥补已有社会保障制度的"功能不全"缺陷。日本东京大学教授大泽真理通过国际比较研究发现,目前,日本的税收体制和社会保障体制在缓和不平等、消除贫困功能上,已经超过先前的"功能不全"而陷入

"逆功能"状态，其主要表现是，2000年日本的相对贫困率和收入不平等程度在OECD国家名列前茅；自杀率，无论男女都处于世界前列，与此同时，日本的出生率已经跌到世界最低水平。日本社会保障体制的"逆功能"在于，它以保障有妻有子的中年男性为中心（"男性养家"型），而社会就业的非正规化主体主要是女性，虽然2000年以后日本男性的非正规化就业有所增加，但最近基本趋于缓和。女性雇员参加社会保险的比率从20世纪70年代中期开始持续下降。日本独居老人大多数为女性。日本的税收体制和社会保障制度的再分配效果和贫困削减效果减弱，而且它还增加了儿童的贫困。另外，从1990年到2004年间，租税负担（对国民收入比）率持续下降，同时税的再分配功能也不断减弱。尤其在20世纪90年代后半期，由于个人所得税最高税率的下调，税的累进性被削弱。在过去10多年中，日本在财政收入方面更加趋向于优惠高收入阶层，冷落低收入阶层。此类现象在韩国也有发生。韩国在20世纪中期模仿西方发达国家建立起社会福利体制，目前这种福利体制的再分配功能比较弱，收入分配不平等现象非常严重，经济社会层面两极化的结构日趋明显。韩国东西大学教授尹圣浩认为，韩国已经进入两极分化的社会。许多研究报告证实了这一点。两极分化削弱了韩国的社会凝聚力，成为追求社会福祉、社会和谐的主要障碍。两极分化通过收入排斥、财产占有排斥、消费排斥、教育排斥、社会参与排斥、生产排斥等影响社会和谐。韩国学者发现，家庭收入、财产占有、消费等在各自平均水平的60%以下就会引起社会排斥。通过对韩国的分析，尹圣浩教授发现，韩国的社会贫富差距的重复性及长期化正在形成。因为模仿发达国家20世纪建立起来的福利模式，日韩政府背负大量债务，政府财政负担加重，社会福利和社会保障步履维艰。大阪产业大学教授户谷裕之指出，目前，日本社会保障面临非常尴尬的资金境况。日本经济从起飞到高速增长主要是发生在20世纪50年代至70年代，这个时期，政府的主要投入是教育等公共服务领域。这与经济起飞阶段的人力资源需求有关。从20世纪70年代开始，日本政府的财政支出结构发生变化，由对教育的大规模投入转为对社会保障的投入。在社会保障费用中，支出最多的是社会保险费、医疗保险等。国民医疗费占国民所得的比重一直在上升。这其中原因之一是人口老龄化。这个过程是急剧的。在20世纪60年代，日本的老龄化还不高，进入21世纪，日本老龄化超过发达国家水平，居西方八国之首。目前，政府背负大量债务。对此，一个比较极端的说法是，日本政府每年为了还钱，必须向居民大量借钱。韩国学者认为，韩国步入福利国家是在1997年亚洲金融危机之后。它以发展主义为基础，成功地构建出一个福利国家体系。延世大学教授指出，2008年是韩国建国60周年，学术界盛行的议题是回顾韩国在这60年里的社会变化与发展，以及对未来的展望。建国之初的韩国可以说是世界上最贫困的国家，如今，韩国的人均GDP已经达到2万美元，并成为世界第12大贸易国。韩国学者认为，他们是以最短时间实现将社会保险制度扩大至全体国民并制订社会法制体系的国家。韩国对于福利方面的政府财政支出比率由负比率到大幅提高，再由1998年的18%提高为2006年的28%，同年，用于经济发展的财政支出为18.4%，社会福利的财政负担开始显现出来，成为发展中的新问题。

（四）全覆盖手段

在项目上，基本社会保障应当包括养老、医疗、生育、失业和工伤等。当然保障性住房在一些国家也被考虑纳入其中。不同的国家有不同的基本社会保障制度，这要视其历史、政治和经济条件而定。尽管各个国家都试图把所有的人群考虑到社会保障体系中去，但是总有一些人群不能完全被保障，于是就有了社会救助。社会救助是指社会成员因各种因素难以维持最低生活水平时，由政府按照法定程序和标准向需要人群提供的现金、实物或其他方式的支持。因此，社会救助是维持个人基本生活保障的"最底线"手段，是社会的稳定器，是社会安全网的最后一道防线。尽管在一些国家社会保险成为社会保障的基本形式，但是由于社会保障体系的设计不可能覆盖所有人群，加上失业人口的经常出现，等等，社会救助并没有因为社会保险的发展而消失。但是，社会救助属于基础性的社会保障。社会救助本身并不能单独成为基本社会保障。

（五）基本社会保障是一个过程

2006年10月，奥地利大选不久，社会民主党提出了"基本覆盖"计划。根据这个计划，"所有合法获得失业保险、失业救助、社会救助和养老金后仍然低于一定的最低收入水平者，可以获得800欧元的最低收入"。奥地利社会民主党提出的基本覆盖有两个前提：一是必须已经建立相关的保障制度和项目，并且覆盖所有人群。二是社会保障已经实现了全国统筹。在这一点上，与我国学者提出的基本社会保障还是有一定区别的，要点在于我国社会保障体系还没有完全建立起来，相当一部分人群，尤其是农村人群还没有被纳入社会保障体系，或者正在被纳入社会保障体系；其次，我国社会保障统筹的层次还不是很高，要在全国层次上建立统一的标准也存在一定的困难；再次，全国统筹涉及财政体制，尤其是中央和地方财政的关系，比较复杂。在这样一个阶段建立基本社会保障体系并实现其均等化，必须在最初就建立最低标准，或者，在各地区基本建立起社会保障体系之后，再由中央政府建立类似奥地利这样的全覆盖计划，实现均等化。这都需要一个过程。

三、基本社会保障与基本公共服务

我国的基本社会保障均等化与基本公共服务均等化的提出有着密切的关系，因此，我们在这里也有必要把这两个概念加以区别。

（一）保障与供给

从保障和供给的角度出发，我们可以把基本公共服务分为狭义的和广义的两种，狭义的基本公共服务是指为对象供给服务的体制、机制和过程，涉及设施、设备和人员配置。广义的既包括保障体制机制，也包括服务供给体制机制。

涉及基本公共服务均等化，就其内部的各个部分，要分门别类地进行分析。但基本可以分为两个大的部分：保障和供给。保障体现为货币，供给体现为实物。区别保障和供给的意义在于它为我们进一步分析奠定了基础。保障就其内涵涉及了财政来源、给付方式、给付水平、支出对象和政府角色。供给则主要涉及设施、设备和人员的配置。在配置过程中，标准是非常重要的。至此，我们就有了一个比较清晰的分析框架。

区分基本社会保障和基本公共服务还具有十分重要的操作意义。这种区分也为当前我国的社会发展找到一种理论分析框架。在我国现阶段，人们把社会事业作为社会发展的重要内容，社会事业主要是指科学、教育、文化、卫生、体育等部门的服务体系建设。而社会保障和就业等被视为社会发展的一部分，但不属于社会事业，引入保障和供给的理论将会化解就业、社会保障与社会事业的分界，为当前我国的社会发展找到一种新的理论框架，从而使社会事业、就业与社会保障，以及社会秩序能够融合起来，而不是分而治之。

（二）基本社会保障定位

根据以往的研究，我们认为应当把我国现阶段的全国性基本公共服务的范围划定在医疗卫生（或者叫公共卫生和基本医疗）、基本教育（义务教育）、社会救济、就业服务和养老保险这样一种界定上。社会保障或基本社会保障被囊括在广义的基本公共服务保障体制内。我们现阶段的基本社会保障与基本公共服务是重合的。

进一步说，基本社会保障与基本公共服务的相同点是基本社会保障是基本公共服务的一部分，基本公共服务既包括保障，也包括在保障基础上的服务供给；不同点是基本社会保障可以用货币标准来衡量，而基本公共服务的服务体系供给则需要考虑设施、设备和人员的配置问题，即要求有实物标准。

总之，基本社会保障是指政府在人们患病、失业、年老、意外伤害等情况下确保其基本生活、保健和教育等权利的一项制度安排，在我国现阶段应当包括基本养老保险、社会救助、基本卫生保健和基础教育。

四、基本社会保障均等化的内涵

基本社会保障均等化是继我国提出基本公共服务均等化之后的又一个命题。如何破解这个命题涉及很多的因素。它甚至比基本公共服务均等化还复杂。为什么？首先，我们需要探索和界定基本社会保障是什么？就像我们必须界定基本公共服务一样。其次，我们必须界定基本社会保障的均等化。基本社会保障在一个国家内部，例如在我国，就有着不同的形式和不同的体制，学者们其称为"碎片化"的体制，这样的体制，不论在我国还是在其他国家都有，要在短期内把它们统一起来是不容易的，甚至是不可能的。在这样的体制下，如何建立均等化体制机制？另外，社会保障内部的各类保险采取的方式不一样，有积累制的，也是半积累制的，还有其他的形式，积累制与个人的收入有很大的关系，每个人的收入又不同，在这样的情况下，如何均等化也是需要进一步思考的。尤其是在一些国家和地区，甚至世界上总的趋势是，雇员和雇主需要承担越来越大的责任的前提下，如何均等化？再次，社会保障的责任主体不一样，有国家（或者叫政府）、雇主和个人，在这样的背景下，又如何均等化？等等，这一系列的问题，需要我们对基本社会保障均等化进行深入的研究，对社会保险的各类形式进行深入分析，对国家、雇主和雇员的不同角色进行全面研究，在此基础上，确定一个均等化的界定和标准，进而研究均等化的方式才是有可能的。一般意义上讨论基本社会保障均等化会把问题复杂化，而无助于问题的解释和解决。

基本社会保障均等化必须满足两个条件：第一，确保全体居民的基本生活；第二，建立国民收入分配的合理制度安排，使之成为缩小社会差别的重要手段和基本途径。

因此，我们认为，基本社会保障均等化的核心是确保包括低收入群体在内的各类社会群体有支付社会保险的财政能力，标准是保证基本生活。在均等化过程中，社会救助发挥兜底作用。

第一，机会均等，即每一个公民都应当有机会享受或参与他（或者她）所处的社会中的同类群体所具有的社会保障。有些国家把它扩大到所有居民。欧盟的有关社会保障不仅保护本国公民，也包括他国公民，例如，《欧盟社会保障计划和自由流动者条例》（Social Security Schemes and Free Movement of Ppersons: Basic Regulation）规定，所有的工人（受雇者或自谋职业者）其国籍或者是欧盟成员国，或第三国家，或无国籍者/难民，只要在欧盟成员国内居住，他或她本人及其家庭成员都可以享受保障权利。条例也适用于在欧盟成员国学习的学生和实习生及其家庭成员，覆盖疾病、生育、残疾、老年、工伤、生活救助、职业疾病、失业、家庭福利、安葬等。这大约是福利国家的特点。在中国现阶段，扩大到农民工及其家属还是十分必要的。

第二，政府应当通过法律和财政援助等确保各类社会群体的基本生活保障，尤其要确保不同的地方政府具有相等的财力来支持社会弱势群体的基本生活。

第三，在全体居民都有机会享受基本社会保障的基础上，中央政府从财力、居民需求、国际经验等出发，制订确保居民基本医疗保健、义务教育、基本养老等的货币标准，并对低于货币标准以下的居民给予补助。

我们来分析"新型农村社会养老保险试点"，当前的试点中，中央政府已经确定了基本标准，"中央确定的基础养老金标准为每人每月55元。地方政府可以根据实际情况提高基础养老金标准，对于长期缴费的农村居民，可适当加发基础养老金，提高和加发部分的资金由地方政府支出"。正如一些评论说的，中央基础养老金标准还是比较低的（虽杯水车薪，但已迈出重要一步！农民年满60周岁每月可领国家养老金55元）。将来，国家需要在经济发展水平不断提高的基础上，适度提高标准，使居民的生活能够达到相应的水平。但是，无论如何，新型农村社会养老保险试点，把我国的基本社会保障均等化大大推进一步，正如我们在调研中听到地方干部说，"这是前无古人的大事情"。另外，农村老年人有土地收益，这是很多农村地区老年人的主要生活来源，因此每月55元也是可以接受的。如果我们看看美国20世纪30年代社会保障法案之后的养老保险金兑现情况，就更容易理解当前的形势，20世纪40年代，第一批养老保险金不过十几美元。但是，作为一种制度，它的意义重大。

欧盟实行社会医疗保险制度的部分国家医疗救助方式

国 家	方 式	自付比例
德 国	联邦劳工局和退休基金承担失业者和退休者雇主缴纳的部分;联邦政府资助学生和艺术家(手工艺者)一半的保险费用;政府对低收入和困难群体自付费用进行减免。	4.36%
法 国	资助低收入群体参保或提供免费保险;通过各种方式,补偿个人自付部分。	3.52%
荷 兰	资助低收入群体参保(低收入者、学生、有抚养人家庭);对低收入群体的自付费用进行减免。	1.71%
捷 克	资助低收入群体参保(领取抚恤金或退休者、儿童和26岁以下不能自理者、学生、产假期间的妇女、穷人、囚犯及领取救助者、失业者)。	2.78%
卢森堡	免除低收入群体缴费。	3.22%
比利时	免除弱势、低收入群体的保险缴费(称为VIPO类,如寡妇、孤儿、残障人士、退休人员及低收入者和其他弱势群体);提供优先补偿计划OMNIO并提供自负费用减免。	12.73%
匈牙利	免除特定群体保险缴费(领取养老金者、孕期妇女、军人、低收入群体)。	11.95%
斯洛伐克	资助低收入群体参保(养老金领取者、未领取任何补助的求职者、领取伤残抚恤金者、预备役军人)。	7.24%

资料来源:彭涌、赵斌:《资助参保型城市医疗救助模式研究》,《当代中国社会救助制度:回顾与展望论文集》,2009年7月23—24日,中国人民大学。

第三,国家以资助或免除保险缴费等方式来确保所有社会成员参加养老保险、医疗保险、工伤保险、生育保险和失业保险,实现基本社会保障的人人享有,这个过程就是基本社会保障均等化的过程。基本社会保障均等化的核心就是确保包括低收入群体在内的各类社会群体有支付社会保险的财政能力,标准是保证基本生活。

基本社会保障均等化的含义应当是:就预防性社会保障,诸如养老保险、医疗保险、失业保险、工伤保险、生育保险而言,要确保每个有能力建立自己账户的社会成员都能够建立这样的账户,雇主、个人和国家都要尽到各自的责任。在预防性社会保障体系中,政府的责任就是要确保个人、雇主必须依法建立积累式的个人账户,必要时,政府给予相应的财政支持。例如,最近一些年来我国各地进行的"公共卫生服务券"在一定程度上体现了均等化的价值取向。2004年浙江省淳安县实施公共卫生服务券制度,人均15元。2005年重庆市黔江区实施了公共卫生服务券制度，凡是户口在该地区参加新型农村合作医疗的儿童、老人以及符合国家人口和计划生育政策的农村孕产妇都可以获得公共卫生服务券。服务对象可以获得儿童预防接种、儿童体检、特困孕产妇保健等。他们可以凭服务券到区内任何一个卫生院、村卫生室接受免费的服务。

结　论

（一）基本社会保障

根据国际经验、我国现阶段的特点和理论界的研究成果，我们认为，我国现阶段的基本社会保障应包括基础教育、公共卫生和基本医疗、基本养老保险和社会救助。

（二）基本社会保障均等化

基本社会保障均等化是指居民应当不分城乡、不分地区享有对基础教育、公共卫生和基本医疗、基本养老保险和社会救助的权利。国家必须保障所有居民享有基础教育、公共卫生和基本医疗、基本养老保险和社会救助。

我国残疾人社会保障的基本理念和原则

中国人民大学法学院
残疾人事业发展研究院　黎建飞
北京市残疾人联合会　赵启峰

在社会保障制度建设过程中,"确立先进的理念与目标要优于制度设计,而合理的制度设计又要优于各种技术方案,这对于残疾人社会保障事业的发展同样适用。"正如全社会的社会保障制度建设要遵循一定的理念与原则一样,残疾人社会保障更有其特殊的理念与基本原则。

一、我国残疾人社会保障的基本理念

建设残疾人社会保障制度,要树立平等、参与、共享的理念。

中共中央在《关于促进残疾人事业发展的意见》中指出,要倡导"平等、参与、共享"的现代文明社会残疾人观,消除对残疾人的歧视和偏见,形成人人理解、尊重、关心、帮助残疾人的良好社会风尚。现代文明社会残疾人观是随着我国经济社会发展,随着我国残疾人事业和人道主义思想的发展而逐步在上世纪80年代确立的。现代文明社会残疾人观是人类先进思想文化的一个组成部分,为我国残疾人社会保障事业发展奠定了理论基础,是文明认识和解决残疾人问题的指南,也是建设残疾人社会保障制度的基础,对于推动社会文明进步也具有重要意义。

"平等、参与、共享"是现代文明社会残疾人观的核心,也是构建与完善残疾人社会保障必须要遵循的理念。

"平等、参与、共享"是在总结我国残疾人事业实践的基础上,借鉴国际残疾人运动的经验而提出的残疾人事业的崇高目标,是现代文明社会残疾人观的核心内容,并成为社会宣传和残疾人自我激励的口号。"平等"是指残疾人在政治、经济、文化、社会和家庭生活等方面,享有同其他社会成员平等的权利,这种权利受宪法和法律保护,不得因残疾等原因而受到限制或排斥。在社会生活中,残疾人的平等权利常常表现为要求机会均等。"参与"是指残疾人参与社会生活和发展,包括参与经济和社会的发展,同时获得自身的发展。"参与"是残疾人对环境和社会的积极意识和行为,残疾人通过积极的参与,使自己融入社会主流，消除边缘化状态。"共享"是指残疾人与其他社会成员共同负担社会义务，共同创造财富，同时共同分享由经济社会发展带来的物质和精神成果。

建立残疾人社会保障制度，是构建全社会统一的社会保障体系的重要内容，也是残疾人权利的基本内容，不是对残疾人的特殊恩赐，而是残疾人应当享有的权利。在"平等、参与、共享"理念中，"平等"是残疾人社会保障制度的核心和基础，"参与"是保障残疾人合法权益得以实现的手段，而"共享"则是通过发展残疾人社会保障，使残疾人真正参与社会生活，共享社会文明发展成果，促进社会和谐。

二、我国残疾人社会保障的基本原则

（一）立法先行

制度建设，立法先行。纵观世界上社会保障制度比较完善的国家，其制度建设都是在国家立法的基础上发展起来的。如1990年《美国残疾人法》，明确禁止在就业、政府服务和公共权利获取方面基于残疾的歧视，标志着美国残疾人保障事业进入了全面融合的社会发展模式；英国《1944年残疾人（就业）法》和1995年《英国残疾歧视法》，建立了一整套保障残疾人权利的制度；日本制订了《残疾人基本法》、《残疾人雇用促进法》、《残疾人职业训练法》、《残疾人福利法》、《残疾人教育法》、《特殊儿童抚养补贴法》、《残疾人福利协会法》、《精神保健福利法》等，形成了较完备的残疾人社会保障法律体系。目前已有130多个国家和地区制订了有关残疾人的法律。联合国《残疾人权利公约》也明确要求会员国要采取一切适当的立法、行政和其他措施实施本公约确认的权利；采取一切适当措施，包括立法，以修订或废止构成歧视残疾人的现行法律、法规、习惯和做法。

只有构筑了内容完善的法律体系，制度建设才会有保证。"法律是制度化最为规范化的体现，立法是任何制度实现规范化的根本保证。因此，残疾人社会保障的制度化与规范化必须从立法层面开始，逐步建立残疾人社会保障制度的基本法律框架。"完善的立法，强化了国家意识与社会责任，并为制度建设提供明确的方向和方案设计。我国《残疾人保障法》就将残疾人工作分成康复、教育、就业、文化体育、社会保障、无障碍环境等几个方面，直接促进了我国残疾人事业的发展。

但从整体上看，虽然我国已经颁布了基本法《残疾人保障法》（2008年修订）和《残疾人教育条例》、《残疾人就业条例》等专门法规，但在整体上，我国残疾人立法数量较少、层次较低，缺乏强制力，残疾人法律体系不完善。这种状况直接影响了我国残疾人社会保障制度的建设。因此，只有完善的残疾人立法，才能从根本上推动我国残疾人社会保障制度的建设。

（二）一般保障和特殊保障相结合

残疾人与其他人是平等的，有权利享有其他任何人应该享有的基本权利。但是，残疾人又是特殊的，这种特殊体现在他们在身体、智力和精神上存在着不同程度的障碍，这种障碍的存在造成他们无法与其他普通人一样生活和参与社会活动。

"有些法律权利是只为残疾人提供的。"过分强调残疾人存在的障碍，不利于树立正确的残疾人观，以致忽视残疾人的基本权利。但如果忽视残疾人由于面临这种障碍而产生的特殊需要，将他们的需要完全等同于普通人，也会产生对残疾人的不公平。如，我国最低生活保障制度对于保障低收入群体的基本生活、维护基本人权、促进社会稳定，确实起到了巨大的社会作用。但是，对于残疾人来说，仅仅保障其基本生活是不够的。因为残疾人在与普通人一样要维持最基本生活的同时，还有一些额外的支出，如残疾人辅助器具的购买和维修支出、精神残疾人为稳定病情而产生的日常性药物支出等。这些支出都是超出普通人水平的，必然会对残疾人的基本生活造成不利影响，成为其额外负担。由于我国最低生活保障制度主要是以家庭人均收入作为衡量标准的，没有将残疾人的家庭结构、医疗康复和生活照料等特殊支出因素考虑在内，以致很多残疾人无法享受到最低生活保障。残疾人贫困问题一直难以从根本上解决。

我国已经全面开始覆盖城乡社会保障制度的建设，残疾人群体与其他国民一样，要纳入统一的社会保障法律体系，如社会保险、社会救助、社会福利等。但是，这一面向全体国民的一般性制度安排无法满足残疾人的特殊需要，如残疾人必须通过康复等手段实现功能恢复与心理恢复；对存在严重障碍无法进入普通学校学习的残疾人要开展特殊教育；对残疾人就业要有特殊保障措施；为了保障残疾人生活、出行和社会参与的权利，要为他们创造一个无障碍的环境；对老年残疾、重度残疾者还需要开展居家助残服务等。正如英国《贝弗里奇报告》中指出的："对那些经过经济状况调查证实确需帮助的人员，政府有义务提供一定的直接救助。因为一个社会保险无论被设计得多么复杂，总会有一些人因为体弱而完全无力缴费，总会有一些人得不到任何形式的保险。"

总之，"残疾人与健康人一样都需要有养老保险、医疗保险、社会救助等制度安排，这些社会保障项目无疑应当与其他群体保持相同性，从而也应当通过一般性社会保障制度的途径来满足；但残疾人还有特殊的社会福利与就业保障需求。"对这种特殊需要必须建立特殊的制度保障。这就是建立残疾人社会保障要遵循的一般保障与特殊保障相结合的原则。

（三）国家责任、社会责任、家庭责任相结合

现代文明社会残疾人观认为，残疾问题不是残疾人个人的问题，而是一个社会问题，外在环境造成的障碍才是残疾人难以融入社会的根本原因。因此，国家与社会必须承担主要责任，为残疾人消除这种障碍。我国《残疾人保障法》第46条明确了政府和社会责任：政府和社会采取措施，完善对残疾人的社会保障，保障和改善残疾人的生活。

1. 残疾人社会保障首先要突出国家责任

联合国《残疾人权利公约》明确要求缔约国承诺确保并促进充分实现所有残疾人的一切人权和基本自由，使其不受任何基于残疾的歧视。这就是国家（政府）责任的体现。日本《残疾人基本法》专门规定了国家和地方公共团体的义务和责任："国家和地方公共团体应当维护残疾人的权利和防止歧视，为支持残疾人自立和参与社会，负有增进残疾人福利的义务和责任。"

我国《残疾人保障法》规定：残疾人在政治、经济、文化、社会生活等方面享有同其他公民平等的权利，禁止基于残疾的歧视，并要求国家采取辅助方法和扶持措施，对残疾人给予特别扶助，减轻或者消除残疾影响和外界障碍，保障残疾人权利的实现。《残疾人保障法》和《残疾人就业条例》、《残疾人教育条例》都突出了国家（政府）责任，明确规定了国家（政府）在保障残疾人权益方面应该采取的各种措施，体现了现代文明国家的责任意识，这也是各级政府和相关部门在开展残疾人社会保障工作中的重要方针。

国家责任最明显的标志就是国家的社会保障支出。我国国家财政支出用于社会保障的比例已经从1998年的5.52%提高到2006年的11.05%。但从整体上看，社会保障的支出仍然较低，不仅远低于西方发达国家，也低于很多发展中国家。

残疾人社会保障是造福于残疾人的社会事业。残疾人社会保障尤其要突出国家责任。2006年10月，中共中央在《关于构建社会主义和谐社会若干重大问题的决定》中明确提出要健全公共财政体制，调整财政收支结构，把更多财政资金投向公共服务领域，加大财政在社会保障等方面的投入。国家责任意识进一步得到凸显。

2. 提升社会责任意识，鼓励民间力量进入残疾人社会保障领域

突出国家责任并非是要国家包揽一切。即使是北欧国家的高福利模式，由于

面临严重的财政压力，也在进行反思。如在称赞高福利的"瑞典模式"的同时，也出现了对所谓"瑞典病"的反思。

国家同样不能包办残疾人社会保障。近年来，我国经济社会发展较快，但经济社会发展程度仍然较低，仍是发展中国家。即使将来经济发达了，维持高福利的社会保障水平也是不可能的。同时，因为社会保障具有刚性特点，提高容易降低难，过分依靠国家的高福利保障，一旦国家财政出现压力，就很容易引发社会问题。由于我国拥有数量巨大的残疾人口，单纯依靠国家力量，无法建立较高水平的社会保障制度。因此，必须积极吸收民间力量，提升社会的责任意识。

市场经济社会是一个尊重个人创造的社会。近年来，随着我国经济社会形势的进步，民间力量逐渐发展壮大，各种各样的慈善团体等民间非政府组织纷纷成立，它们积极投身于各种公益事业，客观上促进了我国社会事业的发展。据民政部2006年统计，我国民间组织总量已达35.4万个。民间力量的壮大，客观上为促进残疾人社会保障创造了条件。

我国《残疾人保障法》明确规定，国家鼓励社会组织和个人为残疾人提供捐助和服务。鼓励民间组织参与残疾人社会保障事业，不仅可以降低国家管理成本，弥补国家财政的不足，而且可以促进我国民间服务业的发展，刺激社会消费，有助于培养全社会人道主义思想，并促进我国公民社会的形成，进而促进我国政治文明的发展。我国残疾人社会保障的很多领域都可以鼓励民间组织的介入：民间组织可以通过设立残疾人康复、教育、收养等机构，对残疾人开展康复、教育、养护等工作；开展残疾人职业训练，促进残疾人职业康复和就业；开办残疾人护理机构，与国家护理制度相结合，促进对残疾人的护理工作；开展各种慈善活动，为残疾人社会保障事业募集资金等。

但是，鼓励民间组织参与残疾人事业，并不意味着政府置身事外。为了促进民办残疾人社会组织的健康发展，保障社会的稳定，并避免损害残疾人权益的发生，对它们进行必要的管理和监督是不可或缺的。在这方面，北京、上海、广州、深圳等地已经开始了有益的探索。

3. 维持家庭责任

发展残疾人社会保障并不意味着抛弃家庭责任。我国传统文化最重视家庭，家庭作为社会最小的单元细胞，仍旧具有社会保障无法代替的重要作用：①家庭仍旧是人们生活的最基本依靠。家庭成员之间能够相互提供最基本的生活照顾，这是社会保障无法全部代替的。尤其是许多残疾人家庭观念强烈，不愿离开家庭，这对发挥家庭保障的作用提出了新的要求；②家庭的精神慰藉作用不能被社会保障替代。与普通人相比，残疾人不仅需要物质保障，更需要精神慰藉和心理安慰，而最好的精神慰藉和心理安慰只能从家庭成员之间的亲情获得，社会保障无法代替这种亲情的慰藉作用；③家庭责任是社会责任和国家责任的基础。无论是国家责任还是社会责任，其源泉都是家庭责任和个人责任，家庭责任的缺失，会从根本上动摇这种基础。同时，提倡社会保障的家庭责任也有助于发扬尊老爱幼、扶弱济贫的传统美德。

三、残疾人社会保障——任重道远

我国由于经济社会发展水平整体较低，社会保障制度还不完善和统一，残疾人规模庞大，整体状况堪忧，传统的保障模式已经不能满足残疾人的需要。随着经济的发展和以人为本、改善民生执政理念的确立，各项社会建设日新月异。作为与其他人一样享有平等权利的残疾人，应该享受到现代文明社会发展取得的成果。而构建和完善残疾人社会保障制度，重点发展残疾人福利，为残疾人提供医疗康复、教育就业、文化体育、无障碍环境以及生活照料等各项福利，对保障残疾人基本生活、促进残疾人参与社会、共享社会发展成果，具有极为重要的社会意义。

目前是推进我国残疾人社会保障建设的黄金时期。2007年11月，党的"十七大"报告提出要加快推进以改善民生为重点的社会建设，加快建立覆盖城乡居民的社会保障体系，发扬人道主义精神，发展残疾人事业；2008年3月，中共中央、国务院出台了《关于促进残疾人事业发展的意见》，对残疾人事业做出了总体部署；2008年9月，我国举办了第13届残疾人奥运会，使全社会受到了一场人道主义的洗礼；2009年2月，温家宝总理在政府工作报告中指出，要加快完善社会保障体系，大力发展社会福利事业和慈善事业，让人民群众共享改革发展的成果；立法方面，我国已经颁布了《残疾人保障法》、《残疾人教育条例》、《残疾人就业条例》，无障碍环境和精神卫生条例也在制订之中；作为我国社会保障法律制度的核心法律，《社会保险法》的立法进程也在加快。可见，我国已经具备了较好的推进残疾人社会保障的社会环境。

农村重度残疾人社会保障问题分析及需求预测
——基于吉林省十县（市、区）的实证研究

吉林大学残疾人事业发展研究中心　宋宝安　贾玉娇

一、问题的提出

残疾人是社会中的弱势群体。残疾人的生存状态与权利维护，能够深刻反映一个国家或社会的文明程度。残疾人作为与其他无残疾社会成员具有同等地位的社会个体，对自身的生存与发展也存在需求与预期，而且基于残疾人群体的权益实现状况，他们维护与实现权益的需求更为强烈、预期更为明朗。在建设社会主义和谐社会的背景下，中共中央《关于构建社会主义和谐社会若干重大问题的决定》明确提出"发扬人道主义精神，发展残疾人事业，保障残疾人合法权益"，将实现残疾人权益视为建设和谐社会的主要议题之一。残疾人事业又迎来了一个春天，尤其是在中国经济发展取得一定阶段性成果的背景下，发展残疾人事业，研究残疾人特别是农村重度残疾人社会保障问题，显得更加重要和紧迫。

在已有的残疾人调查研究中，大多数研究者简单地将残疾人群体作为一个整体，缺乏对残疾人群体内部不同对象的细致研究。残疾人群体并非是同质性非常强的群体。相反，由于残疾等级、类别、性别以及地域等因素，使得残疾人群体内部呈现出较大的差异性，因而需要满足不同的需求。这种差异性具体表现在残疾人的生活支配能力、社会参与能力以及既有制度安排与残疾人需求间的匹配程度等方面。基于残疾人群体的内部异质性，本文选取了残疾人群体中的弱势群体，即农村重度残疾人作为研究对象。应当说，社会成员无论被贴上"农村"与"重度残疾"这两个限定词的哪一个，都将被视为弱势群体。有鉴于此，本文通过对吉林省十个县（市、区）的农村重度残疾人展开调查，对这一群体的生存状态及养老保障等方面的具体情况进行实证研究，为加强和改进农村重度残疾人养老保障的制度建设献计献策。

二、调查与分析

（一）调查概况

此次调查从 2009 年年初开始，历时半年，选取长春、吉林、四平、辽源、通化、白山、松原、白城、延边以及长白山管委会等十个地区中的部分县市区为样本。根据第二次全国残疾人抽样调查专家委员会制订的《残疾标准》及有关办法，进行重度残疾人的筛查与确定，对这些地区中部分农村 16 岁及以上重度残疾人的生活与社会保障情况进行调查，以此推论全省农村重度残疾人的数量、结构、社会保障制度的覆盖率及重度残疾人对社会保障的需求情况。对农村 16 岁及以上重度残疾人展开调查，意在把握农村重度残疾人的需求与现有制度间的匹配情况，为今后相关制度的调整与设计提供理论支持，为建立完善的保障残疾人合法权益的政策、法规和规划提供可靠依据，进而促进残疾人事业与经济社会的协调发展。

（二）调查数据分析

1. 吉林省重度残疾人分布的总体情况

2006—2007 年第二次全国残疾人抽样调查吉林省数据显示，截至 2006 年 4 月 1 日零时，吉林省各类残疾人总数为 190.9 万人，占全省人口总数的 7.03%。其中重度以上残疾人共 55.9 万人，占残疾人总数的 29.28%。按残疾类别划分，一级残疾人共 32.4 万人，在一级残疾人中各类别残疾人的比重为：视力残疾 6.6 万人，占 20.4%；听力残疾 5.1 万人，占 15.7%；言语残疾 0.5 万人，占 1.5%；肢体残疾 2.6 万人，占 8.0%；智力残疾 1.9 万人，占 5.9%；精神残疾 2.6 万人，占 8.0%；多重残疾 13.1 万人，占 40.4%。二级残疾人共 23.5 万人，各类别残疾人的比重为，视力残疾 1.6 万人，占 6.8%；听力残疾 4.0 万人，占 17.0%；言语残疾 0.6 万人，占 2.6%；肢体残疾 8.0 万人，占 34.0%；智力残疾 2.1 万人，占 8.9%；精神残疾 2.8 万人，占 11.9%；多重残疾 4.5 万人，占 19.1%。按城乡地域分布划分，农村重度残疾人比例为 55.88%，城市为 44.12%（低于农村 11.76 个百分点）。按年龄分布来看，0—6 岁重度残疾人占 2%，7—14 岁占 2.67%，15—24 岁占 6%，25—59 岁占 42%，60 岁以上占 47%。

通过以上调查数据可知，重度残疾人数约占残疾人总数的近三成，其中多数分布在农村。各类重度残疾人占本类别的比重,除听力和肢体外,其他各类均在30%左右,特别是多重残疾占本类别比重近三分之二。残疾级别分布极重度高于重度。同时,重度及以上残疾人主要分布在青壮年和老年年龄段,占89.83%,并呈现出从低年龄段逐渐向高年龄段递增趋势。残疾程度的加深必然造成家庭和社会负担的加重,尤其对于有视力、肢体、智力、精神和多重类别残疾的一级残疾人家庭户负担将会更重。重度残疾人的老龄化态势,使得重度残疾人群体产生强烈的养老保障需求。因此,基于重度残疾人融入社会能力低下,养老保障需求强烈的现实,亟需政府加强重度残疾人的社会救助和社会保障制度建设与资源供给。

2. 吉林省十县(市、区)农村重度残疾人调查数据分析

为了深入分析吉林省农村重度残疾人问题出现的根源,探讨残疾人社会保障缺失的原因,为科学解决残疾人社会保障问题提供可靠依据,我们在全省范围内进行抽样调查,按照经济发展水平的好、中、差程度,重点调查了长春、吉林、四平、辽源、通化、白山、松原、白城、延边以及长白山管委会等十个地区中的部分县(市、区),取得了丰富的调查数据。我们按照农村重度残疾人的年龄分布、社会保障、服务需求等方面的情况进行了统计分析。

(1) 十县(市、区)农村重度残疾人年龄分布状况

本次调查的十个县(市、区)中农村重度残疾人总数为93356人,其中16—20岁重度残疾人的比例为6.3%,21—30岁的比例为10.7%,31—40岁为14.9%,41—50岁的比例为19.1%,51—60岁的比例为23.3%,61岁以上为25.7%。40岁以上重度残疾人的比例为68.1%,接近农村重度残疾人总数的7成。这部分残疾人由于年龄大,又身患重度残疾,故而对社会救助需求强烈,同时由于已接近国家法定享受养老保障的年龄,因此给农村社会保障制度设计提出了严峻挑战。

表1 吉林省十县(市、区)农村16岁以上重度残疾人年龄分布情况

年龄段	16—20	21—30	31—40	41—50	51—60	60岁以上
人数(单位:人)	5919	9965	13889	17855	21759	23969
比例(%)	6.3	10.7	14.9	19.1	23.3	25.7

(2) 农村重度残疾人社会保障状况

(A) 参加社会保险情况

本次调查数据表明,16岁及以上重度残疾人参加社会养老保险的占10.66%,参加医疗保险的占24.79%,参加工伤保险的占0.25%,参加失业保

险的占0.08%，未参加保险的占69.25%。就城乡的不同情况而言，农村参加医疗保险的比例为29.53%，城市为19.17%；农村中参加工伤保险的比例为0.04%，城市为0.5%；农村参加失业保险的比例为0，城市为0.17%；农村参加养老保险的比例为0.78%，城市为22.34%。上述数据对比明显反映农村残疾人社会保障水平低下，与城市存在较大差距。虽然城市重度残疾人参加社会保障情况略好于农村，但从全国一般水平来看，仍旧处于弱势地位。

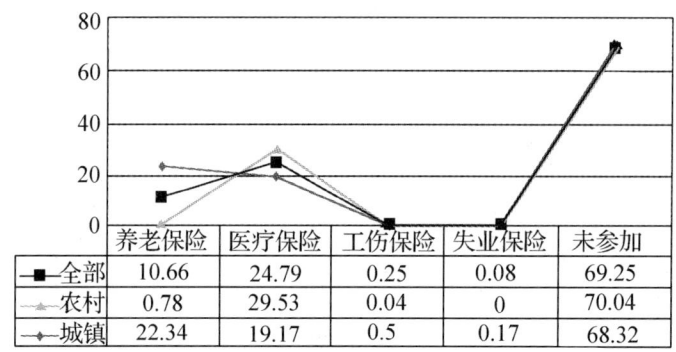

图1　16岁及以上残疾人分城乡参加社会保险情况

以上数据反映的是残疾人群体参与社会保障的情况，由此可见，重度残疾人社会保障水平极为低下，尤其对于农村重度残疾人而言更是如此。农村重度残疾人占全省农村残疾人的比例为31%，按照这个比例，即使每一个农村重度残疾人都参加了养老保障，那么参加养老保障的农村重度残疾人的比例仅为0.24%，而实际比例甚至有可能还不到0.24%。这与前文中农村40岁以上重度残疾人比例为68.1%形成鲜明对比。也就是说，我国养老保障制度与农村重度残疾人养老保障需求间存在严重失衡。

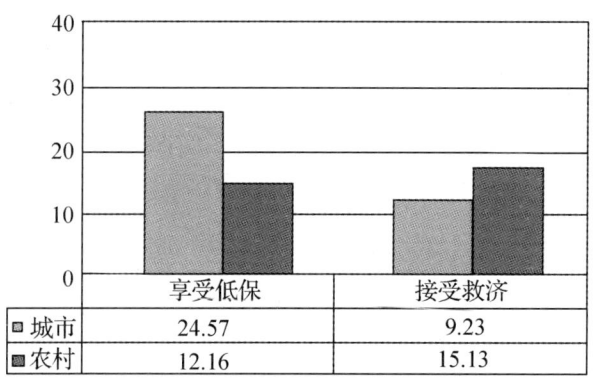

图2　16岁及以上重度残疾人分城乡领取低保和救济情况

（B）领取低保和救济情况

调查数据显示，吉林省残疾人领取最低生活保障金人数占残疾人总数的15.51%。其中，城市享受低保的占24.57%，接受救济的占9.23%；农村享受低保的占12.16%，接受救济的占15.73%。就农村重度残疾人接受社会救助情况而言，享受低保的比例为3.77%，接受救济的为4.88%。社会救济是当前既有制度安排中对农村重度残疾人主要的保障形式，其覆盖率之低足以反映农村重度残疾人社会保障的水平和层次。从城乡情况的对比来看，城市残疾人享受低保的情况要好于农村，农村还主要以救济为主。

在接受低保的各类残疾人中，一级占21.19%，二级占21.15%，三级占13.13%，四级占13.19%。可见残疾等级越重，领取低保的比重就越大；残疾等级越轻，领取低保的比重也越小。领取救济金的残疾人占残疾人总数的10.32%。其中一级占比重为11.09%，二级为11.93%，三级为10.28%，四级为9.60%，各级比重无明显差异。

（C）农村重度残疾人社会保障需求分析

由下表可知，排在前五名的一级、二级重度以上残疾人的需求为医疗服务与救助，分别占78.81%和77.64%；贫困残疾人救助与扶持，占76.84%和71%；辅助器具，占41.05%和45.62%；康复训练与服务，占30.74%和44.26%；生活服务，占17.34%和18.43%。基于重度残疾人自身状况及其社会、经济地位，亟需国家对其进行社会保障与医疗、康复等方面的救助。从重度残疾人的需求中明显反映出当前制度安排的不足。

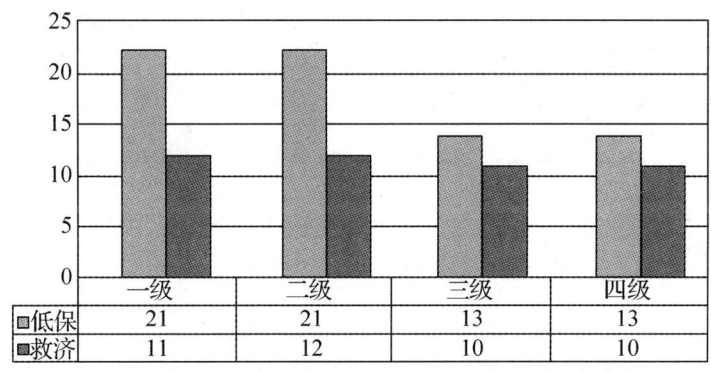

图3 残疾人分等级领取最低生活保障和社会救助情况

表 2　按残疾等级划分的主要需求情况　　　　　　　　　　　单位:%

	一级	二级	三级	四级
1. 医疗服务与救助	78.81	77.64	78.05	82.69
2. 辅助器具	41.05	45.62	54.34	38.21
3. 康复训练与服务	30.74	44.26	32.46	32.73
4. 教育费用补助或减免	0.77	1.06	0.44	0.45
5. 职业教育与培训	0.22	0.3	0.15	0.33
6. 就业安置或扶持	1.54	2.72	3.14	2.64
7. 贫困残疾人救助与扶持	76.84	71	71.63	66.16
8. 法律援助与服务	3.51	4.98	3.43	2.6
9. 无障碍设施	4.72	0.45	0.66	1.65
10. 信息无障碍	1.1	0	1.09	0.99
11. 生活服务	17.34	18.43	15.1	11.58
12. 文化服务	0.44	0.3	0.66	0.99
13. 其他	0.55	0.3	0.44	0.82
14. 不选择	0.33	0.3	0.22	0.37

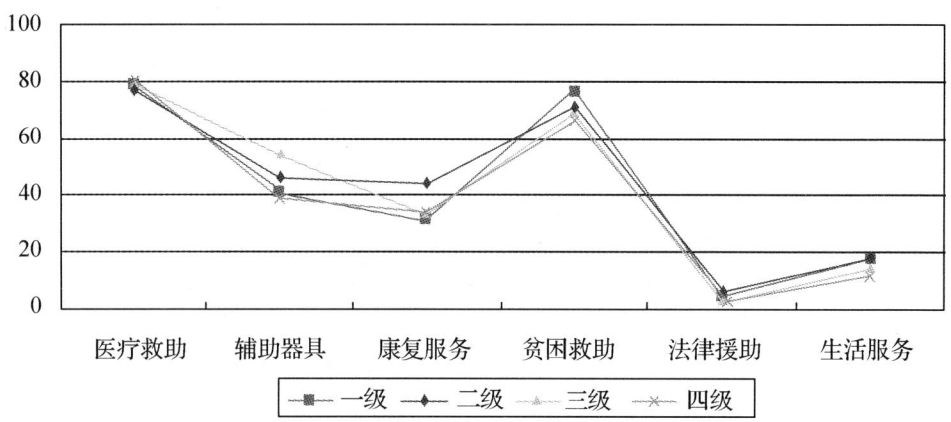

图 4　分残疾等级的残疾人主要需求情况趋势图

三、农村重度残疾人社会保障存在的主要问题

（一）农村重度残疾人社会养老保障资金需求存在严重缺口

影响农村重度残疾人社会养老保障资金需求的两个基本因素是保障对象规模的大小和保障水平的高低。从保障对象人数上看，农村重度残疾人养老的资金需求有进一步增加的趋势，养老保障资金存在严重的缺口。

从吉林省十县（市）区、农村 16 岁及以上重度残疾人的年龄分布来看，40 岁以上的重度残疾人数占总人数的比例接近 7 成。按照中国法定退休年龄来看，在今后的 10—20 年将迎来农村重度残疾人养老保障需求高峰。为了计算方便，我们假定资金需求水平不变（按吉林省 2009 年企业人均月退休金 1044 元计算），重度残疾人规模不变，以此进行预测，其养老金需求结果如表 3 所示：

表 3　2009—2029 年农村重度残疾人养老基金需求预测表

	41—50 岁		51—60 岁		61 岁以上		合　计	
	人数	资金（万元）	人数	资金（万元）	人数	资金（万元）	人数	资金（万元）
2009 年：	17855	447375	21759	545194	23969	600567	63583	1593136
2029 年：	人数	资金（万元）	人数	资金万元	人数	资金万元	人数	资金万元
	9965	249683	13889	348253	39614	992568	63468	1590254

尽管 20 年后吉林省重度残疾人口数量没有增加，所需养老基金也没有增加，但是，20 年后的劳动年龄人口将大幅度减少，社会供款能力将大幅度下降，势必影响残疾人的养老供给，增加劳动年龄人口负担，进而影响社会经济的正常发展。从现在开始进行以养老保障为主要内容的社会保障制度设计与资金投入预算，会起到未雨绸缪的积极作用。首先对农村重度残疾人的家庭收入状况，家庭其他成员的发展情况，土地分配与使用情况进行调查，依据重度残疾人需求满足层次，划定农村重度残疾人养老保障水平与补贴标准。鉴于重度残疾人为农村特殊群体，因此可适当提高政府补贴额度。同时，根据重度残疾人经济条件的差异，设立参保缴费标准，以减轻政府财政负担。其次，明确农村重度残疾人社会养老保障的责任主体，建立起政府、社会与家庭多方位、立体式社会保障责任体系。其中政府承担主要责任，充分调动社会力量，实现人际互济。此外，建立起行之有效、真正能落到实处的法律体系与监督机制，并进行相应配套制度的调整。因为上述目标需要在一个较长时期中逐步实现，所以本文通过前瞻性的预测，以赢得制度设计、调整与完善的时间。

（二）农村重度残疾人社会保障需求与社会保障覆盖间出现严重失衡

由本次调查可知，吉林省农村重度残疾人口主要年龄构成为40岁以上的中老年人口。由于身体条件、社会经济条件等主客观因素的制约，这部分人构成了社会弱势群体中的弱势群体，亟需国家进行社会救助与扶持。同时由于这一群体已近法定退休年龄，所以对养老保障存在强烈需求。在调查中了解到，有重度残疾人的家庭通常沦为贫困户，这不仅会给家庭造成沉重负担，不利于家庭其他成员的发展，同时从长远来看，也给国家和谐发展带来消极影响，因此传统的家庭保障模式受到极大挑战。在此背景下，国家力量介入农村重度残疾人保障问题是十分必要且合乎社会发展趋势的。但是，在既有的制度安排和机制设计中鲜有针对满足农村重度残疾人社会保障需求的内容，造成农村重度残疾人社会保障需求与实际社会保障覆盖之间存在严重失衡，不仅导致为数众多的农村重度残疾人生活保障无望，同时也构成对新发展形势下民主建设以及民生事业的极大破坏。

（三）社会保障制度设计与社会保障需求预期错位

当前农村重度残疾人社会保障问题的另一个表现即是对该问题缺少前瞻性政策研究，换言之，对社会保障问题缺少基于实证调研基础上的预测与相关政策研究，导致要么忽视这一问题，要么对这一问题的解决采取盲目措施。从操作的先后顺序上看，政策或制度设计之前必须对其所涉及的内容进行相关调研与预测，然后制订政策。如果缺少前瞻性研究这一步骤或在发生顺序上存在滞后，即发生本文所言的制度设计与需求预期间的错位，势必带来不利于问题解决的后果。农村重度残疾人社会保障一直是一个需要国家力量进行有效解决的问题，但是由于种种原因，国家一直对这一社会极端弱势群体采取低水平救济，只进行底线保障，长此以往，必然导致农村重度残疾人不能享受社会经济发展成果的后果，破坏社会公平。

四、加强农村重度残疾人社会保障的对策建议

（一）转变政府相关部门对重度残疾人实施社会保障的观念

由于中国社会保障事业起步较晚，相关部门对社会保障认识不够深入，致使

社会保障制度与相关法律规章有待建设完善。从社会保障制度设立、发展至今，国家出台了一系列的规章制度进行保障机制变革，但是中国社会保障发展是在缺少理论指导下的试错式，或被称为"摸着石头过河"式的发展，整体发展不均衡。同时在既有制度框架以及传统理念的制约作用下，中国社会保障呈现出严重的畸形发展，即城乡差异极为显著。城市社会保障在社会转型前单位制的延续作用下相对完善，绝大多数城镇职工都被容纳进养老保障制度内，但是广大农村居民则仍旧依靠家庭和土地等传统保障方式，迟迟未进入制度性保障的框架内。随着社会整体的发展进步，社会财富的日益增多，国家开始反思经济发展与社会发展之间的关系，提出和谐社会理念，将民生问题视为今后需政府着力解决的问题。在此背景下，政府部门的社会保障等意识开始不断提高，在参照国外先进制度的同时，不断完善中国社会保障制度，并将其引向深入。换言之，意识的提高是随着社会的整体发展而实现的，在当前社会发展背景下，有关政府部门应进一步思考农村社会保障问题，尤其是重度残疾人的社会保障问题。

（二）加大对农村重度残疾人社会保障资金投入

中国由于国情复杂，各个区域与不同阶层面对的社会保障情况与需求存在较大差异。在此情况下，社会保障制度设计与资金投入比例需按照不同情况做出因地制宜与因阶层而异的具体安排。针对为数众多农村重度残疾人居民的社会经济状况及其自身的需求，国家应加大资金投入。明确中央财政和地方财政在社会保障中的责任，建立起较为完善的农村居民社会保障体系，将国家责任真正落到实处。应当说，国家加大对农村重度残疾人社会保障的资金投入，是国家责任在社会保障制度中的回归，是中国社会发展理念的提升与社会进入一个新的发展阶段的必然，是中国社会保障制度发展中的里程碑，具有重大意义。

（三）加强农村重度残疾人社会保障事务管理

中国由于进入老龄化与高风险的社会发展阶段，面对各项社会事务需进行有序管理，以往"摸着石头过河"式的发展模式要进行统筹规划，在深入调研的基础上，制订符合现实需求的管理制度。同时借助全球政府管理理念与方式变革的趋势，进行政府管理改革，运用新的治理理念与方式进行农村重度残疾人养老保障事务管理，贯彻实现尊重人权、共享社会发展成果的精神与理念。具体说来，进行政府部门职能调整与整合，避免机构繁冗、多头管理等"有组织的不负责"的情况发生。在此基础上明确相关部门的组织管理职能，对农村重度残疾人社会保障制度建设与实施情况及反馈情况，及时进行汇总上报，定期组织调研，了解重度残疾人的需求满足情况与政策满意度，及时掌握基层群体动态，在与相关学术机构合作的基础上，将群众意愿落实到具体政策中。此外，提高公务员思想道德素质，增强社会责任感与组织、管理能力，从组织管理的外在机制建设和内在成员素质提高两个方面着手农村重度残疾人社会保障事务管理。

（四）提高农村重度残疾人社会保障的制度化水平，加强法规建设

在吉林省的大多数农村，针对残疾人的社会保障制度是不健全的，带有临时性特点，难以满足残疾人的社会保障需求。政策的有效执行既要依靠组织的自律性，又要依靠各项法规的建设与监督法规执行机制的设立。对于农村残疾人社会保障事务管理同样如此。一方面，应加强对残疾人社会保障在法理上的认识，另一方面应进行具体法律的完善与设计。同时建立执法监督机制，充分发挥重度残疾人的监督作用。应该借助媒体进行广泛宣传，提高农村重度残疾人的维权意识与法律意识。要创造条件逐步形成重度残疾人利益表达渠道，实现其意志与意见能够及时有效地反映到政府相关机构。此外，为克服相关部门在解决残疾人困难过程中的扯皮推诿，有必要建设利益相关部门间的制衡机制。总之，应该尽早建立一个完善有序、能够促进残疾人安全预期的法律与制度环境，为残疾人特别是重度残疾人社会保障制度的建立和完善，做出应有的贡献。

中国残疾人"两个体系"建设的几点思考
——"积极福利"、分阶段的"福利化"和"职业化"/"专业化"

山东大学残疾人事业发展研究中心　葛忠明

中央7号文件和国发19号文件发布之后，残疾人社会保障与服务"两个体系"建设已经成为中国残联和各级地方党委、政府和地方残联的一项重要工作。中国残联专门成立了"两个体系"建设领导办公室；中国残联与江苏、湖北和陕西签订了共建协议，将上述三省作为残疾人"两个体系"建设的实验区，并将山东等13个省作为残疾人"两个体系"建设的重点联系省。各省市根据中央7号文件的指导意见，正式发布了各地的指导性文件，如山东省委省政府颁发了12号文，即《关于加快推进残疾人事业发展的实施意见》，并成立了"两个体系"建设领导小组。因此说，残疾人社会保障体系和服务体系的建设，成为当前和今后一定阶段内中国残疾人事业发展的工作重点，也是各地残联当前面临的重要工作内容。

和谐社会的建设中，一项极为重要的工作内容，是与国家的经济发展相适应、相配合的社会建设、社会发展。如果说经济发展的水平可以用GDP总量、人均GDP等指标来衡量，那么，一个国家社会发展的水平，则可以用覆盖民生领域的社会开支——即社会保障和社会服务方面的开支——来衡量，特别是用针对于某些特殊群体的开支，如老年人群体、儿童青少年群体和残疾人群体的社会开支来衡量。

中国的残疾人事业，正面临着极好的发展机遇。与经济进步相配合的社会发展，将在相当长的时间内成为党和政府重点考虑的工作方向，因为在经历了30年的经济建设、经济发展之后，中国的社会建设、社会发展水平，依然处于一个相对落后的水平上。残疾人社会保障体系和服务体系的建设，是历史的必然选择。

一、残疾人"两个体系"建设的核心理念和核心概念

各地"两个体系"建设都处于初步尝试阶段，在对"两个体系"建设的认识和重点发展方向、组织系统的设计和具体操作等方面，都存在着模糊之处。

形成这种状况的根本原因，是缺乏"两个体系"建设的核心理念和核心

概念。核心理念回答这样的问题：为什么要建设残疾人"两个体系"？"两个体系"建设所要回应的核心问题是什么？建设"两个体系"的理论依据是什么？而核心概念回答这样的问题："两个体系"建设的中心点是什么？在"两个体系"建设过程中，残疾人社会保障体系和服务体系各自需要解决什么问题？

残疾人"两个体系"建设的必要性和根本目的，无非是为了中国残疾人群体的福祉，这是最终的目的。但是，对社会福利的认识，特别是对残疾人福利的认识，长期以来却存在着消极的看法——任何社会开支，都被认为是一种消耗从而是社会经济发展的负担。因此，我们在强调核心理念的时候，更多的是要回答这样的问题：我们该如何看待发展社会福利所形成的社会支出？该选择哪种理论来支撑残疾人"两个体系"建设？

我们认为，"积极福利"（Giddens，1998）应该作为中国残疾人"两个体系"建设的核心理念。所谓"积极福利"，简单地说，就是颠覆新自由主义对社会开支的消极理解，将社会福利开支视为"社会投资"（Giddens，1998）。就是说，残疾人"两个体系"建设所产生的资源投入（包括现金、实物和服务）在积极福利的视角下，不再是消极的、消费性的、被视为经济发展过程中负担的"开支"；相反，这种投入会被认为是积极的、发展性的、会促进经济良性发展的"投资"。如果说这种投资依然是一种"开支"，那么，这种"开支"最多只能说是国家经济和社会发展所需的"成本"，而这一"成本"所能带来的"效益"，可以表现在经济、政治、社会等方面——就是说，在消极的"社会开支"概念转换成积极的"社会投资"概念后，我们更多强调的是社会投资所带来的积极的经济繁荣、政治稳定和社会进步。

从消极的思维转换到积极的思路，如果我们接受积极福利这一核心理念，我们需要问：残疾人"两个体系"建设中需要解决的核心问题是什么？"两个体系"建设的中心工作是什么？就是说，我们的核心概念是什么？

社会保障体系涉及的问题，无论是社会救助，还是社会保险和社会福利（小福利概念，指在社会救助和社会保险基础上的、旨在提高福祉水平的资源投入；往往也指"无偿"和"免费"的福利），其实无非就是资源（这里特指现金和实物，以便与服务体系相对应）的投入水平问题。

如果说残疾人社会保障体系指资源的投入水平问题，那么残疾人服务体系指的是什么呢？简单地说，就是指由一个设计合理的组织系统，将资源转换为服务的过程，即一个从事于服务传递的组织系统。

残疾人"两个体系"建设过程中，需要解决的核心问题主要涉及保障与服务两个方面：第一，涉及保障体系的问题是，资源投入是否充分和恰当？这一问题直接涉及保障的覆盖面和保障水平问题；第二，涉及服务体系的问题是，服务传递的组织系统是否能够恰到好处地、高效地把资源转换成服务而不会产生资源浪费？在中国，由于我们的社会政策在改革开放以来一直倾向于"家庭为本"和"社会服务社会化"，因此，第一个问题的实质是社会保障的福利化水平问题，或者说福利的公共供给水平问题；第二个问题的实质是社会服务的职业化、专业化水平问题。服务体系的职业化/专业化有两个方面的含义：第一，服务的组织系统的职业化/专业化设计水准；第二，针对各类不同残疾人所提供服务的职业化/专业化水准。

因此，"两个体系"建设所要解决的核心问题，即"核心概念"的问题，逻辑上就是社会保障体系建设过程中应该提倡的"分阶段的福利化"，和社会服务体系建设过程中应该提倡的"分阶段的职业化/专业化"。

之所以提出"分阶段"的福利化和职业化/专业化，是因为从"消极福利"转换到"积极福利"，从"家庭为本"和"社会服务社会化"转换到"福利化"和"职业化/专业化"，需要认知和实践的一个过程。为促进这一转换，进行一些国际间的比较，并阐明"积极福利"所可能产生的积极后果，是有益、必要的。

二、"积极福利"理念的经济基础及积极后果

根据清华大学世界与中国经济研究中心的乐观预测，到2009年年底，中国的经济总量将超过日本，成为全球第二大经济体。国家统计局日前稍显保守地明确指出，最多在未来2—3年内，中国将超过日本，成为第二大经济体。而原本对中国经济不那么乐观的高盛公司近日发布了有关中国经济发展前景的最新分析报告。其首席经济学家吉姆·奥尼尔认为，2027年中国的GDP将达到21万多亿美元，超过美国居世界第一位。

如果说经济实力是福利政策的基础，那么我们就有理由认为，一流的经济实力有可能支持一个相对发达的福利政策，这是符合逻辑的判断。西方发达国家的福利政策也证明了这一判断的合理性。当西方国家的经济发展到一定水平之后，不管福利资本主义的三个世界有什么变化（Esping–Andersen，1990），公共福利资源的投入占到了GDP和政府开支的相当比重，如表1所示。

表1 OECD国家公共社会支出占GDP的比重

国家	2003	2004	2005
澳大利亚	17.8	17.7	17.1
加拿大	17.2	16.6	16.5
丹麦	27.8	27.7	27.1
德国	27.3	26.7	26.7
挪威	24.5	23.2	21.6
瑞典	30.4	29.9	29.4
英国	20.5	21.1	21.3
美国	16.2	16.1	15.9

值得注意的是，这些数据还不是社会支出总额所占GDP的比重；如果加上非政府部门的投入，福利投资的比重将会更大。

在上述国家中，社会开支占政府开支的比重都超过了40%，澳大利亚、挪威和瑞典甚至超过了50%。如表2所示：

表2 OECD国家公共社会支出占一般政府公共支出的比重

国家	2003	2004	2005
澳大利亚	50.9	50.2	49.2
加拿大	42.0	41.7	56.8
丹麦	50.6	50.7	51.4
德国	56.3	56.6	57.2
挪威	50.9	51.2	51.4
瑞典	53.3	53.7	53.3
英国	47.7	48.2	64.2
美国	44.2	44.0	43.6

用于残疾人的公共社会开支在这些国家也占有相当的比例。表3、表4分别说明了残疾人公共社会开支所占GDP和政府开支的比重：

表3　OECD 国家残疾人公共社会开支占 GDP 比重

国家	2003	2004	2005
澳大利亚	2.5	2.5	2.4
加拿大	1.0	0.9	0.9
丹麦	4.3	4.3	4.3
德国	2.0	1.9	1.9
挪威	5.4	4.8	4.4
瑞典	5.9	5.7	5.6
英国	2.4	2.4	2.4
美国	1.2	1.3	1.3

表4　OECD 国家残疾人公共社会开支占政府开支比重

国家	2003	2004	2005
澳大利亚	7.2	7.1	7.0
加拿大	2.4	2.4	3.2
丹麦	7.8	7.9	8.2
德国	4.1	4.1	4.0
挪威	11.2	10.6	10.4
瑞典	10.3	10.3	10.2
英国	5.7	5.6	7.2
美国	3.4	3.5	3.5

由于我们的统计口径中还没有"社会开支"这一项，因此做国际比较十分困难。但是大致的估算却不难。中国是一个极为重视教育的国家，可是2006年的公共开支中的教育投入仅占 GDP 的1.47%；虽然中国的残疾人事业近年来有长足发展，但是可以推算的是，到目前为止，中国残疾人的公共福利开支所占 GDP 的比重，不会超过 OECD 国家中水平最低的加拿大和美国（1%）的水平；所占政府开支的比重，也不会超过 OECD 国家中水平最低的加拿大和美国（2%—3%）的水平。

但这一落后局面将随着国家经济的根本好转而得到彻底的改变。如果真如高盛公司所预测的那样，2027年中国的 GDP 能达到21万多亿美元，按照一流经济将有能力产生一流福利政策的逻辑，则中国的社会福利开支应占 GDP 的30%多，将达到惊人的 6 万多亿美元；即使去掉一半——即按照最低国际水平（15% 的 GDP）的福利开支计算，也将有 3 万多亿美元之巨。就是说，"金砖四国"中的巴西、印度和俄罗斯的现有经济总量之和，将是 2027 年我国的公共福利开支规模，而这还不包含来自民间社会的福利投入。相信，到那个时候，残疾人的福利开支，将有大幅度的提高。

做这样的国际比较，是想说明一个事实：包括残疾人福利投入的中国社会福利开支的扩大，是一个必然的趋势。更为重要的是，在"积极福利"视角下，这一巨大的社会投资规模，必将产生积极的经济、政治和社会后果。

值得我们重视的一个事实是，虽然自 20 世纪 70 年代以来，新自由主义的意识形态占据着主导地位（Crepaz & Moser, Mishra 1999；Garret, 1998；Swank 2002）；对福利国家的未来走势因此也成为当前福利政策的国际比较研究的热点议题。福利国家退缩论者有之，福利国家发展论者亦有之（Rodrik, 1997；Swank, 1998, 2001；Garret, 1998；Garret & Mitchell, 2000；Hall, 2001）。但是，一个明显的事实是，福利开支在各国之间，却出现了整合的趋势——原先持有自由主义取向的国家，其福利开支却在扩大，趋向于激进的福利国家的社会开支水平。为什么？因为，在欧美，人们越来越乐于接受"社会投资"这一概念。"积极福利"的确需要一定的经济基础，但是，经济条件与"积极福利"之间的关系，绝非是简单线性的。就是说，"积极福利"也将导致积极的经济后果。

首先，"积极福利"（Giddens, 1998）这种社会投入将直接拉动内需市场（魏彤, 2000；王德文, 2009；张瑞, 2008；杨宏兵, 2008；社会保障研究组, 2008）。其实，高盛公司对 2027 年中国经济的乐观预测，也是以中国能够成功拉动内需市场为前提的。可以说，内需市场对中国经济的意义，已毋庸置疑了；但"积极福利"的经济意义绝非仅在于此。如果将残疾人视为有别于普通人的具有"不同能力的人"（people with different abilities, or differently able people），那么，投资于残疾人群体的福利开支，将会促进挖掘其潜力，提升其抗拒社会风险的能力，从而实现就业。如此，原本所必需的福利开支（收入保障、医疗开支及其他开支），因为残疾人实现了就业而得以节省。这也是为什么西方国家强调社会福利从"生活福利"（welfare）向工作福利（workfare）转化的原因所在。

"积极福利"所产生的积极的政治后果，也是十分明显的。毕竟，任何政府的执政合法性问题以及整个社会必须维持的政治稳定问题，归根到底是其执政地位在公民那里的认受性问题。实现政治稳定、保持执政合法性的途径可能相当复杂，但是，真正地解决百姓的民生问题，肯定是解决问题的途径之一。如果说中国革命的成功是因为通过土地革命解决了当时中国百姓的最为关心的民生问题，那么，今天则可以、也应该通过福利的国家供给水平的提高，即福利化水平的提高，改变"社会服务社会化"和"家庭为本"的社会政策取向，使百姓得到真正的实惠。

社会政策的功能之一，是通过财政转移调整社会各阶层之间的关系，从而使社会各阶层之间的关系真正和谐起来。我们认为，这是和谐社会建设中十分重要的一环，也是"积极福利"所能产生的积极的社会效果。"积极福利"所能带来的积极的社会后果，最明显地表现在人际关系，尤其是人际信任关系的改善、社会资本的上升等方面。在解释"北欧之谜"的过程中，Tarrow 和 Mettler 都明确指出，国家在形成社会资本的过程中发挥了重要作用（Tarrow，2006；转引自Ting，2008），因此有必要把国家带回市民生活的研究中来（Mettler 2002，转引自 Ting 2008：9）。这种观点得到了北欧"社会资本制度学派"（institutional school of social capital）学者的积极回应和发展。他们认为，许多学者把强权专制国家对社会资本的破坏作用（Sztompka，1999）简单地扩大，因此在解释信任等社会资本的时候，忽略了国家在社会资本方面的积极作用。Rothstein 和 Stolle 等学者对北欧所做的经验研究表明，福利国家的体制性安排，而非单单是民间社团，才是社会资本得到发展的根本原因（Rothstein and Stolle，2003；Stolle 2003，转引自 Ting，2008）。北欧的信任研究学者所做的研究充分说明，积极的福利政策可以导致积极的社会后果，即维持一种良好的社会资本状态，改善和维持社会成员的社会关系。

总之，积极福利能够形成积极的经济后果、政治后果和社会后果，因此，国家在福利供给方面，应该承担更多、更重要的责任。

三、关于"专业化"／"职业化"的思考

如果说残疾人社会保障体系所要回应的最根本的问题是资源投入的规模问题，尤其是福利的国家供给水平问题，那么，服务体系建设所要回应的核心问题，就是如何将这种资源高效地转化为服务的问题。因此，为实现"高效"和资源不被浪费，职业化／专业化的服务组织系统，以及职业化／专业化的服务模式，是残疾人社会服务体系建设中必须努力实现的。在中国，"积极福利"意味着公共资源投入的增加，但是，如果不改革现有的福利资源管理系统，这一巨额的福利投入所能产生的社会服务效果，依然会被打折扣。

简单地说，职业化／专业化的残疾人社会服务体系，就其组织系统而言，应该由三个部分组成：第一，由政府部门组成的资源和服务的管理系统（残联的资

源管理职能因此必须得到进一步的强化;下文对此将有说明);第二,服务传递系统(政府部门的服务机构+职业化/专业化的非政府组织即 NGO,这是服务体系中最大、最重要的组成部分;未来的趋势应该是政府出资购买 NGO 提供的职业化/专业化服务。对不同残疾人提供模式不同的专业化社会服务、有专业介入的社区化服务模式等议题,都可在这个层面上进行探索、研究);第三,由政府部门制订标准、由第三部门落实的社会服务质量监控系统。

经过实地调研,我们发现用于残疾人群体的资源(这里指现金+实物)分别由不同的部门在管理,即民政、劳动、教育、卫生部门、建委等部门,残联能够动员、调整、分配、管理的资源相对有限。现有残疾人社会福利资源的分散化管理系统所造成的后果之一,除了对残疾人福利资源投入的规模缺乏准确数据之外,还有资源的投入不能带来效益最大化的问题。这个问题,在现有福利资源投入有限的局面下,显得尤为突出。

资源管理系统的科学性、合理性,要求对该系统进行职业化/专业化设计,这是有限资源效益最大化的制度保证。初步估计,在现有管理系统内,单位资源的投入所能产生的服务效益只有 0.5—0.6 个单位;原因在于管理组织体系的不合理设计所产生的消耗——这就如不科学的输电系统大量消耗电力资源一样。我们认为,如果残疾人联合会能够承担集中化的资源管理功能,则将大大提高单位投入所能产生的服务效益。这将是解决资源损耗问题、提升服务效果的一种合理选择。

为确保所投入资源发挥最大的服务效果,我们建议在残工委和"两个体系"建设领导小组这一框架之下,设立秘书处或办公室,并将这一机构设于省残联,统筹残疾人社会福利资源;最为理想的是将这一机构发展成为完全意义上的政府机构,专门管理残疾人福利资源。我们在这里建议的,实际上是要强化残联的政府管理职能,以便改革不合理的资源管理局面。但由于部门利益的存在,将现分属不同部门的残疾人社会福利资源归拢到残联,将会困难重重。但是,为了真正建立起合理、高效的残疾人"两个体系",有必要做一些大胆、突破性的工作。

最后,一个设计合理、科学、高效的残疾人资源管理系统——应该强化残联的"管理"职能,部分保留"代表"职能,让渡"服务"职能给非政府部门——是节约资源、提高单位资源的服务效益、提升残疾人社会服务质量的组织保证。如此,非政府组织(NGOs, Non-government Organizations)作为职业化/专业化的专门服务机构,可以大幅提高单位资源的有效利用,使服务增值。相关研究表明,政府直接经营的社会服务,与 NGOs 提供的专业服务相比,单位资源的有效利用率之比为 1∶7。就是说,政府用 7 个单位的资源所能提供的服务,

NGOs 只用 1 个单位的资源就可以做到。

所以，应该针对不同类别的残疾人，大力培育、发展不同类型的职业化/专业化的非政府服务机构。"政府出资购买专业服务"这一社务服务模式，应该在残疾人"两个体系"建设中进行有益的尝试。这里的职业化/专业化，除了指服务组织系统的科学、合理设计之外，更多的是指各类服务专业的介入，如各类治疗专业、护理专业、社会工作专业，等等。在职业化/专业化社会服务的改革方面，我国正在民政、共青团系统内进行社会工作专业介入的实验；残疾人社会服务体系的建设过程中，完全可以进行类似的尝试。

残疾人生活津贴和护理津贴方案设计

中国人民大学劳动人事学院　杨立雄

残疾人津贴是针对残疾人特殊需求、由政府提供福利补贴和补偿的一种社会保障制度。残疾人津贴项目较多，按年龄段可以分为针对所有残疾人的津贴、针对残疾儿童的津贴、针对工作年龄段残疾人的津贴、针对老年残疾人的津贴；按项目可以分为：生活津贴、教育津贴、康复津贴、就业津贴等。受经济发展水平的限制，我国不可能在短期内建立上述所有项目，而应该根据轻重缓急，选择当前残疾人最需要解决的问题为突破口，逐步、分阶段建立残疾人津贴制度。

当前残疾人最需要解决的问题主要有两个：一是生存问题，二是护理问题。这两个问题互为影响，生存问题没解决，护理问题无从谈起；同样，护理问题不解决，生存问题更加突出。解决了生存问题之后，护理问题便成为残疾人的第一需要；同样，解决了护理问题，就会缓解残疾人的生存问题，提高残疾人及其家庭的生活质量，使残疾人获得更好的发展环境。

一、国外残疾人津贴制度

（一）英国残疾人津贴制度

英国政府实施了生活、健康和独立生活等方面九大类津贴，几乎覆盖了所有残疾人需求。生活类津贴就有生活、丧失工作能力、看护等三种。

1. 残疾人生活津贴（Disability Living Allowance）

英国的残疾人生活津贴制度是一个不需要财产调查、非缴费型的受益项目，是一项针对一个家庭中需要照顾，或者行动有困难的残疾人的税收减免受益。残疾人生活津贴的受益条件有三个：①身体或精神残疾，或者两者兼有；②残疾程度较重，无法自理，或者行动有困难，或者两者兼有；③申请者年龄在65岁以下（65岁以上者可以申请护理津贴）。除此三个条件之外，不再附加任何条件，也就是说，与工作与否，财产和收入状况等均无关系。

残疾人生活津贴主要有两部分：

一是照顾津贴，主要针对需要生活照顾或监管（如精神病人）的人群；凡在日常生活（如洗漱、穿衣、吃饭、上厕所或交流）中需要照护；或需要监护人帮助以避免危险；或者在透析时需要他人帮助；或者年龄在16岁以上，却不能独立准备饮食。根据残疾程度，残疾人照顾津贴分为三个等级：在一天之中需要他人或监护人提供帮助，或不能独立准备饮食者，可获得低档的照护津贴；白天经常需要他人照料，或只在夜晚需要他人看护，或在透析时需要看护，可获得中档的照护津贴；无论白天或夜晚均需要他人或监护人看护，可获得高档的照护津贴。

二是行走津贴，主要针对不能走动或者需要有人扶助才能走动的人群。要获得行走津贴，需要满足下列条件之一：不能真正行走，或截肢；失明或失聪达到80%以上者；严重的精神病患者；行走时影响到生活或健康者；在一个不熟悉的环境里需要他人看护才能行走者。行走津贴分两档：外出需要监护人提供帮助者，可获得低档行走津贴；其他情况可获得高档行走津贴。有些人可能只能领取其中一种，有些人可能领取两种。津贴标准根据残疾等级而定。获得残疾人生活津贴资格后，收入支持、养老金、家庭收益、工作税收抵免、未成年儿童税收抵免等社会保障项目的收益也会相应增加。生活津贴的现行标准如下：①照顾津贴：高档，70.35英镑/周；中档，47.10英镑/周；低档，18.65英镑/周；②行走津贴：高档，49.10英镑/周；低档，18.65英镑/周。

2. 残疾人护理津贴（Attendance Allowance）

针对65岁及以上的残疾人，英国设立了护理津贴制度。残疾人看护津贴从1975年开始实行，旨在为65岁及以上疾病者或伤残者提供帮助和照顾。该津贴是一种不需要财产调查、非缴费型的补贴。护理津贴的受益条件与残疾人生活津贴制度的受益大致相同，只是第三条有所区别，即年龄要求65岁及以上。护理分为两个等级，低档：仅需要在白天或夜间进行经常的帮助或看护，或者在透析时需要陪伴；高档：整个白天和夜间都需要帮助和看护。现行两个等级的受益标准分别为：低等级47.10英镑/周，高等级70.35英镑/周。此外，领取残疾人护理津贴的人有权利领取其他补贴：如住房福利、财产税抵免、养老金税收抵免。

3. 就业和支持津贴（Employment and Support Allowance）

自2008年10月27日，英国实施就业和支持津贴，代替以前实施的残疾人受益计划和收入支持计划。实施就业和支持津贴项目，目的在于通过加强残疾人就业技能培训，提高残疾人就业能力，进而促进残疾人自强自立。这一项目包括了一个医学测试，即工作能力测评（Work Capability Assessment），进行工作能力测评的目的在于评估残疾人能做什么（而不是不能做什么），并提供与健康相关的支持。申请此项目的残疾人多为工作做准备，包括与他们个人的工作顾问建立联系，接受工作顾问的指导等。接受了就业和支持津贴者，在其生病或残疾期间，并严重影响到工作能力时，还可以得到更高标准的金钱支持，如果不准备重返工作岗位,还可以自由选择能胜任的工作。

申请就业和支持津贴,需要满足下列条件之一:法定疾病补偿已到期,或不能获得法定疾病补偿;自雇者或失业;已获得法定生育补偿,但因疾病或残疾未重返工作岗位;处于国家养老金的年龄范围之内。同时还需要满足下列条件之一:因疾病或残疾影响到工作能力的天数至少达到4天(包括周末和法定节假日);在7天中有两天或两天以上不能工作;接受特殊医学治疗。年龄在16—20岁之间的,还须满足附加条件。

就业和支持津贴由两个阶段的支持组成:通过工作能力评估的前13周,享受评估阶段(Assessment Phase)受益标准,即:25岁以下单身每周最高为50.95英镑;25岁或以上单身每周最高为64.30英镑。13周后,假如工作能力评估显示疾病或残疾影响或限制了工作能力,享受主要阶段(main phase)的受益标准,即:在工作相关行为组(Work Related Activity Group)的单身每周最高为89.80英镑;支持组(Support Group)的单身每周最高为95.15英镑。

4. 失能受益(Incapacity Benefit)

在2008年10月27日前残疾者,可以享受失能受益项目。失能受益项目的资格条件与就业和支持津贴的资格条件完全一样,只是标准有所不同。失能受益项目有三种标准,即短期失能受益(低档):受益期限为前28周,每周为67.75英镑(超过国家养老金年龄者为86.20英镑);短期失能受益(高档):受益期限29—52周,每周为80.15英镑(超过国家养老金年龄者为89.80英镑);长期失能受益:受益期限为自53周始,每周为89.80英镑(超过国家养老金年龄者没有资格领取)。

(二)美国伤残津贴

1. 伤残津贴

1957年美国建立了伤残津贴制度。首次伤残津贴只有在伤残后6个月才能领到,并且要求交纳的社会保障税超过规定的季度量,这个期限少则一年半,多则7年;伤残时的年龄越大,所要求交纳的社会保障税的季度数量越多。视力、听力、言语残疾者,以及部分疾病患者均可以申领伤残津贴,伤残津贴包括永久和完全伤残救助金(Aid to the Permanently and Totally Disabled, APTD)和补充收入保障(Supplemental Security Income, SSI),前者面向全体无业的、65岁以下的残疾人发放,65岁以上则领取养老金。补充收入保障是美国政府面向贫困的老年人、残疾人按月发放的生活补贴,附有家计调查。另外,美国还通过对领取伤残津贴的残疾人提供医疗救助,帮助他们解决医疗问题。在美国,获得伤残津贴的渠道很多,有社会保障计划、雇主计划、工人补偿、个人保险等等提供的津贴。

2. 老兵伤残补偿（Veteran Affairs Disability Compensation）

美国老兵伤残补偿计划是针对在执行任务或服役期间伤残的老兵的一种补偿项目，其受益对象为伤残老兵。受益标准由残疾程度及其他因素决定，其标准计算比较复杂。表1是美国老兵伤残补偿标准简表（2007年12月1日生效）。

（三）德、日两国的残疾人津贴

在德国，残疾人福利津贴种类繁多，根据残疾人群体的残疾等级和不同致残原因，分别由不同的社会保险基金负责，主要有疾病保险待遇、工伤保险待遇、战争伤残赔偿、一般伤残待遇或残疾人过渡津贴，这些津贴主要以现金为主。除直接的货币津贴之外，德国残疾人还可以享受到诸多间接的津贴，如，重度残疾人可以申请领取残障金。为了保障残疾人最大程度、独立自主地安排自己的生活，需要照护的残疾人还可以申请定期或一次性的津贴来代替上述各种非货币待遇。

在日本，符合条件的困难残疾人每月可领取政府的补助金。例如：盲人按其视障程度分1级和2级。按照政府"基本残障抚恤金"的规定，对1级视障者（全盲），每月发给81,000日元，对2级每月发给65,517日元。同时基于家计调查，低收入者全额发放，中等收入者半数发放，高收入者无资格领取。另外，对那些需要经常护理的重残者，每月发给特殊津贴26,230日元（2000年前的数字）；对于20岁以下的残障儿童和需要经常护理的重残儿童，另有"残障福利津贴"，其数额各地不一；同时对重度智障者和重度残障者并存的家庭给予特别福利津贴。

除此之外，照顾残疾人的人也可以享受一些社会保障受益项目，如在英国就建立了残疾照顾津贴（Invalid Care Allowance，也称Career's Allowance），受益人要求每周照顾残疾人至少达到35个小时，照顾者与被照顾者并不要求具有亲戚或血缘关系，也不要求住在一起。

二、建立家庭津贴的必要性

（一）完善残疾人服务设施，提高服务水平

我国残疾类别分视力残疾、听力残疾、言语残疾、肢体残疾、智力残疾、精神残疾、多重残疾，各类残疾从重到轻依次划为一级、二级、三级、四级。二抽结果显示，我国残疾程度中一级所占比例较高，七种类别的平均值达到17.2%，其中精神残疾、视力残疾和言语残疾的一级所占比例均超过20%（见表2）。

表 1 美国老兵伤残补偿——基本标准

单位：美元/月

残疾代码	残疾程度	10%	20%	30%	40%	50%	60%	70%	80%	90%	100%
0	V	117	230	356	512	728	921	1161	1349	1517	2527
10	V–S			398	568	799	1006	1260	1462	1644	2669
11	V–S–1C			429	610	850	1068	1332	1545	1737	2772
12	V–S–2C			450	638	885	1110	1381	1601	1800	2843
13	V–S–3C			471	666	920	1152	1430	1657	1863	2914
14	V–S–4C			492	694	955	1194	1479	1713	1926	2985
每增加一个小孩增加				21	28	35	42	49	56	63	71
每增加一个学龄期的小孩增加				68	90	113	136	158	181	204	227
20/30	V–S–1P			432	613	856	1074	1339	1553	1746	2783
21/31	V–S–1P–1C			463	655	907	1136	1411	1636	1839	2886
22/32	V–S–1P–2C			484	683	942	1178	1460	1692	1902	2957
23/33	V–S–1P–3C			505	711	977	1220	1509	1748	1965	3028
24/34	V–S–1P–4C			526	739	1012	1262	1558	1804	2028	3099
40	V–S–2P			466	658	913	1142	1418	1644	1848	2897
41	V–S–2P–1C			497	700	964	1204	1490	1727	1941	3000

续表

残疾代码	残疾程度	10%	20%	30%	40%	50%	60%	70%	80%	90%	100%
42	V–S–2P–2C			518	728	999	1246	1539	1783	2004	3071
43	V–S–2P–3C			539	756	1034	1288	1588	1839	2067	3142
44	V–S–2P–4C			560	784	1069	1330	1637	1895	2130	3213
50/60	V–1P			390	557	785	989	1240	1440	1619	2641
51/61	V–1P–1C			418	595	833	1046	1307	1516	1705	2737
52/62	V–1P–2C			439	623	868	1088	1356	1572	1768	2808
53/63	V–1P–3C			460	651	903	1130	1405	1628	1831	2879
54/64	V–1P–4C			481	679	938	1172	1454	1684	1894	2950
70	V–2P			424	602	842	1057	1319	1531	1721	2755
71	V–2P–1C			452	640	890	1114	1386	1607	1807	2851
72	V–2P–2C			473	668	925	1156	1435	1663	1870	2922
73	V–2P–3C			494	696	960	1198	1484	1719	1933	2993
74	V–2P–4C			515	724	995	1240	1533	1775	1996	3064

说明：V＝老兵；S＝配偶；C＝小孩；P＝父母

表2　不同类别的残疾等级分布　　　　　　　　　　　　单位:%

残疾种类	一级	二级	三级	四级	总计
1. 视力残疾	22.9	9.6	11.0	56.5	100.0
2. 听力残疾	8.5	10.6	44.3	36.6	100.0
3. 言语残疾	21.8	13.1	25.3	39.8	100.0
4. 肢体残疾	4.5	11.2	24.0	60.3	100.0
5. 智力残疾	9.2	16.1	33.9	40.8	100.0
6. 精神残疾	23.6	13.9	16.7	45.9	100.0
7. 多重残疾	48.1	16.9	22.9	12.2	100.0
平均值	17.2	12.3	26.9	43.6	100.0

数据来源：第二次全国残疾人抽样调查。

抽样调查结果显示，18岁及以上重度障碍、极重度障碍两个等级的平均比例达到11.82%和6.84%。其中智力残疾和多重残疾的自理状况尤为严重，重度障碍和极重度障碍两项之和的比例分别达到35.9%和33.49%。从人数上看，肢体残疾和多重残疾的人数最多，重度障碍和极重度障碍的人数和分别达到9140人和7810人（见表3）。这些残疾人行动不便，在日常生活中需要他人照护。

目前，向残疾人提供照护服务有三种基本模式：一是居住在家庭，由家庭成员提供服务；二是住在福利机构或者医疗机构，由机构内的专业人员提供服务；三是社区内的专门机构或组织向居住在家庭的残疾人提供照料服务。从总体上看，我国社会化照护服务还处于萌芽阶段，照护服务资源相当短缺。自2008年7月召开全国智力残疾人、精神残疾人托养服务工作会议以来，托养服务及机构建设取得阶段性成果，已建、改建、新建托养服务机构共1703个，但是，到2008年年底，仍然只有2.2万智力残疾人、0.8万精神残疾人和1.8万其他类别中重度残疾人接受了托养服务；另外，还有62.7万残疾人在各类福利院、养老院享受集中供养、"五保"供养。也就是说，绝大部分残疾人的照料和护理以传统的家庭照护模式为主，父母、长辈或子女是承担残疾人照护的主要角色。为了照顾病残的亲属，家庭成员被迫放弃外出工作的机会，由于劳动力的减少，家庭生活越来越困难，照顾者苦不堪言。许多父母担心自己老了不能动或自己去世后无人照料残疾人儿女，甚至发生与残疾儿女一起自杀的悲剧。因此，缓解家庭照顾的负担显得十分迫切。

表 3 不同残疾类型的自理情况分布 (18 岁以上)

残疾类型	无障碍/无适用		轻度障碍		中度障碍		重度障碍		极重度障碍/不能完成	
	人数	%	人数	%	人数	%	人数	%	人数	%
视力残疾	12112	51.88	6410	27.45	2723	11.66	1459	6.25	644	2.76
听力残疾	7881	20.77	17301	45.59	9502	25.04	2688	7.08	574	1.51
言语残疾	478	26.88	630	35.43	362	20.36	214	12.04	94	5.29
肢体残疾	10133	21.90	15224	32.90	11782	25.46	5287	11.42	3853	8.33
智力残疾	265	3.56	2138	28.71	2371	31.83	1582	21.24	1092	14.66
精神残疾	793	6.89	3628	31.53	4080	35.45	2159	18.76	848	7.37
多重残疾	3931	16.86	5487	23.53	6092	26.12	4538	19.46	3272	14.03
总计	35593	23.47	50818	33.52	36912	24.34	17927	11.82	10377	6.84

数据来源：第二次全国残疾人抽样调查

根据马斯洛的需求理论,满足生理需求、安全需要和感情需要是人类维持自身生存的最基本要求,只有这些最基本的需要满足到维持生存所必需的程度后,人类才会追求尊重的需要和自我实现的需要。残疾人在其贫困程度得到缓解、生存问题得到解决的前提下,才会追求自己的理想,实现人生的价值。建立残疾人津贴制度,使残疾人及其家庭每月有一笔固定的收入来源,不但有利于缓解其贫困程度,同时还能增强其自由发展的能力。虽然残疾人津贴水平并不很高,也不能使其完全摆脱贫困的境地,但是毕竟给予他们一个较高的起点,增强他们自身的能力,从而也为他们的发展打下基础。

目前,我国残疾人基础服务设施比较落后,而地方财力有限,完全靠政府财政投入很难使基础设施在较短的时间内有较快发展,因此发挥市场和民间力量显得十分必要。建立残疾人护理津贴制度,给重度残疾人发放现金或服务消费券,残疾人可以自由选择服务机构接受服务,这不但实现了残疾人的选择权,而且可以充分发挥市场竞争作用,促进残疾人服务设施的完善和服务水平的提高。建立残疾人护理津贴制度,提高了残疾人的护理消费能力,扩大了机构的客户群体规模,同时由于残疾人具有选择权,也促进了服务机构之间的竞争,使残疾人享受到质量更高、价格更低的托养服务。

(二) 缓解残疾人家庭的贫困程度

第二次全国残疾人抽样调查结果显示,残疾人家庭收入明显低于正常家庭,残疾人的贫困发生率远高于正常人。在3000元以下的区间,残疾人家庭的比例高于抽样总家庭,而在3000元以上的区间,抽样总家庭的比例高于抽样残疾人家庭。2005年,农村贫困线标准是683元/人,0—683元区间的残疾人家庭比例是抽样总家庭比例的2倍,虽然城镇总体和残疾人家庭处于这一区间的比例较低,但是城镇残疾人家庭的比例几乎是城镇总体的3倍。而在10000元以上的高收入区间,抽样的总体家庭数是抽样残疾人家庭数的2倍多(见表4)。

表4 抽样总体家庭与抽样残疾人家庭的收入区间分布　　　　单位:%

	0—683元	684—944元	945—3000元	3001—5000元	5001—10000元	10000元以上
总体	4.87	3.55	41.64	20.68	18.72	10.53
残疾人	10.39	6.48	51.40	15.89	11.23	4.61
1.1 城镇总体	1.15	0.90	21.23	21.47	31.78	23.48
1.2 城镇残疾	3.11	2.22	32.88	21.87	25.95	13.97
2.1 农村总体	7.06	5.12	53.69	20.22	11.01	2.90
2.2 农村残疾	13.21	8.14	58.58	13.56	5.53	0.98

根据第二次全国残疾人抽样调查数据制表。

从消费支出看,残疾人家庭拥有彩电、电冰箱、洗衣机、电话机、家用电脑的比例均低于总体家庭,无上述家电的比例高出总体家庭10个百分点,残疾人家庭户月均生活用电量比总体家庭少11度(见表5)。

表5 抽样总体家庭与抽样残疾人家庭拥有家电情况　　　　　　单位:%

家庭类型	彩电	电冰箱	洗衣机	电话机	家用计算机	无上述家电	户月均生活用电量
总体	78.29	34.30	43.71	68.36	10.81	15.22	51
残疾人	66.86	23.58	31.53	54.60	4.55	26.28	40

根据第二次全国残疾人抽样调查数据制表。

因此,解决残疾人的生存问题是残疾人社会保障制度建设的重要目标之一。现在各地针对贫困残疾人及其家庭采取的普遍做法是,在最低生活保障制度实施过程中对残疾人实施优惠政策,如提高残疾人的保障标准,不以家庭为单位实行家计调查等,这些做法虽然提高了残疾人的受助率和保障水平,但是这种做法存在不公。主要有三个方面的原因:一是最低生活保障制度是以收入为前提条件,只要收入达不到规定的最低生活保障线,就有资格申请。然而,残疾人因其自身特殊的因素,往往需要维持日常的疾病治疗、康复和额外的教育支出等,医疗和康复开支占到家庭整个支出的大部分,在同样的最低生活保障标准下,残疾人家庭的生活更加困难。二是由于康复医疗等费用的支出,残疾人家庭比同等收入条件甚至稍低收入条件的正常家庭生活要困难。但是按规定,高于最低生活保障线的残疾人家庭通常是不能纳入低保范围的。三是分类施保会造成新的不公。现在许多地方将部分社会救助项目与最低生活保障资格挂钩,凡是符合最低生活保障资格的低保户,除了发放保障金以外,政府给予医疗优惠、药物优惠、煤气水电优惠、廉租房供应、有线电视费用优惠、上学费用优惠、法律诉讼援助等多种福利项目。而没有低保资格就意味着没有资格享受这些福利,这使低保边缘户与低保户拉开差距,造成所谓"福利悬崖"。而且,现在又将残疾人的受益与低保资格挂钩,提高残疾低保户的受益标准,势必进一步拉开低保户与低保边缘户之间的差距,使享受低保的残疾人的低保标准高于甚至远高于未享受低保的残疾人。事实上,这种效应已经显现,大批残疾人特别是重度残疾人和一户多残家庭的"边缘户"因家庭收入略高于低保线而被拦在低保"门槛"之外,其生活水平与低保户形成鲜明对比,形成所谓"福利落差"。依附于低保的给予残疾人的优惠越多,福利落差就越大。要消除这种现象,就有必要建立独立于最低生活保障制度之外的困难残疾人生活津贴。

社会交换理论(social exchange theory)认为,在人际关系中,存在社会心理、社会行为等方面的交换,其核心是"互惠原则",即任何人进行交换(无论是经济的、社会的、精神的,还是服务的),交换主体应具备可资交换的资源,然后才能具备交换能力,只有这样交换的行为才能发生。根据社会交换理论,父母抚养子女,期待年老时能够得到子女的帮助和支持,子女从父母处得到关怀和抚爱,等自己成年后以赡养老年人作为报答。同样,在残疾人照料中,也存在互惠关系。虽然残疾人大多由父母照料,父母的爱往往是无私的、不计回报的。但是在长期的照料过程中,无论是身体还是心理均会疲劳。而老年残疾人则多因子女外出工作而处于无人照顾的状态。虽然我国在对老年人的照料上一直提倡发扬传统的"孝道"精神,但构建以生活照料与护理服务为核心的残疾人服务体系势在必行。政府提供一定水平的残疾人津贴,不但增强了残疾人的交换能力,减轻了家庭部分负担,促进了家庭和谐,也使家庭成员在照料过程中感受到政府和社会的关心,不再感到无力和孤独,从而增强信心。

三、困难残疾人生活补贴制度

目前,已有少数省份建立了残疾人生活补贴制度,如山东省要求从2010年起,对重度残疾人每人每月给予不低于50元的生活补贴,省财政给予适当补助,这一制度独立于最低生活保障制度之外。江苏省常州市2001年建立了特困助残金制度,给予每个残疾人每月发放助残金,城乡标准相同。但是从少数地方的实践看,困难残疾人生活补贴制度还欠规范,如山东省建立的重度残疾人生活补贴更接近于护理补贴,而非生活补贴。因此有必要规范这一制度。

(一)制度设计

困难残疾人生活补贴是独立于最低生活保障之外,针对困难残疾人实行的现金补贴计划。困难残疾人生活补贴标准应与贫困程度而非残疾程度挂钩,生活补贴标准应实行全国统一标准。由于最低生活保障制度已体现了地区和城乡差别,残疾人生活补助不宜有地区和城乡差别,因此应实行全国统一的补助标准。

困难残疾人生活补贴制度家计调查应该以个人而非家庭为单位,目的在于强调困难残疾人生活补贴只是针对残疾人本人的一种补贴。家计调查的内容主要有两个方面:一是不是残疾人,二是有无收入来源或者收入是否低于相应标准。前一个条件较易验证,在残疾人申请时提交残疾人证即可通过验证,但是后一个条件要得到验证却有一定难度。收入标准可以参考当地的最低生活保障线,以当地最低生活保障线的150%作为参考标准，凡是低于这一标准的残疾人均可申请领取困难残疾人生活补贴。一般来说，16周岁以下残疾儿童、无稳定收入来源的残疾人、"三无"残疾人员和残疾"五保"户、残疾人低保户均符合收入标准，无需再进行家计调查；而收入处于低保线上方的低收入户则要通过家计调查。

困难残疾人生活补贴申领程序如下：①个人向当地居民会（村委会）提出口头或书面申请，并提交相关材料，如残疾人证复印件、收入证明、户口复印件等。②居委会（村委分）上门进行家计调查，财产和收入的计算方法可以参照最低生活保障制度的方法。家计调查未通过者，告知原因；通过者将其名单报街道民政科（乡镇民政办）。③街道民政科或乡镇民政办对上报名单进行复查、公示，确认后报区县民政局，并报区县残联备案。④区县民政局直接将补助款打入个人账户。

困难残疾人生活补贴全部由政府财政负担。中央和地方负担方式可以参照最低生活保障支出的方法，中央对中西部地区给予适当倾斜。

（二）困难残疾人生活补贴标准

目前，我国社会保障体制实行城乡两种体制，社会保障待遇城乡差距比较大；同时部分社会保障项目由地方财政负担，因此，社会保障待遇还有地区差距。从城乡统筹和缩小地区差距的角度看，这种体制有许多不利的地方，有违公平原则，从而引发社会矛盾。因此，在设计残疾人津贴制度时，应不分城乡、不分地区，实行全国统一标准，残疾人津贴待遇只与残疾类别、残疾等级和家庭困难程度等因素挂钩。

残疾人津贴应与一定时期的经济和社会发展水平相关，同时又不超出政府财政承受范围。为便于计算，建议在设立残疾人津贴标准时以最低生活保障标准作为参考。目前，我国最低生活保障标准地区差距、城乡差距都相当大，因此，如何选择标准是一个难题。从城乡差距看，2008年12月份，31个省市的省会城市最低生活保障标准的平均值为273元/月，农村平均最低生活保障标准为99元/月；从地区差距看，北京、天津、上海等城市的最低生活保障标准接近或达到400元/月，而少数城市仍低于200元/月，上海农村的低保标准已接近270元/月，但大多数农村依然未达到100元/月（见表6）。另外，农村低收入线也应成为参考标准，2009年农村低收入线为1067元，即89元/月。因此，在残疾人津贴建立之初，建议以80元/月为参考标准。

表6 省会城市和各省市农村平均最低生活保障标准

地区	省会城市最低生活保障标准（2008年12月）	农村平均最低生活保障标准（2009年2月）	地区	省会城市最低生活保障标准（2008年12月）	农村平均最低生活保障标准（2009年2月）
北京	390	212	湖北	248	63
天津	400	210	湖南	270	69
河北	240	73	广东	365	178
山西	282	68	广西	260	57
内蒙古	260	75	海南	260	109
辽宁	300	96	重庆	245	121
吉林	245	58	四川	260	62
黑龙江	300	89	贵州	210	62
上海	400	267	云南	215	59
江苏	330	164	西藏	260	67
浙江	355	185	陕西	230	60
安徽	260	69	甘肃	230	57
福建	280	113	青海	193	73
江西	230	81	宁夏	200	58
山东	300	89	新疆	156	58
河南	275	61	平均值	273	99

资料来源：国家统计局，民政部。

（三）财政支出估算

假设特困残疾人津贴补助标准为每人每月80元，根据第二次全国残疾人抽样调查结果，可以计算出各省市未工作的人数（不包括领取退休金的残疾人和被征地残疾人员），从各省市每年困难残疾人生活津贴支出占地方财政支出（2007年数据）的比例看，超过1.5%的省市有：河北、安徽、福建、江西、山东、河南、湖北、湖南、广西、海南、四川、贵州、云南和甘肃；低于0.5%的省市有：北京、天津、上海、西藏；其余省市则介于0.5%—1.5%之间（具体数据参见表6）。全国每年总支出约450亿元，占地方财政支出的1.48%。由于以低保线的150%计算，则受助人数略有增加。但是如果将各地的低保中针对残疾人提高的部分去掉，则费用不会多于450亿元。

四、残疾人长期护理津贴

实行长期护理津贴,一是减轻家庭负担,是对家庭护理的一种鼓励,有利于残疾人家庭和谐;二是充分发挥市场作用,形成托养机构的良性竞争。经济较发达的少数省市已开始建立残疾人长期护理津贴制度,如江苏省向不能自理的残疾人发放护理补贴,已争取省财政安排400万元专项资金用于对各地的补助,计划选择20个区(县、市)施行居家安养服务工作试点,并针对居家安养和在机构日托、全托的贫困残疾人制订具体补贴标准。

(一)制度设计

针对残疾人和老年人的护理问题,目前发达国家采取两种做法:一是建立长期护理保险制度,即对因为年老、严重或慢性疾病、意外伤残等导致身体上的某些功能全部或部分丧失,生活无法自理,需要接受长期康复和支持护理给予补偿的一种健康保险。从举办主体来看,长期护理保险可以分为两类:第一类由商业保险公司作为经营主体,属于商业保险的经营范畴,采用自愿保险的方式,以美国为代表;第二类由政府作为管理主体,属于社会保险范畴,采用强制保险的方式,以德国和日本为代表。二是将残疾人护理问题整合于现行的医疗保障政策之中,再辅以各种津贴制度,构筑较为完善的护理体系,这种做法在实行全民免费医疗的福利国家比较通行。在我国,没有建立长期护理保险制度,同时,又没有实行全民免费医疗,即使参加了基本医疗保险,也因为护理问题没有纳入保障范围,从而造成残疾人的护理问题较为严重。

我国的长期护理津贴制度可以根据残疾等级分类发放,在实施之初,考虑到财政状况,只将重度残疾人纳入保障范围,等条件成熟之后再逐步将其他残疾等级的残疾人纳入保障范围。

目前,我国建立了工伤保险制度和"五保"供养制度,解决了因工伤致残和无依无靠残疾人的医疗、康复和护理问题。因此长期护理津贴制度的受益对象为未享受工伤保险待遇和机构全托的残疾人。受益条件:①残疾等级达到一级;②残疾等级达到一级的时间超过一年。

残疾人长期护理津贴可以以现金形式发放,也可以以消费券的形式发放。凡是居家护理的,以现金形式发放给残疾人本人;残疾人护理实行日托型的,则发放消费券,由残疾人自由选择托养机构;残疾人护理实行全托型的,护理津贴由政府按人头直接与托养机构结算。

残疾人长期护理津贴的一项重要工作是审核残疾人的残疾等级及残疾年限,即审查残疾人证,而这一工作是由各级残联负责的,因此建立长期护理津贴应由各级残联经办管理。程序如下:第一步,由残疾人提出口头或书面申请,并提供《中华人民共和国残疾人证》及其复印件;第二步,由街道、乡镇负责残疾人事业的机构或人员进行初步审核,并进行公示,审核合格后,报区县残联;第三步,区县残联复审、公示、告知;第四步,发放长期护理津贴。

(二) 长期护理津贴标准

我国残疾类别共分为视力残疾、听力残疾、言语残疾、肢体残疾、智力残疾、精神残疾和多重残疾七类,每类各分四级。残疾人长期护理津贴根据残疾等级和残疾类别两个标准确定,并适当参照最低生活保障标准。在制度建立之初,为减轻财政负担,可以将受益人群限定为一级残疾人;待积累经验、财力允许之后,再将受益人群扩展至二级残疾人甚至三级残疾人。各类残疾人长期护理津贴的初始标准设立之后,每年根据物价指数进行调整,以保持护理标准的绝对价值不变。每3—5年对初始标准进行调整,调整的主要依据为平均生活水平和最低生活保障标准。根据当前的最低生活保障标准,将依赖程度和痛苦程度最低的一级言语残疾和听力残疾标准定为80元/月/人,其他不同残疾类别的标准见表7。

表7　不同残疾类别的长期护理津贴标准（一级）

残疾类别和等级	依赖程度	津贴标准（元/月）
一级视力残疾	无光感—<0.02；或视野半径<5度	120
一级听力残疾	听觉系统的结构和功能方面极重度损伤,较好耳平均听力损失≥91dBHL,在无助听设备帮助下,不能依靠听觉进行言语交流,在理解和交流等活动上极度受限,在参与社会生活方面存在极严重障碍。	80
一级言语残疾	无任何言语功能或语音清晰度≤10%,言语表达能力等级测试未达到一级测试水平,不能进行任何言语交流。	80
一级肢体残疾	不能独立实现日常生活活动。	100
一级智力残疾	DQ（0—6岁）≤25；IQ（7岁及以上）<20；适应性行为：极重度；WHO – DAS II 分值（18岁以上）≥116分	120
一级精神残疾	WHO – DAS II 值≥116分,适应行为严重障碍；生活完全不能自理,忽视自己的生理、心理的基本要求。不与人交往,无法从事工作,不能学习新事物。需要环境提供全面、广泛的支持,生活长期、全部需他人监护。	120

多重残疾的长期护理标准设立比较复杂。多重残疾只对最高级达到二级以上的残疾人发放护理津贴。多重残疾的长期护理津贴标准计算过程如下：

首先，确定不同残疾类别不同残疾等级的残疾标准。计算公式：$LCB_{cd} = LCB_{c1} - d * (LCB^{c1}/4)$，$LCB_{cd}$表示第 c 种残疾类别第 d 等级的残疾护理津贴标准，d 表示残疾等级。上述公式的含义是：随着残疾等级的上升，残疾护理津贴标准相应下降。残疾等级每上升一个等级，残疾标准相应下降四分之一。根据上述公式，得到不同等级不同残疾类别的护理标准，见表8（此表并不表示二级、三级、四级残疾人均可领取残疾护理津贴，它只用于计算多重残疾标准）。

表8　不同残疾类别和残疾等级长期护理津贴标准　单位：元/月/人

残疾等级	视力残疾	肢体残疾	精神残疾	智力残疾	听力残疾	言语残疾
一级	120	100	120	120	80	80
二级	90	75	90	90	60	60
三级	60	50	60	60	40	40
四级	30	25	30	30	20	20

多重残疾的计算公式：$MLCB = LCB_{cd}^1 + \sum_{n=2}^{6} \frac{LCB_{cd}^n}{n+1}$

其中 MLCB 表示多重残疾长期护理津贴标准，LCB_{cd}^1表示多重残疾中最高等级的津贴标准，LCB_{cd}^n表示较轻残疾的长期护理津贴标准，n 表示残疾类别数量。

举例说明，假设某残疾人是一级视力残疾、二级听力残疾和三级智力残疾的组合，则其护理标准的计算过程如下：

$$MLCB = LCB_{cd}^1 + \sum_{n=2}^{6} \frac{LCB_{cd}^n}{n+1}$$

$$= 120 + \frac{60}{2+1} + \frac{50}{3+1}$$

$$= 120 + 20 + 12.5$$

$$= 152.5$$

这样，此残疾人的长期护理标准为152.5元/月。

（三）长期护理津贴财政支出估算

根据第二次全国残疾人抽样调查，一级、二级、三级、四级残疾人所占比例分别为17.2%、12.3%、26.9%和43.6%。据推算，截至2006年4月1日，全国各类残疾人总数为8296万，其中视力残疾1233万人，听力残疾2004万人，言语残疾127万人，肢体残疾2412万人，智力残疾554万人，精神残疾614万人，多重残疾1352万。据此可推算出不同类别和等级的残疾人数量（见表9）。

表9 不同残疾类别和残疾等级的数量分布 单位：万人

残疾种类	一级	二级	三级	四级	总计
视力残疾	282	118	136	697	1233
听力残疾	170	212	888	733	2004
言语残疾	28	17	32	51	127
肢体残疾	109	270	579	1454	2412
智力残疾	51	89	188	226	554
精神残疾	145	85	103	282	615
多重残疾	650	228	310	165	1353
总计	1427	1020	2232	3617	8296

假设不考虑地区和城乡差别，实行全国统一标准，则确定各种类别的残疾人护理标准后就计算出总费用（见表10）。每月财政支出约18亿元，全年总支出216亿元。假设这一费用全部由中央财政负担，2009年，中央财政支出预算43865亿元，残疾人长期护理津贴支出占其比重仅为0.5%，对中央财政预算并没有较大影响，在其承受的范围之内。

表10 一级残疾护理津贴财政支出估算

	视力残疾	听力残疾	言语残疾	肢体残疾	智力残疾	精神残疾	多重残疾	总计
人数（万人）	282	170	28	109	51	145	650	1435
标准（元/月）	120	80	80	100	120	120	150（平均）	
总计（亿元）	3.38	1.36	0.22	1.09	0.61	1.74	9.75	18.16

如果费用由地方政府负担，由于各省市经济发展水平有较大差别，且重度残疾人数量相差甚远，因而各省的负担也有较大差距。首先，根据第二次全国残疾人抽样调查估算各省市不同残疾类别和残疾等级的比例分布；其次，估计各省市不同残疾类别一级残疾人数；最后，估算各省市的护理津贴年总支出。

从各省市每年护理津贴支出占地方财政支出（2007年数据）的比例看，超过1%的省市有：河北、安徽、河南、湖北、湖南、广西、四川、贵州，这些省份主要集中于中西部地区，残疾人口较多，而财政收入较低，因而负担较重；低于0.5%的省市有：北京、天津、内蒙古、辽宁、上海、浙江省、西藏、青海、宁夏、新疆，这些省市财政收入较高，或者是一级残疾人数较少，因而负担较轻；其余省市则于0.5%—1%之间。因此，有必要建立合理的财政转移支付机制,建议中央政府加强对中西部地区财政转移支付,由中央和省市两级财政分担。

建立残疾人津贴制度,在短期内会给地方财政造成一定的压力,但是并没有超过政府财政的承受范围。残疾人长期护理津贴和困难残疾人生活津贴两项每年总支出约500亿元,2008年,全国财政收入61316.9亿元,两项支出占全国财政收入的0.82%,完全在政府的可承受范围之内。因此,建议政府建立残疾人长期护理津贴制度和困难残疾人生活补贴制度。

从发达国家的经验看,残疾人是社会保障的重点保障对象,虽然这一群体与总人口相比,所占比例并不大,但是残疾人社会保障体系并没有被忽略。相反,自由主义型的福利国家立足于对弱势群体(包括穷人、老人、妇女儿童,以及残疾人)的保护,这些国家的典型特征是社会资源更多地向弱势群体倾斜。随着社会的进步和文明程度的提高,福利国家对残疾人的观念也从"医疗模式"向"社会模式"转变,残疾人社会保障的目的从保障生存转向社会融合,社会保障项目逐渐增多,待遇水平也不断提高,残疾人社会保障支出所占比重也呈现明显增加趋势。比较OECD国家20世纪90年代残疾人社会保障支出水平,残疾人福利受益支出占GDP的比重从1990年的1.22%上升到1999年的1.30%(但广义残疾人福利受益支出占GDP的比重有所下降);所有与残疾人相关的福利项目支出占GDP的比重达到2.42%,其中瑞典达到4.66%,在OECD国家中排在第一位,其次是荷兰,为4.64%;波兰排在第三位,达到4.6%。残疾人社会保障支出占社会公共支出的比重平均值达到11%,波兰和挪威甚至达到或超过20%。

目前,我国还未建立完善的残疾人社会保障体系,残疾人社会保障支出占财政的比重明显偏低。建立残疾人津贴制度,对于改善残疾人的生活质量,保障残疾人社会保障权益,具有非常重要的意义。虽然它可能增加政府的财政支出负担,但是目前我国经济实力得到了极大提升,国家财政实力得到加强,外汇储备跃居世界第一,因此完全在国家能够承受的范围之内。

从残疾人就业现状谈残疾人就业保障金的征管使用

北京工商大学 姜 竹 张万明

根据国际社会流行的"对于残疾人不能着眼于他不能干什么,而要着眼于他能干什么"的观点,只要我们找到残疾人劳动能力的特长所在,残疾人就能成为劳动者。建国之初,我国对残疾人采取的收养救济的保障方式虽然使残疾人的生活发生了质的变化,但这种方式无法使残疾人平等参与社会、回归社会主流,因此,伴随经济社会转型,我国已从对残疾人被动的财物保障转变为主动的就业保障,并已取得可喜成绩。

一、我国残疾人就业状况分析

(一) 残疾人就业境况明显改善

我国是世界人口第一大国,也是世界残疾人口第一大国。根据2006年第二次全国残疾人抽样调查的结果推算,目前我国各类残疾人的总数约8296万人。如此庞大的残疾人口的就业问题和保障问题是十分严峻的。我国《残疾人就业条例》规定:"国家对残疾人就业实行集中就业与分散就业相结合的方针,促进残疾人就业。"集中就业一般是指国家和社会组织通过建立福利性企事业单位或组织等,集中招用和聘用残疾人就业。分散就业则是指机关、团体、企事业单位和城乡集体经济组织等按一定比例,相对分散地安排残疾人就业,以及残疾人个体就业、自主创业和参加农村种植、养殖、家庭手工业等生产劳动。在此方针的指引下我国的残疾人就业状况近年来取得了很大进展。

我国幅员辽阔,地区差异较大,社会经济又是城乡二元结构,因此本文在研究残疾人就业状况时,将残疾人就业先分为城镇残疾人就业和农村残疾人就业两个部分讨论。

1. 城镇残疾人就业状况

我国残疾人就业实行集中就业和分散就业相结合的方针。城镇残疾人的就业形式主要有三种:集中就业、按比例就业和个体就业。其中按比例就业和个体就业属于分散就业。集中就业是我国最早的残疾人就业形式,在计划经济时代我国残疾人集中在福利企业就业,这种福利企业主要就是为了安排残疾人就业而设立的,具有福利性,体现了残疾人就业形式的保护雇用制度。

按比例就业是按照国家与地方政府规定,社会各单位必须按照一定的比例安排残疾人就业,凡安排残疾人达不到省(区、市)人民政府规定比例的机关、团体、企事业单位和城乡集体经济组织,根据地方有关法规的规定,按照年度差额人数和上年度本地区职工年平均工资计算交纳用于残疾人就业的残疾人就业保障金。按比例就业体现了残疾人就业形式的按比例就业制度。

个体就业灵活性很强,形式多样,体现了残疾人就业形式的平等制度。实行个体就业的残疾人队伍在逐步扩大。

根据《中国残疾人事业统计年鉴》提供的数据,可得到1996年至2008年每年新安排的城镇就业人数和未安排就业人数,见表1。

表1 1996年至2008年城镇当年就业安排状况　　　　单位:万人

年份	当年安排就业	集中就业	按比例就业	个体就业	未安排就业
1996	16.22	5.24	2.5	8.45	
1997	16.12	4.36	4.67	7.09	123.69
1998	24.85	6.34	5.24	13.27	166.1
1999	26.05	6.23	5.9	13.93	116.11
2000	26.58	7.11	7.15	12.31	96.25
2001	27.6	6.6	7.5	13.4	101.2
2002	30.2	8.5	7.1	14.6	103.2
2003	32.7	9.8	8.4	14.5	100.4
2004	37.8	10.9	8.8	18.1	119.4
2005	39.1	11.4	11	16.7	115.9
2006	36.2	10.3	9.9	16	139.6
2007	39.2	11.9	11.5	15.8	146
2008	36.8	11.3	9.9	15.6	133.7

数据来源:《中国残疾人事业统计年鉴(2002—2009)》

通过数据可知,在1996—2008年的13年间,我国残疾人就业状况有了较大进展。按照我国城镇残疾人年新增就业人数,残疾人就业发展情况大致可分为三个阶段(见图1)。第一阶段:1996—1997年,这一阶段年新增就业人数在10万—20万之间。第二阶段:1998—2001年,这一阶段年新增就业人数在20万—30万之间,这一阶段的特点是新增个体就业人数较前一阶段有显著增加,且未安排就业人数有所下降。第三阶段：2002年至今，这一阶段年新增就业人数达到30万以上，各种就业形式的年新增就业人数均平稳提升。

由于我国残疾人口总量每年都在增加，而我国每年城镇残疾人未就业人数变动幅度并不大，因而我国城镇残疾人的就业率是稳步上升的。

如图1和图2所示，我国在1996年新增的城镇残疾人就业人数为16.22万人；到了2008年新增城镇残疾人就业人数增至36.8万人，相比1996年增长了126.88%。其中新增的按比例就业残疾人人数从最初的2.5万人增至9.9万人；新增的集中就业残疾人人数从最初的5.24万人增至11.3万人；新增的个体就业残疾人人数从最初的8.45万人增至15.6万人。从就业形式对比来看，最初残疾人就业以个体就业为主，集中就业次之，按比例就业比重最小；经过十几年的努力，我国残疾人就业比重开始发生变化，最明显的变化就是按比例就业的比重加大，这与我国残疾人就业政策的实施密不可分。总体来看，我国每年安排残疾人就业的人数在逐步增加，残疾人就业状况有所改善。

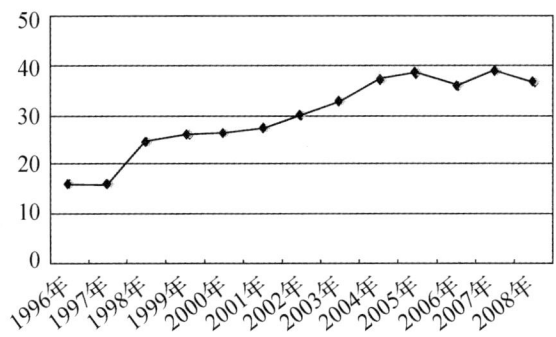

图1　1996—2008年城镇残疾人年新增就业人数（单位：万人）

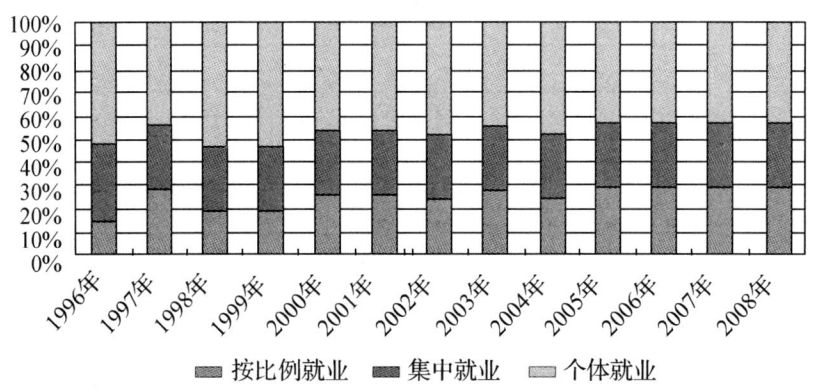

图2　1996—2008年各种就业形式的年新增残疾人就业人数对比

2. 农村残疾人就业状况

1996—2008 年，农村残疾人累计就业人数也基本上呈现逐年增加的态势。根据《中国残疾人事业统计年鉴》提供的数据，可以得到 1996—2008 年农村残疾人当年的就业状况，见表 2（农村残疾人的就业形式与一般城镇残疾人不同，他们大多从事农、林、牧、渔及水利相关工作，因而没有按就业形式细分计算相关人数）。

表 2 1996 年至 2008 年农村残疾人当年就业状况   单位：万人

年份	就业人数	未就业人数
1996 年	1472.11	586.58
1997 年	1423.99	671.77
1998 年	1562.41	506.77
1999 年	1568.76	467.62
2000 年	1616.08	358.22
2001 年	1579.5	379.8
2002 年	1717.8	337.3
2003 年	1685.2	370.2
2004 年	1763.2	330.9
2005 年	1803.4	337.6
2006 年	1672.1	433.7
2007 年	1696.5	444.9
2008 年	1717.1	473.6

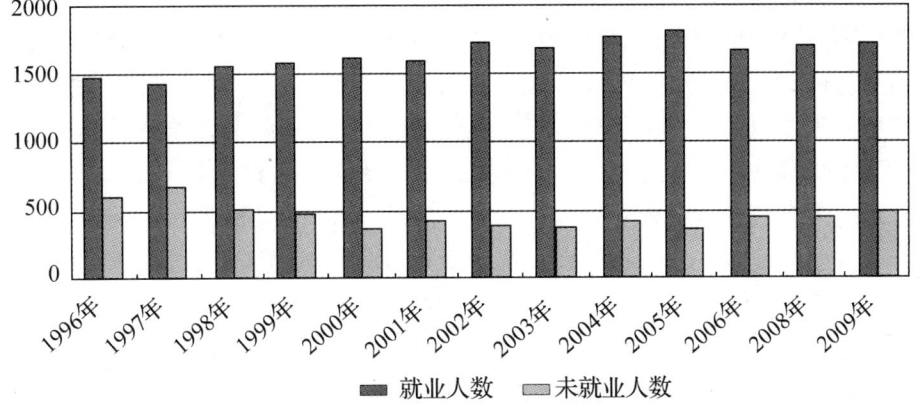

图 3 农村残疾人就业状况   单位：万人

根据调查的数据总体来看，自 1998 年起，农村残疾人就业人数已稳定在 1500 万人以上，而未就业人数则稳定在 500 万人以下。2008 年农村残疾人就业人数达到 1717.1 万人，比 1996 年 1472.11 万人增长了 16.6%；同时，2008 年农村未就业人数比 1996 年减少近 113 万人，就业率明显升高。

3. 残疾人就业率显著提升

残疾人就业率分为名义就业率和真实就业率。

残疾人名义就业率 = 残疾人在业人口/残疾人总人口

残疾人真实就业率 = 残疾人在业人口/（残疾人总人口—在校学生—离退休人员—丧失劳动能力人口）

据《中国残疾人事业统计年鉴》所得数据可知 20 世纪 80 年代至 2008 年我国残疾人就业率（真实就业率）的变化情况。根据 1988 年以前的统计资料，如《中国残疾人事业统计年鉴》附录三，可知全国 16—59 岁的就业率为 58.13%；在"八五"计划期间，曾设定将残疾人就业率由 60% 提升至 70%，最终"八五"期间实现了残疾人就业率 70% 的预定目标；"九五"计划期间，设定将残疾人就业率由 70% 提升至 80%，最终"九五"期间实现了预定目标；"十五"计划期间，设定将残疾人就业率由 80% 提升至 85%，最终"十五"期间实现了预定目标；按照"十一五"规划，我国城镇新增就业残疾人 75 万人，农村残疾人就业数达 1800 万人次，到 2008 年年底我国城镇新安排残疾人就业人数达 112.3 万人，农村残疾人就业达 1717.1 万人次。

4. 残疾人就业服务机构增多

各级残疾人就业服务机构是残联所属的事业单位，是为残疾人就业提供服务的专门机构，接受劳动部门的业务指导，是国家劳动就业服务体系的组成部分。1996 年残疾人就业服务机构数为 1280 个，残疾人工作者人数为 5.81 万人。残疾人事业经过 13 年的努力，残疾人就业服务机构个数和残疾人工作者人数每年都会有不同程度的增加。截至 2008 年年底，残疾人就业服务机构个数达到 3127 个，同 1996 年相比增长了 73.7%，残疾人工作者人数达到 9.4 万人，较 1996 年相比增幅为 61.8%（见图 4）。

通过分析可知，1996 年以来我国残疾人就业状况得到了明显改善，城镇残疾人每年安排就业人数呈现增加趋势，农村残疾人就业人数也逐年加大。因此，我国残疾人就业率整体上是逐年增长的。随着残疾人就业人数的不断增加，配套的残疾人就业服务机构个数和残疾人工作者人数也得到了相应的增加。

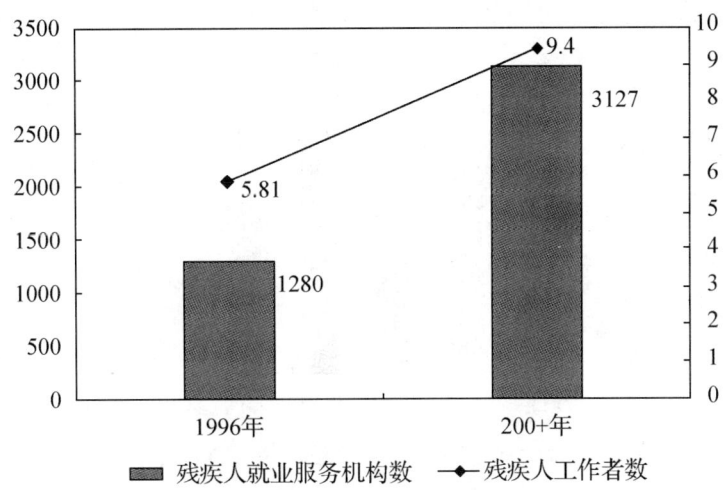

图4 残疾人就业服务机构数和残疾人工作者人数变化图　单位：个、万人

（二）残疾人就业形势仍然严峻

在过去的十几年中，我国残疾人就业状况得到了很大改善，但是，残疾人就业形势仍面临严峻挑战，残疾人就业工作依然不能放松。2008年"5.12"汶川地震增加了大量残疾人，国际金融危机又对中国市场和企业单位形成了不小的冲击，这必然使残疾人就业岗位减少。残疾人待业人数增加与残疾人就业岗位的减少的双重压力使2008年以后几年的就业形势变得很严峻。

总之，残疾人就业率要低于健全人，就业残疾人中女性占比很低；就业残疾人受教育程度不高，从事的工作层次不高。残疾人就业总体上还远未达到体面就业的层面。

1. 就业残疾人中女性占比较低

2008年年底全国城镇残疾人就业人数达到451.29万人，其中女性残疾人就业人数为118.93万人，女性所占比例不到1/3；同样农村女性残疾人就业数量也是远低于男性，2008年年底农村残疾人就业人数为1717.07万人，其中女性残疾人数为680.06万人，女性所占比例不到四成。各地区女性残疾人就业占比情况详见图5和图6。

2. 就业残疾人受制于教育程度，就业层次不高

在就业残疾人中，仅有约7.2%的在业残疾人拥有高中以上学历；小学初中文化的残疾人占62.4%；不识字未上学的约占30.4%。很明显，我国残疾人的受教育程度普遍很低，直接影响了他们的就业前景。

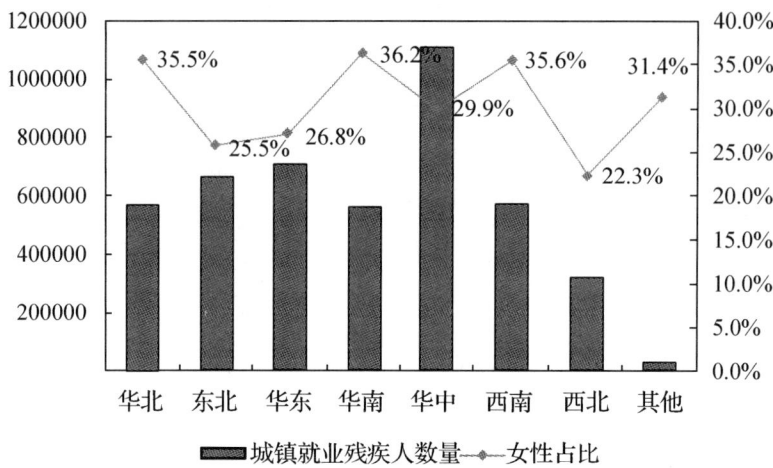

图5 城镇女性残疾人就业占比图　单位：人

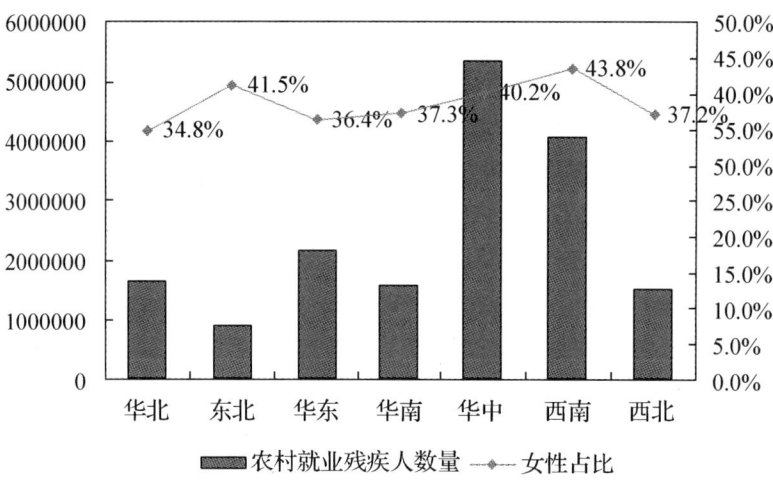

图6 农村女性残疾人就业占比图　单位：人

教育程度直接决定残疾人的就业层次。从事对教育水平要求不高的农、林、牧、渔、水利业的残疾人约占在业残疾人的77.5%；而在业残疾人中从事对教育水平要求较高的专业技术工作的仅占1.8%。

残疾人的教育水平直接影响了他们在现代社会激烈竞争中的地位，因此残疾人的教育水平亟待提高。

二、影响我国残疾人就业的因素

残疾状况是直接影响残疾人就业的因素,比如聋哑人不适合语言交流的工作,肢体残疾人不适合体力劳动较大的工作,残疾人就业范围存在限制。多重残疾人就业机会更小,部分残疾人丧失劳动能力,已无法实现就业。调查数据分析显示,影响残疾人就业的因素有以下几种:身体状况、文化程度、心理因素和外部因素。

(一) 残疾人基本身体状况

根据第二次全国残疾人抽样调查数据,我们可以得到各类残疾人的真实就业率(见图7)。其中,言语残疾人的就业率最高,为79.38%;以后依次是智力残

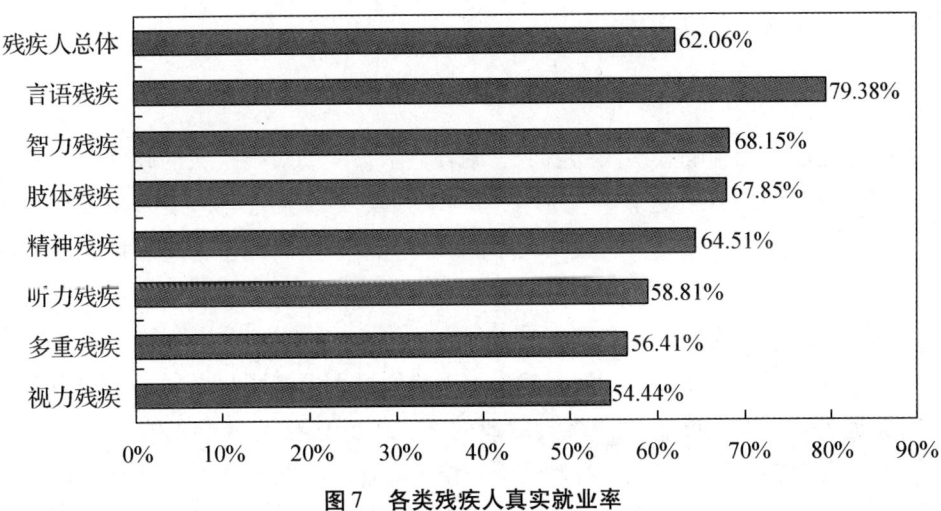

图7 各类残疾人真实就业率

疾、肢体残疾、精神残疾、听力残疾、多重残疾和视力残疾。多重残疾的就业率为56.41%,并不是最低,但低于言语类残疾人就业率近23个百分点。就业率水平最低的是视力残疾人,就业率仅为54.44%。在各类残疾中多重残疾和视听残疾对残疾人的就业影响最大,在残疾人就业保障金的使用中应该加大对这两类残疾人就业的扶持力度。

(二) 残疾人的文化程度

文化程度直接影响残疾人就业,现代社会中处处都要接受信息,而信息的来源大部分要通过文字,就业时知识文化水平的要求是最苛刻的,几乎大多数非体

力劳动都需要知识。而在劳动强度比较弱的岗位中，也需要残疾人有劳动技能，如果没有接受过专业的培训残疾人很难适应这种工作。前面已经提到，在就业的残疾人中仅有7.2%的人接受过高中以上的教育，远低于健全人的比例。因此，残疾人只能在较低层次的岗位上就业，文化程度低给残疾人就业雪上加霜。因此，残疾人就业保障金使用时要加大对教育培训的支出。

（三）残疾人心理因素

残疾人由于自身存在生理或精神缺陷，心理上承受的压力要比健全人大很多，其就业意识也较差。

残疾人常有自卑心理，认为自己低人一等，不敢和人交流，更不敢参加工作，不愿融入社会之中。心理因素会让残疾人产生错误的就业意识，因此要建立残疾人康复中心，让残疾人在康复之中获得自信，转变其就业心理，主动迎接社会竞争，早日就业，融入社会。

（四）外部因素

外部因素也会影响残疾人的就业。调查显示，社会对残疾人的歧视是影响残疾人就业最强烈的外部因素，无形中影响了残疾人参加社会建设的积极性。此外，劳动力市场的激烈竞争、残疾人不能获得劳动力市场完全信息、社会保障程度、地理环境等都是影响残疾人就业的因素。因此我们要为残疾人就业创造一个良好的外部环境，为残疾人就业提供方便。

我国综合国力发展较快，但对残疾人事业的投入未能同步增加，短期内国家没有充足的财力来全面解决残疾人就业问题。因此残疾人就业不能完全依靠国家，全社会都有义务和责任关心和帮助残疾人就业，残疾人就业保障金就是履行义务的代偿方式。用就业保障金组织残疾人职业技能培训，扶助残疾人就业，在一定程度上减轻了残疾人生存与就业的压力。残疾人就业保障金克服了单一依靠举办福利企业集中安置残疾人就业的局限性，适应市场经济的要求。因此，残疾人就业保障金的使用、管理与绩效直接关系到我国残疾人就业状况的改善。

三、残疾人就业保障金与就业促进目标

残疾人作为弱势群体，其就业问题一直是社会关注的焦点。这是因为残疾人的就业状况直接影响其生活质量，既是残疾人的生存保证和发展前提，又是残疾人事业发展的关键一环，且就业对残疾人融入社会至关重要。为了促进残疾人就

业，国家设立了残疾人就业保障金。联合国劳工组织就此曾做出专门规定，目前已有90多个国家通过立法规定按比例录用残疾人或提交残疾人就业保障金。

（一）我国残疾人就业保障金的设立

我国残疾人就业保障金是经国务院批准的政府性专项基金，是在实施分散按比例安排残疾人就业的地区，向未达到按比例安排残疾人就业的用人单位征收的，专门用于扶持残疾人就业、保障残疾人基本生活并平等参与社会生活的政府性基金。因此残疾人就业保障金是一项政策性的社会保障专项基金，主要用于残疾人的教育、培训及就业等。2002年财政部会同有关部门清理整顿全国政府性基金项目，残疾人就业保障金作为"保留项目"可以依法征收。

残疾人就业保障金是针对未安排残疾人就业或达不到规定比例的单位的补偿性措施，对达到规定比例的单位则不予征收，对超过规定比例的单位，政府还要进行奖励。从这一意义来说，它不是一般的政府性基金。1995年中华人民共和国财政部制订发布的《残疾人就业保障金管理暂行规定》明确提出"保障金"专项用于下列开支：

①补贴残疾人职业培训费用；

②奖励超比例安置残疾人就业的单位及为安排残疾人就业做出显著成绩的单位；

③有偿扶持残疾人集体从业、个体经营；

④经同级财政部门批准，适当补助残疾人劳动服务机构经费开支；

⑤经同级财政部门批准，直接用于残疾人就业工作的其他开支。

我国各省市区实施按比例就业情况有所不同，因此在各个实施分散按比例就业的地区残疾人就业保障金的征管使用办法也有差异，我们以2006—2008年残疾人就业保障金使用情况为例：服务与生活环境改造2.99亿元，占25.6%；扶残助学0.18亿元，占1.5%；扶贫开发0.24亿元，占2.2%；社会保障2.09亿元，占17.9%；就业6.16亿元，占52.8%。

可见，我国政府征收残疾人就业保障金的目的主要是促进残疾人就业，为残疾人铺筑就业之路，这也是就业保障金设立必须遵循的一个根本原则。强化征收一方面是促使用人单位积极履行法定义务，另一方面也是为残疾人技能培训和就业扶持创造经济基础。征收残疾人就业保障金对保障残疾人的劳动权利，构建社会主义和谐社会和全面建设小康社会都具有十分重要的意义。

（二）残疾人就业保障金征管使用中存在的问题

残疾人按比例就业是我国安置残疾人就业的重要渠道，因此推进按比例就业工作的开展就是残疾人就业工作的重点,其中残疾人就业保障金的征管使用是该项工作的重中之重。随着社会主义市场经济的完善壮大和残疾人就业保障金征缴方式的改变,残疾人就业保障金大幅增加,残疾人保障金用于残疾人就业的支出也随之增加,为残疾人就业率的提升起到了很大作用。然而通过对残疾人就业状况的分析,我们发现残疾人就业保障金的征管和使用还存在一些问题。

1. 残疾人就业保障金征缴问题

按照法规规定,安排残疾人就业达不到规定比例的单位应向代征残疾人保障金的地方税务机关缴纳残疾人就业保障金,并将残疾人就业保障金的计收依据规定为当地上年度的平均工资。然而,有些低于当地平均工资水平的单位以有失公平为由拒缴保障金;而高于当地平均工资水平的单位则宁肯缴纳残疾人保障金也不愿安置残疾人就业。这显然有违按比例就业政策设计的初衷。

2. 残疾人就业保障金支出问题

残疾人就业保障金支出问题主要是支出结构不合理或滥用、挪用。有些残疾人就业服务机构利用残疾人就业保障金新建办公楼,而公共场所的无障碍设施却无人问津,这种在合理支出范围内支出项目主次颠倒的现象屡见不鲜;残疾人就业保障金的主要开支项目是机构经费支出,机构经费支出应该主要用于残疾人的就业培训、就业扶持上。在实际执行中,多数就业服务机构的机构办公经费就已经超过或者接近残疾人就业保障金的一半,很明显比重过大;而有的残疾人就业服务机构则是有钱不敢花,相关工作开展缓慢。另外城乡之间残疾人就业保障金的使用也存在差异,城市残疾人就业保障金投入比例明显高于经济欠发达的农村;由于监管不力,有些支出超出规定的使用范围。

3. 残疾人保障金管理和使用问题

残疾人就业保障金在管理上存在收支不透明问题,使用上存在使用不充分问题。残疾人就业保障金的收入、支出不向社会公众和残疾人公示,就存在损害残疾人利益的隐患;另外残疾人就业保障金还存在发挥作用充分与否的问题,如果培训只追求形式,计划粗放,效果就很难令人满意。

上述问题的存在,既违背就业保障金设立的初衷,也严重影响到残疾人保障金促进就业目标的实现,必须予以高度重视。

四、对残疾人就业保障金征缴和使用的建议

经过对残疾人就业现状、影响残疾人就业的因素以及残疾人就业保障金使用中存在的问题等方面的分析,对残疾人就业保障金的使用提出以下建议:

①加大执法力度,对拒缴残疾人就业保障金的企业单位加大处罚力度。与此同时还要适当修正残疾人就业保障金的计收依据及计算方法,对亏损企业可以适当降低征缴比例,而对于高利润行业则应提高征缴比例,以此确保保障金征缴工作的效果。

②规范残疾人就业保障金的支出结构和开支标准。残疾人就业保障金的支出结构一定要明确规范,要按需分配,按轻重缓急分配,合理支出。支出范围要本着以人为本原则,不能自行超越。比如残疾人康复训练支出有利于残疾人增强就业自信,此项支出就可以纳入到支出范围。残疾人就业保障金要根据残疾人的实际情况和实际需要科学制订开支标准,分清支出项目主次顺序,确保残疾人的合法权益不受侵害。监管机构应不定期对残疾人就业保障金的管理支出进行抽查,发现问题立即纠正。残疾人就业服务机构的各职能部门要提高服务意识,尽职尽责,不能以权谋私。

③残疾人就业保障金应定期向公众发布收支情况,接受社会监督,保障残疾人的切身利益不受损害。

④残疾人就业保障金的使用一定要科学合理,充分利用。比如在残疾人就业培训前要做好市场调研,在城市和东部经济发达地区要针对当地第二产业及第三产业发达的特点制订培训方案,而在农村和中西部经济欠发达地区则要多开展农林牧渔等培训。此外,要针对不同类别残疾人的特点进行分类培训,对丧失劳动能力的残疾人要做好保障工作。要加强女性残疾人的就业培训,提高女性残疾人的就业率和就业层次。

残疾人就业保障金作为一项政策性基金为我国残疾人事业发展发挥了巨大作用,在将来的征管使用过程中要不断发现问题,及时解决问题,与时俱进,保证充分发挥作用。

我国残疾人社会福利体系研究

南京大学政府管理学院　周　沛
南京工程学院人文社会科学系　曲绍旭

一、问题的提出

第二次全国残疾人抽样调查表明，中国有8296万残疾人，占全国人口总数的6.34%，涉及2.6亿家庭人口，残疾人的绝对数量及在总人口中的高比例，使保障残疾人基本生活，提高残疾人生活质量的社会福利工作具有十分重要的意义。目前，我国残疾人福利工作在取得可喜成就的同时，还面临着一系列问题。

第一，福利体系不完善，福利实施方式单一。虽然多年来政府一直努力加大力度完善残疾人福利，但从目前状况来看，残疾人福利提供还是以家庭为主，社会参与度仍然不够。同时，残疾人救助主要还是以实物救济为主，缺乏以提高自身能力为目标和心理健康维护方面的援助。

第二，社会保险不到位，法律保障不健全。社会保险是社会保障制度的核心，它以参加工作为前提，强调权利与义务对等。由于生理缺陷，残疾人参与工作的机率小，导致社会保险在这一群体中的覆盖面窄。我国残疾人法律体系的建设落后于经济的发展，2008年7月1日开始执行的《中华人民共和国残疾人保障法》第六章第四十七条规定："残疾人及其所在单位应当按照国家有关规定参加社会保险。残疾人所在城乡基层群众性自治组织、残疾人家庭，应当鼓励、帮助残疾人参加社会保险。对生活确有困难的残疾人，按照国家有关规定给予社会保险补贴。"但其实施效果并不理想。

第三，社会服务与专业性社会工作发展落后。国际经验表明，社会服务及专业性社会工作在提供残疾人社会福利的过程中发挥着十分重要的作用，如美国对残疾人在"住房、出行、公交服务和无障碍环境方面，给予特殊照顾"；澳大利亚在残疾人无障碍设施建设、教育、就业、康复、护理、器具维护等方面均具有十分专业或专门的服务；专业性的社会工作也很好地发挥了助人自助的作用。而我国在残疾人社会服务上有很多不足与欠缺，专业社会工作基本没有介入到残疾人服务领域。

第四，残疾人社会福利项目单一，水平不高。我国一般使用社会保障概念而很少使用社会福利概念，在残疾人福利提供上也是如此。因为社会保障的外延比社会福利要小，因此，从社会保障制度看，主要内容和项目一般就表现为社会保险和社会救助，显得方式单一，水平不高。

政府相关部门为提高残疾人福利颁布了相关政策法规，除《中华人民共和国残疾人保障法》外，国务院残疾人工作委员会《关于贯彻落实＜中共中央国务院关于促进残疾人事业发展的意见＞的职责分工》提出，"发展残疾人福利事业和慈善事业，完善残疾人社会福利政策，逐步扩大残疾人社会福利范围，适当提高残疾人社会福利水平"等。理论界对残疾人福利也做了一定探究，如以杨团为负责人的课题组在对北京市民办残疾人康复服务机构发展状况调查后建议，高度重视民办残疾人康复服务机构这一新兴社会力量的发展，尽快组建民办残疾人康复服务机构协会，研究制订残疾人康复服务业发展战略，给予民办残疾人康复服务机构平等的政策待遇等；杨宜勇等人从公共服务的角度，建议我国应继续完善残疾人特殊教育体系，改进残疾人就业政策体系，健全残疾人社会保障体系，推进残疾人公共服务的城乡统筹发展；杨立雄以残疾人社会保护政策的发展历史为出发点，提出中国残疾人社会保护正从居养政策向权利政策转向；而郑功成从宏观的角度考虑中国的残疾人事业发展，认为应以平等、参与和共享的理念为基础，加大财政性投入，发展其他保障，使残疾人能享受到经济社会发展的成果。

残疾人事业应与经济社会发展同步，鉴于残疾人福利项目少、水平低下的实际状况，很有必要在残疾人社会保障的基础上，构建残疾人社会福利体系，以改善残疾人生活水平，提高残疾人生活质量。

二、残疾人社会福利体系解析

社会福利体系应该包括一切社会化的、给所有社会成员带来实质性的满足感、幸福感，能够解决他们实际问题的制度性、专业性、服务性的体系或制度。作为社会福利体系，在具有"福利性"的前提下，我们还必须强调其"社会性"和"系统性"，因为只有具有社会化或社会性特征，福利才可以称之为社会福利；只有各种福利手段互相作用形成一个福利系统，而不是孤立的或分裂的某一项福利手段，社会福利才可以成为一个体系。并且，只有社会福利系统才能够发挥出其最大的社会经济功能。

与一般性的社会福利体系一样，残疾人社会福利也应该成为一个体系和制度，其主要构成要素包括：

1. 残疾人社会福利体系的多元化主体：政府、社会和第三部门

政府的作用主要表现在残疾人政策和法律的制订和颁布。鉴于目前我国残疾

人工作的立法现状，国家还需要在残疾人社会保险、残疾人社会救助、残疾人就业等方面加强立法工作，及残疾人社会福利资金的筹集、运行与管理。现金与实物救济是残疾人救助工作的重要方面，资金的筹集、管理和运行是该工作的主要环节，政府是救助资金运营的主体；残疾人社会福利体系需要各要素力量的整合，残疾人福利提供需要社会成员的广泛参与，才能使残疾人福利内容更丰富、形式更多样，而政府在这方面应起到重要的引导作用。

社会的作用主要表现为调动和运用社会资源，推动残疾人社会福利的发展。发挥社会力量在福利提供中的灵活性优势，在资金的筹集、福利提供方式等方面，发挥慈善组织在救助残疾人工作中的作用。国外的慈善事业机构在社会救助方面起到了重要作用，如在美国，"美国基金会中心一份最新报告显示，尽管面临严峻的经济形势，美国的717家社区基金会2008年筹资达到46亿美元纪录，同比增长6.7%。"我国也可参照国外经验，发挥慈善组织在残疾人工作方面的作用，这需要以社会为主体的慈善体系的建立。

第三部门的作用主要表现为以社会服务和社会工作为主要内容，从具体操作层面为残疾人提供社会福利。助人自助及个人能力提高等微观救助工作显得尤为重要，这需要充分发挥第三部门的主体作用，引导残疾人社会工作的介入，使残疾人福利体系趋于完善。迈克尔·奥利弗认为："由于残疾，会使残疾人经受特殊性质的困难（例如内部或外部压力及环境压力）。要以个人、团体或居住地为基础，对残疾人及其家庭提供包括精神支持在内的社会工作帮助。"

政府、社会和第三部门作为残疾人社会福利体系的主体不是相互独立的，而是以层级化、网络化和整体化的结构共同发挥作用。政府是主体，发挥主导作用；社会处于中间层次，辅助政府提高残疾人福利；第三部门处于最低层，从微观方面救助残疾人。政府要联合社会与第三部门，使残疾人福利体系形成横纵救助网络，并进一步构成完整的体系。

2. 残疾人社会福利体系的客体：残疾人

"社会福利体系的客体对象是包括接受社会保障的国民以及社会保障制度起不到作用后需要帮助和解决问题的所有群体。"以社会福利为基础，本文把残疾人分为三类：一是只接受社会救济的残疾人。他们大部分生活在农村地区，生活环境艰苦，生活水平低下，是残疾人工作的当务之急。二是除接受社会救济之外，还参加社会保险的残疾人。这类残疾人大部分生活在城市地区，由于社会保险的辅助作用，他们的生活水平高于农村残疾人，但落后于城市健全人。三是除社会保障之外，还享受以提高自身福利水平为主要内容的社会保护，他们是所有残疾人中生活最"优越"的，但占很少一部分。

残疾人的社会福利体系要求把针对第三类残疾人的社会服务扩大到所有残疾人的救助中，以多渠道的资金筹集、多元化的服务方式等提高其社会福利。

3. 残疾人社会福利体系的保障：政策法规

法律在残疾人社会福利中的重要作用主要表现在：①维护残疾人平等的要求。残疾人应与正常人一样，不仅在形式上，而且在实际意义上获得同样的平等权利；应针对残疾人的身体条件，给予其有利于个人人格发展的法律保障。②保障残疾人人权的要求。基于人权，残疾人有享受体面生活与被平等对待的权利，尤其是在其权利受到侵害的时候。"赋予残疾人特殊的、有效的权利救济制度，对残疾人加以特别的关注、尊重和保护，有助于最大限度地缩小残疾人与健全人的差距，实现利益的公正。"③提高残疾人福利的要求。残疾人法律建立目的不仅要维护残疾人平等、保障残疾人人权，而且要提高残疾人的社会福利，这是残疾人参与并融入社会生活的基础。我国在《宪法》、《全国人民代表大会和地方各级人民代表大会选举法》、《民法通则》、《民事诉讼法》、《刑法》、《治安管理处罚条例》、《职业教育法》等法律法规中都有针对残疾人的条款，但针对提高残疾人社会福利的法律与政策很少。加强残疾人法律法规建设，完善残疾人法律法规，不仅对残疾人自身的发展，而且对社会的健康发展都具有重要意义。

结合我国的具体情况，残疾人社会福利体系应界定为：以政府、社会和第三部门为主体，通过法律保障与主体间共同发挥作用而建立的纵向层次化、横向模块化、救助多元化体系来提高残疾人福利的系统。

它以整体性为基础，强调主体间的配合与作用协同，避免了以往救助方式单一的弊端，多方面、多角度提高残疾人的社会福利。

三、残疾人社会福利体系项目分析

1. 残疾人社会福利体系之基础项目：社会保障

社会保障的作用是保障公民基本生活。"社会保障制度是以国家或政府为主体，依据法律规定，通过国民收入再分配，对公民在暂时或永久失去劳动能力以及由于各种原因生活发生困难时给予物资生活帮助，保障其基本生活的制度。"残疾人的基本生活包括两个方面，一是基本的衣食住行，即最基本的生存需要。残疾人作为特殊的弱势群体，对衣食住行的要求会高于普通弱势群体；二是参与社会生活的基本能力，包括在老年时无后顾之忧、不会因病致贫、不会因歧视而被企业拒之门外等，这些是残疾人平等融入社会的基础。针对残疾人基本生活的需求，社会保障包括社会救助和社会保险两部分内容。

社会救助包括：①残疾人最低生活保障制度，它是制度性的救助工作，主要包括城镇残疾人最低生活保障制度与农村残疾人最低生活保障制度，两者都以政府为主体，采用现金救济与实物救济相结合的方式，以保障残疾人基本生活。目前，我国城镇与农村残疾人的社会救助制度存在差异，如2008年，城镇应纳入最低生活保障范围的残疾人为2795420人，实际上纳入2221105人；而在农村，同类数据分别为8203781人和5165051人。农村残疾人的社会救助工作落后于城市。②残疾人临时性救济，2008年城镇和农村地区接受这一救助的人数分别为594398人和1937588人。③集中供养，这一制度只针对城镇地区，2008年人数为92278人。④定期补助，2008年城镇和农村地区接受这一救助的人数分别为395737人和845455人。

社会保险包括：①残疾人的养老保险，分为城镇和农村残疾人养老保险。除按比例进行养老保险缴费外，残疾人还应享受一定数目的养老保险补助。②城镇残疾人医疗保险，残疾人是疾病高发人群，所以在城镇地区加强其医疗保险显得尤为重要。③农村残疾人新型合作医疗制度。在农村地区，新型农村合作医疗制度是除养老之外另一主要险种，应加大力度完善残疾人的新型农村合作医疗制度。④残疾人的就业保险，它是为维护在业残疾人利益而实施的保险项目，如失业保险和工伤保险。

2. 残疾人社会福利体系之中间项目：社会工作

社会保障保证残疾人基本生活，使其与健全人一样参与和融入社会。而残疾人社会工作是在社会保障基础之上，通过专业方法，提高残疾人自助能力。残疾人社会工作是指对残疾人所做的社会工作，它不同于一般的残疾人服务，而是社会工作者运用社会工作方法帮助残疾人补偿自身缺陷、克服环境障碍，使他们平等参与社会生活、分享社会发展成果的专业活动。残疾人社会工作从残疾人个体角度出发，运用专业方法如心理辅导、个案工作、寻找资源、转介等开展服务；此外还更注重在社会模式指导下选择合适的行动为残疾人提供服务。

残疾人社会工作的项目主要包括：

残疾人医学康复工作。通过治疗与恢复残疾者的各项身体功能，使其减轻能力障碍，获得基本日常生活能力，通过提供身体方面的必要条件使其重新参与社会生活。社会工作者在残疾人医学康复中工作的内容包括：①帮助与鼓励残疾人及其家属，发挥他们自我潜能，积极地自救自助。②参与康复医务人员的教育、训练，推广康复工作计划，学习有关人类行为、家庭动力以及社会资源方面的知识。③开发和利用社区内网络资源，开展社区康复工作训练计划，指导社区康复工作，以充分满足残疾人及其家庭的需要。

残疾人教育康复工作。残疾人教育包括学前教育、基础教育、高等教育、职业技术教育和成人教育。教育康复工作主要采取两种方式：一是普通教育，主要对象是具有接受普通教育能力的残疾人。残疾人普通教育应做到：①灵活设计课程，适当增补或修改。②除提供高质量教材之外，还需要对教师进行经常性培训。二是特殊教育，主要对象是不具备接受普通教育能力的残疾人，需要依据其身心特性和特殊需要选择适当的教育方式或方法。盲聋哑和智障学生的课程设置、教材教具、教学方法及入学年龄等，都要依据其特性和实际需要而定。

残疾人职业康复工作。职业康复是指以职业需要为中心，围绕职业评估、教育、安置、咨询等，提高残疾人的职业适应能力。以社会工作者为主体的残疾人职业康复包括：残疾人就业前的咨询与评估，就业后的随访和持续支持。就业咨询是就残疾人的从业心理、他们对职业和岗位的兴趣、对从业后的劳动报酬及保护条件进行咨询，回答其问题，使其有信心胜任工作。评估是要对残疾人的身体素质、技能素质与即将从事职业的要求进行比较，得出残疾人是否适合这些工作的结论。残疾人工作之后，社会工作者还应进行经常性随访，了解其就业后遇到的问题，并帮助其解决。

残疾人社会康复工作。社会康复是指通过社会工作者动员社会各界力量，为残疾人的生活、学习、工作和社会活动创造良好的社会环境，使他们能够平等参与社会生活并充分发挥自己的潜能，享有与健全人同样的权利和尊严，并为社会履行职责，做出贡献。社会康复工作的内容包括：①保障残疾人生存的权利，使其在住房、婚姻家庭等方面得到公平的待遇，有适合其生存的必需条件。②消除家庭、社区和社会的物理性障碍，使残疾人享受社会的公共设施服务，在生活起居方面获得方便。③消除对残疾人的歧视和偏见，激励残疾人自强自立，建立和谐的社会生活环境。④鼓励残疾人参与社会的政治生活，保障其政治权利。⑤组织残疾人参加社会文化、体育和娱乐活动，形成全社会理解、尊重、关心和帮助残疾人的良好风尚。

3. 残疾人社会福利体系之高级项目：社会服务

残疾人社会服务是社区工作者以社区为平台，运用专业的社会工作方法所实施的网络化、多元化社会服务，目的是满足残疾人需要，提高残疾人福利。残疾人社会服务建立在满足其基本生活需求与提高能力需求的基础上，是残疾人社会福利体系中的高级项目。

残疾人社会服务项目包括：

残疾人物质帮助。社会服务中的物质帮助区别于社会救助中的物质帮助，后者是以政府为主体，运用社会资源（主要是物资资源）来帮助残疾人；而前者是以社区为基础，发挥社区成员的力量救助辖区内残疾人，两者在救助主体、救助形式、救助内容、救助范围上有所区别。残疾人物质帮助的主要形式为社区捐助，如金钱、衣物、旧货等，这种捐助具有偶发性，不能形成长期机制，但由于社区内居民与残疾人长期相处、彼此熟悉，社会捐助能满足残疾人短期与长期的需要，弥补了偶发性的弊端。

残疾人心理支持。指针对残疾人的心理特征给予必要的心理疏导与鼓励，使其能正确面对自己和他人，以此为基础步入社会、融入社会。残疾人心理支持需要专业的社会工作者进行，主要包括：残疾人心理调节，社会工作者调动社区成员在日常生活中给残疾人以关爱，从而缓解残疾人在学习、生活、就业方面的压力，为残疾人的进一步心理康复扫清障碍；鼓励残疾人参加社会活动，鼓励残疾人自强自立，调动残疾人自身的积极因素，使其消除孤独感和自卑感，提高自我社会价值；培养残疾人"＋"式思维方式，"＋"式思维方式要求人们凡事往好处想，用"加"的方法而不是用"减"的方法想问题，这对残疾人消除心理阴影非常重要。

残疾人关系支持。身体的缺陷使很多残疾人产生了自卑感，他们会故意疏远他人，社会关系简单，这不仅对残疾人自身，对其后代的成长和发展也有较大影响，所以建立残疾人的社会关系网络非常重要。残疾人关系支持是指社区工作者在社区范围内，通过调动残疾人与其他社区成员的积极性，通过"助人自助"的理念，重新建立残疾人与健全人之间的关系，使两者形成稳定的关系网。残疾人关系支持包括：开展社区活动，鼓励残疾人参加，如知识竞赛、社区家庭游戏等，这样会拉近残疾人与正常人的距离，增进彼此之间的感情；宣传残疾人服务理念，社区工作者通过公告栏、网络、讲座等方式在社区内普及残疾人救助知识，使社区居民主动帮扶残疾人。

四、残疾人社会福利体系实施保障

残疾人福利体系项目涉及面广、涉及主体多，加强各项目主体间的联系对福利体系的完善具有一定意义。这需要以政府为主体的制度性保障与以社会为主体的非制度性保障，主要包括以下几个方面：

1. 完善残疾人法律制度

法律在残疾人社会福利体系中占重要地位，它规范主体与客体的权利与义务，保证福利项目的顺利实施。除贯彻与执行新修订的《中华人民共和国残疾人保障法》外，还需要：①详细制订残疾人的专项法规，如《残疾人康复条例》、《残疾人教育条例》、《残疾人就业条例》等。②各地方应根据经济社会发展水平制订符合本地区实际的残疾人社会福利政策。经济发达地区可以提高残疾人补助标准、加强社区残疾人无障碍设施建设、对残疾人福利企业实行税收减免等。③加强残疾人法律的刚性规定，减少弹性规定。由于各地区在经济社会各方面存在差异，导致残疾人法律弹性过大，无形中给各部门、各地方在残疾人政策制订上留下空间，在政策执行中可能会出现损害残疾人利益的现象。国家应加强残疾人法律刚性规定，如残疾人待遇、残疾人救助标准（根据各地区现状不同，可以提出上下浮动范围）、残疾人福利设施项目（分基础项目和提高项目）、福利企业的规定等内容，切实维护残疾人利益。④通过立法明确和建立残疾人事业协调机构。由国务院协调各地方、各部门来完善残疾人工作是非常必要的，这不仅完善了残疾人保障体系，而且还减轻了各地方民政部门和残联组织的压力。⑤建立残疾人法律专门监督机构，负责接受和处理残疾人投诉，配合与监督各部门在残疾人权益保障方面的工作。

2. 加强残疾人社会福利资金建设

加强资金建设是残疾人社会福利体系的基石和保证。①在稳定残疾人保障资金来源的基础上，扩大资金的筹集范围。《中国残疾人事业五年计划纲要专项资金管理办法》第二条规定："专项资金是指用于实施中国残疾人事业五年计划纲要所需经费，主要来源于各级财政拨款和国家彩票公益金、残疾人福利基金、企事业单位赞助等项资金。各地应按照'地方投入为主、中央补助为辅'的原则，多渠道筹集资金，确保五年计划纲要规定任务的按期完成。"对残疾人福利体系来说，残疾人资金筹集没有涉及以社区为基础的微观领域，所以应加大社区筹集资金力度。②加强残疾人资金监管力度。《中国残疾人事业五年计划纲要专项资金管理办法》第十三条规定："财政部、中国残联对五年计划专项资金的使用情况进行不定期抽查。对弄虚作假、截留、挪用和挤占专项资金等违反国家财经纪律和财务制度法规的，要严肃处理；构成犯罪的，依法追究其刑事责任。"残疾人社会福利体系主体不仅包括政府，还包括社会与第三部门，仅仅政府部门明显不够，还要加强监管第三部门等社会组织对残疾人救助资金的使用。

3. 规范残疾人社会保险

作为社会保障的重要组成部分——社会保险对残疾人至关重要。目前，我国针对残疾人的社会保险存在待遇不足、项目单一等不合理现象，应完善与规范残疾人的社会保险。①对参加社会保险的残疾人实施补助。我国部分省市已实行残疾人社会保险补助办法，如苏州市2009年2月发布《市区无业重度残疾人社保险补贴试行办法》，但补助范围狭窄。应建立长期的、稳定的、范围广泛的社会保险补助办法，如城镇与农村残疾人养老保险补助，在正常养老保险缴费的基础上，国家与地方政府将筹集到的资金部分用于残疾人保险缴费补助。在养老保险的待遇上，国家和地方政府可适当提高残疾人享受养老保险的比例。城镇残疾人参加医疗保险与农村残疾人参加新型农村合作医疗保险也可参考养老保险的做法，减少甚至免除参加医疗保险费用，提高残疾人享受待遇。②丰富残疾人社会保险项目。虽然新通过的《中华人民共和国残疾人保障法》鼓励残疾人参加社会保险，但残疾人参与热情并不高，只集中于养老保险与医疗保险。这是由于当前社会保险制度不适应残疾人而造成的，如失业保险，由于残疾人是企业解雇的主要对象，导致其失业保险缴费成本高，所以不愿意参加失业保险。一方面要提高残疾人就业能力，另一方面要丰富残疾人社会保险项目，可以加入保险救助项目，如对参加失业保险的残疾人，当其失业时可以实行失业救助与失业保险相结合的方式，提高残疾人保险待遇，增加残疾人投保热情。

4. 完善残疾人网络型救助制度

残疾人社会福利体系的各个项目不是相互独立的，而是一个统一的整体，各项目协同作用提高残疾人福利水平。完善残疾人网络型救助制度，不仅需要政府的力量，还需要社会的支持。首先，政府要发挥在残疾人保障中的主体作用，如残联组织要定期考察残疾人生活状况，对出现的新情况与新问题即时提出解决方法；各级民政部门要发挥残疾人救助的主体作用，完善残疾人最低生活保障制度；社会保险部门要针对残疾人出台相应的政策法规，完善残疾人社会保险项目、加强保障力度。其次，第三部门要发挥残疾人救助的辅助作用。第三部门在我国刚刚兴起，但发展迅速，第三部门服务对象主要是包括残疾人在内的弱势群体，它具有灵活性的特点，并且从更微观的角度救助残疾人，弥补了政府在残疾人救助中某些方面如方式不灵活、干预过多等不足。再次，社区要发挥残疾人救助中的基层保障作用。在市场经济飞速发展的今天，传统的以邻里为基础的救济已经不适合时代的要求，在基层需要建立新型的互助救济形式。要在社区内通过社区工作者加强教育与宣传，动员社区成员的力量，从微观的、基层的角度对残疾人进行救助。

政府、社会组织与社区可以互相沟通。政府制订政策要考虑社会组织与社区的辅助作用；社会组织起到桥梁作用，向上可以与政府沟通，即时了解残疾人信息，向下可以与社区合作，交流救助经验；社区组织在执行政府政策时，也要发挥自主性，充分利用社区资源进行救助。只有三者加强交流与合作，救助网络才能逐步完善。

经济全球化背景下中国残疾人社会救助制度的创新路径

广西民族大学管理学院 包学雄

一、引言

经济全球化促进了资本、技术、劳动力等生产要素在全世界范围内的自由流动,从而促进了资源在全球范围内的优化配置。经济全球化带来的益处是多方面的:消费者可以自由选择来自国内外的商品和服务;生产者可以站在全球角度,在国内外选择最适宜的生产场所;劳动者可以通过劳务输出到国外就业;等等。高素质人才获得高薪的机会及发展中国家普通工人过上体面生活的机会大大增加。各国经济生活越来越国际化。但经济全球化也造成了发展中国家与发达国家的差距加大、发展中国家收入不平等扩大。全球金融危机下,分配公正问题更为突出。

现代社会保障制度与市场经济相伴相生。经济全球化在使市场机制在世界范围内发挥得更加淋漓尽致的同时,也使贫富差距进一步凸现。在贫困人口中,残疾人占了相当大的比重,解决残疾人贫困问题已成为各国政府面临的重要课题。相异相容、多元共生、和谐发展等新理念,正被越来越多的国家所接受。2006年12月,联合国大会通过了《残疾人权利公约》,为各国从以权利为本的角度来建立和完善残疾人社会保障制度特别是残疾人社会救助制度,提供了重要的法律支撑。

党和政府高度重视残疾人事业,中共中央国务院《关于促进残疾人事业发展的意见》指出,"促进残疾人事业发展,改善残疾人状况,已成为全面建设小康社会和构建社会主义和谐社会一项重要而紧迫的任务",并提出要"做好残疾人生活救助工作"。因此,探讨目前我国残疾人社会救助制度存在的问题并提出相应的政策建议,对于进一步实现社会公正、加快建立社会主义和谐社会,具有重要的理论意义和现实意义。

二、中国残疾人社会救助制度及存在问题

(一)中国残疾人社会救助制度概况

社会救助是国家和社会对由于年老、失业、伤残及自然灾害等原因造成收入

减少甚至中断而难以维持最低社会水平的低收入的个人或家庭提供经济帮助的一种社会政策。

残疾人社会救助则是指能满足残疾人基本生存安全及社会发展的社会救助。残疾人在就业方面存在特殊困难。从国际经验看，虽然许多残疾人有劳动能力或部分劳动能力，但不宜将所有残疾人与有就业能力的劳动者等同，而需要考虑还存在无劳动能力或就业能力不足的数量庞大的残疾人。应将无劳动能力的残疾人视同长期失业，将其纳入社会保险或社会救助的范围。

我国残疾人社会救助制度萌芽于20世纪50年代，60年代至70年代依附于普通社会救济制度，并无自身独立性（伤残军人保障制度除外）。1990年颁布《中华人民共和国残疾人保障法》以后，残疾人社会救助制度才逐步得到发展，发挥了稳定社会的作用。但总体来说，残疾人社会救助制度本身仍然是不成熟的，还难以满足残疾人的现实需求。

下表是分城乡的家庭收入情况比较表。

分城乡的家庭收入比较

收入（元）	非残疾人		残疾人	
	农村	城市	农村	城市
0—999	0.63	0.13	2.01	0.60
1000—4999	18.51	5.41	27.81	11.58
5000—9999	31.95	16.29	32.06	21.26
10000—14999	21.60	18.99	17.99	19.12
15000—19999	11.61	14.35	9.18	13.98
20000—29999	10.17	21.46	7.33	17.26
30000—39999	3.35	11.80	2.24	8.34
40000以上	2.17	11.57	1.39	7.85
合　计	100	100	100	100

资料来源：第二次全国残疾人抽样调查办公室、北京大学人口研究所编：《第二次全国残疾人抽样调查数据分析报告》，华夏出版社，2008年第1版，第180页。

从上表可知，若以15000—19999为中等收入水平，则不论是城市还是农村，有残疾人家庭所占比例均低于无残疾人家庭，这说明，有残疾人家庭陷于贫困的概率大于无残疾人家庭。残疾人仍然是我国社会最困难的社会群体之一。

第二次全国残疾人抽样调查显示，截至2006年4月，我国残疾人口总数为8296万，占全国总人口的6.34%。我国残疾人参加最低生活保障和接受社会救济的比例分别为7.16%和11.20%。残疾人领取过定期或不定期的救济的比例,城市为9.75%,农村为11.68%。残疾人参加低保的比例,城市为13.29%,农村为5.12%。虽然从残疾人占全国总人口的比例6.34%来看,残疾人参加低保和接受救济的比例并不低,但若考虑残疾人贫困面大这个因素,这个比例就显得低了。因此,还有数量庞大的残疾人的社会救助需求未得到满足。

(二) 现有残疾人社会救助制度存在的问题

1. 模式选择不够明确。在如何建立残疾人社会救助制度上即如何选择发展模式方面存在明显不同的两种思路:一种意见认为,残疾人社会救助制度应当自成体系;另一种意见则认为,残疾人社会救助制度应当融入相关群体的社会救助之中。由于存在理论分歧,发展模式的选择成了难题。发展模式选择不够明确,直接影响了相关社会政策的制订,进而影响了残疾人社会救助体系的建设。造成该问题的原因,一方面是由于我国自20世纪80年代后才大张旗鼓地开展残疾人救助的相关工作,残疾人社会保障事业发展的历史不长,能够提供的经验教训十分有限;另一方面,对残疾人救助及相关方面的理论研究投入低、成果少,缺乏对国内外残疾人救助的比较研究,缺乏有深度、有针对性、富有创见的成果。

2. 覆盖面狭窄。抽样调查数据表明,与全国平均水平相比,与普通居民相比,我国残疾人社会救济的平均覆盖率和低保平均覆盖率较大,残疾人社会救助的覆盖率较大。但由于残疾人就业困难、收入低下,贫困率比其他社会群体高,因此,目前的平均覆盖面仍未能满足残疾人的需求。其原因,一方面是财政在社会救助方面的投入不足,享受社会救助的标准仍嫌过苛,一部分收入较低但高于救助标准的残疾人家庭得不到救助,被排斥在体制之外;另一方面,有着社会救助需求的残疾人数量很庞大,供给与需求严重失衡。

3. 缺乏层次。现有的残疾人社会救助制度是以最低生活保障为核心的社会救助制度,层次较单一。最低生活保障制度最初是为了解决城市居民的贫困问题而创立的。在通常的政府公共管理实践中,往往习惯于抓重点,即针对比较突出的问题,先抓重点,然后在这个基础上争取各个突破。原有的改革理念与行政推动相结合,便形成了在社会救助中单刀独进的工作方法,形成了最低生活保障"一枝独秀"的格局。社会救助制度是一个系统过程,需要各子系统相互配合,才能取得良好绩效。残疾人社会救助制度既需要有最低经济扶助的部分,也需要有医疗救助、教育救助、住房救助、就业援助等。层次过少,会影响整体功能的发挥。

4. 城乡二元结构特征明显。残疾人社会救助制度体现了重城镇、轻农村的特点。城镇残疾人从1999年国务院颁布《城市居民最低生活保障条例》开始,就有享受低保的权利。而农村残疾人享受低保则从2007年才开始起步。残疾人救助有城乡两套标准，城镇残疾人的救助标准明显高于农村残疾人。即使在欠发达地区差距也是很大的。如，巴马瑶族自治县城镇居民和农村居民的最低生活保障标准分别是120元和57元，前者是后者的2.1倍。造成这个问题的主要原因是原有的二元经济结构依然存在，城乡之间在生产效率和收入方面差别很大。

5. 标准偏低，难以满足基本生活需求。除上海等少数地区外，大部分省区的残疾人社会救助形式主要表现为最低生活保障和社会救济。最低生活保障与社会救济相比，更规范、标准更高。但即使是最低生活保障，其实施标准也是偏低的。根据民政部网站公布的统计数据，截至2009年第一季度，全国最低生活保障标准最高的是北京市（410元），最低的是新疆维吾尔自治区（138.61元），全国平均水平为226.49元。以广西为例，最低生活保障标准为182.68元/月，而同期广西全区城镇单位在岗职工平均工资为2138.33元，最低生活保障标准仅为职工月平均工资的8.54%，可见最低生活保障标准偏低。若用恩格尔系数法来进行研究，也可得出相同的结论。

6. 没有体现出特别扶助的特点。目前最低生活保障制度实行的"应保尽保"原则，即实行普遍性原则，所针对的对象是全体低于低保标准的贫困家庭，而不仅仅是针对有残疾人的家庭。

社会救济对象也有相同的特点。因而，整个社会救助体系并没有体现出特殊性或定向性，即缺乏对残疾人贫困者的特别扶助。缺乏定向性也意味着残疾人社会救助制度还未能自成体系，仍依附于原有的"一刀切"的社会救助制度。

三、建立发展型残疾人社会救助制度的创新路径

前已述及，现有残疾人社会救助制度存在很多缺陷。当前的残疾人社会救助制度与普通城镇居民和农村居民的社会救助体系关系密切，缺乏自身特点。社会救助的核心部分是最低生活保障制度。最低生活保障制度已经实施10余年，但仍然属于深受传统福利思想影响的社会救助制度。我国传统的社会福利是一种剩余型的社会福利，是以"损有余而补不足"的社会财富的平均主义分配为特征的，没有考虑如何促进人的全面发展、没有考虑如何更好地促进社会的可持续发展。现行标准偏低，未考虑对残疾人特别是农村地区尤其是民族地区农村残疾人的特别扶助，尚未完成从剩余型到发展型的转变。因此，应借鉴国际经验，结合实际，进行制度创新，建立发展型的残疾人社会救助制度，对残疾人进行特别扶助，才能有效、充分满足残疾人的需求，共建社会主义和谐社会。

1. 加强理论研究，选择发展模式，明确发展方向。残疾人社会救助是残疾人社会保障体系和服务体系的一个子系统，如何科学构建和完善残疾人社会救助制度，是一个复杂的系统工程。没有科学理论的指导，是难以取得良好效果的。一是要加深对科学发展观的认识，用科学发展观来引领应用理论研究，从社会公正和可持续发展的角度来探讨如何更好地统筹发展城乡残疾人社会救助事业，逐步消除社会保障领域的"城乡二元结构"，实现社会公正和社会和谐。二是要加强对人道主义和新残疾人观的理论研究，探讨在经济全球化背景特别是国际金融危机下如何更好地保障我国残疾人充分享有社会保障权利。三是要研究国外特别是发达国家残疾人社会救助制度建设的模式及特点、经验与教训，掌握残疾人社会救助制度建设的一般规律，为构建我国残疾人社会救助制度提供借鉴。四是要应用经济学、社会学、管理学理论研究我国残疾人社会救助制度模式，对原有模式进行创新，明确方向，加速发展。2006年联合国通过的《残疾人权利公约》对残疾人作出了新的界定："残疾人是包括肢体、精神、智力或感官有长期损伤的人，这些损伤与各种障碍相互作用，可能阻碍残疾人在与他人平等的基础上充分和切实地参与社会。"可见，"残疾"并不是专指人体功能的缺失，"残疾人"存在"障碍"，与社会的各种态度和环境有关。过去从医疗模式的观点出发，将"残疾"及"障碍"混为一谈，将残疾原因归结为个人的刻板观念已经不合时宜。残疾人作为社会成员，有权利充分享受与其他成员同等的社会权利，包括享受社会救助的权利。从以权利为本的角度来研究残疾人社会救助问题，更有利于残疾人事业的发展。从我国的现实来看，以人为本、协调发展的科学发展观，为创新残疾人救助模式提供了理论指导。改革开放以来我国经济多年持续增长，为选择新型残疾人救助模式奠定了坚实的物质基础。过去我国单纯强调通过"劳动福利"来解决残疾人社会保障问题的模式，被实践证明是效果不佳的，特别是经济全球化背景下，残疾人集中就业遭遇重大冲击，分散就业进展缓慢，"劳动福利"的途径不够通畅。而部分重度残疾人难以通过普通就业形式来解决其社会保障问题。如果选择西方发达国家的"福利国家"的模式，会造成财政负担过重，目前我国尚不具备实施条件。可以考虑在剩余型的社会福利的基础上，向发展型过渡。即社会救助标准适当提高，既可满足残疾人的基本生活需求，又有部分余力可用于残疾人自身的人力资源开发，使其摆脱绝对贫困，从而更好地保障其基本权利。发展型残疾人社会救助应符合以下原则：①保障最低生活标准的原则。只有保障最低生活水平，才能保障参与者的最基本的生存条件，有效避免其陷入绝对贫困之中；②发展的原则。传统的社会福利是一种剩余型的社会福利（也称为补缺型的社会福利），随着科学发展观的确立，我国的社会福利将向以人的全面发展为内涵的新型社会福利转化。因而,作为社会福利系统中的最低生活保障制度,应有随社会经济发展而主动调整的发展的特征;③分类扶助的原则。一些特殊困难家庭如有残疾人的困难家庭需要特别扶助,以避免其生活状况与社会平均水平差距的进一步拉大,从而实现事实上的公平。

2. 加强残疾人社会救助政策法规体系建设。我国残疾人社会救助制度存在诸多问题的一个重要原因是法制不健全。从现有的法制框架来看,在宪法、法律、行政法规、部门与地方规章、规范文件等五个层次上已初步明确残疾人的社会保障权益。但相对于残疾人救助制度来说,政策法规体系建设总体上还是落后的。

对残疾人的救助,是实行普惠原则还是实行特惠性政策,在政策法规方面尚无统一规定。中央7号文件指出:要"按照重点保障和特殊扶助的要求,研究制订针对残疾人特殊困难和需求的社会保障政策措施。"特殊扶助即扶助应有特殊性,因此,采取特惠性政策,对残疾人进行特殊救助,应是今后发展的方向。但目前各地在制订相关的规范文件方面仍然存在迟滞现象。此外,虽然《残疾人保障法》已实施10年,但《社会保障法》及《社会保险法》迟迟未出台,立法体系结构不全,影响了残疾人社会救助政策法规体系的建设。

3. 抓住时机,积极扩大覆盖面。经过多年努力,我国残疾人社会救助体系已有一定规模,但仍然有数量庞大的残疾人特别是农村残疾人被排斥在这个体系之外,他们的社会救助需求得不到满足,这种情况造成了社会不公平。让贫困残疾人享有经济社会发展成果是实现社会公正、建设和谐社会的客观要求。扩大覆盖面是建立在社会经济发展的基础之上的。近年来我国经济实力明显增强,已经具备扩大覆盖面的物质基础。一是应抓住在农村建立最低生活保障制度的时机,将低收入农村残疾人纳入其中。2007年,在国务院领导下,全国开始建立农村最低生活保障制度。利用这个时机,加快推进,可以将符合条件的农村残疾人纳入体系之中。二是应对有劳动能力及劳动愿望的残疾人进行就业培训及就业援助,鼓励和扶持他们实现体面就业,通过劳动就业获得收入并享受社会保险待遇,这样可通过多层次的社会保障制度来减少社会救助对象的数量;三是构建独立性较强的残疾人社会救助制度,为残疾人特别是暂时或永久丧失劳动能力的残疾人提供分类救助。

4. 建立多层次、综合性的社会救助体系。造成贫困的原因是多方面的,单一的最低生活保障制度在救助贫困对象时存在多种制约,因此救助手段也应多元化。临时救助制度将使贫困残疾人得到及时帮助,缓解最低生活保障标准偏低和调整不及时所造成的困境。综合性的社会救助体系应以最低生活保障救助为主,但同时还应辅以医疗救助、康复救助、住房救助及教育救助等手段。

5. 拓宽基金筹资渠道，建立残疾人救助基金，完善社会救助标准的调整机制及基金运行机制。根据经济社会发展水平来确定合理的社会救助资金（特别是最低生活保障资金）的筹集方式，为适当提高残疾人社会救助标准奠定良好的基础。随着改革开放的深入，最低生活保障制度所涉及的主体将发生变化。按照条例，现行的最低生活保障制度由地方人民政府负责。但在实际上，目前中央财政已拿出超过50%的最低生活保障资金。要适当调整中央财政和地方财政的支付比例，需要拓宽从福利彩票公益金、扶贫资金、社会捐赠及其他方式筹集资金的渠道。

应加强对测算方法的研究。进行抽样调查，对本地区城乡的贫困线进行科学测算，确保受助者的基本生活水平，避免其因支付标准过低陷于绝对贫困。同时也应避免由于标准过高，形成"福利依赖"现象。应建立主动调整机制。建立物价指数变化分析体系，提高预警水平，建立与物价水平变化和社会经济发展相适应的主动调整机制，使标准能实现动态的自然增长。完善基金运行机制，健全监督体系，实现保障对象的有效分类管理和动态管理，减少乃至消除错保、漏保、"人情保"等不良现象的发生。减少不良现象，有利于提高资金的社会效益，在惠及贫困人口的过程中，得到社会公众的好评。

6. 建立以分类管理为主的、分立与统一管理相结合的新型残疾人社会救助制度。①以分类管理为主，将残疾人与其他社会群体区分开来。可以考虑从福利彩票公益金、扶贫资金和残疾人就业保障金中各提取一定资金建立残疾人救助基金，并设立残疾人家庭专项津贴。现行最低生活保障制度依据的是家庭人均收入和政府公布的标准，并未考虑家庭人口类型和人口规模的影响，对于一些无业重度残疾人的家庭及其他一些有特殊困难的家庭而言，救助呈现出平均主义特征，存在事实上的不公平。在残疾人家庭中，有一部分家庭存在特殊困难，需要特别扶助。如无业重度残疾人家庭、有两个或两个以上残疾人的多残家庭。由于目前公布的最低生活保障标准偏低，对这些特殊家庭目前尚无专项的扶助措施，难以避免其陷入贫困之中，因而有必要根据分类救助的原则，设立专项的残疾人家庭津贴。分类救助，是为了更有效地实现公平。可根据残疾程度和困难程度分类设立定额津贴。如护理津贴——对那些为无劳动能力的重度残疾人提供护理的人支付津贴，严重先天性残疾儿童津贴——对有16周岁以下严重先天性残疾儿童的父母提供津贴，等等。②建立分立与统一相结合的新型管理体制。在进行分类管理的同时，也要注意残疾人社会救助制度与全国普通居民社会保障制度的统一性，应注意两者的衔接与统一。新型残疾人社会救助制度应是一种既统一又分立的混合模式。

残疾人社会保障中政府与民间组织合作模式初探：一个初步的探讨

厦门大学公共事务学院　杨方方

由于残疾人群体自身的特殊性，残疾人社会保障的充分和有效供给离不开社会广大民间组织的参与。探讨残疾人社会保障中政府与民间组织的合作模式必然能推动政府与民间组织的合作实践，有助于改善残疾人的社会保障状况。

一、国内外相关研究的发展脉络

残疾人群体是一个有着特殊困难的弱势群体，需要社会保障制度的特别保护。国外对残疾人社会保障问题的研究脉络比较清晰：①残疾人社会保障从救济式的、强调个人责任的"医疗"模式发展为旨在消除社会排斥、促进社会融合、强调政府与社会责任的"社会"模式。②残疾人社会保障的价值理念从供养理论发展到回归社会论（E. Goffman, 1950）再到增能理论（Solomon, 1970）。③民间组织参与社会保障的研究发端于20世纪70年代后期出现的福利国家改革浪潮。两条主要改革路径（新自由主义理论取向和福利多元主义）都对民间组织在社会保障中的作用给予相当程度的重视。经过三十多年的发展，西方已经形成几种较为权威的理论：政府失灵理论（Burton Weisbrod, 1974）、合约失灵理论（Henry Hansmann, 1980）、第三方管理理论（L. M. Salamon, 1994）、政府与非营利部门关系类型学（Benjamin Gidron, 1992）以及政府、市场、志愿部门相互依赖理论（Wuthnow, Robert, 1991）等。政府与非营利部门关系类型学将合作模式视为政府—非营利组织之间的一种整体关系定位。赛拉蒙（1994）指出了一种具体的合作模式：由政府提供资金、由民间组织送服务的"资金提供—服务提供"模式。其实，不同社会保障项目的运作机制差别很大，民间组织的参与方式也不同，整体宏观关系的定位和单一的运作模式并不能精确地反映出这些差别。

国内关于残疾人社会保障的研究是在上世纪90年代后期、随着全社会对社会弱势群体及社会公正问题的关注而开展起来。现有研究主要集中在三方面：①残疾人社会保障制度现状（郑功成，2007；黎建飞，2007；许琳、张晖，2007；盛永彬，2006）。目前我国残疾人社会保障法律体系还很不完善，保障整体水平还比较低。②残疾人的社会保障模式。残疾人是一个极为特殊的弱势群体，在社会保障制度建设上存在独特的内容（程凯，2006；王齐彦、谈志林，2006；丁启文，2002），应该走一般性制度与专项制度相结合的发展道路（郑功成，2007）。③对残疾人社会保障的具体项目或某一方面进行的研究，如残疾人就业保障（张琪、吴江，2004；许琳，2007；林嘉，2007；赖德胜，2007）；残疾人教育保障（曲学利、吕淑惠，2004；卢德平，2004）；残疾人康复保障（齐乾坤，2005；齐心、厉才茂，2007；王珏，2007）；还有学者针对我国农村残疾人社会保障问题做了专项调查和研究（石殿忠，2005；许琳，2006；赵小瑜，2006）等。政府是社会保障的首要责任主体，政府责任研究是残疾人社会保障研究中的重要内容。在残疾人社会保障中政府责任的定位和履行现状上，研究者认为残疾人社会保障制度安排应由政府主导（王齐彦、谈志林，2006；窦玉沛，2006；李志明，2007）；但在实际履行过程中，由于缺少制度约束，政府公共财政投入很少，未能有效保障残疾人的基本生活权益（王齐彦、谈志林，2006；赵航飞，2006；刘婵婵，2004）。研究者一致认为残疾人的社会保障责任仅靠政府来承担不现实（程凯，2006；王齐彦、谈志林，2006）。随着民间组织的发展壮大，其在社会生活各个领域中的作用日益增长。一些学者探讨了民间组织参与社会保障的必要性和可行性（杨团，2000；王名，2004；风笑天，2001；沈洁，2004；郑功成，2002；林闽钢，2001），但有关具体的参与方式以及与政府的关系模式的研究还很少。王名（2008）根据购买过程中政府部门与民间组织的关系和购买程序两个维度提出了民间组织参与公共服务购买的三种模式：依赖关系非竞争性、独立关系非竞争性和独立关系竞争性。何晔、安建增、许琳（2005）提出政府与NGO合作的三种模式：政府支持—NGO运作、政府委托—NGO经营和政府购买—NGO提供。何晔（2008）又将这三种模式应用到残疾人社会保障中。这是目前有关残疾人社会保障中政府与民间组织合作模式的仅有成果。

二、政府—民间组织的合作模式：理论逻辑与系统阐释

社会保障是政府公共产品和公共服务的重要内容，公共产品和服务中的政府—民间组织关系类型学研究是研究社会保障中政府与民间组织合作模式的主要基础。

（一）理论发展：从部门失灵到相互依赖

西方政府—非政府组织关系研究的理论基础通常源自于部门失灵理论。部门

失灵理论探讨市场、政府和非政府组织这三种制度形式的差异及其互补性。

公共物品具有非竞争性和非排他性,公共物品的提供容易产生"搭便车"现象,导致"市场失灵"。而政府提供公共物品的决策是一种政治性决策,它倾向于反映"中位选民"的偏好,导致政府失灵(Weisbrod,1974)。市场失灵与政府失灵理论解释了第三部门作为市场和政府之外的制度形式存在的必要性。但"志愿精神"亦非万能,民间组织自身存在无法克服的缺陷——"志愿失灵",主要表现为慈善不足、慈善的业余主义、慈善组织的家长式作风和慈善的特殊主义等。"志愿失灵"源于民间组织的内在机理,治理志愿失灵需要外力的支持,特别是政府对民间部门的支持。因此,Wuthnow(1991)认为,政府、市场和非营利部门三者理论的界限比较清晰,但在实践中三者的界限日益模糊:政府与非营利部门之间的项目合作模糊了彼此的界限;营利性活动与非营利性活动经常处于同一管理体制之下;非营利部门与市场的界限越来越难以区分。在实践中,三大机制之间联系越来越紧密。

(二)逻辑关联:"相互依赖"不等于"合作"

相互依赖不是指单方面的顺从与服从关系,也不必然以"合作"的形式存在,而是包含竞争、冲突、合作等各种互动关系的总称(Wuthnow,1991)。Wuthnow认为,当不同部门的组织提供相似服务的时候,存在着竞争关系;当集中不同的资源来共同解决社会问题时,彼此之间就是合作关系。罗伯特·基欧汉与约瑟夫·奈也认为相互依赖并非合作伙伴关系,并做了进一步说明:①政府与非政府组织间的相互依赖是一种混合动机博弈,冲突与和谐均有充分表现;②相互依赖并不局限于均衡的彼此依赖,例如,政府组织常常将相互依赖看做是一种权力的来源,借此与非政府组织"讨价还价";③相互依赖还会受到"敏感性"与"脆弱性"的影响。非政府组织的政治色彩越强,两者之间合作的难度就越大;非政府组织的脆弱性源于其政治意愿、组织能力与资源能力。

(三)合作模式——政府—民间组织关系类型之一

合作模式只是政府—民间组织的关系类型之一已得到普遍认同,但不同学者对合作模式的研究视角不同,系统归纳如下:

①根据服务两个要素中政府与非营利组织的作用大小,Gidron、Kramer和Salamon(1992)提出了"政府提供资金—非营利组织提供服务"的合作模式。Gidron、Kramer和Salamon认为,所有的福利服务有两个关键要素:一是服务的资金筹集和授权;二是服务的实际配送。以这两种要素为核心变量,提出政府与

非营利部门的四种模式：A. 合作模式：由政府提供资金，由非营利组织组织配送服务。B. 政府支配模式：政府既是主要的资金提供者，又是主要的服务提供者。C. 第三部门支配模式：非营利组织在资金筹措和服务配送方面占据支配地位。D. 双重模式：政府和非营利组织共同提供公共物品，但是在各自的领域独立地负责资金筹措和服务配送。

②根据双方的战略性制度利益是否一致，Najam（2000）提出了合作模式是一种建立在"政策目标—实现策略一致性"的关系模式。

③Youn（2000）根据双方经费支出的相关性提出，"非营利组织的活动规模同政府的经费支出呈正向关系"是判断合作关系是否存在的重要标准。

④根据现存政策空间与非营利部门可能履行的职能之间的（"大小"）关系，Coston（1998）提出，合作模式下，非营利部门的职能范围最接近政策空间。

相对而言，Salmon 和 Najam 针对的是微观层面政府与民间组织的合作，Young 和 Coston 着重从宏观层面判断政府—民间组织之间是否存在合作关系。本文倾向于从微观层面对合作模式进行界定。

（四）关于合作模式的系统阐释

1. 合作模式的定义

政府与非营利组织的"合作"是对共同参与（co-operative）、共同出力（colaboration）、共同安排（co-arrangement）、共同主事（co-chairman）等互动关系的概括，是在达成共识、目标一致情况下通过持续的互动式行动来实现公共利益的力量整合。换句话说，合作就是为了实现一个共同的目标和完成一些共同的任务而进行的财力、人力、智力等方面的互补、协作的互动过程。按照政府是否对民间组织提供属于政府所有的人财物资源，可将合作方式细分为直接合作和间接合作。

2. 建立合作模式的基础

美国学者保罗·斯特里滕指出，政府与非营利组织间的合作基于五点联系，可将其归结为二方面：非政府组织与政府的目标存在一致性，具有相互的影响力；政府有支持非政府组织发展的意愿。因此，合作的开展要兼具主客观条件：一是主观要件，政府有培育民间组织发展的强烈愿望，政府与民间组织之间相互信任，尤其是政府对于非政府组织的信任；二是客观要件，民间组织应该独立于政府，且具有提供公共服务的能力或潜质。

3. 合作模式的应用

从需求角度看，政府在弥补供需缺口中的责任越大，政府越重视，其主动寻求民间组织配合的可能性也就越大;从供给角度看,服务供给的难度越高,政府就越需要民间组织的配合。因此,影响关系模式选择的因素可归结为两个:一是政府在弥补供需缺口中的责任;二是服务供给的难度。基于这两个维度就可以构成四个象限,结合 Gidron、Kramer 和 Salamon 提出的四种关系类型可以得到各个领域的主导关系类型。

在第一象限中,政府在弥补供需缺口的责任比较大,而且公共产品和服务的供给难度高,如果由政府来供给,则很有可能造成供给成本高、效率低的情况,应主要采取合作模式。当然,合作的开展并不局限于政府提供资金—民间组织提供服务这一种方式。要注意的是,从需求角度看,同一需求层次中,供需缺口越大,政府责任越大;不同需求层次中,政府在低需求层次中的责任要大于高需求层次中的责任,并不是简单地与供需缺口大小相关。

三、残疾人社会保障供给中合作模式的主导地位与实现方式

(一) 合作模式是政府与残疾人民间组织的主导关系类型

残疾人社会保障供需缺口大,且服务供给难度大,按照上述不同领域的政府—民间组织关系的主导类型图,合作模式应该成为政府与残疾人民间组织的主导关系模式。

1. 现实需要——残疾人社会保障中巨大的供需缺口

我国残疾人生活水平整体还很低,目前尚未解决温饱的贫困残疾人有1022万人,占全国贫困人口的17%。社会保障的供需缺口比较大是造成残疾人生活水平低的重要原因。2006年第二次全国残疾人抽样调查数据显示,残疾人需求的前四项及比例分别为:有医疗服务与救助需求的有72.78%,有救助或扶持需求的有67.78%,有辅助器具需求的有38.56%,有康复训练与服务需求的有27.69%。而需求的满足率分别为35.61%、12.53%、7.31%、8.45%。残疾人社会保险覆盖水平也明显低于全国平均水平,我国养老保险、医疗保险、工伤保险和失业保险的平均覆盖率13.4%、10.5%、6.5%和8.1%,而残疾人的覆盖率分别为10.0%、32.0%、0.4%和0.6%。

2. 理论必然——政府在弥补供需缺口中应该承担主要责任

残疾人是弱势群体的主体,保障他们的基本生活,促进他们的社会参与与发展是任何一个责任政府的基本职责(王齐彦、谈志林,2006)。依照中国国情,

各类残疾人社会保障制度安排应由政府主导并承担主要供款责任（李志明，2007）。政府承担相应的残疾人社会保障责任除了有公共职责说、国家认同说等予以支持外，还有社会剥夺理论、社会排斥理论、社会支持理论、社会和谐理论、社会参与理论、社会融合理论等丰富的理论基础。新的《中华人民共和国残疾人保障法》第四十六条规定："国家保障残疾人享有各项社会保障的权利。"残疾人社会保障供给现已成为政府的法定职责。

3. 与民间组织合作的必要性——残疾人社会服务供给难度高

社会保障有三种保障形式：一是经济补贴，二是服务供给，三是精神慰藉。残疾人社会保障最主要的供给形式应该是提供服务。早在1945年，Smith就强调了残疾人康复服务的重要性，并提出残疾人康复是一个全面的康复过程，各种康复措施应该相互配合、协调。Johnson（1997）则从残疾人权利和生存环境角度出发提出单纯给予经济补助的补缺式保障不利于残疾人康复和就业。但是，残疾人社会服务的有效充分供给具有较高难度。在第二次全国残疾人抽样调查问卷中，涉及了残疾人接受服务扶助与需求的情况，选项内容涉及13个方面：医疗服务与救助、辅助器具、康复训练与服务、教育、职业教育与培训、就业安置或扶持、贫困残疾人救助与扶持、法律援助与服务、无障碍设施、信息无障碍、生活服务、文化服务、其他等，而这也远非残疾人服务需求的全部。因此，残疾人社会保障中，政府必然要依靠民间组织在服务供给上的"比较优势"。

（二）开展合作的具体方式

1. 直接合作——实现资源上的互补

在实践中，政府与民间组织可以实现不同资源上的多种合作，可以是资金提供—服务提供的方式，资金提供可以采取公开招投标的方式选择透明度高、公信力强、专业化程度高的民间组织进行合作。另外，也可以实现人力资源开发、培养和使用上的合作。统计资料显示，2005年全国残疾人工作者人数仅8.1万人，全国仅有5600名康复专业技术人才，每10万人拥有0.4名康复专业技术人才，仅能满足实际需求的1/70，迫切需要加强残疾人服务人员专业队伍的培养和开发。人力资源使用上的合作还可以采取人才外包和租借等方式。

2. 间接合作——促进民间组织之间的互动

在NGO与企业合作、与媒体合作、与国际NGO的合作中牵线搭桥。出台相关政策鼓励NGO之间开展广泛合作和全面互动，如公募基金会和私募基金会为NGO提供资金支持。在"5.12"民间捐款比较多的公募基金会中，中国红十字基金会率先安排2000万元，面向草根组织公开招标灾后重建项目，效果非常好。

另外，还可以促成人力资源、信息资源上的互补和互动。对厦门市民间组织发展状况的调研发现，很多民间组织刚刚起步时在选择救助对象上都煞费苦心，政府提供的弱势群体名单比较滞后，不得不花很长时间去摸底核查，如果能实现民间组织信息资源的共享，可以降低救助对象的遴选成本。

值得一提的是，政府与民间组织之间开展合作离不开残疾人联合会的大力推动。残联属于典型的政府主导型枢纽组织，一方面，残联可以充分发挥桥梁纽带作用，促使政府关注和解决残疾人的问题。受限于传统观念和权利意识，我国残疾人群体虽然规模庞大，但在社会中大多处于"蒸发"状态和"失语"状态，残疾人需求容易被政府忽略，也容易被社会公众忽略。因此，残联应该建立与政府部门沟通和协调的机制，及时向政府汇报残疾人的生活状况和社会保障状况。另一方面，提供专业指导，全面提高残疾人民间组织的能力。残联作为最大的残疾人民间组织，不仅要提供民间组织发展的专业指导，更应该是残疾人社会保障专家，十分清楚各类残疾人社会保障需求的特点和供给方式。残联应该坚持"走出去、走下去"，多做调研，切实了解残疾人民间组织的问题及需求，提供针对性的指导和援助。

总之，中国的残疾人社会保障事业任重而道远，政府与残疾人民间组织的合作从理论探索到实际践行，还需要一系列实践调研予以支撑和延展。本篇只是初步探讨之作，以期引起更多理论工作者对相关问题的关注。

城市残疾人社会支持密度及其影响因素分析
——基于广州、兰州的问卷调查

深圳大学 周林刚

一、文献回顾

1986年，在美国国家科学基金会的资助下，天津社会科学院社会学研究所与美国哥伦比亚大学社会学系合作开展"天津城市居民职业与生活方式研究"的课题。作为中国城市社会网第一次系统调查的初步报告——《天津城市居民社会网初探——兼与美国社会网比较》，阮丹青、周路、布劳（Peter·M. Blua）以及魏昂德（Andrew·G. Walder）等中美著名学者在调查统计的基础上，从社会网的紧密度（density）、规模（size）、趋同性（homophily）、异质性（heterogeneity/diversity）等几个方面分析了天津城市居民人际交往网络的基本情况，并描述和解释了天津城市居民社会网与美国居民的社会网的差异性。于是，社会网络的紧密度、规模、趋同性、异质性等一整套分析社会网的核心概念被介绍到国内社会学研究领域。

在社会网络理论家们看来，网络密度（network density）作为社会网分析的核心概念工具之一，是衡量网络成员彼此之间相互联系程度的一个变量。在具体操作上，网络密度主要通过两个指标加以测量：一是用关系密切的成员对数占所有成员对数的百分比，二是互不相识成员对数占所有成员对数的比例。其计算公式为：

$D = 2x / [n(n-1)]$ （其中 x 为关系密切的成员对数，n 为网络规模）

以上公式表明，假如有这么一个人群，所有成员相互之间都不熟悉，没有任何联系，那么该社会网的紧密度为零（即 $X=0$，$D=0$），实际上从严格意义上讲，这一人群并没有形成一个真正的社会网，充其量只是一个松散的人群而已；如果一个群体的所有成员彼此之间都存在着密切关系的话，那么该群体的紧密程度就为100%〔即 $X = n(n-1)/2$，$D=1$〕。由此可见，进行网络密度分析的前提条件是其社会网规模大于1。

而且，社会网理论还指出，社会网的紧密度对人们态度的形成和行为的发生发挥着重要的影响作用。一般来说，一个成员关系紧密的社会网不仅对个人的发展有很大帮助，而且对个人的行为也有较强的制约力。可见，社会网既可能对其网络成员有支持作用，也可能产生制约作用。这正如结构主义所指出的那样，社会网仅仅是一种关系，这些关系并不是在所有的时候都可以为其成员提供必要的帮助。社会网是由个体间的社会关系构成的相对稳定的体系。而社会支持网则是由具有相当密切关系和一定信任程度的个人所组成的。社会支持网在规范个人的态度和行为时发挥着重要的影响，它也是个人的一种重要的社会资源。社会支持网和社会网是子概念和母概念的关系，两者既相互联系又相互区别。如果说社会网侧重于关注网络的结构的话，社会支持网则侧重于关注网络的支持功能。

正是由于社会支持网与社会网存在着很大的异质性，所以我们在研究社会支持网的时候，仅仅套用社会网研究的一整套分析工具和分析方法，是不可能将社会支持网的研究向前推进的。但时至今日，如果检索一下国内的社会支持网的研究成果，我们就会发现该领域的学者们基本上都是直接套用社会网研究的固有研究模式和分析工具，对具体社会群体的支持现象加以研究（张文宏、阮丹青，1999；王毅杰、童星，2004；贺寨平，2002）。

在简要探讨了社会网和社会支持网的区别之后，我们重新回到网络密度这个概念上来。网络密度作为分析社会网结构的核心概念工具，透过网络密度，我们可以看出一个社会网的网络成员彼此之间有无联系，但我们没法看清楚这些问题：在一个网络中，哪些关系是支持性的关系？这些支持性的关系是如何发生的，谁是支持者？谁又是被支持者？某一支持者究竟为被支持者提供了多大支持？

带着这些疑惑，受网络密度这个分析工具的启发，本文将试图引入一个新的分析支持行为的概念——支持密度（ρ）。

二、支持密度：一个测量网络资源的新变量

社会支持作为一种社会行动，包括两个行动者即支持者与被支持者，从动态的角度看，社会支持就是支持者与被支持者的互动。由于受到结构和文化的双重制约，被支持者在应对生活中的不同问题时，为其提供帮助的支持者会有所不同。比如：对于某一被支持者而言，当他（她）碰到实际经济困难时，父母和子女会为其提供支持；当他（她）心情不悦之时，朋友、同学等友情群体为之解忧；当他（她）需要做出重大决定的时候，配偶就会为其出谋划策。简而言之，对于同一被支持者来说，由于他在日常生活中所面临问题性质的区别，他可能会接受来自不同支持者的支持。就支持者而言，当他应对同一对象（被支持者）的诸多领域的困难（比如借钱、感情、病期照顾等问题）时，他有可能为其解决所有的问题，也有可能解决某方面的问题。这就是一个支持量的论题。为

了更清楚说明这个问题,下面举例加以解释:

假如现有一个以被支持者 A 为中心而形成的社会支持网。被支持者 A 在日常生活中有 4 项既定的难题(借钱、感情、外出陪伴、做重大决定等)有求于人。结果发现,共有 3 个行动者(支持者 B、C、D)为其提供了支持:

①好友 B 为 A 解决了借钱和做重大决定两个问题,为 A 提供了 2 项支持;

②同学 C 帮 A 解决了感情上的困惑,为 A 提供了 1 项支持;

③单位 D 考虑到 A 因公受伤,特意以单位的名义派了一位工会副主席陪伴 A 外出,D 为 A 也提供了 1 项支持。

用 D 表示该社会支持网的网络密度,n 表示社会支持网的人数,x 表示支持网成员两两之间的关系对数,从以上关系中,我们可以计算出该社会支持网的网络密度:

$$D = 2x/[n(n-1)] \quad (x=6, n=4)$$
$$= 2 \times 6/[4(4-1)]$$
$$= 12/12$$
$$= 1$$
$$= 100\%$$

可见,该社会支持网的网络密度为 100%。这个结果显然无法将 B、C、D 三者对于被支持者 A 的支持行为作出区分,更谈不上去分析该社会支持网对 A 的支持效能。

因此,我们有必要引入一个新的分析变量——支持密度(Supporting Density)。支持密度是一个反映支持者对被支持者支持程度的一个变量,在量上等于支持者为被支持者所提供的支持项目数除以社会为被支持者所提供的支持项目总数。可见,支持密度涉及两个变量:其一,支持者为被支持者提供的支持项目数,我们用字母 m 表示;其二,社会为被支持者提供的支持项目总量,一般来说,它是一个既定的值(或者说常数),在不同的研究背景中,其值会有所不同,我们用字母 n 来表示。支持密度则用 ρ 来表示。由此,我们便可推理出支持密度的计算公式:

$$\rho = m/n \times 100\%$$

在上文所论及的社会支持网中,社会为被支持者 A 提供的支持项目的总量为 4,也就是 n=4;而支持者 B 为 A 提供了 2 个支持项目,支持者 C 和支持者 D 分别为 A 提供了 1 个支持项目。根据以上公式 $\rho = m/n \times 100\%$,我们将各支持者对 A 的支持密度进行了计算,具体结果如下:

①支持者 B 对 A 的支持密度为:

$\rho = m/n \times 100\%$

$= (1+1)/4 \times 100\%$

$= 50\%$

②支持者 C 对 A 的支持密度为：

$\rho = m/n \times 100\%$

$= 1/4 \times 100\%$

$= 25\%$

③支持者 D 对 A 的支持密度为：

$\rho = m/n \times 100\%$

$= 1/4 \times 100\%$

$= 25\%$

我们比较以上结果发现，支持者 B 对被支持者 A 的支持密度高于 C 和 D，支持者 C 和 D 对 A 的支持密度相等，均为25%。正如前文所论述的社会支持网与社会网之间有着很多差异一样，支持密度和网络密度也是两个异质性很大的分析变量：第一，支持密度强调的是支持者对于被支持者的具体支持行为，而网络密度关注的则是所有网络成员之间的紧密程度；第二，网络密度只关心网络成员之间是否存在着这样那样的联系，而不去过问这种联系的性质（比如支持性与非支持性），支持密度则是着重考量支持者对被支持者的支持程度。当然，两者又有其共性：首先，进行网络密度分析和支持密度分析的前提条件都是网络规模大于1；另外，从形式上看，两者都属于相对变量，都以百分比的形式加以计量。

从前文残疾人社会支持结构的描述性分析中，我们可以看出，在应对生活中的各种难题时，残疾人往往会求助于亲属群体（包括：①配偶，②子女、女婿、儿媳，③父母，④兄弟姐妹，⑤一般亲戚），友情群体（包括：①同事，②同学，③朋友，④邻居），各种组织（包括：①单位，②社区居委会，③残联，④民政等政府部门，⑤NGO）等。也就是说，本研究中的被支持者为残疾人，而支持者则由亲属、友情群体和各类组织三类行动者构成。社会为残疾人提供的支持项目囊括了残疾人日常生活领域的方方面面，主要有8大支持项目：①帮助作重要决定，②协助解决家庭矛盾，③情绪支持，④家务支持，⑤病期照顾，⑥借钱，⑦外出陪伴，⑧日常交际。也就是说，支持密度计算公式中的常量 n 值为8。

三、残疾人社会支持密度

为了分析的方便，我们将配偶支持密度、子女支持密度、父母支持密度、兄弟姐妹支持密度以及一般亲戚支持密度的总和统称为亲属支持密度,将同学支持密度、同事支持密度、朋友支持密度、邻居支持密度等四者的总和称为友情支持密度,把单位支持密度、社区居委会支持密度、残联支持密度、民政及其他政府部门支持密度、NGO 支持密度合并为组织支持密度。

表1 残疾人社会支持密度

	最小值	最大值	均值	标准差
亲属支持密度				
配偶支持密度	0	1.000	0.111	0.190
子女支持密度	0	1.000	0.110	0.189
父母支持密度	0	1.000	0.216	0.247
兄弟姐妹支持密度	0	1.000	0.195	0.254
一般亲属支持密度	0	1.000	0.110	0.193
友情支持密度				
同事支持密度	0	1.000	0.084	0.176
同学支持密度	0	0.875	0.085	0.169
朋友支持密度	0	1.000	0.303	0.268
邻居支持密度	0	1.000	0.056	0.129
组织支持密度				
单位支持密度	0	0.500	0.011	0.045
社区居委会支持密度	0	0.500	0.017	0.054
残联支持密度	0	0.375	0.009	0.038
民政等政府部门支持密度	0	0.036	0.001	0.004
NGO 支持密度	0	0.125	0.003	0.019

资料来源:相关数据来自 2004 年广州、兰州两市残疾人生活状况问卷调查。

上表分析结果表明:

①在亲属支持密度中,父母支持密度最大,均值为 0.216,其次为兄弟姐妹支持密度,而配偶支持密度、子女支持密度以及一般亲戚支持密度的大小相当,均为 0.110.

②在友情支持密度中,朋友的支持密度最大,其均值为 0.303,同事支持密度和同学支持密度相差不大,均值分别为 0.084 和 0.085,邻居支持密度最小。

③就组织支持密度而言,从均值看,社区居委会支持密度最大,均值为

0.017，单位支持密度第二，残联支持密度第三，为 0.009，NGO 支持密度排在第四位，民政等政府部门的支持密度最小。

四、残疾人社会支持密度的影响因素分析

（一）残疾人社会支持密度因子分析

1. 亲属支持密度因子分析

表 2 显示，KMO 统计量（Kaiser – Meyer – Olkin measure）为 0.735，很适合作因子分析。于是我们从配偶支持密度、子女支持密度、父母支持密度、兄弟姐妹支持密度、其他亲属支持密度等 5 个变量中，提取了一个因子，即亲属支持因子。

表 2　球形检验结果（KMO and Bartlett's Test）

Kaiser – Meyer – Olkin Measure of Sampling Adequacy	.735
Bartlett's Test of Sphericity Approx. Chi – Square	544.625
df	10
Sig.	.000

表 3　因子负载表 Component Matrix（a）

配偶支持密度	.849
子女支持密度	.695
父母支持密度	.835
兄弟姐妹支持密度	.802
其他亲属支持密度	.751

Extraction Method: Principal Component Analysis.

a 1 components extracted.

2. 友情支持密度因子分析

表 4 显示，KMO 统计量（Kaiser – Meyer – Olkin measure）为 0.744，也很适合作因子分析。于是我们从同事支持密度、同学支持密度、朋友支持密度、邻居支持密度等 4 个变量中，提取了一个因子，即友情支持因子。

表4　球形检验结果（KMO and Bartlett's Test）

Kaiser – Meyer – Olkin Measure of Sampling Adequacy.		.744
Bartlett's Test of Sphericity	Approx. Chi – Square	363.751
	df	8
	Sig.	.000

表5　因子负载表 Component Matrix (a)

同事支持密度	.728
同学支持密度	.737
朋友支持密度	.849
邻居支持密度	.616

Extraction Method: Principal Component Analysis.

a 1 components extracted.

3. 组织支持密度因子分析

表6显示，KMO统计量（Kaiser – Meyer – Olkin measure）为0.752，也很适合作因子分析。于是我们从单位支持密度、社区居委会支持密度、残联支持密度、民政支持密度、NGO支持密度等5个变量中，提取了一个因子，即组织支持因子。

表6　球形检验结果（KMO and Bartlett's Test）

Kaiser – Meyer – Olkin Measure of Sampling Adequacy.	.752
Bartlett's Test of Sphericity Approx. Chi – Square	504.625
df	10
Sig.	.000

表7　因子负载表 Component Matrix (a)

单位支持密度	.320
社区居委会支持密度	.454
残联支持密度	.727
民政等政府部门支持密度	.617
NGO支持密度	.422

Extraction Method: Principal Component Analysis.

a 1 components extracted.

（二）残疾人社会支持密度影响因素的回归分析

为了对残疾人社会支持密度的制约因素进行分析，我们将年龄、性别、婚姻结构等人口学特征变量，受教育年限、在业状况、收入、低保享受状况、政治面貌等社会经济地位变量，残疾类别、残疾等级、生活自理程度等身体特征变量，作为自变量，以各亲属支持因子、友情支持因子、组织支持因子为因变量，进行了回归分析，以下是主要结果：

1. 残疾人亲属支持密度影响因素的回归分析

表8 残疾人亲属支持密度影响因素的回归分析

	非标准化回归系数		标准化回归系数	t	Sig.
	B	Std. Error	Beta		
（Constant）	1.735	.208		8.327	.000
年龄	-.032	.003	-.415	-11.375	.000
男性（女性=0）	-.199	.063	-.090	-3.165	.002
已婚（未婚=0）	-.228	.075	-.107	-3.025	.003
丧偶、离异和再婚	-.478	.118	-.137	-4.043	.000
受教育年限	-.044	.009	-.165	-5.119	.000
在业（非在业=0）	.073	.066	.034	1.094	.274
月均收入	1.041E-05	.000	.005	.147	.883
享受低保（未享受低保=0）	-.100	.069	-.044	-1.456	.146
党员（群众=0）	-.102	.133	-.023	-.769	.442
团员	.110	.110	.030	1.002	.317
民主党派	-.239	.350	-.019	-.681	.496
视力残疾（肢体残疾=0）	.059	.143	.025	.410	.682
听力残疾	-.211	.146	-.083	-1.450	.147
综合类残疾	-.242	.136	-.117	-1.782	.075
致残年龄	-.001	.002	-.008	-.276	.782
二级残疾（一级=0）	.308	.076	.136	4.052	.000
三级残疾	.107	.093	.045	1.150	.250
四级残疾	.197	.126	.053	1.559	.119
部分自理（完全不能自理=0）	.257	.112	.124	2.285	.023
完全能够自理	.014	.120	.007	.119	.906
广州（兰州=0）	.245	.066	.118	3.726	.000

a Dependent Variable：亲属支持密度 $R^2 = .386$

从表 8 残疾人亲属支持密度的制约因素的回归分析结果我们可以看出：在 3 个人口特征变量中，年龄对亲属支持密度产生了显著的负向影响，年龄越大，残疾人亲属支持密度反而越小，年龄越小，则残疾人亲属支持密度越大。性别变量对残疾人的亲属支持密度有着显著的影响，男性的亲属支持密度不如女性高。婚姻变量对残疾人的亲属支持密度也有着显著影响，以未婚为参照，离异或丧偶者的亲属支持密度不如已婚者高。

在 5 个社会经济地位变量中，受教育年限对残疾人的亲属支持密度产生了负向显著影响，受教育的年限越长，则其亲属支持密度反而越小。在业状况、收入、享受低保状况和政治面貌对于亲属支持密度没有产生统计意义上的显著影响。

残疾类别没有对残疾人的亲属支持密度产生显著影响。就残疾等级而言，以一级残疾为参照，二级残疾人的支持密度比一级残疾人高。在生活自理程度上，以生活完全不能自理者为参照，部分自理者比完全不能自理者的亲属支持密度高。回归结果还显示，广州残疾人的亲属支持密度比兰州残疾人高。

2. 残疾人友情支持密度影响因素的回归分析

残疾人友情支持密度影响因素的回归分析结果显示：在 3 个人口特征变量中，年龄变量对友情支持密度产生了显著的负向影响，年龄越大，残疾人友情支持密度反而越小，年龄越小，则残疾人友情支持密度越大。性别变量和婚姻变量没有对残疾人的友情支持密度产生显著影响。

在 5 个社会经济地位变量中，受教育年限对残疾人的友情支持密度产生了负向显著影响，受教育的年限越长，则其友情支持密度反而越小。月均收入对残疾人友情支持密度有着正向显著影响，收入越高，则残疾人的友情支持密度越高。低保享受者的友情支持密度不如生活在低保线以上者高。可见，经济状况越好，则其友情支持密度越高。在业状况、政治面貌对于友情支持密度没有产生统计意义上的显著影响。

就残疾类别而言，以肢体残疾人为参照，视力残疾人的友情支持密度比肢体残疾人高。残疾等级没有对残疾人的友情支持密度产生显著影响。在生活自理程度上，以生活完全不能自理者为参照，部分自理者比完全不能自理者的友情支持密度高。回归结果还显示，广州残疾人的友情支持密度比兰州残疾人高。

3. 残疾人组织支持密度影响因素的回归分析

残疾人组织支持密度的回归模型中，我们可以清楚地看出：3 个人口特征变量没有对残疾人的组织支持密度产生显著影响。在 5 个社会经济地位变量中，仅有低保享受状况对残疾人组织支持密度产生了统计意义上的显著影响。结果表明，低保享受者的组织支持密度比没有享受低保者高。这也证实了残联、民政等正式组织对于生活在低保线以下的困难残疾群体的福利行为所在,组织支持在贫困残疾人中起着不可或缺的作用。

在身体特征变量中,残疾等级对残疾人组织支持密度有着显著影响,以一级残疾人为参照,二级残疾人的组织支持密度不如一级残疾人高。就生活自理程度而言,以生活完全不能自理者为参照,部分能够自理者和完全能够自理者的组织支持密度均比生活完全不能自理者高。组织支持密度没有因残疾类别的不同而表现出显著的差异性。

广州和兰州的残疾人在组织支持上没有表现出统计意义上的差异性。

五、小结

第一,西方学者(Burt,1990,411—451;Finch,1989)对健全人的研究表明,配偶、父母、成年子女、兄弟姐妹等亲属和朋友在个人的社会支持网中所起的作用十分重要。对照以上三组支持密度,我们不难发现,亲属支持密度和友情支持密度都很高,表明亲属和友情的支持占据了非常重要的地位。可见,在这个问题上西方学者的研究结论在中国的残疾人身上得到了进一步的证实(Fisher,1982;Marsden,1987)。一言以蔽之,无论在中国还是西方,无论是健全人还是残疾人,亲属和朋友都是社会支持的主要提供者。

第二,Fisher 等人(Fisher,1982;Marsden,1987;Vander Poel,1993;Wellman,1997,363—390;1992,74—114)对健全人群的研究表明:亲属支持有很大差异性,配偶、父母和成年子女比兄弟姐妹和其他亲属发挥的作用更大。就上面结果来看,父母的作用大于兄弟姐妹的结论在这里得到了证实,但没有证实兄弟姐妹和一般亲戚的作用不如子女和配偶。对于中国残疾人来说,兄弟姐妹的作用十分重要。

第三,就既有的中西方关于社会支持的研究看来,学者都将研究焦点放在人际层面的支持行为上,但事实上,当人们在遇到日常生活中的种种问题时,他们既有人际支持也有组织支持,学者们没有对组织支持给予应有的关注。从以上的描述性分析中,我们看到在残疾人的社会支持网中,组织支持也占据了一定空间。

第四,残疾人社会支持密度因残疾类别、残疾等级的不同而存在一定的差异性。因此,在残疾人社会福利实践中,应该根据不同残疾类别,采取有针对性的支持行为。

第五,支持密度变量的建构是对社会网络理论的拓展与丰富,通过本研究不难看出,该变量是研究社会支持行为,特别是探究弱势群体社会福利实践行为的一个富有解释力的指标。

关于残疾人康复与工伤保险康复资源整合的探讨

中国人民大学残疾人事业发展研究院

朱丽敏　孙树菡

人类社会对"康复"的认识源于患病或伤残所导致的后续生活质量和工作能力的下降。随着社会的发展和文明程度的提高，人类逐渐认识到：作为当代社会的弱势群体，残疾人与任何健全人一样，有着与生俱来的生存、尊严等权利，有着"参与"社会的强烈愿望；而及时有效的"康复"不仅能使伤残者的生理机能得到最佳恢复，更是残疾人改变生活状态，"回归"主流社会的必要前提。因此，在残疾人"康复权"日益得到社会认可的同时，"康复"的内涵亦不断扩大：由初期仅限于恢复身体功能的医疗意义上的康复，逐渐发展成为包括医疗康复、教育康复、职业康复、社会康复等在内的现代化的全面康复体系。在"公平、正义、共享"的理念下，"采取各种措施以减轻残疾的影响，使残疾人回归主流社会"已成为世界各国共同的奋斗目标。

一、问题的提出

我国提出了2015年实现残疾人"人人享有康复服务"的目标，国家对康复的重视和大力发展康复事业的决心不言而喻。截至2007年，全国各省市区及部分县区州旗所建立的康复中心、康复站等康复训练服务机构共计19600多个。然而我国残疾人群体的规模决定了"人人享有康复服务"目标的实现并不容易，能否真正实现"康复"，康复的效果如何，都有很大的不确定性。

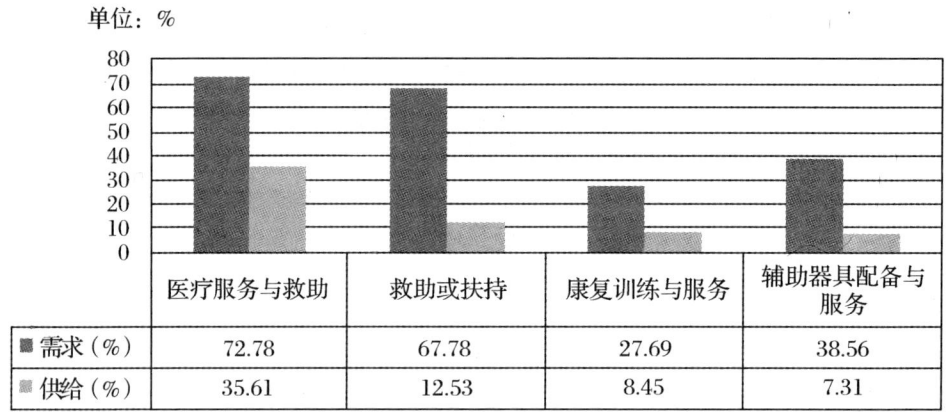

图1 残疾人康复需求与供给比较

2006年第二次全国残疾人抽样调查数据显示，我国各类残疾人总数为8296万人，约占全国总人口的6.34%，其中有接近5000万人具有康复需求。然而由上图可以看出，相对于残疾人群的需求来说，康复服务的供给严重不足。2007年度全国残疾人状况监测主要数据报告显示，仅有19.0%的残疾人在1年内接受过康复服务，城市接受康复服务的残疾人比例为29.5%，农村为15.7%。这些都说明，尽管我国残疾人事业取得了很大的发展，并初步建立起残疾人康复工作体系和管理服务网络，但是康复需求与供给之间的矛盾依然存在。此外，我国的康复仍以医疗康复为主，职业康复发展缓慢，供给不足。康复需求群体的庞大突显着康复资源的有限性，这种持续的张力将会激化两者的矛盾，进而严重制约着残疾人康复事业的发展。

二、残疾人康复与工伤康复资源的整合：一种可探讨的解决途径

因工致残职工是残疾人中的特殊群体，将这部分人员从残疾人群体中独立出来进行单独管理，一直以来是大多数国家共同的做法。这主要是源于工残人员受伤原因的特殊性，他们是在劳动工作中，在为国家和社会做贡献的过程中受到伤害的，单位和国家理应对之承担补偿责任，并通过工伤保险制度来实施；伤残者依据是否因工受伤而享受不同的待遇，这样一种理念所带来的是分割的管理体系，以及相互独立的康复服务部门。

然而目前越来越多的研究和实践表明,分割的管理体制不仅会带来新的交易成本,导致残疾人必须从多方寻求服务以满足自己的要求,而且会造成资源的浪费。一方面是部分工伤康复机构利用率低,出现大量床位闲置等现象;另一方面却是众多的残疾人群体因为有限的康复资源而无法享受到应有的康复服务。自20世纪80年代起,一些国家开始致力于"残疾管理"项目的研究,即将因工作伤害或疾病所致的残疾和健康服务项目整合起来,以此降低医疗费用,提高制度的实施效果。

德国伤残康复一直是实践上的成功典范。在德国,康复被视为帮助残疾人进入社会的一个途径,任何一个先天残疾或由于遭受某种伤害致残从而需要特殊帮助的人都有权利享受康复,而不管造成伤残的原因是什么。在这种理念的指导下,德国设计的是一套将因工和非因工伤残康复完全整合、任何一种原因导致的伤残都有明确负责的机构和保障基金的康复体系。实践证明,德国的这种模式取得了良好的效果。

我国在伤残康复资源极其有限的情况下,将残疾人康复与工伤康复资源整合起来,不失为充分利用有限资源发展康复事业的一个可探讨的途径。尽管两者在伤残等级评定、康复费用的支付方式、康复的重点等方面存在较大差异,但是他们在多方面的共性也提供了合作的现实基础。首先,对象都是残疾人,不论是否因工致残,他们有着共同的康复需求;其次,都是运用医学、职业等康复手段来提供服务;再次,目标都是使残疾人最大限度地恢复各方面机能,回归主流社会和工作岗位。此外,目前所表现出的一些新特点,如交通事故、意外伤害所导致的肢残人群比重升高,伤害或工作压力过大等导致精神疾病的现象也在增多,这些都使得因工致残与非因工致残人群疾病种类之间的界限日益模糊,完全将两者隔离开来进行治疗和康复会造成重复建设和资源浪费。

三、残疾人康复与工伤康复资源的整合:基本思路

2007年《关于印发加强工伤康复试点工作指导意见的通知》中指出,各地在确定工伤康复综合试点单位时,要尽可能利用现有卫生(中医药)、工会、民政、残联等社会康复资源,建立协议康复服务方式,劳动保障部门原则上不建、不直接管理工伤康复机构。工伤康复的目标是在"十一五"期间,初步形成以医疗康复为基础,以职业康复为核心,以促进工伤职工回归社会、从事劳动为目的,具有中国特色的工伤康复制度框架。这为残疾人康复与工伤康复机构提供了合作的空间,也为资源整合奠定了基础。

（一）管理机构的协作

我国的康复工作是以强化自上而下"康复管理"为中心，倾向以行政角度来解释"康复管理"的概念，并参照国家行政组织层层领导、指挥、开展工作的"典型的一体化行政体系"。由全国相关业务部门组成的全国残疾人康复工作办公室是残疾人康复工作的最高决策、指挥和协调部门，也由此决定了康复服务由多个机构共同开展的现状：卫生部门负责推行健康教育和防止出现伤残弱能儿童的防御计划；教育部门负责弱能儿童的教育和训练以及为特殊学校的学生提供交通和住宿护理的条件；福利部门负责提供资金服务和资助各种康复服务机构；人力资源与社会保障部承担着残疾人社会保障的职责，其培训就业司负责为弱能青年提供职业训练并解决弱能人士的就业问题，工伤保险司则负责因工伤残者的医疗及职业康复。多个部门共同参与可以发挥集思广益的优势，却也造成了残疾人康复工作的人为分割和复杂化。多头管理、政出多门，不仅不利于残疾人及时、便捷地寻求康复服务，制度实施效果大打折扣，而且很容易因部门之间信息不畅通而导致决策失误以及资源配置失衡，造成康复资源的极大浪费。因此，实现康复资源整合的前提是加强管理部门的协作，实现各相关部门政策的有效衔接。

从决策层面，各相关业务部门要真正树立起"以残疾人为本"的理念，加强沟通协调，明确各部门的职责，并将康复业务适度集中。中央层面对全国的康复事业给予正确引导。从执行层面，残疾人康复与工伤康复资源的整合要求中国残联康复部以及各级地方残联康复办公室与工伤康复部门加强合作，并在专业人才培养、技术研发等方面发挥优势互补作用；积极探索工伤保险制度劳动能力等级鉴定标准与残疾等级评定标准的协同化问题，目前两个独立运行的体系无论在管辖部门和地点上，还是后续的康复待遇上都存在巨大差异，这种以伤残原因为出发点的制度设计不仅增加了管理成本，也在引发新的不平等。

（二）康复服务的整合

残疾人康复最终需要依托医疗和康复机构来实现，康复服务机构的合作方式也成为残疾人康复与工伤康复资源整合的重点和难点。与工伤康复机构相比，残联的康复资源更为广阔，两者的合作可为工伤致残人员提供更多便利：目前中国残联系统建有省级残联康复中心 30 家、地市级残联康复中心 92 家、县级残联康复机构 4000 多家，全国共有各类各级残疾人康复机构 19000 多家；至少有 800 多家三级医院开设了康复医学科，已建设 18000 多家社区卫生服务中心。同时，工伤康复定点机构因有工伤保险基金的支持，在康复人才、专业技术、设备配置上具有优势,且较为重视职业康复,从而能够弥补现有残联康复机构重医疗轻康复或是无力发展职业康复的弊端。因此,将两者的康复资源整合在一起将能充分利用有限资源,满足更多残疾人的康复需求。这就要求:

第一,打破工伤康复机构与残联康复机构之间的壁垒,实现因工致残职工与其他残疾人康复资源的共享,提高康复资源的利用率。残疾人如有康复需求,只需到相关负责部门登记申请,便可由该部门安排到相应的康复机构接受康复服务。康复机构的选择应以最大限度满足残疾人的康复需要为准则,而不能因其是非因工伤残就被排斥在工伤康复机构之外;同时,在康复资源允许的条件下,工伤康复机构也不能以此为理由拒绝接受患者。

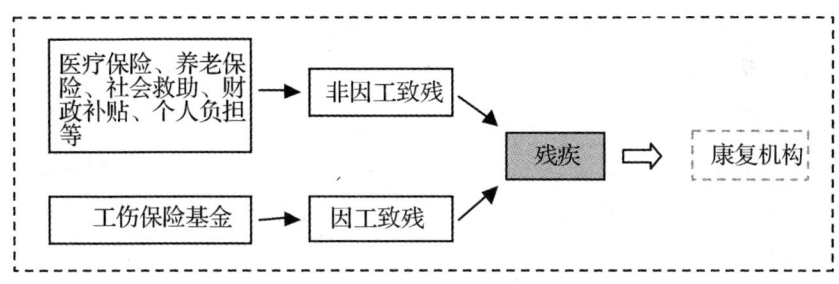

图2　残疾人康复与工伤康复资源整合示意图

第二,工伤保险部门不再单独建立工伤康复机构,重点应放在探索与社会康复机构、医疗卫生机构的长效合作机制上。可以通过与设有康复中心的综合医疗机构、残联及社会康复中心合作,采取谈判、签订协议等方式购买康复服务;同时,定点医疗机构和社会康复中心也应借助工伤保险基金的支持,结合工伤和职业病的特点进行相应的技术改造,以适应因工致残职工的特殊需要,工伤保险管理部门享有监督和考核权。

第三,建立综合性医院——医疗和康复中心,包括与职业康复机构相结合的、综合性的、多学科的连锁康复体系;实现残疾人康复介入、诊疗、评定等方面的标准化与专业化,改变重医疗康复、轻职业康复的现状。综合性医院在医疗救治等方面具有优势,"能够提供及时有效的治疗,但仅仅这些是不够的,卫生保健缓解疾病症状的初级目标并不能解决职业问题",因此,除了要从根本上改变医务人员的观念外,还要求对残疾人群的康复承担责任,医学治疗与功能恢复相结合,并为其到专业康复机构接受后续康复训练提供建议和支持。康复机构则要突出特色,集中资金发展各类康复项目,为各类残疾人提供全面的康复服务。

第四,以"完整人"理念为指导,以社区康复为基础,简化各种程序,实行双向转诊制,以满足残疾人需求为目标。复杂的程序往往会产生强烈的程序导向性,从而忽视个体差异,进而导致后续的康复成为一种虚假的"数字游戏",这也是造成目前的残疾康复无法满足需求的原因之一。

(三) 资金来源和保障

康复资金是残疾人享受康复服务的保证。因工伤残者之所以能够享受较为优厚的待遇,其原因就在于有工伤保险基金的资金支持。在整合残疾人康复与工伤康复资源的过程中,第一是要继续稳定工伤康复的资金来源,尽快从法律上对工伤康复基金的来源、提取比例以及使用范围等做出明确规定,在保证工伤职工得到及时有效康复的同时,提高康复手段和水平;第二也是最为重要的则是解决非因工致残的广大残疾人群体的康复资金来源问题。

自1988年将残疾人康复工作列入国家发展规划进行统筹安排以来,国家不断加大资金投入,并开展了一系列的免费康复服务,但是这种无偿性的康复医疗服务并不能普遍和持久地进行。而且随着我国人口结构的变化和经济社会的发展,康复需求群体仍会持续扩大,日益庞大的康复费用完全依靠财政拨款是不可持续的。康复费用需要多方筹集,费用共担。就目前看来,除了要继续加大并具体落实中央及地方财政拨款外,应充分动员社会力量,通过企业捐赠、发行福利彩票等方式多方筹集社会资金,同时向残疾人及其家庭收取适当费用,实现国家—社会—单位—个人及家庭相结合的筹集模式。此外,政府对康复事业的补助,应以"购买服务"的方式支付给康复机构而不是以货币形式"补贴"残疾人个人及其家庭。

根据德国的经验,有效的伤残康复需以每个伤残群体都有明确的资金承担者为基础,残疾康复分布于社会保障制度的各项内容里,这与健全的社会保障制度是分不开的。解决残疾人康复资金来源的根本途径是将其纳入社会保障体系,根据伤残原因和类型确定保险基金的支持来源,由医疗保险、养老保险、失业保险、社会救助等来共同承担残疾人康复的供款责任,改变目前我国部门责任模糊,众多残疾人被遗落在无人负责的"真空"地带而无法享受到保障的现状,明确各部门的职责和管理权限,对于属于自己管辖范围内的残疾人要自始至终承担全部责任,以此来保证制度的衔接与有效性,最终真正实现残疾人"人人享有康复"的目标。

残疾人康复和工伤康复资源整合看似仅是残联与社会保障机构两个部门之间的关系,实则涉及残疾人事业的诸多方面。两者的整合仅仅是残疾人事业发展制度变革的一个开端,若想切实解决残疾人康复问题,还有很多的工作要做。

"两个体系"建设的路径选择

广东省残疾人联合会　张永安

2008年3月，中央7号文件全面部署了残疾人工作任务，提出了"在新的起点上加快发展残疾人事业"，是我国残疾人事业发展的纲领性文件。其核心内容为"残疾人社会保障体系和服务体系建设"，即"两个体系"建设。中国残联为加强对"两个体系"建设的领导，组建了中国残联"两个体系"建设领导小组及办公室，并在全国确定了13个省（区、市）为重点联系省（区、市）、3个专项试点城市和3个试验区，有计划、有步骤地推进"两个体系"建设。

"两个体系"建设应该选择什么路径，是每个残疾人工作者必须认真思考的现实问题。

一、供求矛盾

第二次全国残疾人抽样调查结果显示，残疾人保障与服务供求矛盾十分突出。残疾人对保障与服务的需求，除了有健全人一切需求外，更多的是特殊保障需求和特殊服务需求。以广东省为例，63%的残疾人未接受过服务扶助，残疾人康复服务覆盖率只有40.5%，学龄残疾儿童接受义务教育比例只有68.92%，城镇残疾人基本社会保险覆盖率仅有24.62%，农村残疾人参加新型合作医疗的覆盖率只有61.78%，社区服务覆盖率也只有9.61%。残疾人保障与服务水平也相对较低，针对残疾人特殊需求的个性化服务项目相当少。

广东省在贫困残疾人救助与扶持、医疗服务救助方面的需求缺口在250万人左右，在辅助器具、康复训练服务方面的需求缺口在100万人以上，在生活服务、就业安置扶持以及无障碍设施方面的需求缺口也较大。

面对如此大的供求矛盾，选择什么路径能以最短的时间快速提升供给能力，提高保障与服务水平，满足保障与服务需求，值得深思。

二、面临困境

以广东省为例：全省有540万残疾人，70%生活在农村。据2008年广东省残疾人事业统计年报显示，全省残联系统编制总数3810名，实有人数5002人，其中，无编临聘人员达1192人，占总编制数的24%。121个县（区、市）残联机关有685人，平均每个残联拥有5.6个人，有137个直属事业单位，520人，平均每个单位拥有3.7个人。我们知道，残疾人保障与服务同时具有劳动密集型和知识密集型的特征，投入人力多，知识含量高。按国际惯例，服务从业人员与服务对象之比在1∶3到1∶1之间。

三、国家大局

从国家大局入手，认清大局、顺应大局、融入大局、促进大局、服务大局是残疾人事业快速发展的法宝。党的"十六大"以来，以人为本的科学发展观的提出，标志着我国由传统的发展模式向科学的发展模式转变，国家发展理念在发生变化，以人为本与和谐社会的理念逐步深入人心；国家治理结构在发生变化，政府职能在不断转变，经济在转型，社会在转型，政治在转型，事业单位在分类改革，社会组织在不断发展，公民社会在逐步建立等等，这些都将直接影响到我们的路径选择。

（一）计划经济转向市场经济，政府职能开始转变，政府不直接办企业，由包办企业转向宏观调控，企业按照市场规律运行，一只"看不见的手"在发挥巨大作用。当市场失灵时，政府运用财政政策、货币政策等间接手段，对企业和市场进行有效的宏观调控，经济快速发展，财富不断增加。目前，产业结构在优化升级，现代产业体系在逐步构建，由低端的制造业向研发和销售两边延伸，逐步过渡到高端的现代服务业，真正实现由"中国制造"向"中国创造"转变。

（二）当人均GDP达1000—3000美元时，贫富差距拉大，社会问题和各种矛盾突出，市场和政府会出现"双失灵"，此时，政府必须进一步转变职能，政府不直接参与社会事务，由包办社会转向培育发展社会组织，由"单位社会"转向"公民社会"。社会组织按照社会规律和志愿精神运行，参与社会管理和公共服务，另一只"看不见的手"也在发挥巨大作用。社会组织是以从事公益事业或公益性活动为目的、不分红的非营利性组织（NPO）和非政府组织（NGO）的统称，具有组织性、民间性、非营利性、自治性、志愿性五大特性。近年来，社会组织发展迅速，据统计，广东省有24557个社会组织，其中，社会团体11557个，基金会159个，民办非企业单位12827个，异地商会16个，30万从业人员，经济活动量达5000亿元。

（三）政府职能转变使政府由管制型政府转向服务型政府，在政府的主导下，两只"看不见的手"交替互动，促进经济社会协调发展。同时，政府职能转变推动"集权政治"转向"民主政治",社会主义民主政治在不断发展,民主政治的双重基本任务就是保障人权和实现宪政。宪政的三个基本要素,即人权、民主、法治,这些都与残疾人事业发展密切相关。

(四)党的"十七大"报告指出:"必须在经济发展的基础上,更加注重社会建设,着力保障和改善民生,推进社会体制改革,扩大公共服务,完善社会管理,促进社会公平正义,努力使全体人民学有所教、劳有所得、病有所医、老有所养、住有所居,推动建设和谐社会。"发展民生事业,改善民生,加强社会管理,构建和谐,必须建立和完善"党委领导、政府负责、社会协同、公众参与"的社会管理体制。解决民生问题的传统方法就是建立一大批事业单位,提供各种服务,满足人的各种需求。目前,政府机构大部制改革和事业单位分类改革正在进行中,大部制改革就是要进一步整合政府资源,转变政府职能。事业单位分类改革就是要消灭行政性事业单位和经营性事业单位,严格控制公益一类事业单位,适度搞活公益二类事业单位,全面放开公益三类事业单位,使公益三类事业单位走向市场,走向企业,走向消亡,最终留下少量的公益一类和二类事业单位。大量的以人为本的社会服务工作将由少量的公益类事业单位(公办)和大量的社会组织(民办)来承担,"公益类事业单位"和"非营利性社会组织"两个轮子一起转动,公办社会事业与民办社会事业相互促进,共同发展。

(五)我们说,"社会建设"建什么,"社会管理"管什么,其实,就是建设好少量的公益类事业单位和大量的社会组织,管理好少量的公益类事业单位和大量的社会组织,建立公民社会,形成一种机制,使这些承担社会服务工作,为人服务的机构和组织,无论是公办的还是民办的,无论是国内的还是国(境)外的,在获取资金、人才等方面享有同等的权利,通过招投标和项目管理的方式,按照市场机制运作,公平、公正、公开竞争,优胜劣汰。在残疾人事业领域,残联应该成为公办残疾人事业和民办残疾人事业发展的规划师、设计师、孵化器,以及资金、人才等资源获取、分配、监管的总机构,既是建设者,也是管理者。

四、五种假设

假设一:走官路。以广东省县(区、市)级残联为例,经县编办批准,县级残联机关平均每个县5.6名编制增加到28名(5.6×5),增加5倍,达到3388名;县级残联的直属事业单位,由137个增加到1370个(137×10),编制由每个单位平均3.7名增加到37名(3.7×10),数量和编制均增加10倍,编制数达到50690名,县级残联机关和直属事业单位编制数合计54078名。在现行体制下，事业单位效益很低。有人说，在事业单位中，只有三分之一的人在干活，三分之一的人不干活，三分之一的人在捣蛋。这种假设实现的可能性有多大可想而知。尽管事业单位不尽如人意，但是，适当增加机构和编制仍有可能，应努力寻求突破。

假设二：走民路。以广州与香港对比为例，据统计，广州专门为残疾人服务的机构不超过200个，其中，民办机构38个，从业人员约190人。这些民办机构由于得不到政府的财政资助，生存和发展面临很多困难，可以说举步维艰；香港有专门为残疾人服务的机构多达173间，包含3000多个服务单位，其中，98%是民办机构。这些民办机构80%的资金来自政府的财政资助。

现在广州开始先行先试香港花钱买服务模式，也叫"政府购买服务"，据说能节省行政成本，提高行政效率。购买服务的方式很多，比如：一次性开办经费补贴、专业人才培养和聘用补贴、服务场地租金减免、专用设备购置补贴、服务对象生活费和交通费补贴、居家服务补贴等等。所以，政府购买服务的运行机制不是一夜之间就能形成的，还有很长的路要走。向谁购买？购买什么？什么价格？怎么监管？都需要探索。

假设三：走小路。以广东省县（区、市）级残联为例，县级残联机关平均每个县5.6名编制保持不变，直属事业单位数量不变，平均每个单位编制3.7名不变。灵活变通，用残疾人事业专项经费聘用工作人员，使每个单位工作人员平均达到37（3.7×10）名，增加10倍，事业单位实有人数达5069人（37×137）。从全省来看，临聘人员占全省总编制数的24%。现在似乎有这种趋势，1个单位有几个编制，就聘用几十个人。与政府财政、审计部门沟通比较好的，不妨试探着走一走小路。

假设四：走官民结合之路。官民结合，两条腿走路，官办机构和民办机构两个轮子一起转。从实际出发，不搞一刀切，允许探索不同发展模式。适合走官路，就坚定不移走下去。积极向编办申请，能批一个机构就多一个机构，能增加一个编制就多一个编制；适合走民路，就坚定不移走下去。积极推动政府购买服务机制的形成，能催生一个民办服务机构，就多一个民办服务机构，包括国（境）外机构。但是，在机构数量上绝不是官与民各占50%，官多民少或官少民多，应当因时因地而定。

假设五：走官民合一之路。目前，我国社会组织仍然属于双重管理体制，即一个登记管理机关和一个业务主管单位。为便于管理和掌控，业务主管单位往往习惯派干部担任法定代表人或秘书长，所以，严格来说，我国真正意义的100%的纯民间机构凤毛麟角。为此，应顺应"政府职能转变、事业单位分类改革和政府购买服务"这个大局,争取政府支持,纳入财政预算,由残联直接操办一批民办机构。这些机构形式上是民办机构,本质上是官办机构,或者说是"官味儿十足"的民办机构。在同一个机构中,初创阶段"官味儿浓民味儿淡",发展阶段"官味儿减民味儿增",成熟阶段"官味儿淡民味儿浓",最终,像国有企业改制一样,摇身一变,成为"民味儿十足"的、地地道道的民办机构。

上述五种路径假设是针对残疾人服务机构而言的,当然,也不排除有其他路径选择。

各级残联必须从服务机构建设入手,坚持"职业化、专业化和社会化"三者相结合的原则,以职业化为基础,积极争取建立相对独立的残疾人保障与服务专业技术职称系列,建立健全残疾人保障与服务专业技术人才的培训、考试、认证、评价体系,引进社会工作理念和方法,提高残疾人保障与服务从业人员的专业化水平。广泛动员社会力量,运用社会化工作方式,建立并完善残疾人服务业投融资机制,拓宽融资渠道,加大资金投入,加快服务设施建设,加强服务人才培养,逐步将服务延伸到社区和家庭,使"机构服务、社区服务和家庭服务"三者有机结合,发挥各自的优势,形成合力,逐步形成"以公办服务机构为骨干、民办服务机构为主体、社区服务机构为基础、家庭邻里帮扶为依托,公益慈善事业为补充",覆盖全体残疾人,具有中国特色的残疾人社会保障体系和服务体系。

农村残疾人最低生活保障的现状与对策思考

河南省残疾人联合会 李玉德

残疾人是典型的社会弱势群体,而农村残疾人更是弱势中的弱势。在经济社会快速发展新时期,在社会基本养老、基本医疗体制尚不健全的情况下,施以最低生活保障并建立起完善的保障制度既切合农村实际,又能较好地解决残疾人这个特困群体的基本生活问题。由于农村低保实施的时间相对较短,保障水平及保障范围都很有限,农村残疾人的最低生活保障不可避免地也会存在这样那样的问题。对这些问题进行研究,将有利于改善农村残疾人的生活状况,有利于社会主义新农村建设,有利于全面建设小康社会目标的顺利实现。

一、我国农村残疾人生活保障基本情况回顾

建国初期,我国的社会保障几乎是在一片瓦砾、废墟上建立起来的。在这种百废待兴,物质极度匮乏的短缺经济时代,政府对不同的社会成员实行了一种有差别的城乡分治的保障原则。在城镇,主要是面对机关、企事业单位设立了社会保险制度。在农村主要依托"五保"供养制。在当时的情况下,对各类残疾人亦主要是参照"五保"供养办法进行补助和救济。1956年颁布的《高级农业合作社示范章程》中规定:"农业生产合作社对于缺乏劳动能力或完全丧失劳动能力、生活没有依靠的老弱寡残社员在生产和生活上给予适当的安排和照顾,保证他们吃、穿和烧材的供应,保证年幼的受到教育和年老的死后安葬。"这说明,在当时,残疾人还没有被当做特殊群体而制订一套专门政策加以保障。

农村集体经济趋于稳定之后,对残疾人的照顾方式有了新的变化,一般是,对于无任何劳动能力的重残人由家庭进行照顾,集体对家庭进行一定的补助;对于有一定劳动能力的,安排较为轻度的活计(比如,看守庄稼、菜园等)而与其他社员记同样的工分,分配粮款时亦与其他社员享受同等待遇。与此同时,在分派务工、提留、统筹等方面都给予很多减免和照顾。

农村实行联产承包责任制以后,"五保"供养的费用便由承包户分摊。此时的农村集体经济趋于空壳化,而政府又不承担供款责任,这就很容易导致包括残疾人在内的"五保"福利政策无法落实。特别是取消农业税之后,包括残疾人在内的"五保"政策大打折扣。于是,那些残疾人及其家庭与健全人家庭相比,

贫富差距越来越大。为此，国家于2006年1月修改了《农村"五保"供养工作条例》，除继续将残疾人纳入"五保"供养之外，新条例还着重强化了政府的责任。

近几年，随着最低生活保障制度的建立，对农村贫困残疾人的照顾，除"五保"途径之外，又多了一道生活保障线。2006年4月，省政府下发《河南省人民政府关于全面建立和实施农村居民最低生活保障制度的通知》，将保障对象首先界定在家庭成员年人均收入低于户籍所在地农村居民最低生活标准的农村居民，重点照顾因病残、年老体弱丧失劳动能力以及生存条件恶劣等造成生活常年困难的农村居民。至此，以农村残疾人为重要保障对象的低保制度在全省农村地区正式推行开来。众多因不符合"五保"条件而被排除在保障体系之外的残疾人享受到了最低生活保障待遇。

二、当前农村残疾人最低生活保障的现状

近几年的实践证明，低保制度确实是解决农村贫困群体基本生活问题的高效、便捷的救助方式。据民政部网站《2009年7月份民政事业统计月报》，截至2009年7月，全国享受农村居民最低生活保障人数为4534万人，2141.6万户，人均月保障水平58元。河南全省农村低保人数3638825人，2057314户，月人均49元。

值得一提的是，通过分类施保、提标扩面，使广大残疾人从中感受到了社会救助的温暖。以郑州市为例，该市依据农村低保家庭主要成员经济收入、身体状况和劳动能力等情况，把低保对象分为A、B、C三类，分别按照农村低保标准的80%、60%、40%核定补差。洛阳市西工区将农村低保分为三类，其标准分别为70元、50元和30元。北京的做法则是以有无劳动能力来判定享受保障的类别：无劳动能力的重残人上调15%；老人、儿童等上调15%；老残一体的，先扣去低保收入标准的80%，余下再计财产收入，施以低保。比如，月收入300元，先扣去240元，余下60元作为其月收入标准进行低保救助，即所谓的"收入豁免"。这样做的好处，就是避免了制度的"一刀切"。虽然工作量增大了许多，但是更加科学、合理、有针对性。

三、当前我国农村残疾人生活保障存在的主要问题

我国人口众多，各类残疾人数量亦很庞大，农村残疾人更是量大面广。第二

次全国残疾人抽样调查显示，截至2006年4月1日，我国共有残疾人8296万人，占总人口的6.34%左右。农村残疾人口为6225万人，占残疾人总数的75.04%。目前尚有1000多万农村贫困残疾人尚未解决温饱，刚刚解决温饱的，返贫现象也比较严重。全国贫困残疾人无房、危房户还维持在100万左右，一大批贫困残疾人的基本生产、生活条件还没有质的变化。

作为中国第一人口大省、农业大省，河南省总人口已接近一亿，其中残疾人707万，占全省总人口的7.2%，高于全国平均水平0.86个百分点，涉及家庭人口近3000万。其中，城镇残疾人口为84万人，占11.87%；农村残疾人口为623万人，占88.13%，这一比例高出全国平均水平13个百分点。随着工业化、城市化和人口老龄化的加快，社会面临的残疾风险也在不断加大，残疾人口总量有不断增加的势头，占总人口的比例也在上升。

总的来讲，农村残疾人总量大、分布广、贫困化程度较高。尤其是受一些主客观因素制约，目前农村残疾人在生活保障上仍然面临不少的问题，主要有以下几个方面：

1. 许多享受低保的残疾人尤其是重残家庭生活依然困难

调查显示，无论是城镇还是农村残疾人家庭，其年平均收入均低于正常家庭50%—70%不等。许多残疾人家庭平均月收入不足100元，而一户多残家庭生活更为困难，几乎没有任何经济来源。重度残疾人大部分生活不能自理，甚至无法移动身体。这部分人虽已大部分纳入低保，但由于生活支出成本高，需要他人进行护理和生活照顾等，因此家庭生活依然十分贫困。

2. 农村残疾人的权利意识十分朴素，对一些保障政策了解甚少

我国宪法第45条规定："中华人民共和国公民在年老、疾病或者丧失劳动能力的情况下，有从国家和社会获得物质帮助的权利。"显然，这里所说的公民也应该包括农民在内。事实上，农村居民十分朴实善良，多年的贫穷使他们随便得到一点好处就会满足，并心怀感激。因为他们压根儿就没意识到，目前政府对农村开展的各项救助已经不是传统意义上的慈善与人道，更多的是一种制度化的人权意识的体现。甚至，许多农民尤其是残疾人对目前开展的各项服务与救助不了解，也不知道如何申报，这就很容易导致低保政策在农村大打折扣，一些本应享受低保的残疾人由于诸多原因而没有享受低保。

3. "新农合"对残疾人的保障效果不佳

目前的"新农合"报销模式仍然是注重大病、重病以及住院，而对于门诊，尤其是村诊室所发生的费用，多是自掏腰包。因此，无论对正常人还是残疾人，"新农合"对于治疗一般常见病的保障意义并不大。另外，重度残疾人真正住院

进行医疗康复的并不多，而且即使看病也是尽量节俭，能不住院就尽量不住。究其原因，一是行动不便，二是住院费用较高，三是医院药价太贵。而在家看病的费用又不能报销，也挫伤了残疾人参加"新农合"的积极性。

4. 集中托养机构亟待建立

调查显示，老年残疾人生活来源，82.86%依靠家庭其他成员供养。在我国现时的少子高龄化的形势下，家庭供养老年人尤其是病残老年人的负担将越来越重。为此，社会化养老模式应作为老年残疾人养老的主要模式。对于那些生活上不能自理的重残、病残、老残、精神及智力残疾人员，依靠各类托养机构进行照管，是比较切实可行，又比较符合人道的举措。现实的情况是，残疾人生活服务的需求量很大，提供服务的总量与需求相比存在较大缺口，特别是重度残疾人生活服务的需求量最大。

5. 机构集中供养尚不完善，影响"五保"及病残老人入住

出于经济及管理方面的考虑，一些供养机构只负责日常生活，至于特殊护理、丧葬之类的事情概不负责。比如，一些新建敬老院规定，凡"五保"人员凭"五保"证即可免费入住，但前提是生活上基本能够自理，且无重大疾病。平时如有小病，院里负责医治，但临危人员需由近亲属接回原籍处理，院里不负责丧葬。这些关键环节的免责，导致一些病残老人产生很大后顾之忧。

6. 农村低保存在的问题影响着残疾人的保障权益

首先，城乡低保差距悬殊。民政部发布2008年民政事业发展统计公报显示，2008年全国城市平均低保标准为每人每月205.3元，低保对象月人均补助为141元；全国农村平均低保标准为每人每月82.3元，月人均补助为49元。（资料来源：中国经济网，2009年2月4日）再以郑州市为例，从2008年7月1日开始，城市低保标准：市区由每人每月260元，提高到每人每月275元，县（市）在原标准上，每人每月提高15元；农村低保标准：市区由每人每月150元，提高到每人每月160元，县（市）由每人每月100元，提高到每人每月110元。（资料来源：《郑州市人民政府关于完善最低生活保障制度的意见》，郑政〔2008〕28号）但是，在河南大部分农村地区，2009年7月刚到50元，之前还都是20—30元的水平。同样是在农村，但在城市的近郊和远郊，经济水平和保障水平就不一样，大城市的郊区和小城市的郊区也不一样，大城市的农村和别的偏远农村差距更大。

其次是在核定低保时村干部的主观随意性过大。由于低保在农村还属于新规，在操作时避免不了许多人为因素，甚至出现一些不正之风。不给好处不给保，给了好处就乱保。办低保要收取好处费，这是很多地方特别是农村地区不成

文的、大家心照不宣的潜规则。许多情况下，困难户们也不得不出这几百块钱，一方面，因为他们意识不到享受贫困救助是他们的正当权益，是国家的一项制度，而仍然认为是政府、是某些干部给予的一项恩惠与施舍，因此，在享受之前必须有所付出与表示；另一方面，由于监管缺失，困难户投诉求助无门，不得不忍气吞声。

第三是"民主选穷"未必公正。由于采取"民主选穷"，农村低保制度的公平度还是比城镇要高一些。因为农村家庭的隐性收入相对少一些，家计调查也相应简单。但是，在农村，也不能以为民主选出来的穷就是真正的穷，没选上的就不穷。因为农村的民主始终贴有家族势力的标签，这样的民主其实要打折扣。而且，少数地方"面子低保"、"人情低保"仍很严重。有些村民生活并不很困难，而是相互攀比，认为能吃上低保是有能耐、有面子、有门路，于是就通过各种关系设法搞到。

四、解决农村残疾人生活保障问题的对策建议

1. 完善社会救助体系

一要制订农村贫困残疾人特别救助办法。由于现行低保制度的一些硬性规定，使很多应享受低保的残疾人却没有纳入低保范围。主要表现在：低保是以家庭为计算单位，致使许多已丧失劳动能力、完全靠家庭成员抚养的残疾人，在计算其家庭人均收入时，会因为高于低保标准而不能享受低保。而在农村，因为资金有限，大多按3.3%的比例来分摊低保家庭数，加上"人情低保"、"面子低保"等人为因素影响，享受低保的贫困残疾人家庭就会更少。因此，很有必要制订农村贫困残疾人特别救助办法，将农村贫困残疾人特别是重度残疾人单独核算收入，单独施保；对家庭人均收入低于当地最低生活保障标准150%的家庭中的持证重度残疾人，参照当地城乡最低生活保障标准全额发放补助金，并享受其他社会救助政策；对因病、因灾需要救助的残疾人家庭实施救助；在对残疾人应保尽保的基础上，对重残、一户多残、老残一体等特殊困难家庭提高救助标准；对丧失劳动能力的贫困残疾人，通过纳入最低生活保障或"一助一"、"结对子"等社会救助形式，实现其基本生活保障到位；扶持残疾人从事种植、养殖业、家庭副业和手工业以及个体经营；适当放宽残疾人享受"五保"供养的条件；要在加大财政投入力度的同时，鼓励和引导社会力量为农村最低生活保障提供捐赠和资助，建立多种形式的扶助救助体系。

2. 要完善农村残疾人社会保险救助政策

要加大对残疾人参加社会保险的支持力度，最大限度地将农村残疾人纳入

"新农合"与"新农保"保障范围。要将白内障复明、辅助器具适配、肢残儿童矫治手术、听力残疾儿童学前康复等残疾人急需的医疗康复项目纳入新型农村合作医疗保险报销范围，单病种报销；逐步将精神病患者治疗、脑瘫儿童康复训练、孤独症、智障和偏瘫、截瘫、截肢等残疾者康复训练，听力语言残疾儿童人工耳蜗植入手术等残疾人康复项目纳入新型农村合作医疗保险报销范围。对贫困重度残疾人参加新型农村合作医疗保险个人缴费有困难的，由医疗救助基金代缴；其医疗费用在新型农村合作医疗报销后，自付费用仍有较大负担的，由各级民政部门根据实际情况给予二次救助。要实行"一站式"服务制度，残疾人到指定医院就医后，按规定应报销的费用，由院方代为办理医疗报销。要加强残疾预防工作，对可能致残的病伤，要早发现、早干预，减少功能性障碍的发生。

3. 要给予持证残疾人更多的"特惠"政策

要实行"普惠"加"特惠"政策，赋予"残疾人证"以新的内涵，给予持证残疾人更多的救助，比如在办理"新农合"、"新农保"业务时，持"五保证"、"残疾人证"者，可以免交个人应缴纳的部分；家电下乡补贴方面，持"残疾人证"者可以享受更高的补贴等，提高"残疾人证"的含金量。

4. 加快托养机构建设

目前，河南省残疾人托养工作才刚刚启动，残联系统（县级以上）和社会所办的托养机构还远远不能满足各类残疾人的生活需要。为此，要采取"新建、整合社会闲置资源改建、扩建"等形式，加快建立重度肢体、智力和精神残疾人的托养庇护体系，并扩大托养范围，降低托养门槛；为托养人员办理"新农合"、"新农保"、商业保险等；托养机构的负责人应由乡镇民政与劳动保障所或残联的工作人员兼任，以利于落实国家有关供养的政策、法规；大力发展院办经济，搞好"以副补院"。

5. 加强基层残联组织建设

目前，河南省基层残疾人组织建设仍面临很多困难和问题，县级残联机构设置和职责功能仍不完善，乡镇（街道）残联组织建设仍较薄弱，村（社区）残疾人组织仍不健全，特别是60%的农村还没有残疾人组织，基层残疾人工作者队伍建设仍有较大差距，为残疾人服务的能力和水平亟待提高。在加快发展农村社会事业、加强农村民主政治建设，在开展社会主义新农村建设以及积极推进乡镇机构改革中，要充分考虑残疾人和残疾人组织的特殊性，将基层残疾人组织建设纳入整体工作范畴，给予积极指导和支持，统筹安排，同步发展。

县（市、区）残联要计划单列，机构设置、编制要适应工作需要，理事长要专职，机关工作人员参照公务员管理。乡（镇、街道）残联要有专职理事长主持日常工作,要选聘一名残疾人委员作为专职委员(专干)协助理事长开展工作。村(社区)要成立残协,要从残协委员中选聘一名残疾人委员作为专职委员协助村(社区)残协主席开展工作。要将残联干部队伍建设纳入党政干部队伍建设整体规划,统一安排、培养和交流。加大残疾人干部的选拔、培养力度,重视残联干部的教育和培训,建立残疾人人才库。加强各级残疾人基础设施建设,建立为残疾人服务基地,提高为残疾人服务的能力。

6. 缩小城乡差距,最终实现城乡统一

社会保障的核心价值观与城乡社会救助制度的同质性,要求尽快实现社会救助制度城乡一体化,打破目前城乡分割的现状,促使这一制度在确保国民基本生活水平的同时,维护所有受助对象的平等与尊严。国民平等的社会保障权或福利权,首先体现在平等的社会救助权益方面。为此,在积极推进《中华人民共和国社会救助法》的立法进程中,应当在《城市居民最低生活保障条例》和有关农村最低生活保障政策的基础上尽快制订城乡统一的《居民最低生活保障条例》。

在"两个体系"建设中加强对残疾人特别扶助的几点思考

广西壮族自治区残疾人联合会 谭和平

在社会保障与服务体系建设中,残疾人是弱势群体中最需要扶助的群体,要实现社会保障与服务体系建设的目标,首先要实行对残疾人的特别扶助。因此,本文就残疾人特别扶助问题作几点新的思考。

一、广西残疾人的基本情况

第二次全国残疾人抽样调查显示,广西各类残疾人的总数为337.5万人,占总人口的比例为7.23%。与1987年第一次全国残疾人抽样调查比较,全区残疾人口总量由218万人增加到337.5万人,增加了119.5万人;占全区总人口的比例由5.53%上升到7.23%,上升1.7百分点。337.5万残疾人中,残疾等级为一、二级的重度残疾人为90.01万人,占26.67%;残疾等级为三、四级的中度和轻度残疾人为247.49万人,占73.33%。就广西实际情况而言,这几年来,各级政府、社会各界在残疾人扶助方面都努力做了大量工作,使残疾人得到了许多的实惠。但残疾人特别是重度残疾人在总人口中占比较大,贫困人口中残疾人占比较大,所以,在社会保障与服务体系建设的过程中,重视和研究如何加大残疾人特别扶助力度已成当务之急。

二、残疾人特别扶助的含义及其必要性

(一)残疾人特别扶助的含义及与其他社会救济的区别

1. 残疾人特别扶助的含义

残疾人特别扶助,顾名思义,就是指对残疾人这个特殊人群实施的有益于残疾人康复、教育、就业、文化、生活、社会保障与服务等方面的特别扶持和帮助。特别扶助,包括国家扶助、社会有关方面扶助、单位扶助、家庭扶助等。

2. 残疾人特别扶助与其他社会救济的区别

残疾人特别扶助与其他社会救济有着根本的区别。一是对象不同,特别扶助

的对象是特定的残疾人，主要解决残疾造成的困难；而其他社会救济的对象则是凡经济有困难的贫困家庭或人员，符合社会救济条件的都可以得到帮助。二是内容不同，残疾人特别扶助可有身体功能的补偿和康复、心理扶助、物质及资金扶助等多种方式；而其他社会救济则是以物质、资金扶助为主要方式。

（二）残疾人特别扶助的必要性

近几年来，党和国家加大力度，在社会保障与服务体系建设的过程中，采取措施促进残疾人"平等、参与、共享"进程，把残疾人事业作为中国特色社会主义建设重要组成部分来抓，根据残疾人的特点，从各个方面给予残疾人特别扶助。但是，随着形势发展变化，残疾人工作也出现了新情况、新问题。要保证残疾人事业与社会各项事业同步发展，残疾人生活水平与全社会人民群众生活水平同步提高，就必须建立健全以国家为主体的残疾人特别扶助制度。

1. 实行残疾人特别扶助制度，是保障残疾人合法权益的需要

残疾人是我国公民中的特殊群体，他们在参与社会生活时，除了具有公民的共性外，还存在特殊性，所以，必须给予特别扶助。我国宪法和新修改的《残疾人保障法》规定了残疾人除了享有与其他公民平等的权益之外，还具有特殊的权益，这是一种国家倾斜性立法，给予倾斜性保障。国家给予残疾人权益倾斜性保障，并不影响其他公民实现自己的合法权益，它充分体现了社会的公平，促进了社会和谐，是一个社会文明进步的体现。本文认为，国家法律既规定了残疾人的平等和特殊的权益，为了保证残疾人的各种权益全面实现，就要建立健全对残疾人的特别扶助制度，制订完善相应政策和实施细则，将其落实在基层，切实保护他们的平等、参与和共享，这样才能有力保障残疾人合法权益的实现。

2. 实行残疾人特别扶助制度，是落实科学发展观的需要

科学发展观的本质内涵是以人为本，现代文明社会的残疾人观也提出要尊重和保障残疾人人权，不断提高残疾人思想道德素质和科学文化素质，为残疾人创造平等发展的社会环境。科学发展观的以人为本，就是要人民群众利益作为一切工作的出发点和落脚点，不断满足人们生活需求和促进人的全面发展，不断提高人民群众物质文化水平和健康水平，构建和谐社会主义社会。这里说的人民群众当然也包括了残疾人这个特殊群体在内，这就需要国家建立完善残疾人特别扶助制度，实现科学发展观的全面目标。

3. 残疾人特别扶助，是建立健全社会保障与服务体系的需要

随着我国社会保障与服务体系制度的不断完善，建立健全残疾人特别扶助制度已成为可能。残疾人是一个特殊的群体，也是社会保障对象中不可缺少的一部

分。党的"十七大"把社会保障与服务问题作为重要的民生问题提出了奋斗目标,要建立完善多层次的社会保障与服务体系,这需要各级政府和社会采取有效措施,在吃、穿、住、行、医方面进一步完善残疾人特别扶助,保障和改善残疾人的生活,使残疾人享有与健全人一样的权利和机会,缩小残疾人生活状况与社会平均水平的差距,使残疾人实现"学有所教、劳有所得、病有所医、老有所养、住有所居",与健全人一道向小康社会迈进。

4. 残疾人特别扶助,是社会文明进步的需要

扶残助困,发扬人道主义精神,是我国传统美德,关心帮助残疾人是社会文明进步的重要标志。这几年来,国家采取措施,把发扬社会主义人道主义精神作为社会主义道德规范宣传贯彻。但是,在现实生活中,还存在着对残疾人不够理解、不够支持的现象。随着社会文明的进步,必须加大对残疾人事业重要意义的宣传力度,要通过宣传,让全社会理解关心残疾人事业的发展,形成扶残助残的良好社会氛围,有效地推进社会文明建设。

三、加大残疾人特别扶助力度的可行性条件

本文认为,当前,加大残疾人特别扶助力度的条件已经具备,主要体现在:

(一) 党中央、国务院高度重视残疾人事业

长期以来,党和政府关心重视残疾人事业,党的"十七大"提出:发扬人道主义精神,发展残疾人事业。中央政治局、国务院领导专门听取残疾人工作汇报,提出加强残疾人社会保障与服务体系建设问题。2008年3月,党中央、国务院发布了《关于促进残疾人事业发展的意见》,各级人民政府在努力创造条件,改善、提高残疾人生活质量,推进残疾人事业发展。这样的环境,有利于进一步加大残疾人特别扶助力度。

(二) 残疾人特别扶助的充分法律依据

我国是一个法制的国家,《宪法》规定了残疾人与健全人具有平等的权利,1990年颁布了第一部《残疾人保障法》。接着,国家相继出台了《残疾人教育条例》、《残疾人就业条例》。1988年起,我国批准实施第一个残疾人事业五年工作纲要,并连续实施了五个残疾人事业五年计划(规划)。2008年,我国签署了联合国《残疾人权利公约》,成了缔约国之一。今年,全国人大常委会又颁布实施了新修改的《残疾人保障法》。各地陆续出台配套的实施办法,给加大残疾人特

别扶助力度创造了有利条件。

（三）经济基础不断增强

改革开放以来，我国社会生产力水平不断提高，经济持续快速发展，各项事业全面进步，为加大残疾人特别扶助力度提供了资金的支持。

（四）社会基础更加坚实

多年以来，我国开展了社会主义道德建设、爱国主义教育等精神文明建设系列活动，公民的道德素质不断提高，对残疾人理解、关心、帮助的良好社会氛围逐步形成，特别是近年来，涌现了大批残疾人自强模范和扶残助残先进集体、先进个人，为推动残疾人事业发展奠定了良好的社会基础。

四、残疾人特别扶助的内容与新思考

深化残疾人特别扶助，内容涉及方方面面，本文根据目前广西残疾人工作实际情况，认为应主要体现在以下几方面：

（一）加大残疾人康复扶助的力度

这几年来，各级人民政府和有关部门采取措施，为残疾人康复创造了一定条件，但是，如果从要实现"人人享有康复服务"的目标来衡量，还有许多工作要做。

1. 各级人民政府和部门要加快建立和完善残疾人康复服务体系

残疾人康复服务体系是党的"十七大"提出的"两个体系"的重要内容，也是解决残疾人民生的重要措施之一。因此，各级人民政府要积极推动投资主体多元化，以财政投入为主，以社会投资为补充，积极组织、引导社会力量兴办康复机构，努力把康复机构办到社区、街道、村屯。通过社区、街道、村屯康复工作站（点）服务到家庭。

2. 要加快培养一大批具有康复专业知识的人才队伍

据调查，目前康复专业技术人员缺乏，特别是在基层，需要大量的康复人才帮助残疾人康复训练。因此，要通过医疗、保健、防治等部门进行康复专业培训指导，为社区、街道、村屯康复工作站（点）培养更多的人才。

3. 开设更多的残疾人康复项目

根据残疾人康复需求，多开设残疾人康复项目，尽可能帮助残疾人恢复或者补偿功能,增强其参与社会生活的能力。组织好残疾人康复的各类器械、辅助器具的安装配置工作,为残疾人康复提供条件。

(二) 加大残疾人教育权益扶助的力度

1. 提高学龄残疾儿童接受义务教育的覆盖率

各级政府教育部门对能够随班跟读的残疾儿童,应该提供条件,动员其监护人让孩子参加普通学校学习,减少残疾儿童不健康心理状态,保证学龄残疾儿童受教育权益实现。

2. 加大经费投入创办更多的特殊学校

各级政府教育部门要积极落实残疾人事业"十一五"规划要求,在所有市县区建立特教学校,让各类残疾人能够入校读书。

3. 对贫困残疾学生实行免费就读

对贫困残疾学生,各级政府应当给予免费入学;对需要寄宿上学的残疾学生,应当给予生活补助,以保证贫困残疾学生入学就读。

4. 加大成年残疾人文化、技能知识培训的力度

各级人民政府应当采取有效措施,加大力度开展成年残疾人各项文化、技能知识培训,提高成年残疾人素质。

(三) 加大残疾人劳动就业权益扶助的力度

1. 完善按比例安排残疾人就业制度

完善落实按比例安排残疾人就业制度,监督检查有此义务的单位的履行情况,推动按比例安排残疾人就业工作落到实处。

2. 采取多种载体安排残疾人就业

从实践来看,建立集就业、康复、教育等多位一体的载体安排残疾人就业,深受广大残疾人欢迎。因此,各级政府及社会各界可多办残疾人庇护工场、"阳光之家"等,集中安排残疾人就业,使残疾人能够康复锻炼、劳动就业、接受教育同时进行。

3. 表彰鼓励残疾人就业工作先进集体和个人

各级人民政府要表彰鼓励按比例安排残疾人就业工作做得好的集体和个人,通过表彰鼓励,推动残疾人劳动就业工作深入开展,保障残疾人劳动权益得以实现。

(四) 加大残疾人社会保障扶助的力度

1. 全面落实"新农合"、"新农保"

对贫困残疾人的养老保险、医疗保险或农村"新农合"、"新农保"所需费

用，由各级政府承担，以保证贫困残疾人都能纳入社会保障。

2. 对贫困残疾人实行定期经济救助

对贫困残疾人实行由政府给予的定期经济救助，救助金额应当满足当地平均生活水平需要。对无劳动能力的残疾人，政府予以供养，同时鼓励社会力量兴办托养、供养机构。

3. 帮助贫困残疾人危房改造

帮助贫困残疾人危房改造工作，是一个深受群众欢迎的"民心工程"，各级政府应当高度重视。

（五）加大残疾人文化生活权益扶助的力度

从现实情况看，残疾人文化生活单一，满足不了精神需求。各级政府要积极组织力量，编写出版残疾人盲人读物，建立有声读物图书室；扶助残疾人开展各种文艺娱乐活动，丰富残疾人社会生活内容；组织、支持残疾人经常开展各种体育训练、体育比赛，让残疾人在社会生活中体现自身价值。

（六）加大力度落实无障碍建设

无障碍环境是残疾人实现自理、参与社会活动的必要条件，是公共服务不可缺少的内容，也是残疾人一项重要权利。各级政府应当采取措施，完善无障碍设施，加大力度扶助残疾人无障碍辅助设施建设，加快残疾人无障碍交通工具的研制和开发，推进残疾人信息交流无障碍，为残疾人平等参与社会生活创造无障碍环境。

（七）加大残疾人心理扶助的力度

残疾人由于身体条件因素，加之社会固有的价值、观念、伦理、习惯等负面因素的影响，难免不同程度地存在心理障碍，为能及时帮助残疾人调整心态、消除心理障碍，可以通过开展心理咨询、心理诊断、心理讲座、心理监护等活动，引导残疾人牢固树立自尊、自信、自强、自立的精神，鼓励和帮助残疾人乐观进取，提高适应能力，做新时代自强不息的残疾人。

综上所述，关于残疾人特别扶助问题，目前我国既有诸多的有利条件，也有不少的困难。但只要全社会都来关心、重视、支持残疾人事业发展，共同营造让残疾人平等、参与、共享的良好社会环境，广大残疾人就会与健全人一起，共同奔向小康社会。

金融危机背景下的中国残疾人事业

天津市残疾人联合会　迟承镇　白德耀

2008年下半年以来，国际金融危机对中国残疾人事业发展产生诸多不利影响。在中国共产党和中国政府的坚强领导和大力支持下，国家各有关部委、各省、自治区、直辖市和各级残联坚定信心，应对挑战，危中寻机，危中求进，保持了中国残疾人事业蓬勃发展的良好态势。中国残疾人事业经受了国际金融危机的严峻考验，并将继续经受考验。国际金融危机使我们加深了对中国残疾人事业发展的思考。中国残疾人事业越是加快发展，越能为世界残疾人事业和人权保障事业作出更大的贡献。

一、国际金融危机对中国残疾人事业的不利影响

中国有8296万残疾人，占全国人口总数的6.34%，涉及2.6亿家庭人口，是一个数量众多、特性突出、特别需要帮助的社会群体。中国共产党和中国政府历来十分关心残疾人，高度重视残疾人事业，新中国成立60年来，特别是改革开放以来，采取了一系列重大举措，推动残疾人事业不断发展壮大，残疾人参与社会生活环境和条件明显改善，生活水平和质量不断提高。中国残疾人事业发展在国际上赢得广泛赞誉。但是，中国残疾人事业基础还比较薄弱，残疾人社会保障政策措施还不够完善，残疾人在基本生活、医疗卫生、康复、教育、就业、社会参与等方面还有许多困难，总体生活状况与社会平均水平还存在较大差距。残疾人及其家庭抵御失业、下岗、生活变故、急难风险和参与竞争的能力还相对脆弱。因此，随着国际金融危机对实体经济的严重冲击，对残疾人事业发展的不利影响日趋显现。主要表现在以下四个方面：

1. 冲击残疾人就业。近年来，中国大力依法推进分散按比例安排残疾人就业，在企业特别是在受到金融危机冲击较大的出口型和劳动密集型企业就业的残疾人受到失业和下岗的威胁；同时增加了残疾人大中专毕业生和其他待业残疾人就业的困难和压力。

2. 冲击福利企业的生产经营。福利企业是集中安置残疾人就业的主渠道，虽然有国家税收优惠政策的保护，但多数企业受到科技含量较低、产品竞争力较弱，以及上、下游企业的影响，造成了生产经营的困难，进而波及残疾职工工作

岗位和经济收入。

3. 冲击残疾人就业保障金的征缴和残疾人福利基金的募集。一些企业倒闭或亏损不可避免地要减、缓、免缴残疾人就业保障金，减少扶助残疾人的社会捐赠。

4. 冲击残疾人的利益和情绪。致使就业和社会保障矛盾等不稳定因素增加。据统计，2007年全国城镇新增残疾人就业为115048人，2008年为98561人，减少了16477人，同比下降14.32%。据中国残联信访办统计，受国际金融危机及国内部分企业破产倒闭的影响，残疾人就业和生活发生困难，2008年残疾人反映企业改制和劳动社保类问题信访比例上升至首位，占全年信访总量的15%。在集体信访中，劳动就业和社会保障类问题十分突出，占到总批次的56%，总人次的30%。同时在社会就业压力明显增大的情况下，残疾人就业面临更多的困难，中国残疾人事业发展面临严峻挑战。

二、坚定信心战胜金融危机推进残疾人事业发展

面对国际金融危机对中国残疾人事业的严重影响，国务院残工委、中国残联和各有关方面及全国残疾人工作者对战胜危机，推进残疾人事业又好又快发展有着坚定信心。

（一）信心来源于信念

我们坚信，中国共产党和中国政府领导全国各族人民战胜无数艰难险阻，取得了中国革命和社会主义建设事业的伟大胜利，同样也会沉着应对，战胜这次国际金融危机，继续把中国特色社会主义事业推向前进。作为中国特色社会主义重要组成部分的残疾人事业一定会在国家战胜危机、科学发展的大背景下，克服不利影响，继续蓬勃发展。中国共产党和国家领导人历来对残疾人给予特别的关怀，对发展残疾人事业予以高度重视，毛泽东曾动情地说，盲人是世界上最痛苦的人，要为他们解决困难谋福利。邓小平满怀深情地指出，中国需要改进对残疾人的服务。江泽民明确指出，关心帮助残疾人是社会文明进步的标志。胡锦涛深刻指出，在经济社会发展中加快发展残疾人事业，让关爱的阳光照亮每一个残疾人的心灵。中国共产党第十七次代表大会提出了"发扬人道主义精神，发展残疾人事业"。《中共中央国务院关于促进残疾人事业发展的意见》颁布实施；全国人大常委会制定并及时修订了《中华人民共和国残疾人保障法》。中国初步确立了以《宪法》为核心，以《残疾人保障法》为基本法律，包括相关法律、法规、

规章以及优惠扶助规定的保障残疾人权益、发展残疾人事业的法律法规体系。将残疾人事业纳入国家经济社会发展规划,国务院先后批转了五个残疾人事业发展规划纲要,并建立了残疾人工作委员会,不断完善和加强党委领导、政府负责、各部门分工合作、残联协调推动、残疾人广泛参与、社会大力支持的领导体制和工作机制。对国家政治、法制、体制、机制等方面可靠保障的坚定信念,对中国共产党和中国政府及其领导人毫不动摇的高度信赖,都使中国残疾人和残疾人工作者对克服国际金融危机的不利影响,推进中国残疾人事业又好又快发展充满信心。

(二) 信心来源于实力

新中国成立60年以来,特别是在改革开放以来,中国残疾人事业蓬勃发展,取得举世瞩目的成就,具备了抗击国际金融危机不利影响的实力。

1. 残疾人事业发展的基础不断加强。全国残疾人综合服务设施达到2125个,残疾人康复训练服务机构达到19000多个,特殊教育学校发展到1667所,残疾人就业服务机构达到3127个,残疾人托养服务机构达到1056个。创建残疾人法律服务中心和维权示范岗5998个。地市级残疾人文化活动场所达到3530个,体育活动场所1192个。建立了中国残疾人联合会和省、自治区、直辖市—市(地)—县(区)—乡(镇、街道)五级残联,社区、村普遍建立了残疾人协会。各级残联系统专职残疾人工作者达到9.4万人,城市社区和农村残疾人协会残疾人专职委员达到40余万人,基层残疾人工作得到加强,为残疾人服务能力明显提高。

2. 残疾人事业发展的环境不断改善。在全社会大力弘扬人道主义思想,宣传现代文明社会的残疾人观,倡导理解、尊重、关心、帮助残疾人的良好风尚,营造残疾人平等参与社会生活的环境;广泛开展形式多样的助残活动,为残疾人解决实际困难;积极推进无障碍环境建设,为残疾人出行、进行信息交流、参与社会生活和享受公共服务提供了便利;为鼓励更多的残疾人自强、创造、参与、奉献,国家对在各个领域作出突出贡献、创造感人业绩的残疾人自强模范予以表彰,他们的事迹和奋斗精神在社会各界特别是广大残疾人中产生了巨大反响;积极发挥残疾人的民主参与、民主管理和民主监督作用,3100余名残疾人及残疾人亲属成为县级以上人大代表和政协委员,他们认真行使民主权利,积极参政议政,为经济社会发展和残疾人状况的改善作出积极贡献;大力支持残疾人广泛参与社会文化体育活动,成功举办上海2007年世界特奥会和北京2008年残奥会,弘扬了"超越、融合、共享"的残奥理念和"平等、包容、关爱"的特奥理念,让全世界看到了一个文明、进步、和谐的中国；积极参与国际残疾人事务，开展国际交流与合作，我国认真执行联合国《关于残疾人的世界行动纲领》，积极参与"联合国残疾人十年（1983—1992年）"行动，倡导并支持两个"亚太残疾人十年"行动，大力推动《残疾人权利公约》的制定进程，与国际残疾人组织和有关国际机构建立并发展良好的合作关系，在国际残疾人事务中发挥了重要的建设性作用，同时借鉴和分享了国外的有益经验。2008年6月，第十一届全国人大常委会第三次会议批准《残疾人权利公约》，向全世界作出了保障残疾人权利的庄严承诺。中国残疾人事业的成就赢得了国际社会的高度赞誉，联合国和有关国际组织授予中国残联及其领导人"联合国人权奖"等10余个奖项。

3. 残疾人事业发展的成效不断提高。残疾人康复服务受益面迅速扩大，1500多万残疾人得到不同程度的康复；残疾人教育得到较快发展，残疾儿童少年义务教育入学率有了较大提高，职业教育和高等教育有了长足进步；残疾人就业状况得到较大改善，城镇就业人数达到451.3万人，农村达到1717.1万人；扶贫开发取得重要进展，1000多万农村贫困残疾人解决了温饱；社会保障进一步加强，738.6万残疾人享受最低生活保障，297.6万残疾人参加社会保险，62.7万残疾人在福利院、敬老院享受集中供养、五保供养；文化体育生活日益丰富活跃，残疾人运动员在国际体育比赛中屡创佳绩；残疾人参与社会生活的环境大为改善，扶残助残的良好风尚日益形成，社会对残疾人的观念发生深刻变化；残疾人素质普遍提高，能力得到进一步发挥，为经济建设和社会发展作出了积极贡献。

（三）信心来源于举措

为了应对国际金融危机的冲击，中共中央、国务院及时果断作出了投入4万亿元人民币保增长、扩内需、保民生、保稳定等一系列重大决策和部署，并号召各级党委、政府和全国人民坚定信心，应对挑战，把危机对中国经济和社会发展的影响降到最低程度。在这一进程中，从中央到地方，从各有关部门到各级残联，都对在国际金融危机背景下中国残疾人事业发展给以高度重视，进行了不懈努力。

1. 高层关注。2008年12月13日，中共中央总书记、国家主席、中央军委主席胡锦涛赴辽宁省沈阳市人力资源市场视察就业工作，并专门到残疾人就业服务窗口视察残疾人就业工作。胡锦涛详细了解基层残疾人目前的就业状况，并亲切询问残疾人求职者的实际困难，了解中央关于残疾人就业优惠政策的落实情况，鼓励广大残疾人朋友自强不息，尽快实现就业。同时胡锦涛要求包括残疾人就业服务机构在内的各类就业服务机构急求职人员所急，解求职人员所难，努力帮助更多求职人员特别是就业困难人员实现就业，为促进社会和谐与稳定作出应有的贡献。2009年8月22日，胡锦涛在就做好新疆发展和稳定工作调研时，来到位于石河子市的民营企业新疆天盛实业有限公司，得知这家西北地区最大的棉纺企业为1000多名残疾人和再就业困难人员提供了就业岗位，深表赞许。2009年3月5日，中共中央政治局常委、国务院总理温家宝在第十一届全国人民代表大会第二次会议上的报告中响亮地提出"越是困难的时候，越要关注民生，越要促进社会和谐稳定"。明确提出"支持残疾人事业加快发展"。中共中央政治局常委、国务院副总理李克强强调，"在新形势下，不断推进残疾人事业发展，是推进科学发展的必然要求，是促进社会和谐的重要任务"。2009年7月12日，中央政治局常委、中央政法委书记周永康在新疆哈立食品有限公司考察慰问时，向企业负责人了解食品生产销售情况和残疾职工的生活、工作情况，叮嘱公司总经理要保质保量，确保市场供应，对公司安排和照顾80多名听力语言残疾人就业，并每人每月有1000多元工资表示满意。

中共中央政治局委员、国务院副总理、国务院残疾人工作委员会主任回良玉指出："最近中央为应对国际金融危机，采取了一系列扩内需、保民生的政策措施。在这种形势下做好残疾人工作，必须坚定信心、抢抓机遇。这就是危中寻机，危中求进，同时在危机中还要强化新意识。各地区、各有关部门要注意研究新形势下的残疾人工作的特点、新规律，在改进工作方法手段上下工夫，在完善残疾人工作体制机制上求成效，以新举措打开新局面。"全国政协副主席、国务院残疾人工作委员会副主任、中国残联名誉主席邓朴方道出了大家的心声，他在2009年3月召开的国务院残疾人工作委员会第四次全会上说："去年下半年开始的金融危机对我国影响日趋明显，经济下行的压力给经济社会发展以及残疾人事业也带来一些新的困难和问题。党和政府沉着应对，推出一系列保增长、保民生、保稳定的重大举措"，"这极大地激励和鼓舞了我们战胜危机、克服困难、促进残疾人事业与经济社会协调发展的信心和力量。"

2. 强力推进。国务院残疾人工作委员会及其各有关成员单位和中国残联坚决迅速地贯彻落实中央应对挑战的各项重大决策和部署，采取切实措施，攻坚克难，开拓进取，推进残疾人事业科学发展、加快发展。一是抓紧动员部署。中国残联主席张海迪，党组书记、理事长王新宪等领导同志先后在全国残联代表大会、全国残联工作会议、省级残联新任领导干部工作研讨班、全国残疾人教育就业扶贫和社会保障工作会议上就应对严峻挑战，推动事业发展提出要求，进行部署，强调"越是有困难、越要千方百计去克服，去解决"，"要善于通过扎实有效的工作把挑战变成机遇,把压力变成动力,推进残疾人事业的新发展"。同时,中国残联先后发出了《关于贯彻落实胡锦涛总书记近日关于残疾人就业工作重要指示的通知》(残联〔2008〕375号),《关于认真贯彻落实国务院文件精神,做好当前形势下残疾人就业工作的紧急通知》(残联厅〔2009〕19号),《关于做好高等学校残疾人毕业生就业工作的通知》(残联发〔2009〕8号),以及关于做好残疾人扶贫、新型农村养老、法律救助等项工作的一系列重要文件,指导推动全国各级残联加大工作力度,稳定和促进残疾人就业,加快推进残疾人社会保障体系和公共服务建设,在困难条件下改善残疾人生活状况。二是建立工作机构。为深入贯彻落实《中共中央国务院关于促进残疾人事业发展的意见》,加快推进残疾人社会保障体系和公共服务体系(以下简称"两个体系")建设,于2009年2月16日专门成立了"两个体系"建设领导小组及办公室,认真组织推动全国"两个体系"建设工作。领导小组及办公室深入调研、加强指导,编发简报30多期,及时通报上级要求和地方动态,总结交流国家部委和省区市及市(地)县(区)工作经验和信息100余件。努力推动全国在提高残疾人事业抵御危机的能力、保障和改善残疾人基本生活、加快建立健全长效保障与服务机制上取得成效。三是深入调研督导。为了把中央的决策和部署落实到基层,加大全国应对挑战,解决残疾人实际困难和残疾人工作实际问题,推进"两个体系"建设的力度,中国残联领导成员率干部采取重点工作调研与组成15个组集中时间进行调研督导的方式,深入20多个省区市的上千个县(区)、乡(镇街)、村的残疾人康复中心(站)、特教学校、服务设施、托养服务机构等和残疾人家庭,特别是相对贫困和工作难度大的县(区)进行调研,通过召开基层干部和残疾人座谈会、实地考察、入户调查等多种方式,听真知、核实情,了解和帮助解决实际问题,引导地方和基层干部群众坚定信心,共渡难关,推进"两个体系"建设,切实改善残疾人状况,促进全国上下形成了战胜危机,推进残疾人事业加快发展的强大合力。

3. 加大投入。为了保持中国残疾人事业发展的良好态势并增强发展的后劲,中央和地方加大了对残疾人事业的投入。2008年,中央财政安排残疾人事业发展相关经费40亿元人民币,比上年增长29%。同时在2009年及时下达年度补助资金5.9亿元的基础上,再增加安排促进残疾人事业专项补助资金3.33亿元人民币。国家发改委将2009—2010年实施的中西部特殊教育学校建设规划提前到2008年实施,陆续下拨6亿元人民币专项资金,并及时安排中央投资1.3亿元,支持32个地市级孤残儿童福利院设施建设。2009—2011年,中央财政还将投入13.44亿元人民币用于精神和智力残疾人托养机构建设、残疾儿童抢救性康复、康复专业人才培养等项目。民政部投资 2.678 亿元人民币的国家康复辅具研究中心一期工程于 2008 年开工建设，二期工程也将在 2009 年开工。人力资源和社会保障部进一步完善残疾人就业政策，落实资金扶持、税费减免、贷款贴息、社会保险、岗位补贴等支持和激励残疾人就业、创业。卫生部投入 6046 万元人民币，免除手术费 1.17 亿元人民币为 10 万名白内障患者、视力残疾人以及唇腭裂患者、小儿痹等先天性残疾患儿进行康复医疗救助。全国各级地方政府都匹配了相应资金并大幅度增加了对残疾人事业发展资金的投入。同时中央和地方还通过彩票公益金、慈善资金和残疾人福利基金等民间资金加大了对残疾人事业发展的投入力度。这些资金的投入有效地提高了为残疾人服务的能力，全面改善了残疾人康复、教育、就业和基本生活等方面的状况，为金融危机背景下残疾人事业发展提供了有力保障。

4. 发挥地方优势。在坚定信心，应对金融危机严峻挑战，加快残疾人事业发展的进程中，全国各省、自治区、直辖市以及广大基层，结合各地实际，积极发挥各自优势，解放思想，开阔思路，攻坚克难，开拓创新，认真贯彻落实中共中央和国务院关于保增长、扩内需、保民生、保稳定的决策以及部署以及促进残疾人事业发展的一系列重大举措，切实加强对残疾人工作的领导，加大对残疾人事业的投入。按照国务院残疾人工作委员会和中国残联的要求，积极推进"两个体系"建设，积极出台促进和稳定残疾人就业和自主创业的政策措施；着力解决残疾人最关心、最现实、最直接的困难；加快残疾人康复、教育和托养等服务设施建设，提高为残疾人服务的能力；努力加强残疾人组织建设和工作网络建设，团结带领广大残疾人同心同德，自强不息，为社会作出贡献；积极丰富残疾人文化体育生活，在国际国内文艺表演和体育比赛中再创佳绩；大力宣传人道主义精神，在全社会进一步营造扶残助残、与残疾人共建共享和谐社会的浓厚氛围。在全国广大城乡形成克服困难、战胜危机、加快残疾人事业发展的暖流，使广大残疾人在金融危机的寒流中感到格外温暖、振奋，充满希望，努力为改革发展稳定的大局作出贡献。

三、金融危机背景下中国残疾人事业发展成效显著

面对国际金融危机的不利影响，中国信心坚定，沉着应对，采取以上重大措施，推进残疾人事业发展取得了显著成效。

（一）"两个体系"建设加快推进

全国认真实施《国家人权行动计划（2009—2010 年）》，积极完善促进残疾

人事业发展和保障残疾人权利的法律法规体系建设,推动制定精神卫生法,启动制定残疾人康复条例、无障碍建设条例等行政法规,推动地方修订残疾人保障法实施办法和优惠扶助规定;探索建立0—6岁儿童早期筛查、早期康复工作机制;2009—2010年在中国80%的市辖区和70%的县开展规范化社区康复服务,向200万残疾人提供社区康复服务;开展智力、精神及重度残疾人托养服务,发展残疾人社区服务和居家服务;在100个城市开展无障碍城市创建工作;在中西部新建、改扩建一批特教学校;加强残疾人就业培训和服务网络建设,到2010年城镇新增残疾人就业30万人;加大对农村贫困残疾人扶助力度,扶助400万未解决温饱的残疾人基本解决温饱,帮助中西部40万农村残疾人接受实用技术培训,扶持12.8万户农村残疾人进行危房改造,等等。

全国各省、自治区、直辖市党委和政府制定和实施了贯彻落实《中共中央国务院关于促进残疾人事业发展的意见》的实施意见,这些实施意见,以建立健全"两个体系"为核心,以全面改善残疾人状况、提高残疾人生活水平为基础,以残疾人事业与经济社会协调发展、残疾人与全国人民一道向更高水平的小康社会迈进为目标,结合当地实际,纳入发展规划,制定实施配套政策,努力建设覆盖全地区的残疾人保障与服务体系。从进展情况看,许多省区市的"两个体系"的基本框架已初步建立,正在强化保障与服务的力度,拓展保障与服务的内容,并在基层取得切实成效。例如:北京市提出要做到残疾儿童少年义务教育"零拒绝",残疾人基本养老、基本医疗、基本康复"全覆盖",残疾人社会救助"无盲点",残疾人就业有岗位,残疾人基本生活有保障。在推动落实中取得突出成效,残疾人就业政策和工作开展力度加大,就业服务内容和质量全面提升,就业服务和培训的专业化和针对性大大加强,针对智力、精神和重度残疾人开展的就业训练和职业康复等工作取得突破性进展。上海市重点突出稳定解决好残疾人的基本生活生产等社会保障问题,加强和改进对残疾人公共服务;建立残疾人事业长效发展机制,以创建全国残疾人工作示范城市为切入点,将残疾人社会保障与公共服务纳入社会保障体系建设和公共服务均等化具体安排,坚持政府主导,发挥政府资源优势,坚持社会参与,形成良好环境氛围,统筹兼顾,分类指导,立足基层,面向群众,建立健全法律法规和基本制度,稳步推进"两个体系"建设。广东省以"科学发展,先行先试"为主线,借鉴香港残疾人社会服务的成功经验,努力在"两个体系"建设上取得突破,努力缩小珠三角地区与欠发达地区之间的差距,并重点抓紧省残疾人康复中心、华南特殊教育学院、华南残疾人高级技工学校、省残疾人综合服务中心建设,立足本省,辐射华南,面向全国。江苏省突出社会保障体系和服务体系相融合,服务体系功能层次定位点面结合，实行多元化建设运行管理，融入国际先进理念，提倡社区化小型服务机构建设，以及托养与功能康复、职业能力开发和职业培训相结合，延伸托养扩展性功用等特点，全面推进"两个体系"建设。陕西省以强化"两个体系"建设为中心，实施八大民心工程和为残疾人办十件实事，把地震受灾的四个县的残疾人基础设施重新纳入当地重建计划，扩建省残疾人康复中心，筹建省特教学院和延安残疾人干部培训中心，努力探索破解西部地区残疾人事业发展难题。河南省以确定残疾人社会保障与服务体系建设联系市的方式加快推进全省"两个体系"建设，各联系市采取切实措施，推进残疾人康复医疗、教育、就业创业、脱贫致富、危房改造、生活救助、基层组织建设等方面取得显著成效。山西省在调整"十一五"经济社会规划指标和指标值中，将残疾人康复服务覆盖面纳入"十一五"经济社会规划纲要指标体系，从8个方面进行实施和指标考核，对"两个体系"建设起到重大推进作用。

（二）残疾人就业和生活水平稳中有升

国际金融危机对中国残疾人事业冲击最大的是就业，进而影响到残疾人生活状况的改善。全国各省、自治区、直辖市对此高度重视，出台了一系列政策措施，加大工作力度，努力稳定和促进残疾人就业，切实为残疾人解决实际困难，保障和改善残疾人特别是贫困残疾人的基本生活，维护社会和谐稳定。例如：天津市在较早出台市委、市政府关于加快残疾人事业发展的实施意见，将"两个体系"细化为十个保障与服务工作体系，抓紧深入推进落实的同时，新出台6个促进残疾人就业和自主创业、5个保障残疾人生活、3个加强残疾人信访工作的政策文件，并组织各级残联干部深入企业，千方百计协调解决裁减残疾职工问题，市政府重点为残疾人办20件实事，并组织大规模慰问扶助残疾人困难户，保持了全市残疾人就业、生活、情绪"三稳定"，创造了残疾人集体进京上访、到市委市政府上访、到市残联上访"三为零"的良好局面。同时，加大宣传动员社会扶残力度，全市募集助残资金2700多万元，扶助近5万户困难残疾人家庭，实现了新的突破。浙江省以开展"残疾人共享小康工程"为统筹，大力解决贫困残疾人基本生活、基本康复和重度残疾人基本照料问题，对低收入家庭中重度残疾人单独施行保障，全额发放最低生活保障金，政府补贴费用将重度残疾人纳入集中供养、日间照料或居家安养。安徽省加大"低保加特保，普惠加特惠"扶助残疾人的力度，出台了《贫困重度残疾人生活特别救助实施办法》和《关于对参加新型农村医疗和城镇居民基本医疗保险的残疾人装配辅助器具给予补贴的意见》，投入2.69亿元落实贫困残疾人定额补贴和危房改造，落实6000万元贴息贷款，开展康复扶贫工作。甘肃省在巩固、发展残疾人康复和就业等服务机构建设的同时，大力推进残疾人托养服务机构建设，将地震灾区残疾人综合服务设施建设纳入省政府灾后重建规划，加大分配彩票公益金对残疾人危房改造的支持力度，新建和改扩建39所特教学校，在推进"两个体系"建设、促进残疾人就业和生活改善上取得切实成效。内蒙古自治区以盟市为统筹单位，按覆盖人口每人每年不少于一元落实投入经费，用于残疾人康复服务；每年按不低于彩票公益金本级使用的15%比例划出专项资金，用于支持残疾人社会福利和慈善事业；特殊教育经费津贴标准由15%提高到25%；自治区各级政府劳动部门购买公益岗位，按不少于10%的比例安排符合条件的残疾人就业。四川省临危不惧，沉着应对，积极在震后重建和发展残疾人事业，有条不紊，努力推进"两个体系"建设，切实解决残疾人医疗康复、房屋重建、生活困难、心理创伤等重大问题，工作卓有成效。新疆维吾尔自治区政府认真研究残疾人生活保障问题，坚持"量力而行，适当超前"，整合资金资源，形成合力，解决好残疾人住房保障、生活保障、特殊教育等急难问题。

（三）改革创新能力进一步增强

国际金融危机的挑战，增加了中国残疾人事业的压力，同时也激发了各级领导和广大残疾人工作者昂扬斗志和改革创新的活力，各地区与时俱进，开拓创新，求真务实，攻坚克难，努力通过工作创新、方法创新、机制创新，推进残疾人事业加快发展，残疾人生活水平有新的改善。例如：湖北省把残疾人事业发展纳入全省社会建设大局，构建"党委领导、政府负责、部门支持、残联协调、社会参与"的工作机制，加快完善残疾人社会保障制度，并成立了残疾人创业促进会，充分发挥全社会的作用，推动残疾人就业工作再上新水平。广西壮族自治区以维护残疾人权益为重点，统筹解决残疾人脱贫、康复、居住等困难，努力构建服务设施网络，在资金紧张的条件下，建成了64个残疾人综合服务设施，自治区残疾人展能中心、庇护工场和综合职业培训中心也在加快建设。重庆市以加强"两个体系"建设为重点，积极推进城乡残疾人事业统筹发展，切实解决残疾人最关心、最直接、最现实的利益问题。贵州省在推动残疾人事业全面发展的同时，积极建立稳定的残疾人事业经费保障机制，增强了事业持续发展的实力。河北省在保持全省残疾人事业良好发展态势的情况下，积极推广青县保障农村残疾人基本生活，扶助残疾人就业、脱贫的经验。山东省在整体推进"两个体系"建设取得切实成效的同时，深入推广临沂市在残疾人优惠政策上的新突破。为推动农村贫困残疾人致富奔小康，扎实开展"整村赶平均"工程，努力推动农村贫困残疾人生活水平赶上本村平均水平，在全国引起良好反响。天津市积极探索建立以"四个一四个及时"为基本内容的残疾人救助服务长效机制，并成立了天津电大残疾人学院、残疾人动漫制作培训见习基地和残疾人就业促进会。辽宁省大力推广沈阳市创造的"五位一体"残疾人托养照料服务新模式，让更多的残疾人充分享受关爱和服务的阳光。大连市在以特色鲜明的工作运行机制、政策保障机制、生活服务机制和社会扶助机制四大机制为工作目标的前提下，确定了保障与服务体系建设的标准。其中：城镇残疾职工参加基本养老、医疗、失业、工伤和生育保险率达到100%，新型农村合作医疗参合率达到100%。将低保家庭的重度残疾人纳入城市"三无"、农村"五保"供养体系等。对重度精神残疾人机构医疗康复实行全额救助，为贫困家庭残疾人免费提供康复训练和适配辅助器具等。市及区市县建立"残疾儿童、少年学前教育康复养护中心"，解决无能力随班就读残疾孩子的教育问题。建立"大连市残疾人现代农业技术培训基地和残疾人现代农业产业园区"，以政策牵动引领更多农村残疾人加入现代农业产业或实现转移就业。市及区市县建立残疾人集中供养服务中心，社区、乡镇和有条件的村建立残疾人托养服务所，对纳入城市"三无"、农村"五保"范围实行居家供养或委托代养的残疾人家庭给予居家服务补贴。推进交通和信息无障碍建设，为残疾人生活创造更多便利条件。

在战胜危机、发展残疾人事业的进程中，中国大陆和港、澳、台地区加强了交流与合作，有力地推动了中国残疾人事业科学发展、加快发展。

大量的活生生的事实说明，国际金融危机没有挡住我们前进的步伐，在东西南北中的辽阔大地上，中国残疾人事业依然生机勃勃。

四、几点思考

中国残疾人事业发展经受了国际金融危机的考验，但危机还没有过去，还将继续经受考验。在克服困难推进残疾人事业发展的进程中，我们也加深了思考。

（一）中国残疾人事业发展要融入两个大局

一是经济全球化和信息化的大局，二是国内改革开放、科学发展、和谐稳定的大局。我们要加强国际交流合作，学习借鉴外国发展残疾人事业的先进做法和成功经验，积极参与国际残疾人事业。同时要立足国情，自力更生，艰苦奋斗，充分发挥自身的凝聚力和创造力，在中国特色社会主义伟大旗帜下，发展中国特色的残疾人事业。中国残疾人事业越发展，就越能为世界残疾人事业和人权保障事业作出更大的贡献。

（二）中国残疾人事业发展要增强两个意识

一是忧患意识，二是责任意识，我们必须居安思危，充分考虑到各种困难和复杂问题。同时，当危机、困难和复杂局面出现的时候，要临危不惧，坚定信心，应对挑战，以高度的责任感采取有力措施去克服困难，把事业推向前进。

（三）中国残疾人事业发展要发挥两个优势

一是中央领导、总揽全局、科学决策和部署的优势，二是地方结合实际，创造性地开展工作的优势。我们要坚定不移、毫不动摇贯彻落实中央的决策、部署和重大举措。同时，各地区和广大基层要充分发挥各自的优势和积极性，制定具有前瞻性和现实可行性、操作性的政策措施，加大落实力度，打造使残疾人切实受惠受益的工作亮点，不断开创中国残疾人事业发展既有全国统一意志、统一规划，又各具特色、竞相争先的新局面。

"1+8" 武汉城市圈残疾人事业发展研究

武汉市残疾人联合会 曾玉兰
湖北省残疾人联合会 江传曾

一、"1+8" 武汉城市圈残疾人事业发展的理论基础与背景

(一) 统筹城乡发展的理论和政策综述

城市和乡村的关系一直是国内外学者和政府决策者研究关注的重点和热点问题之一。国外对于统筹城乡发展的研究主要有：一是空间统筹理论。圣西门、傅里叶和欧文为代表的空想社会主义学说中已经包含了城乡一体发展的原始构想。其他还有英国霍华德等为代表的田园城市理论，德国勒普克等人的城市分散配置理论、城乡结合理论、直接补偿理论及欧盟的空间统筹政策构成。二是产业统筹理论。该理论以刘易斯（1954）的二元经济结构理论为依据，指出二元经济发展的核心问题是剩余劳动力由传统劳动部门向现代工业部门转移问题。三是要素统筹理论。代表人物赫尔希曼等提出非均衡增长理论，强调以城市为中心的资源要素从城市到乡村的流动来带动乡村发展的观点。中国对统筹城乡发展的研究背景主要是基于中国国民经济新阶段的发展需要以及城乡收入差距扩大导致的社会矛盾恶化。2007年中国人均GDP为2490美元，人均GDP突破2000美元、城市化率达到44.94%，根据钱纳里－赛尔奎因工业化阶段规律和世界各国发展的普遍经验估测，中国已经进入工业化中期、城市化进程不断推进的阶段，各项经济指标已经比较接近工业反哺农业的要求。另外，改革开放以来，中国经济取得巨大发展的同时，贫富差距也在进一步扩大，城乡收入差距悬殊，二元结构经济依然存在，"三农"问题仍然难以解决。所有这些使得统筹城乡发展正成为一个亟待研究的课题。

党中央、国务院对统筹城乡发展问题给予了高度的重视。2002年党的"十六大"明确提出解决"三农"问题必须统筹城乡经济社会发展。2003年中共中央十六届三中全会第一次正式提出统筹城乡发展，并将其放在首位；2006年十六届六中全会也指出，2020年和谐社会目标和主要任务要求统筹城乡发展。2007年"十七大"报告中提出必须统筹城乡发展。

统筹城乡发展是指打破城乡之间人为的不公正制度和政策性障碍,促使各种生产要素在城乡之间自由流动,实行城乡公共服务均等化待遇和各种惠农待遇,改变城乡二元经济结构状况,最终实现城乡一体化。劳动保障部劳动科学研究所课题组(2005)认为,统筹城乡就业发展有两个内涵:一是要把统筹城乡就业作为统筹城乡经济社会发展的重要内容;二是要兼顾城市就业和农村就业,并且把城市就业和农村就业作为一个有机的整体来看待,实现城乡就业的统筹规划、良性互动和整体健康发展。温铁军(2008)认为,城乡统筹其实不是把城市这一套强行去"化"农村,把农村化成城市,其实是公共品的公平性,用基本建设去解决农村、农民的需求,"三农"问题的相对缓解是城乡统筹的题中之义。范杰(2008)从公共服务均等化的角度来理解统筹城乡发展,他认为实现基本公共服务均等化是统筹城乡发展、构建和谐社会的内在要求和根本途径,必须提升农村公共服务能力和水平,推进基本公共服务均等化,促进城乡统筹协调发展。

政府和学界高度重视体制和政策因素对于统筹城乡发展的作用。中共"十七大"报告指出,缩小区域发展差距,必须注重实现基本公共服务均等化。李佐军(1999)指出,在缩小城乡差距或统筹城乡发展上,财政可以通过对农民和农村"多予少取"而发挥重要作用。宣迅(2004)认为城乡协调发展必须加强城市和乡村之间的联系作用,要构建一种有效的交流互动的网络发展模式,如,建立城乡交通网络;建立城乡生产网络体系;建立科技信息服务网络;建立资金流通网络;建立统一的城乡大市场。城乡协调发展与构建和谐湖北课题组(2006)认为,统筹城乡社会事业发展可以通过统筹城乡公共服务建设,促进社会事业发展一体化。充分发挥城市先进文化和公共服务的优势,鼓励和引导城市社会事业单位和公共服务部门向农村延伸服务。迟福林(2006)认为,统筹城乡发展,重要的是要把新农村的各项建设建立在体制改革和制度创新的基础之上。成都就业研究课题组(2007)认为,成都市要实现城乡统筹比较充分就业目标,必须建立统一开放竞争有序的劳动力市场,对所有的求职者提供包括职业介绍、技能培训等在内的必要的公共服务;通过建立再就业援助体系,扶持劳动力市场上条件较差的社会成员就业,消除性别、年龄、残疾等方面的歧视;通过社会保障制度的实施,保证失业人员的基本生活。曾繁华等(2008)认为,武汉城市圈城乡统筹就业制度可以通过逐步改革户籍制度、提供公平一致的公共服务、建立城乡统一的劳动力市场等来实现。

关于形成残疾人社会保障城乡差距的原因是多方面的,除二元结构的因素外,还有历史、经济、文化及区域等因素的限制,重点在于残疾人社会保障制度建设和社会高度重视。杨立雄、吴伟(2009)认为,必须建立三个层次的残疾扶贫政策：一是建立"兜底"的社会保护政策；二是完善"积极的"的贫困预防制度；三是建构远离"贫困文化"的社会回归体制。

总的来说，统筹城乡是一个系统工程，要在"统筹"二字上下苦功夫，把农村与城市、农业与工业、农民与市民作为一个整体进行考虑，对城市和农村经济社会发展中存在的问题及其相互关系进行统一部署，把缩小城乡差距作为出发点和落脚点，实现以城带乡、以工促农、城乡一体协调发展。

（二）"1+8"武汉城市圈社会发展、城乡一体化建设总体规划构想

武汉城市圈的概念是在2002年6月的湖北省第八次党代会上首次明晰的，它是以武汉为中心，由武汉及周边8个城市组成的一个经济联合体，主要指武汉及其100公里半径内的黄石、鄂州、孝感、黄冈、咸宁、仙桃、潜江、天门等8个城市构成的城市圈，即"1+8"武汉城市圈。总面积6.1万平方公里，占湖北省面积的33%；2002年区域内人口3040.8万，是湖北省总人口的50.4%。武汉城市圈在全省经济增长中处于举足轻重的位置，2008年全年实现地区生产总值（GDP）6972.11亿元，比2007年增长14.8%，占全省地区生产总值的61.5%，所占比重较上年提高0.6个百分点。面积不到全省三分之一的武汉城市圈，集中了湖北省一半的人口、六成以上的GDP总量，不仅是湖北经济发展的核心区域，也是中部崛起的重要战略支点。

武汉城市圈地处中国东西、南北两大发展轴线——长江经济带与京广铁路、京珠高速构成的"十"字形一级发展轴线的交会处，地处"中部之中"的经济腹地，同时在中国城市群结构体系中处于国家二级城市群前列，将成为中国区域经济增长的重要引擎。

《武汉城市圈总体规划（第四稿）》提出，"十一五"至2020年期间，武汉城市圈发展的战略定位是以长江经济带为主轴的东西部互动发展的关键接力点和加速器，内陆地区的先进制造业高地和现代服务业中心，促进中部崛起的重要战略支点。要达到这一目标，一是武汉城市圈要实现"五大转变"，即由发展中的城市圈转变为较发达的城市圈；由发育型城市圈转变为成长型城市圈，进一步转变为成熟型城市圈；由"一强众弱"型城市圈转变为"一核多强"的城市圈；由省域内生型城市圈转变为省际外生型城市圈；由内需型城市圈转变为外向与内需融合型城市圈。二是应突破行政区划体制束缚，加快经济一体化进程，逐步实现"八同"，即规划同筹、交通同网、信息同享、金融同城、市场同体、产业同链、科技同兴、环保同治。最终实现武汉城市圈经济社会的协调发展，人与自然的和谐发展。发展的重点是实现"五个一体化"，即基础设施建设一体化、产业

发展与布局一体化、城乡建设一体化、区域市场一体化、环境保护与生态建设一体化。而城乡建设一体化主要是通过优化城镇空间布局,沿重要交通干线,形成"一核、三轴、两环、四组团、两带"的空间结构。完善城镇规模结构,优化整合超大城市,重点发展大城市和特大城市,提升中小城市,加快发展农村小城镇。明确城镇职能结构与产业分工,统筹城乡协调发展,加大扶贫力度。

湖北省 2008 年 9 月 27 日公布并获国务院批复的武汉城市圈"两型社会"建设综合配套改革试验总体方案的重点内容之一就是创新统筹城乡发展的体制机制:消除城乡二元结构,突破城乡分割的制度障碍和行政区划壁垒,促进生产要素自由流动;统筹公共服务资源,探索建立城乡一体化的公共服务体系,促进公共服务均等化,加快社会与经济协调发展,建设和谐城市圈。省委常委、常务副省长李宪生 2009 年 7 月在"全面推进武汉城市圈两型社会综合配套改革试验区建设专题讲座"上特别提到要加速产业双向转移、交通建设一体化、农业产业一体化、商业连锁经营和社会事业资源联动共享等武汉城市圈九城一体化。武汉城市圈社会事业规划按照全新理念编制,突出九城的社会事业资源联动共享,结合武汉城市圈社会事业"一市独强、城乡失调"的发展现状,整合区域内的社会事业各类资源,实现优化配置,促进公共服务均等化。

二、"1+8"武汉城市圈残疾人事业发展现状

(一)"1+8"武汉城市圈残疾人基本情况

2006 年第二次全国残疾人抽样调查数据显示,武汉城市圈共有残疾人 181.8 万人,其中武汉市 43.8 万人、潜江市 6 万人、咸宁市 17.1 万人、仙桃市 8.7 万人、黄冈市 46.2 万人、黄石市 15.1 万人、鄂州市 5.1 万人、孝感市 30.9 万人、天门市 8.9 万人。

2008 年武汉市城市圈残疾人总就业人数为 548652 人,占残疾人总数的 30.18%。其中城镇就业人数为 162022 人,占总就业人数的 29.53%;农村就业人数为 386630 人,占总就业人数的 70.47%。城市圈内九城具体就业人数与就业比重各不相同:天门市残疾人就业比重最高达到 48.43%,依次是黄冈市和武汉市,仙桃市的就业比重最低仅为 7.47%。

据统计,2008 年武汉城市圈义务教育阶段残疾儿童少年入学 28014 人,义务教育入学率为 83.34%,武汉市入学率最高达到 97.72%,咸宁市最低只有 62.45%;只有武汉市拥有特教高中,2008 年入学残疾人 54 人;2008 年接受高

等教育的残疾人 259 人,其中普通学校 189 人,特殊学校 70 人,只有武汉、黄冈和孝感有残疾人进入特殊学校,且武汉占有绝大部分比重。

(二) "1+8" 武汉城市圈残疾人经济状况

本研究数据来源于湖北省残联在武汉城市圈 8 个城市定点调查台帐,时间跨度为 2007 年 6 月至 2009 年 3 月。通过计算月消费支出、月生产支出及月收入的平均值,分析武汉城市圈残疾人家庭的收入与消费情况。

武汉城市圈残疾人经济收入消费状况与所在城市经济状况联系紧密,武汉市与黄石市的收入消费水平较高,孝感、咸宁、天门居中,仙桃、黄冈较低,鄂州市最低,圈内城市之间收入消费差距较大。圈内残疾人月平均收入为 1549.59 元,消费支出为 982.59 元,扣除生产支出后净收入为 1240.52 元。武汉市的月收入最高为 3204.94 元,其次是孝感市和黄石市,月收入最低的是鄂州市,仅为 608.97 元,最高收入是最低收入的 5 倍多。武汉市残疾家庭的消费支出为最高,达到 1899.60 元,依次是黄石和天门,鄂州市消费支出最低,仅 346.08 元,武汉市与鄂州市二者相差 1553.52 元,前者是后者的 5.49 倍。

分城镇与农村来看,武汉市与黄石市的农村收入与消费支出远远低于城镇水平(只有武汉与黄石有城镇调查点)。城镇残疾人家庭的平均月收入为 2594.75 元,消费支出为 2228 元,武汉市水平高于黄石市,消费支出差距尤为明显。农村收入水平最高的是孝感市达到 2795.62 元,依次为武汉市与黄石市;收入水平最低的是鄂州市,仅 608.97 元,依次为仙桃和黄冈;最高收入是最低收入的 4.59 倍。消费支出方面黄石最高为 1320.63 元,依次为天门和孝感;鄂州的消费水平同样最低,为 346.08 元,依次为黄冈和仙桃;最高消费水平与最低相差 974.55 元。

(三) "1+8" 武汉城市圈残疾人社会保障情况

武汉城市圈各城市努力推进社会保障工作,结合本地经济发展水平,明确制定居民最低生活保障标准。从 2009 年公布的居民最低生活保障标准来看,武汉市保障水平最高,但武汉城市圈内 9 个城市之间城镇标准相差不是很大。武汉市城镇保障水平最高,黄冈一部分县市的标准最低。农村标准方面,武汉市与其他 8 个城市有明显差距,而除武汉外的 8 个城市之间水平基本相当。武汉市农村保障水平最高,最低值为 1000 元,最高值为 1500 元;咸宁整体水平最低,标准分别为 693 元与 800 元。黄石与鄂州的标准均达到 1200 元,与武汉差距不大,其他城市都在 840 元左右。

武汉城市圈积极推动残疾人参加最低生活保障。总体来说城镇残疾人参加低保情况好于农村，城乡参加人数占应参人数的比重值存在一定差距。城镇残疾人参加低保比重基本在80%以上，潜江市参加比重达到100%，依次为武汉、仙桃、天门、鄂州、孝感和黄石，黄冈和咸宁比重较低，分别为79.57%和77.06%。农村残疾人参加低保情况是：有8个城市在50%以上，最高为鄂州市比重达到85.01%，最低为孝感仅为27.32%。

此外，各个城市积极出台各项措施帮助残疾人参加养老保险。武汉城市圈内残疾人参加养老保险情况越来越好，除仙桃和黄石外，其他7市2008年比2007年参加养老保险人数均有所上升。

（四）"1+8"武汉城市圈残疾人公共服务体系情况

武汉城市圈残疾人公共服务体系建设不断加强，社区服务网络、就业服务网络、托养服务网络建设逐渐展开，服务范围不断扩大，服务水平整体较好。以康复站为例，截至2008年，圈内已建康复站931家，覆盖率达到34.87%，其中咸宁市覆盖率高达72.81%，黄石、仙桃、黄冈三市超过50%。但是个别地区建设仍需加强，如天门市至今没有康复站，潜江市康复站的覆盖率仅为3.64%。为了改善残疾人就业状况，城市圈内各城市都设立了就业服务机构，2008年共有53家。其中武汉市最多为14家，其次是黄冈和孝感，潜江、仙桃，天门仅为1家。托养服务网络覆盖范围有限，目前圈内共有托养机构17家，集中在武汉市和黄石市，分别为14家和3家。

同时，公共服务体系继续深入发展，在满足残疾人的基本生活需求和保障权益的基础上，更加注重满足残疾人的教育和法律需求，丰富其精神文化生活。截至2009年7月，武汉城市圈共有特殊教育学校38家，基本覆盖圈内9个地区。其中武汉市和黄冈市为9家，潜江、仙桃、鄂州和天门各有1家。各地加强对残疾人的法律援助工作，2008年武汉城市圈共有法律援助中心39个，潜江市外的8个地区都设立了法律援助中心，其中武汉市有11个，仙桃、鄂州和天门各有1个。2008年共帮助残疾人处理案件395件，其中武汉市有204件，其次是咸宁和孝感分别为56件和53件。截至2008年，武汉城市圈共有11个有声读物阅览室，已有4个城市拥有该项服务设施，其中武汉市有8个，黄石、鄂州和孝感各有1个。同时各地还积极组织残疾人文化活动，例如武汉市汉南区组建残疾人演出队，经常下乡演出，丰富残疾人的业余文化生活，提高精神面貌；天门市自2008年开始，组织了两次大型文艺晚会和一次文艺汇演，发现和培养了一批具有特殊才艺的文艺人才，正确引导残疾人开展文艺活动，决定组建市级残疾人艺术团。

(五)"1+8"武汉城市圈残疾人组织情况

武汉城市圈残疾人工作组织机构完善,工作人员已经深入到村、社区一级,社区组织覆盖率高,为残疾人事业的发展提供了有利的组织保障。截至2008年底,武汉城市圈共有工作人员9011人,其中市级干部队伍有193人,县级有618人,乡镇、社区一级有885人,村、社区一级包括兼职人员共有7315人(潜江、仙桃和天门为县级市,未进入市级人数统计)。黄冈市工作人员最多,为2114人;其次是武汉有2072人,孝感有1877人,其余6个地区都在千人以下,黄石最少为168人。

武汉城市圈社区组织建设成效显著,社区组织基本覆盖应建社区,为残疾人提供了较好的帮助与服务。截至2008年,武汉城市圈共有1633个社区建立了残疾人组织,社区组织覆盖率达到90.72%,黄石市的覆盖率达到100%,依次为黄冈和武汉,潜江市的覆盖率最低也达到了66.67%。

(六)"1+8"武汉城市圈残疾人事业发展社会环境建设情况

武汉城市圈积极在基础设施建设中照顾残疾人的特殊需求,加强无障碍设施建设,努力为残疾人提供便利。目前,已有武汉、黄石、鄂州和孝感4个城市参加系统开展无障碍建设县市的评比活动,将带动圈内其他城市踊跃参与,起到示范作用。

湖北省及武汉城市圈纷纷出台各项优惠政策和措施,为推动残疾人事业发展创造了良好的社会环境。湖北省重视残疾人事业的发展,出台了《湖北省残疾人优惠待遇规定》及《关于促进残疾人事业发展的意见》等多项政策和措施。武汉市出台了《武汉市扶助残疾人若干规定》,并在2009年与中国残联、武汉市签订共建残疾人服务体系建设专项试点城市协议书;咸宁市制定了《残疾人事业发展"十一五"规划》、《<就业保障金管理办法>实施细则》、《加强县级残疾人综合服务设施建设的意见》,并为残疾人发放枫丹公交免费乘车卡;仙桃市制定了《2009年争取创建白内障无障碍市实施方案》;黄石市出台《九大福利工程惠及"孤老残"》等更多优惠政策;孝感市特别制定了《贫困精神病患者医治救助实施方案》。

三、"1+8"城市圈残疾人事业发展存在的问题

(一) 武汉城市圈残疾人事业发展不均衡

武汉城市圈残疾人事业发展整体水平较高,但由于残疾人事业发展很大程度上受地区经济实力的制约,圈内残疾人事业仍然存在发展不均衡,"一市独强、城乡失调"的状况。

首先,武汉城市圈内城市之间发展不均衡,发展水平存在差距。对照各地区经济发展水平,显然武汉市作为城市圈的核心城市,残疾人事业发展水平最好,在残疾人经济状况、社会保障水平、公共服务基础设施等方面与其他8个周边城市相比都具有很大优势。其他城市残疾人事业发展虽然各有特色,但从整体来看,仙桃、潜江和天门这三个县级市发展程度不高,在公共服务体系建设和社区组织建设方面还很薄弱。目前,只有武汉市和黄石市设立了托养机构;天门市还没有残疾人康复站,潜江也仅有2个。其他5个城市残疾人事业发展水平居中,其中孝感和黄石在各方面都可以紧随武汉之后。鄂州市虽然农村社保标准最高,但数据显示鄂州市残疾人家庭经济状况最差,其月收入和消费均不到武汉市的五分之一。鄂州市残疾人经济状况亟需改善。

其次城镇与农村发展不平衡,发展水平差距较大。受经济实力的影响,武汉城市圈残疾人经济状况城镇明显好于农村。以武汉市为例,城镇残疾人家庭月收入为2846.14元,消费支出为2607.7元,而农村月收入仅为1547.12元和483.38元,分别相差1299.02元和2124.32元。同时,城镇最低生活保障标准也大大高于农村,参加社保比重也高于农村。以武汉市城乡最高标准看,二者相差2100元/年;孝感市城乡最高标准之差最低,也达到了1440元/年。农村由于缺乏财政资金支持,残疾人工作几乎空白,歧视残疾人现象很明显。同时,农村残疾人消息闭塞,相关优惠政策和措施经常落实不到位。虽然武汉市注重城乡协调,制定措施适当向农村倾斜,由城区带动农村发展,但其城区和郊区发展差距明显,农村在公共服务设施、社区组织建设方面仍然落后。

(二) 社会保障机制需要进一步健全

残疾人作为社会弱势群体应是各国社会保障优先考虑的对象,然而在我国社会保障制度建设中,在职人员、健全人口却成为制度保障的重点,残疾人社会保障被严重忽视,武汉城市圈也不例外。社会保障包括社会救济、社会保险和社会

福利三个方面，尽管武汉城市圈快速推动社会保障机制的建立，紧紧围绕这三个方面展开工作，取得了较好的成效，但是武汉城市圈社会保障水平参差不齐，残疾人社会保障制度需要进一步完善和统一。目前武汉城市圈社会保障工作的重点仍是社会救济和社会保险，具体表现为最低生活保障制度、养老和医疗保险制度。

社会救济方面，在省残联相关统计中，武汉城市圈仍有一部分实际收入低于所在地最低保障线的残疾人未纳入最低生活保障范围；最低保障制度适用于本地区所有居民，没有特别针对残疾人提高标准；同时最低保障标准仍是按照现有行政区划各自制定，武汉城市圈没有形成统一标准。此外，通过实施专项救助、临时救助和应急救助，帮助残疾人解决生活、就学、就医等方面的一些困难，农村危房改造工作覆盖面还很低，为贫困残疾人提供住房保障和廉租房的工作仍在起步阶段。例如武汉市对纳入低保的精神残疾人补贴100元/月，但仙桃和咸宁因为缺乏资金不能实施此类优惠措施。社会保险方面，虽然武汉城市圈在积极推进残疾人养老、医疗等保险制度，但数据显示，残疾人养老保险参保率很低。与普通家庭相比，残疾人经济收入一般较低，在现有的养老保险制度下，残疾人无力承担参保费用，参保积极性不高。残疾人社会保险制度的推广需要政府的大力支持，并承担一定的资金支持责任。目前武汉市对纳入农村低保、参加新合作医疗补助额为每人每年20元，但其他城市还没有相应措施或暂时难以做到。

社会福利方面，残疾人社会福利政策需要进一步完善，福利标准和范围需要进一步提高和扩大。例如除了关注身体残疾外，不能忽视精神残疾和智力残疾。同时，慈善事业的发展需要进一步推动。

（三）公共服务体系需要进一步完善

武汉城市圈残疾人公共服务体系比较健全，公共服务深入社区，体系包括了就业服务、托养服务、特殊教育、法律援助和文化设施等，并开展了基础设施无障碍建设，在一定程度上为残疾人提供了方便，满足了需求。但是由于区域内发展水平不均衡，公共服务体系也存在服务设施城市间分布不均的问题，同时在教育机构、托养服务、文化服务等方面仍然十分薄弱，公共服务体系需要进一步完备。

社区服务以社区康复为基础，武汉城市圈康复站覆盖了将近三分之一的社区，但是天门市康复站建设十分落后，到2008年底还没有建立社区康复机构。特教学校基本达到"十一五"期间"30万人口以上的市县建一所特教学校"的要求，但是只有武汉设立高中教育机构，影响了义务教育、高中和高等教育的衔接，很难满足其他城市残疾学生的需求；此外特教机构只有盲校、聋校，没有针对智力残疾人的学校。残疾人缺乏专门文体活动机构，武汉城市圈内只有4个地区在图书馆设立的有声读物阅览室，且武汉占绝大部分。

残疾人托养服务需要进一步加强，武汉城市圈内托养服务机构仅有17家，且都在武汉和黄石两市，分布极不均衡；目前托养服务工作主要靠家庭自己承担，未来市场潜力巨大，现有托养服务机构远远不能满足残疾人的需求。同时现有托养服务机构大多针对身体残疾，缺少精神残疾和智力残疾的专门机构，而且对孤独症方面的康复还没有政府设置的机构，一般由民间投资经营，且收费较高。

（四）城市圈内优惠政策不能共享

目前武汉城市圈针对残疾人的优惠政策仍以目前的行政区划来划分，还未达成统一标准，也不能进行地区间的共享。相对而言，武汉市残疾人优惠政策较为全面，周边其他城市暂时难向其标准看齐。而且各地区制定措施只针对本地区残疾人，在各地标准和优惠措施不统一或不能接轨的情况下，周边城市残疾人来武汉也无法享受本地的优惠政策。例如武汉市残疾人可以享受市内免费乘车优惠，而其他城市残疾人来武汉就不能享受。因此在武汉城市圈的建设中，如何促进各项政策的统一和优惠共享，实施公共服务的均等化，实现残疾人社会事业均衡发展，成为值得研究和解决的重要问题。

四、"1+8"武汉城市圈残疾人事业发展的路径

关心残疾人，是社会文明进步的重要标志。残疾人事业是中国特色社会主义事业的重要组成部分。武汉城市圈残疾人事业应使用全新发展理念，突出九城的社会事业资源联动共享，着重改变武汉城市圈社会事业"一市独强、城乡失调"的现状，整合圈内的社会事业各类资源，实现优化配置，促进公共服务均等化；切实解决武汉城市圈残疾人事业发展中的重点与难点问题，建立信息交流平台、协调机制、资源共享机制，实现武汉城市圈内城市之间及城乡之间残疾人事业协调发展。

（一）武汉市要继续推进残疾人服务体系建设，充分发挥龙头示范作用

核心城市是城市圈的辐射源与发动机。根据上文分析可知，在残疾人就业情

况、受教育情况、经济状况、社会保障水平、公共服务体系建设等方面,武汉市的情况远远好于圈内其他8个城市,具有极大的发展优势。另外,武汉市作为湖北省的省会和湖北省政治经济发展的中心,是当仁不让的"龙头",只有舞动武汉这个"龙头",充分发挥带头示范作用,才能推动整个"1+8"武汉城市圈残疾人事业的发展。制度化、机制化、法律化的残疾人服务体系有助于实现全社会的"公共服务均等化"目标,有助于实现残疾人同等享有公共服务,提高残疾人公共服务的保障水平。因此,武汉市应构建制度化、机制化、法律化的残疾人服务体系,在"1+8"城市圈残疾人服务体系建设中充分发挥示范带头作用,带动圈内其他城市残疾服务体系建设。

1. 武汉市在残疾人服务体系建设中应遵循的原则

武汉城市圈应在规划建设方面,确立"以长远发展为目标,眼前需求为切入点"的原则;在资金投入方面,确立以"政府投入为主,社会捐助为辅"的原则;在服务供给方面,确立以"政府服务机构为主导,民间服务机构为基础"的原则;在队伍建设方面,确立以"专职服务人员为主体,兼职服务人员为补充"的原则;在职责划分方面,确立以"市级为指导,区级为重心"的原则。结合"率先实现",完善残疾人服务项目建设,不断扩大残疾人服务覆盖面。

2. 武汉市继续推进残疾人服务体系建设的主要举措

武汉城市圈应针对残疾人特殊性、多样性、类别化的服务需求,建立健全以专业机构为骨干、社区为基础、家庭邻里为依托,以生活照料、医疗卫生、康复、社会保障、教育、就业、文化体育、维权为主要内容的残疾人服务体系。公共服务机构要为残疾人提供优先优惠的服务。残疾人专业服务机构要改善条件,完善功能,规范管理,扩大受益面,提高服务水平。研究制定残疾人服务领域的国家和行业标准,完善行业管理政策,加强对残疾人服务的支持引导和监督管理。要继续健全完善残疾人服务体系相关政策法规,在探讨实行普惠制的同时,要根据残疾人困难群体的特点,建立特惠制相关政策,使残疾人社会服务走向系统化、科学化和法制化,最终使得武汉市残疾人社会服务体系建设成为圈内其他8个城市的模范,起到带头作用,促进圈内其他8个城市残疾人社会服务体系建设进程。

(二)开展城乡一体化社会保障试点工作,为城乡一体化建设积累经验

2009年8月3日,湖北省政府与中国残疾人联合会鉴订了共建残疾人社会保障体系和服务体系试验区协议,根据协议要求,在健全残疾人社会保障体系方

面,湖北省将完善和落实残疾人社会保险政策,力争到2013年全省残疾人参加各类社会保险比例高于全国残疾人平均水平;做好残疾人生活救助,加大对农村残疾人危房改造力度,力争到2013年城镇残疾人和农村残疾人做到应保尽保,农村基本消除残疾人危房;探索制定优惠政策,支持发展残疾人社会福利和慈善事业。"1+8"武汉市城市圈九城是湖北省的主要城市,是湖北省残疾人事业发展的中坚力量。结合以上协议要求,武汉城市圈残疾人社会保障体系建设目标是湖北省残疾人社会保障体系建设总体目标的重要组成部分。

如上所述,武汉城市圈城乡残疾人社会保障发展不均衡,城乡社会保障发展水平差距较大,残疾人社会保障权益被严重忽视,社会保障水平参差不齐,社会保障工作的重点仍然集中在社会救济和社会保险,主要是最低生活保障制度、养老和医疗保险制度。因此,武汉城市圈必须进一步完善和统一圈内各城市之间、城乡之间的残疾人社会保障制度。为加快圈内城乡一体化进程,应结合圈内各个城市的特点和优势,统一城乡政策,确立先行试点(如鄂州、汉南区就为武汉市圈残疾人统筹城乡发展的试点之一,建设成效较好,起到一定的带动作用),然后发挥模范带头作用,为圈内其他城市建设残疾人城乡一体化的社会保障制度提供先进经验。

1. 构建新型城乡一体化的社会保障体系

武汉城市圈必须逐步建立覆盖全体劳动者、资金来源多渠道、保障方式多层次、权利和义务相对应、管理法制化、服务社会化的社会保障运行机制和管理体制。健全农村社会保障制度,不断改革城镇社会保障体系,在加快城乡融合过程中,逐步构建一种新型的城乡一体化的社会保障体系。

2. 统筹城乡社会保险制度,提高农村残疾人社会保险水平

以社会保险制度为重点,打破原来社会保险城乡分割、自我封闭的格局,加快"农保"向"城保"的转轨。对于城镇个体工商户、进城务工、灵活就业的残疾人和无业重度残疾人、无业残疾居民等群体,可采取社会保险补贴的办法鼓励他们参加养老和基本医疗保险。有条件的地区要扩大农村残疾人参加养老保险的覆盖面,争取所有农村残疾人参加新型农村合作医疗。加大代缴或减免农村残疾人个人缴费部分,并提高报销比例,将部分残疾人医疗康复项目纳入合作医疗报销和救助范围,提高农村残疾人抵御疾病风险的能力。

3. 加强社会救助制度建设,健全城乡社会福利、社区服务、优抚安置和社会互助事业

城乡居民最低生活保障制度是社会救助体系的核心,因此应不断扩大最低生活保障覆盖范围,逐步将符合条件的城乡特别是农村残疾人纳入保障范围。对于

"三无"对象,采取"五保"措施。确立一户多残、老残一体等残疾人的专项保障和福利制度,采取发放生活和护理补贴等办法,更好地解决他们的生活困难。将武汉城市圈中仍然存在的一部分实际收入低于所在地最低保障线的残疾人纳入最低生活保障范围。扩大最低保障制度的适用范围,提高残疾人保障标准。改变目前按照现有行政区划各自制定最低保障标准的制度,在武汉城市圈形成统一的标准。加强社区卫生服务中心及服务站的建设,提供廉价方便的医疗服务。社区服务以社区康复为基础,武汉城市圈康复站覆盖了将近三分之一的社区,而圈内其他城市康复站建设严重滞后,特别是天门市目前还未启动。针对这种局面,应该大力发展康复站建设,大力开展社区康复,推进康复进社区、服务到家庭、保障到个人。加大政府对康复站建设的资金投入,为圈内康复站配备专业服务人员,提高残疾人康复水平,最终实现残疾人"人人享有康复服务"。

对城乡重度残疾人和智障轻残人,积极创造条件实行托养。目前武汉城市圈托养服务网络覆盖范围有限,托养机构较少,且主要集中在武汉市和黄石市。因此,必须采用多渠道、多元化的资金筹集模式,加大政府资金投入,吸引民间资本进入,扩宽托养机构建设资金来源,改变目前收费较高的局面。改变武汉城市圈托养服务机构主要针对身体残疾提供服务的现状,大力发展针对精神残疾和智力残疾的专门服务机构;建设专门的孤独症康复服务机构,对社会救济对象及其他低收入家庭和领取提租补贴后仍有困难的残疾人家庭,要适当减收或免收新增租金,有条件的地区,可以采取由所在单位给予适当补助的办法。对危房或无房的特困残疾人家庭,采取"居者有其屋"的政策,政府出资,社会出力。医疗卫生机构对贫困残疾人的住院费、手术费等实行优惠。当特困残疾人享受基本医疗待遇时,统筹基金支付的起付标准可予以适当降低,对个人统筹账户出资部分予以补贴或减免。设立医疗救助专项基金,鼓励社会福利团体和慈善机构组建医疗互助互济组织,开展残疾人医疗互助活动。

(三) 构建统一的、共享的残疾人就业服务平台,促进圈内残疾人就业

就业是残疾人平等参与社会生活的重要前提,是残疾人改善生活状况、实现自强自立、实现人生价值的主要途径。增强残疾人就业能力,提高城乡残疾人就业水平,成为武汉城市圈残疾人生存发展、缩小城乡差距的重大问题。

1. 构建统一的、共享的残疾人就业信息服务平台

如上所述,武汉城市圈残疾人就业发展不平衡,圈内就业信息、资源不能共享,缺乏统一的、公共的残疾人就业服务平台。就城乡就业情况而言,农村残疾

人就业问题比较严重,远远滞后于城镇残疾人就业水平,解决就业问题的难度相对较大,一方面是由于缺乏统一的就业信息服务平台,农村信息较为闭塞,无法及时获知城市相关就业信息;另一方面是由于农村户籍限制,正常人到城市就业都有一定的阻力,更何况残疾人。构建统一的、共享的就业信息服务平台能为圈内各个城市间及其城乡间残疾人提供及时、有效的就业信息,促进残疾人就业。武汉城市圈就业信息共享机制不健全,发展滞后,应该大力构建圈内城乡一体化的就业信息服务平台,服务于武汉城市圈所有残疾人就业。特别应在武汉建立一个定期提供残疾人就业供求信息、技能培训、职业规划等方面的信息固定场所,促进圈内残疾人就业。

2. 构建统一、共享、专业化的就业培训服务平台

在武汉市构建资源共享的、开放的、高水平的、专业化的就业培训学校(基地),加强残疾人职业技能培训、职业介绍等服务保障设施建设。职业教育培训机构招生应主要面向武汉城市圈残疾人,旨在提高圈内残疾人职业技能,增强就业能力和创业能力,使得圈内残疾人实现自主择业和自主创业,解决就业问题。具体可采取委托专业培训机构、职业技术院校和有条件的特殊教育学校开展残疾人职业技能培训,加强残疾人职业培训工作针对性、实用性和有效性,推动培训工作从短期、"兴趣式"培训,逐步向专业化、学历化、"双证"式培训转化,千方百计提高培训后的就业率,稳步提升残疾人稳定就业的数量和就业层次。武汉城市圈职业教育培训机构的教育资金来源应主要依靠政府投入,同时吸引社会资金进入,拓宽残疾人职业教育投入渠道,提高职业技能教育覆盖面。

武汉城市圈统筹城乡残疾人就业,在确保城镇残疾人就业稳定的情况下,重点扶持农村残疾人就业,特别应该加强农村残疾人技能培训,加大投入力度,扩展培训范围;强化农村残疾人科技培训,促进科学"种植、养殖、加工";加强农村残疾人劳动力转移技能培训,促进转移就业。

(四)构建统一的残疾人就业、康复、教育、文化体育等方面的优惠政策,推动城乡残疾人事业协调发展

武汉城市圈应该着重改变残疾人就业"一市独强、城乡失调"的局面,突出圈内九城各自的资源优势与特点,形成统一的就业优惠政策,促进武汉城市圈残疾人就业发展。

1. 构建武汉城市圈统一的就业优惠政策

根据《残疾人就业条例》,武汉城市圈各市人民政府应当将残疾人就业纳入国民经济和社会发展规划,并制定优惠政策和具体扶持保护措施,为残疾人就业

创造条件。结合湖北省实施《中华人民共和国残疾人保障法》办法的要求，武汉城市圈应该实行城乡统一的就业政策，扶持农村残疾人就业，对于圈内从事各类生产劳动的农村残疾人，要在生产服务、技术指导、农用投资供应、农副产品收购和信贷等方面，给予统一标准的支持和帮助，扶持其自食其力，脱贫致富，并及时解决其在就业中遇到的问题。在土地划拨、资金投入、信贷支持、政策优惠等各方面对残疾人给予优先考虑，在扶贫基地、就业基地及农村残疾人职业技能培训基地、农村实用技术培训基地、种养殖业示范基地等建设方面给予统一的、适当的照顾。

武汉城市圈机关、团体、企业事业单位，应按在职职工总数的15%的比例安置残疾人就业，安排适当的工种和岗位。有关单位对基本符合其招收、招聘条件的残疾人，应当录用；国家分配的高等学校、中等专业学校、技工学校的残疾毕业生，有关单位不得因其残疾而拒绝接收。在残疾职工转正、晋级、职称评定、劳动报酬、生活福利、劳动保险等方面，应当一视同仁。企业被兼并、撤销、解散或破产时，其主管部门应当安排好残疾职工的生活，并创造条件使其重新获得就业的机会。

武汉城市圈内凡申请从事个体经营和开办私营企业的残疾人，工商行政部门应当优先核发执照，其他有关部门和单位应当在场地、资金等方面给予扶持，税务部门应按国家规定给予税收减免。对于圈内残疾人福利性企业事业单位，应当在生产、经营、技术、资金、物资、场地等方面积极给予统一的扶持，并按国家和省有关规定给予税收减免等方面统一的优惠政策。根据财政部、国家税务总局于2009年4月23日制定的企业安置残疾人员就业的有关税费优惠政策条例，武汉城市圈也可以通过税费优惠政策来鼓励企业吸纳残疾人就业，比照国家标准，对于企业安置残疾人员的，在按照支付给残疾职工工资据实扣除的基础上，在计算应纳税所得额时按照支付给残疾职工工资的100%加计扣除。

2. 构建武汉城市圈统一的康复优惠政策

结合湖北省实施《中华人民共和国残疾人保障法》办法的要求，武汉城市圈应该逐步建立统一的残疾人康复机构，开展康复医疗与训练、康复工作人员培训、康复科学研究和技术指导工作。医学院校的主管部门应当有重点地选择部分院校设置康复专业或者开设康复课程，培养培训各类康复专业人才。

武汉城市圈的卫生行政管理部门和残疾人联合会应当定期共同组派专家医疗队，到技术力量薄弱的地方（如农村乡镇）为残疾人进行康复医疗，并对当地残疾人康复工作进行技术指导。圈内县以上所属综合医院应当设立康复科室，为城乡残疾人提供康复医疗服务。提倡和鼓励有条件的地方兴办残疾人康复站、精神病工疗站、残疾儿童寄托站等设施，满足城乡残疾人特殊康复治疗的需要。

武汉城市圈应该建立服务于城乡残疾人康复的残疾人用品用具供应服务站，逐步建立供应服务点，负责残疾人康复器械、生活自助器具、特殊用品和其他辅助器具的供应和维修服务。残疾人进行康复医疗，经济确有困难的，由圈内各级人民政府及有关部门给予救济或者补助。

3. 构建武汉城市圈统一的教育优惠政策

结合湖北省实施《中华人民共和国残疾人保障法》办法的要求，武汉城市圈应举办特殊教育学校（班），在残疾儿童少年较集中的乡、镇设立特教班，逐步建立武汉城市圈残疾儿童就学的教育服务网络，实现让每一个渴望求知的残疾儿童能够走进课堂的目标。特别关注重度肢残、脑瘫、孤独症等残疾儿童的教育问题。从事特殊教育的教师和手语、盲文翻译人员均可享受特殊教育津贴。从事特殊教育工作满25年并在特殊教育岗位上退休的，特殊教育津贴可计入退休金。特殊教育的办学经费，由政府纳入当地教育规划，统筹解决，并按教育经费增加的水平逐年增加。特殊教育经费在教育事业费中专项列支，专款专用。

继续将残疾人教育纳入国民教育体系，建立健全助学金制度，将残疾儿童少年接受义务教育切实列入政府优惠政策范围，在同等条件下，接受高级中等以上教育的贫困残疾学生优先享受国家资助政策。对义务教育阶段家庭经济困难学生，采取减免杂费、书本费或通过设立助学金、建立助学基金等形式给予资助。设立助学专项资金奖励考取大中专学校的残疾学生。巩固以随班就读和特教班为主体、特教学校为骨干的残疾儿童义务教育体系，对城乡全体残疾儿童少年实施免费义务教育，完善残疾学生助学制度，开展多种形式的扶学、助学活动，保障所有残疾儿童少年和贫困残疾人家庭子女"上得起学"。对非义务教育阶段教育救助，除设立助学金、奖学金，按家庭贫困程度不同分别予以减免学费等办法外，对经济困难的学生，采取学生贷款、勤工助学基金、特殊困难补助等多元化的资助政策，确保每一个考入大学的学生不因经济困难无法入学或辍学。

4. 构建武汉城市圈统一的文化体育优惠政策

结合湖北省实施《中华人民共和国残疾人保障法》办法的要求，武汉城市圈构建统一的文化体育优惠政策，组织和扶持盲文读物、盲人有声读物、聋人读物、弱智人读物的编写和出版，积极兴办盲人有声读物图书馆，开办电视手语节目，在部分影视作品中逐步增加字幕、解说。鼓励残疾人进行文学、艺术、科学技术等方面的创造性劳动。残疾职工参加特殊艺术演出和特殊体育运动，所在单位应当在假期、工作、待遇等方面给予照顾。文化、体育、娱乐和其他公共活动场所，应当为残疾人提供方便，予以照顾。类比圈内城市残疾人文化体育配套条件，在农村地区新建文化体育服务站及活动中心，如体育运动设施、阅览室、书籍等，开阔残疾人思想视野，丰富残疾人业余文化体育生活，提高残疾人生活质量和水平。

5. 提供统一的残疾人福利和便利的环境

结合湖北省实施《中华人民共和国残疾人保障法》办法的要求，武汉城市圈应该为圈内残疾人提供统一的福利待遇和便利的生活环境。对于圈内残疾人贫困户，应优先列为扶贫对象，有关部门和组织应给予重点扶助。无劳动能力、无生活来源、无依无靠的残疾人，城镇的由民政部门给予救济，农村的列入"五保"供养，生活不能自理的，可由当地福利院收养。残疾人所在单位、城乡基层组织、残疾人家庭应当鼓励、资助残疾人参加社会养老保险和医疗保险。圈内医疗保险体系应对城乡残疾人实行政策倾斜，对个人负担的医疗费用给予适当照顾，如特困残疾人享受基本医疗待遇时，统筹基金支付的起付标准可予以适当降低，对个人统筹账户出资部分予以补贴或减免。圈内医疗卫生机构应对贫困残疾人的住院费、手术费等实行优惠。应当视圈内农村残疾人的残疾程度和家庭困难程度，减免本人或其家庭的义务工、劳动积累工及部分提留款，其子女在接受义务教育期间的学杂费应予减免，以保障残疾人的基本生活。残疾人符合现行"农转非"政策需要到城镇投靠落户的，公安部门应当在当地"农转非"计划指标内优先解决。

在武汉城市圈内，凡新建、扩建、改建公用设施、公共建筑、公共场所时，应当根据国家有关方便残疾人的规定，进行无障碍设计和建设。圈内公共服务机构应当为残疾人优先提供服务并给予适当的特别照顾：盲人和下肢残疾的人免费乘坐市内公共汽车（含市内专线车）、电车和轮渡；残疾人必需的辅助器械，应当准予免费携带；免费邮寄按水陆运送平常信函方式寄送的盲人读物；残疾人到文化、体育、娱乐场所，准予优先购票，优先入场，公园在法定节假日期间对残疾人凭《残疾人证》免费开放；残疾人随身必备的专用车辆，存车处应免费存放；残疾人到医院就医，优先挂号、就诊、取药。

（五）加强残疾人干部队伍的交流和培训，提高服务能力和品质

残疾人组织是党和政府联系残疾人的桥梁和纽带，是做好残疾人工作的重要保障。根据《湖北省残疾人事业"十一五"发展纲要（2006 – 2010 年）》以及2009年湖北省创建残疾人社会保障体系和服务体系试验区协议的要求，提高武汉城市圈残疾人干部队伍服务水平和能力，应采取多种形式对残疾人工作者进行交流、培养、培训。

建立交流与教育培训的长效机制,使其科学化、系统化和规模化。加强残疾人干部队伍交流、培训工作,建立干部队伍交流、教育培训长效机制,开展多层次、多形式的分级分类交流与培训,使得干部队伍交流、教育培训逐步科学化、系统化和规模化。武汉城市圈中优秀的残疾人工作者、残疾人干部带头人、干部模范应该相互汇报,相互交流,总结经验教训,资源共享,使得先进的、科学的残疾人工作经验在圈内发扬光大,先进帮扶落后,落后学习先进,最后走向一体化。

建立残疾人工作者教育培训基地(培训学校),通过培训才能建立一支专业化的工作队伍,特别是一支专业化的残疾人干部队伍。以一年、半年的中、短期培训为主,或把残联干部的培训纳入党校(行政学院)的培训计划,设立残联干部培训班,每期培训要求一定数量的残疾人干部参加。

采取多种形式,培养、培训残疾人工作者,认真贯彻《全国残疾人工作者职业道德规范(试行)》,提高残疾人工作者的职业道德水平和综合服务能力,培养造就一支思想好、作风硬、能力强、素质高,恪守"人道、廉洁、服务、奉献"职业道德的残疾人工作者队伍。

无障碍：起点与超越

云南省残疾人联合会　李丕钧　欧亚民

有一个玩笑说，谁发明了城市路面的拉链，就可以获诺贝尔奖。近20多年来，在城市中常见到这样的情景：城市的街道总在刚铺平不久后又被重新挖开，翻修理由是要改造轮椅坡道和铺设盲道。如果发明一个城市路面的拉链，既可以节约国家公共设施的投入成本，也可以省去许多不必要的麻烦。这个既苦涩又甘甜的玩笑同时包含了两种在我们现实中相反的深刻变化，一种是无障碍建设进入公共生活已经成为趋势，另一种是它的进入显然与陈旧的观念和在陈旧观念指导下建设的设施产生冲突。社会化是人实现社会价值的必然道路，而参与社会是包括残疾人在内的人走向社会化的重要途径。作为社会公共服务的一部分，无障碍建设的发展与我国改革开放的步伐同步进行，在与社会环境产生的融合与冲突中，它的标准设置、项目内容、实施主体和观念不断发生积极的变化，象征着以人为本与和谐发展的社会趋势，也将从无障碍的角度揭示出中国残疾人事业发展的崭新理念。

一、无障碍从政策到国家标准的演变

无障碍的提出源于它的相对面——障碍。例如盲人，因为出生缺陷、疾病以及意外事故引起的创伤，一部分人失去光明，再也见不到五彩斑斓的世界，看不见蓝天白云、绿树红花，看不到自己的亲人，看不见自己脚下的路。他们只能生活在一个极小的活动空间里，靠自己小心翼翼的试探和他人的搀扶才能行走移动。为了帮助盲人依靠自己走出狭小的天地，人类在上个世纪开始研究引导他们克服行走障碍的方法。后来形成最常用的两种方法，一种是导盲犬，通过训练犬狗识别人群活动的场所，听从特定的指令牵引盲人行走；另一种是铺设盲道，用水泥、石料、塑胶等材料，制成有特定凸出形块的地砖在人行道上铺出一条小路，盲人靠脚面与特殊地砖的接触进行识别，得到更大的活动空间和更快速的行动能力。针对盲人行动障碍而出现的盲道仅是无障碍建设中一个重要的项目，消除活动环境障碍的理念提出并将它付诸设施建设，就是一般意义上无障碍的基本内容。

世界上最早出现无障碍推进活动的地方是20世纪20年代的瑞典和丹麦等国家。1961年，美国制定了第一个《无障碍标准》，接着英国、加拿大、日本等儿

十个国家和地区相继制定了有关的法规。

我国是在上个世纪80年代中期开始启动这个项目的。1985年，在全国人大六届三次会议和全国政协三次会议上，部分人大代表、政协委员提出"在建筑设计规范和市政设计规范中，考虑残疾人需要的特殊设置"的建议和提案。1986年7月，建设部、民政部、中国残疾人福利基金会开始共同编制我国第一部《方便残疾人使用的城市道路和建筑物设计规范（试行）》（以下简称试行规范），中国残疾人联合会成立后，随着我国残疾人事业的兴起和发展，残疾人问题引起了国家和社会更广泛的重视，1989年由国家建设部、民政部和中国残联颁布了《试行规范》。

1990年，中国第一部保障残疾人合法权益的法律《中华人民共和国残疾人保障法》（以下简称保障法）颁布，第四十六条规定："国家和社会逐步实行方便残疾人的城市道路和建筑物设计规范，采取无障碍措施。"这部法律中有两个明显的特征，一个是首次从法律上规定了中国无障碍设施建设的内容，第二个是明确了逐步实施的原则。各省、自治区、直辖市先后以地方性法规和政府规章的形式制定实施办法，对此内容进行了适当细化，例如《云南省残疾人优待规定》第二十一条规定："县城以上城市和省级以上开放口岸在新建、扩建、改建城市道路、大型公共建筑和居住区时，必须按照国家有关方便残疾人使用的城市道路和建筑物设计规范的要求，进行无障碍设计和建设。有条件的乡、镇在新建、改建、扩建上述工程项目时，应当逐步实施无障碍设计规范。"

2001年，国家建设部发布了《城市道路和建筑物无障碍设计规范》（JGJ50－2001）（以下简称《设计规范》），标志着无障碍设施建设成为国家的强制标准。

从这个演化中我们看到，中国的无障碍建设是在新时期中国残疾人事业发展的起步阶段提出来的，它既充分借鉴了国外先进的经验，又根据中国社会经济的实际情况，经过对建设项目设置和建设工程推动的实践，在条件成熟时才确定为国家的强制标准并在法律上予以保障。

二、无障碍外延逐步扩大

在我国无障碍设施建设的过程中，无障碍的外延在逐步扩大，主要体现在两个方面：

一个是执行空间。在《设计规范》中，主要针对的是公共活动最密集和最典型场所——城市。在实施过程中，各地采取的都是从重点推向一般的做法，即先从最主要的城市干道、最有代表性的公共场所（大型超市、影剧院、博物馆、公园、图书馆、宾馆等）和最特殊的场所（最需要无障碍的场所，如医院；残疾人最集中的活动场所，如特殊学校、福利院、福利企业、残疾人综合服务设施等），逐步向城市其它街道和一般公共活动场所延伸的做法。以云南省昆明市的盲道为例，最初仅是横穿城市的东西南北向主干道，在2007年第七届全国残疾人运动会在昆明召开前期，主城区已铺建了盲道282公里，几乎覆盖了所有街道，从2007年到2010年创建全国无障碍城市期间，在2008年4月国家进行中期检查时，已在主城街道及主城连接呈贡新城主干道、呈贡新城人行道上铺设盲道320公里，这个距离相当于从昆明市到大理州的路程。在创建全国无障碍城市的标准中，对残疾人的无障碍服务也延伸到家庭，要求对残疾人家庭进行无障碍改造。

第二个是执行项目和方式。在《保障法》中，明确采取盲文、有声读物、字幕、手语翻译等措施，帮助视力、听力等残疾类别的人们参与社会活动，并成为残疾人工作的重要内容，也即无障碍从设施扩张到服务方式。各地通过在电视台开办手语新闻、在电视节目中增加字幕和在公交站台（车内）增加字幕显示屏、开办盲人图书馆等，为残疾人的出行和交流提供帮助。另外，在公共服务领域，也有一些积极的探索，以昆明市盘龙区司法局为例，为向残疾人提供有效的服务，通过建设轮椅坡道、盲道、残疾人专用卫生间、盲文、手语翻译和开通办理绿色通道等做法，建立了残疾人法律援助"设施、程序、信息、交流"四个无障碍体系，此经验得到国务院回良玉副总理和国家司法部的充分肯定，由司法部向全国推广。

可以看出，我国在进行无障碍建设时，同时兼顾了硬件和软件两个方面的内容，不仅仅是在《设计规范》中要对城市道路和建筑设施进行无障碍建设与改造，而且针对不同类别残疾人的障碍尽可能地提供无障碍服务，而这种无障碍服务领域还在迅速地扩张。

三、无障碍理念的变化

残疾人是对无障碍环境有最迫切需求的特殊群体，因此，也成为无障碍设计最初的首要针对目标。《试行规范》有一个显著的特点，即在规范的名称和实施原则上都强调是"方便残疾人使用的"。这种理念在《保障法》中得到强化。因此，无障碍一直是新时期残疾人事业的一项重要工作，各省（区）在制定残疾人事业的法规政策和规划时，一般都采取建设部门为实施主体，工作文件由残疾人联合会牵头，各有关部门会签的方式。在各级建设部门的领导下，工作取得显著的成效，但是在不同的地方也存在着一些误解，以为无障碍建设是残疾人联合会的事，导致了工作中的某种延误甚至部门之间的工作扯皮。这种误解直到这个世纪初才得到澄清，在《设计规范》中，标题已经取消了"方便残疾人使用的"字样，总则指出其制定的原则是："为建设城市的无障碍环境，提高人民社会生活质量，确保行动不便者能方便、安全使用城市道路和建筑物，用以进行道路和建筑设计必须遵守的共同规则，制定本规范。"而在对规范的条文说明中强调："建设无障碍环境，不仅为残疾人、老年人参与社会生活提供了必要的安全和方便的条件，同时也给推孩子车的母亲、伤病患者以及携带物重者带来了方便，是造福全民的一件好事。"这是一个意义深刻的变化，意味着无障碍的理念发生了重大转变，从针对残疾人走向了适宜更多的人，从消除特殊障碍到一般意义上的方便。如果说无障碍的公共生活是残疾人参与社会的有效扶助，那么，方便的公共生活则给所有的社会群体带来了更畅通的行动和交流，而这一点又反过来提高了人们对有障碍者的理解，以平等的心理看待有障碍者。正如1974年联合国召开的残疾人生活环境专家会议报告中提到的："我们所要建立的城市，就是正常人、病人、孩子、青年人、老年人、伤残人等没有任何不方便和障碍，能够共同地自由生活与活动的城市。"

四、无障碍的哲学：超越极限

无障碍建设虽然取得了明显的成效，但是，也存在着许多的不足。仍以盲道为例，在一些已经铺设盲道的地方，出现了这样一些令人遗憾的现象：盲道中嵌窨井，一旦窨井盖子没盖好或无盖，就成为盲人朋友愤怒指出的"死亡陷阱"，比没有盲道更可怕。有的盲道上立有广告牌、电杆、树木和市政公共设施等，而且在前后都没有提示盲砖。盲道铺设较为随意，盲道行走的方向和分路没有明确的目的，似乎仅是为在路面上铺出黄色线条而设置的。占用盲道的情况较多，如设非机动车停车点、占压经营摊位，甚至设置临时的公安治安巡防点，有关部门一直取缔，但是占用者总是赶走又卷土重来。令人印象最深、最普遍的是盲道走直线还是直角弯线，是根据普通地砖的铺设情况而定的，盲人朋友如果在上面走，一条直直的路要走出无数的直角转弯。虽然大部分盲道注意到了要绕开窨井和障碍物，但因为要与其它地砖保持一致，居然在不到10米的路程，就要在宽仅有300mm的盲砖线上转11个弯，走15米！甚至可以在两个相邻的窨井间铺一个"S"形盲道，即在盲路宽度300mm、直线长度3米的距离中要转8个直角弯（为了绕开两个相近的窨井，本来可以用绕一个窨井的形式来解决的）。走这样的路必须具备时装模特、平衡木运动员和飞行员的素质。为什么会出现这样的情况？在无障碍的建设过程中，最初影响进程的主要原因是成本问题，特别是对已有道路和建筑物的无障碍改造，随着规范实施的深入，最后我们发现，影响规范执行的原因最主要的是观念。

令人欣慰的是，无障碍建设中的遗憾只是一部分，而且引起了公众的注意。最重要的是，无障碍已经越来越成为一种社会文明的意识，并在《设计规范》的条文说明总则中体现了出来："道路学科与建筑学科是创造人类生产和生活环境的综合性艺术和科学。随着时代的发展，不断改善人的空间环境和生活质量，确保每个市民的安全、健康、舒适和方便，使人的思维与感受更丰富，更具有意义，是当代文明城市建设和人类进化的标志。"并明确指出应注意自身"实用和美观的结合，同时也是科学和艺术的统一"。无障碍设施建设与改造过程虽然会给人们暂时的不便，但是，人们将从这种不便里收获更多。

一个和谐的社会和一个能够发展的社会，离不开社会成员之间的交流和社会成员对公共活动的参与。从无障碍建设的外延拓展、理念和观念的变化中，我们可以看到，影响这种变化的与其说是社会经济的发展，不如说是社会文明意识的进步。将残疾人视为只是自身功能和行动有某种障碍的人，一个享有公共活动权利的社会成员，这是现代残疾人观的基本出发点，而无障碍的变化也因此从物质上升为一种精神，从设施和服务上升到一种美学和人文哲学。

正像美国著名作家马克·吐温说的："19世纪有两个奇人，一个是拿破仑，一个就是海伦·凯勒。"他之所以这样评价，是因为拿破仑影响了欧洲文明的进程，而海伦·凯勒影响了人类的精神世界，因为人们在这个同时失去听力和视力的人所取得的成就上发现了人突破自身障碍极限，发掘无限潜力和拥有美好生活愿望所能引发的无限创造能力。从这个意义上说，无障碍建设的演变告诉我们，对残疾人而言，我们不能为他们找回失去的手、脚、口和眼睛，但是可以为他们创造超越肢体和器官的行动天地；对正常人而言，我们在无障碍中看到的是人潜力的无限。最重要的是，当我们同时看到这两点的时候，才会更尊重自己和尊重他人，而这正是以人为本、和谐社会的根本。

无障碍建设在我国还是一个新鲜事物，但是，它见证了中国残疾人事业的发展和变化，同时，也在公共活动的空间促进了社会的文明进步，它从对最困难群体的关爱出发，建立起了一种人类对自己文明意识和行为的发现系统，一种人类相互尊重、相互信任、相互需求的依存体系。当人们在盲道上行走的时候，不仅可以直接感受到社会的文明，感受到一种人间关怀的浓郁深情，也可以感受到人的尊严和无限潜力。而这一点，正是中国残疾人事业在未来发展中寻求的无障碍之路。

中国工伤保险制度建设与工伤康复发展

人力资源和社会保障部 张 军

一、工伤保险制度建设

（一）制度发展历程

新中国建立初期，中国颁布了《中华人民共和国劳动保险条例》，对职工因工伤亡后的待遇补偿作出制度性规定。1996年，中国以社会统筹方式集中建立基金，工伤保险由雇主责任制转为社会保险模式。2003年，国家颁布《工伤保险条例》，确立工伤预防、待遇补偿、工伤康复相结合的制度发展目标，体现了对劳动者的全方位的关爱，标志着中国工伤保险制度改革进入了一个崭新的发展阶段。

（二）制度框架

1. 参保范围

现行工伤保险制度的覆盖范围主要包括：①各类企业；②有雇工的个体工商户；③事业单位（参公管理的事业单位除外）、社会团体和各类民办非企业单位。

2. 工伤认定

工伤认定是确认职工伤残情形是否为工伤的一个重要程序，也是工伤职工享受待遇的前提。《工伤保险条例》明确规定应该认定工伤的有七种情形，视同工伤的有三种情形，另外有三种情形不可认定为工伤。工伤的认定工作由工伤保险行政部门负责。

3. 劳动能力鉴定

职工发生工伤，经治疗伤情相对稳定后存在残疾、影响劳动能力的，应当进行劳动能力鉴定。劳动能力鉴定是根据劳动功能障碍程度和生活自理障碍程度进行等级划分。劳动功能障碍分为十个伤残等级，最重的为一级，最轻的为十级。生活自理障碍分为三个等级：生活完全不能自理、生活大部分不能自理和生活部分不能自理。劳动能力鉴定工作由隶属于人力资源和社会保障部门但独立于工伤保险行政部门和管理经办部门的市级以上劳动能力鉴定委员会承担。

4. 工伤保险待遇给付

工伤保险待遇大体分为四类：即工伤医疗康复待遇、辅助器具配置待遇、伤残待遇、死亡待遇。工伤医疗康复待遇是指治疗工伤所需的挂号费、医疗费、药费、住院费等费用符合工伤保险诊疗项目目录、工伤保险药品目录、工伤保险诊疗服务标准的，从工伤保险基金中支付；此外工伤职工治疗工伤需要住院的，由所在单位按照因公出差伙食补助标准的70%发给住院伙食补助费。辅助器具配置待遇是指工伤职工因日常生活或就业需要，经劳动能力鉴定委员会确认，可以安装假肢、矫形器、假眼、假牙和配置轮椅等辅助器具，所需费用按照国内普通型标准从工伤保险基金支付。伤残待遇按照伤残鉴定等级（1—10级）的不同而有所区别。所有伤残职工均可享受从工伤保险基金按伤残等级支付的一次性伤残补助金。除此之外，1—4级伤残职工享受按月支付的伤残津贴。5—10级的伤残职工如果与用人单位解除劳动关系，由用人单位支付一次性工伤医疗补助金和伤残就业补助金。死亡待遇主要包括三项：一是丧葬补助金；二是直系亲属抚恤金；三是一次性因工死亡补偿金。

（三）取得的成就

1. 新型工伤保险制度框架基本形成

《工伤保险条例》的颁布实施，标志着适应中国社会主义市场经济发展需要的新型工伤保险制度框架基本形成，一是实现了由企业保险向社会保险的转变；二是从《企业职工工伤保险试行办法》到《工伤保险条例》，工伤保险立法水平和层次不断上升；三是初步建立工伤预防、补偿和康复相结合的框架，对降低职工的工伤风险，提高和恢复工伤职工的劳动能力，发挥了显著作用。

2. 工伤保险的参保人数大幅增加

《工伤保险条例》颁布实施的五年时间，工伤保险的参保人数快速增长。截至2009年7月底，全国参加工伤保险的单位327万户，参保人数14141万人，比2003年《工伤保险条例》实施前增长了3倍多，其中农民工参加工伤保险的人数为5089万人。

3. 工伤保险的待遇水平稳步提高

工伤保险基金规模有了较大幅度的提高，截至2009年7月底，全国工伤保险基金总收入达到132亿元，基金的保障能力大大提高。1—7月享受工伤保险待遇的人数为80.6万人。待遇标准调整机制逐步建立，待遇水平进一步提高。

二、工伤康复的发展

康复是"综合地、协调地应用医学的、社会的、教育的和职业的措施，通过对残疾者进行训练和再训练,减轻致残因素造成的后果,以尽量提高其活动功能,改善生活自理能力,重新参加社会生活"。从内容上说,工伤康复属于康复的范畴,只是工伤康复针对的是职业劳动者人群,更强调职业康复,以伤残职工重返工作岗位为目的。

(一) 主要内容

①医疗康复。工伤医疗康复的目的是利用各种临床治疗和康复治疗手段,改善和提高工伤职工的身体功能和生活自理能力。医疗康复的手段有多种,主要包括物理治疗、作业治疗、言语治疗、义肢矫形、中国传统康复治疗等等。

②职业康复。工伤职业康复是以恢复工残职工的职业劳动能力为目的,职业康复可以说是医疗康复的后续康复,也可以理解为更高需求的康复行为。职业康复主要包括职业评定、职业咨询、职业训练以及职业指导四个方面。

③心理康复。主要是改变工伤职工的负性认知,改善应激应对方式,提高情绪管理技巧等。心理康复需要个人、家庭、医疗康复机构、单位、社会和政府多方面介入。一般情况下,心理干预要贯穿于整个救治期和康复期。

④社会康复。为了使伤残职工更好地融入社会、参与社会生活,而创造适当的社会活动条件和环境。如,通过改造,增加居所环境、出行环境、工作环境、公共环境、交通工具对残疾职工的适应性。

(二) 运行模式

近年来,工伤康复工作越来越受到重视,原劳动保障部组织制订了工伤康复试点目标,即在"十一五"(2006—2010年)期间,探索工伤康复政策体系,探索工伤康复管理服务模式、技术规范和相关标准,探索多层次培养工伤康复专门人才的方式。制订和完善政策标准,建立规范的服务工作机制。初步形成以医疗康复为基础,以职业康复为核心,以促进工伤职工回归社会、从事社会劳动为目的,具有中国特色的工伤康复框架。

目前,半数以上的省份开展了多种形式的实践探索,典型的做法有:①由工伤保险机构自办专门的工伤康复机构,突出职业康复特点,为工伤职工提供特色康复服务,如广州市。②委托综合医院康复机构提供康复服务。提取专门的工伤康复经费,用于委托指定的综合医疗机构承担工伤职工的医疗康复服务,如郑州市。③与社会康复机构共建工伤康复机构。选择康复基础较好的医疗单位合作,投入工伤保险基金,用于康复设备购置和康复场地的准备等,共同发展工伤康复事业,如济南市。

从制度层面看，上述几种做法可以归结为两大模式：

一是直接管理模式，主要是指在一些参保职工人数较多，基金规模较大且康复人才及康复技术较集中的大中城市或地区，采取基金提留等方式筹集资金，兴建工伤康复机构，由工伤保险机构直接实施管理。工伤保险机构直接管理康复机构，有利于掌握积累工伤康复的管理经验，便于政策的调整和完善。但这种模式对工伤保险机构来说，投入较大。从长远和全局看，工伤保险机构直接管理的工伤康复机构不可能太多，甚至不可能每个省都办。只能适当地选取康复基础较好、工伤保险基金雄厚的中心城市，按大区建立有特色的区域康复中心，同时加强区域合作，发挥大区工伤康复中心的康复资源优势和区域辐射作用，为周边地区的工伤职工提供特色康复服务。

二是协议管理模式，由工伤保险机构与社会上的综合医院或其他医疗康复机构签订服务协议，充分利用社会康复资源和工伤保险基金的资金优势，形成工伤康复服务的供需协议关系，合作发展工伤康复事业。这种模式能够充分地利用社会康复资源，投入少，起步快，而且工伤保险机构相对"超脱"。从长远和全局看，将是中国工伤康复制度发展的主要模式。

（三）进展情况

中国政府非常重视工伤康复工作，在1996年9月原劳动部制定的《企业职工工伤保险试行办法》和2003年4月国务院颁布的《工伤保险条例》中，均明确将工伤预防、工伤补偿和工伤康复确定为工伤保险的三大任务。特别是《工伤保险条例》实施以来，中国的工伤康复工作取得了明显进展。

1. 制订了开展工伤康复工作的目标和任务

2006年年底，中国政府在《劳动和社会保障事业发展"十一五"规划纲要》中明确提出了"进一步完善工伤保险政策和标准体系，积极探索工伤补偿与工伤预防、工伤康复相结合的有效途径，逐步建立适合我国国情的工伤康复制度"的要求。2007年4月，劳动保障部制订了《关于加强工伤康复试点工作的指导意见》，提出了"十一五"期间工伤康复试点工作的总体目标：即通过扎实有效的试点工作，探索工伤康复政策体系、工伤康复管理服务模式、工伤康复技术规范和相关标准以及多层次培养工伤康复专门人才的方式；制订和完善政策标准、建立规范的服务工作机制；初步形成以医疗康复为基础，以职业康复为核心，以促进工伤职工回归社会、从事劳动为目的，具有中国特色的工伤康复制度框架。

2. 研究制订了工伤康复有关政策标准

为规范工伤康复试点工作，原劳动保障部聘请内地和香港有影响的医疗和康复专家,成立了"全国工伤康复专家咨询委员会",专家咨询委员会的主要职责是为开展工伤康复工作提供技术支持和决策咨询,参与工伤康复有关标准的审定、工伤康复服务工作机制的规范和工伤康复有关项目的研究与讨论等。通过专家的技术支持,使康复试点工作更加科学、规范和富有成效。2008年3月,在总结部分地区工伤康复工作经验基础上,专家论证通过了《工伤康复诊疗规范》、《工伤康复服务项目》和《工伤康复试点机构准入条件和评估标准》等,用以规范和指导各地开展工伤康复试点工作。

3. 在全国范围内启动了工伤康复试点工作

在总结推广广东、湖南、黑龙江和山东等地试点工作的基础上,2008年劳动保障部召开了全国工伤康复试点工作会议,在全国进一步推进工伤康复试点工作。目前,全国大部分省区市制订了工伤康复试点工作实施方案,确定了工伤康复试点机构,为全面开展工伤康复工作奠定了基础。

三、工伤康复存在的问题

(一)政策缺失,康复工作难开展

首先,《工伤保险条例》对康复机构建设、康复资金来源等问题没有明确规定;其次,目前工伤康复政策,多针对正规就业职工设计,不适应其他就业形式的用工单位的情况;三是相关政策关系没有理清,如工伤康复与医疗期的关系等,没有明确的政策界定。

(二)伤残职工康复意识薄弱,部分人员不愿意康复

由于工伤保险实施治疗—经济补偿模式的时间比较长,职工对其认知程度较高。实施治疗—康复—补偿政策后,遭到部分伤残职工的抵制,其中主要原因是通过康复,许多伤残职工的伤残等级会降低,进而会减少伤残补助金的数额。对于部分职工,尤其是经济比较困难的农民工来说,仍选择多拿经济补偿而放弃康复。

(三)工伤康复标准不完善,质量难以保障

目前工伤康复的相关技术标准,如工伤康复出入院标准、工伤康复诊疗标准、住院服务标准、辅助器具配置标准等,还处于制订或在试点地区试用的阶段。从全国范围看,工伤康复缺乏专业指导和专业监督机制,造成地区间对工伤

康复的技术标准掌握不统一，形成矛盾。另外，由于没有相关标准，一些工伤职工长期滞留医院，造成了工伤保险基金的浪费。

（四）就业政策扶持不充分，康复职工再就业困难

伤残职工再就业是世界各国的难题，中国的情况也不容乐观。尤其是在当前中国新生劳动力不断增加，就业压力较大的形势下，伤残职工重新回归就业岗位就更加困难。长期以来，中国对伤残职工多采取重回原单位就业的方式，这种方式对伤残职工再就业是有利的，但由于就业渠道单一，就业选择面狭小，直接影响了残疾职工的再就业率。

四、工伤康复改革发展思路

（一）探索适合我国国情的工伤康复管理和服务模式

工伤康复既是一项复杂的技术工作，更是一项系统的社会工程。探索适合中国国情的工伤康复管理和服务模式，是做好试点工作的首要任务。首先要进一步理顺关系。工伤康复工作涉及工伤保险经办机构、康复机构、工伤职工和用人单位四个方面，要理顺四者权利义务关系，建立行之有效的工伤康复管理制度模式。在康复机构的选择上，要充分利用现有的医疗康复资源，从卫生、民政、残联、工会等方面的康复机构中确定试点单位，劳动保障部门原则上不建、不直接管理康复机构。特别要理顺经办机构与康复机构间的协议管理关系，通过不断完善协议内容，明确各自责任，健全规章制度等措施，建立以协议服务为主要形式的工伤康复管理模式。二是要研究制订试点工作管理规程，对工伤康复过程和效果的评估、工伤康复费用的管理和支付等进行规范。三是建立多层次并存的康复服务模式。针对目前中国不同地区间经济发展状况差异较大，对工伤康复工作的认识也有很大不同，康复人才、技术水平和管理能力参差不齐的状况，建立不同层次、不同水平、不同专业特色的康复机构，开展不同形式和不同内容的康复服务。在多数地市级的康复试点机构重点以开展医疗康复工作为主，积极探索和完善医疗康复管理和技术规范。省级劳动保障部门确定的重点康复试点机构，在全面做好医疗康复、职业康复的同时，结合本地康复技术条件、工伤伤残种类或职业病发病等实际情况，有侧重地探索开展一些特色的康复服务内容；在省市普遍发展基础上，将开展工伤康复工作较成熟、人才和技术力量较强、管理规范的中心城市省级康复机构建设发展成区域工伤康复中心，充分利用区域工伤康复中心

的技术、人才和管理优势，进一步深入探索工伤康复技术标准和服务规范，并为周边地区康复机构提供技术支持、人才和示范服务。形成区域康复中心为龙头、省级康复机构为核心、地市康复机构为基础的两级三层康复服务体系。

（二）研究构建工伤康复的政策标准体系

一是进一步完善工伤康复费用的管理和控制保障机制，进一步提高资金使用效率。二是积极探索工伤康复有关配套政策，保证工伤康复试点工作健康持续发展。进一步树立"先康复、后评残，先康复、后补偿"的理念，研究制订工伤职工康复后重返工作岗位或再就业的扶持政策。三是不断完善工伤康复有关技术标准。目前，《工伤康复诊疗规范》和《工伤康复服务项目》已在各地工伤康复试点机构中施行，要在实践中不断总结经验，进一步修改、补充和完善。

（三）加快工伤康复专业人才的培养

中国工伤康复工作起步较晚、起点较低，工伤康复专业人才十分不足。特别是职业康复人才匮乏，严重影响了工伤康复工作的开展。尽快建立工伤康复人才培养机制十分必要，通过专业院校或研究机构开设职业康复专业、依托国内外康复机构开展培训进修以及探索建立康复职业标准多种方式，全面培养工伤康复专业技术人才和管理人才，为工伤康复工作的推进提供人才保障。同时，创造条件，建立工伤康复试点机构交流合作机制，通过多层次、多领域的学术交流，全面推进工伤康复水平的提高。

残疾人社会保障与服务体系建设若干问题初探

湖北省残疾人联合会　施李国

残疾人事业作为我国社会主义事业的重要组成部分，以其闪烁的人道主义光芒，彰显着社会主义制度的优越性，并在我国人权保障体系和社会建设体系中发挥着重要作用，对唤起爱心、促进社会文明进步发挥着积极的作用。

经过六十年的发展，尤其是经过改革开放三十多年的发展，我国残疾人事业在取得辉煌成就的同时，也站在了一个新的历史起点上。毫无疑问，站在这样一个起点上，残疾人事业更加任重道远，随着残疾人事业不断向着纵深发展，面临的问题和挑战也将愈加突出。换言之，我国残疾人事业如何在承继辉煌历史的基础上，发挥优势、丰富内容、凸显特色、科学发展，是摆在残疾人事业和残疾人工作者面前的一个必须认真对待的课题。中央7号文件对新的历史条件下发展残疾人事业提出了具体要求，指出残疾人事业今后的主要任务是建立残疾人社会保障与服务体系，对"两个体系"建设作了明确的阐述和全面的部署，构成了中央7号文件的核心内容。

历史地看"两个体系"建设，它既是残疾人事业发展的必然结果，也是残疾人事业在新的历史起点上不断创新的产物。没有中国残疾人事业取得的丰硕成果，就没有"两个体系"建设的基础；没有对残疾人事业在制度、体制、机制上的不断创新，也就没有"两个体系"建设的条件。"两个体系"建设不仅关乎着残疾人权益的进一步落实和保障，也关乎着整个残疾人事业科学、健康、有序的发展。但是，必须指出的是，对于"两个体系"建设，我们还处在一个探索的阶段，很多问题还没有现成的答案，很多设想也还没有固有的模式可供遵循，这就需要我们按照中央7号文件的要求，用邓小平理论、"三个代表"重要思想和科学发展观作指南，立足实际，兼顾长远，对"两个体系"建设中的若干问题作出理性分析，为"两个体系"建设廓清思路。本文结合湖北省残疾人社会保障与服务体系建设实践，就七个方面的问题加以研讨。

一、制度建设是基础，重在全面纳入

客观地看，社会保障与服务体系，通过多年来的实践和探索，在公共领域里已经形成了一整套行之有效的制度。在这个背景下，开展残疾人社会保障与服务体系建设，必须厘清残疾人"两个体系"建设同公共领域"两个体系"建设之间的关系，尤其是在制度建设方面，更是要摸索出一条既与残疾人事业特色紧密相连，又与公共领域的固有规制相衔接的路子，并据此瞄准方向、明确重点，逐步形成残疾人"两个体系"建设的制度基础，使残疾人"两个体系"建设从一开始就有一个强有力的制度保证，步入用制度说话、按制度办事、靠制度监督的科学而可持续发展的轨道。

那么，残疾人"两个体系"与公共领域"两个体系"之间究竟是什么关系？残疾人"两个体系"制度建设的方向和重点又在哪里？这里，我们通过解析湖北省残疾人"两个体系"建设的具体实践，试图给出一个回答。

湖北是我国农业大省，属经济欠发达地区。全省379.4万残疾人中，有266万是农村残疾人，其中贫困残疾人有121万人，占农村残疾人总数的45.5%；在贫困残疾人群中，绝对贫困28.2万人，相对贫困38.5万人，低收入54.3万人。残疾人对社会保障与服务的需求面广，工作量大，任务十分繁重。近些年来，省委、省政府十分重视残疾人"两个体系"建设，主要领导多次听取省残联工作汇报，省委、省政府多次召开办公会专门研究残疾人工作，把残疾人社会保障与服务纳入全省社会保障体系和公共服务体系范畴，同时还出台了一些特殊保障政策，如提高农村特困残疾人的生活救助标准，对有特殊贡献的困难残疾人和省级以上劳模给予生活补贴等等。在上述制度性安排和建设中，湖北省一方面强调了残疾人"两个体系"建设的重要性，另一方面，把残疾人"两个体系"建设与公共领域"两个体系"建设联系起来统筹规划、研究和部署。这也就廓清了两者之间的关系：残疾人"两个体系"建设是公共领域"两个体系"建设的有机组成部分，没有残疾人"两个体系"建设，公共领域"两个体系"就不全面、不完备、不健全。同时，在公共领域"两个体系"建设的范畴内，残疾人"两个体系"建设有其特殊的对象、形态和工作方式，并以此成为公共领域"两个体系"建设中的突出者，需要予以特殊的倾斜和考量。而在这个过程中，残疾人"两个体系"制度建设的方向和重点归结到了一个关键词上——纳入，就是通过制度性的安排和建设，把残疾人"两个体系"建设纳入公共领域"两个体系"建设的范畴中，以此来确保所有残疾人共享国家已经建立的一系列社会保障制度和正在提供的公共服务。

必须强调的是，制度建设是残疾人"两个体系"建设的基础，具有举足轻重的作用。因此，残疾人"两个体系"的制度建设在瞄准方向、明确重点后，还应当在实质意义上迈出坚实的步伐。就纳入公共领域"两个体系"而言，简单地提出纳入,还难以形成完备的残疾人"两个体系"建设的相关制度,还必须在突出纳入的全面性的同时,按照残疾人"两个体系"的特殊要求,进行制度设计和建设。以湖北省的实践为例,按照普惠与特惠、一般性制度安排与专项制度建设相结合的方针,积极、有序地推进残疾人社会保障体系建设:一方面,将残疾人普遍纳入最低生活保障、新型农村合作医疗、新型农村社会养老保险等基本社会保障项目,将残疾人的康复、教育、就业、扶贫、托养、维权和法律服务、文化体育、无障碍环境建设等各项服务与整个社会服务体系接轨,并给予特殊扶助和倾斜。另一方面,积极探索残疾人专项社会保障制度和残疾人专项服务制度。如针对农业税取消后农村残疾人收入减少的问题,2006 年,湖北率先实行了对农村特困残疾人的定补,目前,由省财政每年出资 780 万元对 13 万农村特困残疾人在低保的基础上给予每人每年 60 元的生活补助;宜昌市伍家岗区将家庭收入在低保标准线与标准线 1.5 倍之间的残疾人纳入政府专项救助;武汉等地对城乡贫困残疾人普遍给予了专项补助;将残疾人康复纳入全省基本医疗卫生制度和基层医疗卫生服务内容;对所有义务教育阶段残疾儿童少年实行"两免一补",特教学校在读残疾学生全部享受城镇低保政策等,这些探索和尝试为将来继续完善残疾人专项社会保障制度、残疾人专项服务制度,提高残疾人社会保障待遇和服务水平,打下了一个好的制度基础。

从湖北省的实践可以发现,残疾人"两个体系"建设的基本制度只有与公共领域"两个体系"建设相衔接,才具有现实可操作性。但是,这里的衔接,绝不能简单地理解为照搬公共领域"两个体系"中现成的制度,必须创造性地将残疾人事业的个性体现在制度设计和建设中,不然,残疾人"两个体系"建设将会在那种简单的照搬过程中,抹杀特性,残疾人的特殊需求和愿望,也就难以通过有效的制度得以体现和落实。

二、政策创新是关键,体现优惠优先

如前所述,残疾人"两个体系"建设和公共领域"两个体系"建设既有联系,又有区别,联系是性质使然,而区别则是联系过程中的区别。从这个意义上说,残疾人"两个体系"建设如果不能够在政策层面上进行具有残疾人事业特色的创新,就很难在"两个体系"建设中实现突破。因此,残疾人"两个体系"建设的关键在于政策的创新,离开政策创新来谈"两个体系"建设,无异于空中楼阁、水中望月。

任何一种创新,都必须立足实际,从现实出发。残疾人"两个体系"建设的政策创新，就应当立足于残疾人事业的实际，从残疾人的现实需求和愿望出发，尤其是要针对残疾人的特殊困难和特殊需求，制订出特殊保障政策。在这方面，湖北省进行了有益的探索和尝试。如社会救助，2008年，湖北省享受最低生活保障的残疾人达到22.1%，各地、市、州普遍按照分类施保的原则，对有残疾人的低保家庭提高了救助水平，这就是对既有低保政策的一次突破和创新，它充分体现了残疾人在低保家庭中的特殊性，从政策上保障了残疾人的特殊需求。以该省鄂州市为例，该市根据残疾人的劳动能力和生活自理能力的差异将残疾人低保对象划分为三个扶助等级，分别在原核定的低保标准上提高50%—60%、30%—40%和20%。黄石市对重残无业和特困残疾人低保对象全额发放低保救助金。2008年，湖北省接受各种救济的残疾人接近30%，临时性救济在保障贫困残疾人基本生活方面仍然发挥着重要的作用。这些政策安排，具有浓厚的残疾人事业特征，同时，也都是在公共领域保障体系中专门针对残疾人新增的项目，既构成了残疾人保障体系的基本要件，又丰富了公共领域保障体系的相关内容。再如住房保障，湖北省一直将残疾人作为重点保障对象予以重视，"十一五"期间将完成农村残疾人危房改造4万户，2007年年底基本实现城市廉租住房应保尽保，廉租房保障对象中38%为残疾人家庭。这些源于公共领域保障体系的具体项目，一经实施，湖北省就适时地推动这些内容成为具体的政策，并加以贯彻执行。

分析湖北省残疾人"两个体系"建设实践，可以看出，优惠优先一直是湖北省在进行残疾人"两个体系"政策创新时的基石，无论出台什么样的政策，都要先来问一问这项政策究竟能为残疾人带来多大优惠，优惠幅度还能不能尽可能地提高。这就为我们提供了这样一个思路："两个体系"的政策创新从来就不应该是无本之木，创新依据来源于残疾人事业，来源于残疾人生活的实际，而这一切唯有突出了优惠的地位，才能使得"两个体系"建设的政策具体可感，也才能够让残疾人看得见、摸得着。

在服务体系建设方面也是如此。以湖北省残疾人就业创业服务为例，除了建立就业创业基地之外，今年又创造性地出台倡导性政策，鼓励广大残疾人企业家和创业者组建专业的残疾人创业社团，通过社团来整合资源、交流融通、论证项目、维护权益，很快这一名为"湖北省残疾人创业促进会"的专业创业组织就由残疾人企业家和创业者筹建完成，并取得了民政部门的社团登记证，独立开展相关的活动，目前，该促进会已经发展会员160多个，各项工作正稳步展开。这种给出政策，任你翱翔的方式，很受残疾人的欢迎，也充分调动了残疾人参与"两个体系"建设的积极性。

由此可见，以注重优惠为特色的政策创新，是一个全面的概念，优惠不仅体现在生活条件的改善上，也体现在让残疾人拥有更加广阔的发展空间上，通过政策创新，可以不断拓宽残疾人"两个体系"建设的思路和视野，从而为"两个体系"建设插上翅膀。

三、资金投入是保障，着力多方筹措

毋庸置疑，作为一项综合性很强的社会系统工程，残疾人"两个体系"建设涉及面之广、工作量之大、资金投入之高是必须面对的现实问题。尤其是资金投入，可以说事关"两个体系"的成效，是"两个体系"建设的根本保障。应当看到，我国财政经济尽管经过30年改革开放有了长足的发展，但由于历史的原因，以我国目前的财力，还难以支撑残疾人"两个体系"建设的庞大投入，这就要求我们在"两个体系"建设的实践中，开阔视野，多想办法，中央和地方政府发挥主导作用，动员企业、社会组织和个人的力量，积极筹措"两个体系"建设的资金。

以湖北省为例。在残疾人"两个体系"建设中，湖北省坚持政府主导的原则，在政府财政安排中，想方设法地多安排一些涉及"两个体系"建设的资金，并以此来激发全社会投入"两个体系"建设的热情。"十一五"期间，湖北省从政府财政中平均每年安排2000多万元，将残疾人康复纳入全省基本医疗卫生制度和基层医疗卫生服务内容；对农村特困残疾人的定补，三年来累计投入的定补资金已达2340万元。由于湖北省还属于经济欠发达省份，省级财政的压力还很大，单靠财政筹集"两个体系"建设的资金是远远不够的。为此，湖北省出台了相关的政策，组织动员社会各方面的力量，投身残疾人"两个体系"建设。《湖北省委、省政府关于促进残疾人事业发展的意见》明确提出了对残疾人社会捐助的税收优惠政策，对社会组织、慈善组织和企事业单位的社会责任作出了要求，这些都为社会力量参与残疾人"两个体系"建设提供了条件和保障。

从湖北省的做法中，我们不难看出，在残疾人"两个体系"建设中，即使政府财政困难，也应结合实际作出相应的安排。标准低一点也不必多虑，因为政府主导的一个关键内容就是财政的支持，这种支持当然要跟当地的经济社会发展水平相适应，但是，无论怎样，这种支持必须反映出来，这样才能在组织动员社会力量参与"两个体系"建设的过程中发挥主导作用。同时，应当承认，当前社会力量对"两个体系"建设的参与度，与"两个体系"建设的要求还存在着很大的距离，有些还只是停留在号召和提倡的层面，对此，我们要开动脑筋，从

"两个体系"建设的实际效果出发,对动员组织社会力量参与"两个体系"建设做出更为积极有效的选择:

(一)在资本运作上做文章,将残疾人"两个体系"建设中的具体项目,与各方资本进行组合,力争实现双赢。如,残疾人无障碍设施建设,是残疾人服务体系建设中的一项重要内容,如果将残疾人无障碍设施单独立项向社会招标,再对中标企业在其他领域的建设项目予以倾斜,就能很好地调动全社会参与无障碍设施建设的积极性,也解决了"两个体系"建设的资金来源问题。

(二)把"两个体系"建设的投资向民间资本全面开放,尤其是在康复、托养、文体、特教、就业方面,加大引资的力度,在保证这些项目公益性的前提下,为这些资本在其他领域的投资提供便利条件,使之获取经济回报。

(三)有效发挥专业社团的作用,以专业社团为平台,进行资源整合,筹措"两个体系"建设资金。如,建立残疾人创业促进组织,就是通过这一社团的融通作用,联合残疾人创业者和企业家以及全社会热衷残疾人创业就业的各界人士,共同实施残疾人就业创业工程,进而在残疾人服务体系建设中发挥作用。

四、信息化建设是方向,实现资源共享

信息技术是当今世界发展快、应用广、渗透性强、影响深远的关键技术,是推动经济增长和知识传播应用进程的重要引擎。信息化是当今世界发展的大趋势,信息化水平已成为衡量一个国家和地区现代化水平的重要标志。随着全社会信息化建设步伐的不断加快,残疾人"两个体系"建设也应与这一社会潮流和趋势相适应。换言之,"两个体系"建设必须以信息化为基本的社会背景,并应在完善信息化基础设施上下工夫,尽快实现残联系统在全国范围内网络互联,并与相关部门深化信息协同与合作。基于这种认识,信息化建设可以被视为残疾人"两个体系"建设的一个发展方向。对这一点,我们不能因经济社会发展的不平衡而回避信息化的潮流,更不能因信息化建设的浩繁而畏缩不前。在"两个体系"建设的过程中,湖北省对信息化工程十分关注,一套全程管理残疾人生活状况和残疾人"两个体系"运行状况的信息化系统目前已经开始前期的论证,一旦条件成熟,就可以着手实施。

实现"两个体系"建设的信息化,根本的目的在于实现各方面资源的共享,而对于"两个体系"建设而言,资源是最核心的内容之一,没有资源,就没有"两个体系"的根基,没有资源的共享也就谈不上"两个体系"的可持续发展。所有这些都离不开信息化建设,只有信息化建设跟上了,"两个体系"建设的层

次才能得以真正的提高。至于"两个体系"建设的信息化工程如何着手,我们不妨从以下几个方面进行探索:

一是,从网络组建入手,按照科学合理、节约效能的原则,组织有关专家对政务信息化建设的总体方案、具体设计方案进行规划论证。充分发挥网络整合优势,对残联系统的网络进行集中清理,尽量并入"两个体系"信息化网络系统,避免各自为政,重复投资。

二是,开展数据资料的收集、整理、审核和录入工作,为信息化建设打下基础。当前,"两个体系"建设的信息化工程大多还处在论证和筹划阶段,但是,我们不能等待信息化工程建成之后再来做那些基础性的工作,应当把数据资料工作尽快纳入"两个体系"建设的具体事务之中,一旦信息化工程起步,就能够迅速形成网络规模,发挥出信息化的优势。

三是,进行信息化工程的研发。"两个体系"的信息化必须具有自身的鲜明特点,尤其是要有残疾人的特色,体现为残疾人服务的意识。从这个意义上说,信息化不仅仅是"两个体系"建设的重要方法,其本身还是"两个体系"建设的一个十分重要的内容,因此,对这项工程的研发,既要体现出"两个体系"对信息化的要求,也要突出信息化建设对残疾人服务的功能,进而提升残疾人服务体系建设的水平。

五、设施建设是前提,完善服务功能

残疾人"两个体系"建设的目的是提高残疾人的保障水平和生活质量,这就要求"两个体系"建设必须扎扎实实地搞好各项设施建设,并以此为前提,不断完善"两个体系"的服务功能,让广大残疾人得到真正的实惠。这一点可以在湖北省残疾人"两个体系"建设的具体做法中得出有益的启示。

近年来,湖北省注重残疾人的设施建设,自上而下地推动各地在康复、教育、就业、扶贫、文体等方面建立能够满足残疾人实际需要的基础设施,全省共建立残疾人康复服务机构71个,教育培训基地33个,就业创业示范基地102个,扶贫基地26个,文体排练集训场地12个,这些基础设施建设,对于湖北这个欠发达的省份来说,尽管都属于基本型,但是毕竟在设施建设上迈出了务实的步伐,并且为今后的升级提档创造了条件。

从湖北的做法中,我们可以得出以下几个结论:

第一,基础设施建设的起步不一定要高,但必须迈出去,不能因为起点低而搁置。

第二,基础设施建设尽量全面,不应只注重某一方面,而是要从残疾人的全面需求出发,尽可能地让残疾人在设施建设中得到更多的实惠。

第三,基础设施建设要留有空间,尤其是在基础设施建设不能一步到位的情况下,更应当把留出发展空间作为一个重要的内容加以考虑,这样,基础设施的服务功能才能够逐步增强,不断完善。

第四,必须注重总体规划,要把残疾人基础设施建设放在整个社会基础设施的大局中加以总体规划,使得残疾人基础设施建设既能够满足残疾人的需求,又能够与社会基础设施相衔接、相配套,按照科学的规划,来组织实施。

第五,科学整合社会资源,逐步提高残疾人基础设施建设的水平。残疾人基础设施存在着既有资源和新增资源,残联系统内资源和社会资源,民间资源和政府资源的交叉,处理好这些资源间的相互关系,唯有科学整合,才符合"两个体系"建设的要求,也才能把基础设施建设落到实处。以既有资源和新增资源为例,就应当本着充分挖掘、合理利用的原则,将新增资源的立项与既有资源的升级结合起来,从而加快残疾人基础设施的建设步伐,使之真正成为独具特色的面向残疾人的服务平台。

六、人才培养是保证,提升业务素质

任何一项事业如果没有人才的保证,就谈不上顺利推进,更谈不上全面发展。残疾人"两个体系"建设是残疾人事业的一个核心内容,关系到残疾人事业能否在新的历史起点上实现跨越,在建设过程中,一刻也离不开人才的保证。从残疾人"两个体系"建设所涉及的领域来看,"两个体系"建设需要的人才几乎涵盖了各个方面,从社会管理到康复保障,从文体教育到就业指导,可以说"两个体系"建设对人才的需求不仅是数量上的体现,更有质量上的标准。复合型、高素质人才的培养和选拔,是摆在"两个体系"建设面前的一个十分突出的问题。与此同时,由于残疾人工作的复杂性和多样性,"两个体系"建设的人才要求还特别表现在所需的人才对残疾人是不是具有深厚的感情,对残疾人事业是不是充满着信心。换句话说,即使有再高的专业素养,但如果缺乏对残疾人和残疾人工作的起码情感,也不能满足"两个体系"的需要。

湖北省在残疾人"两个体系"建设中,从一开始就把人才工作提到了很高的层次上来认识,明确提出:必须从残疾人康复、教育、就业、扶贫、托养、维权和法律服务、文化体育、无障碍环境建设等各个方面开展人才培养和选拔,要建立适应残疾人多种需求的结构合理、精通业务的专业化服务人才队伍。这些部署和要求，为湖北的"两个体系"建设创造了一个良好的人才环境，一批热爱残疾人事业、对残疾人充满爱心的各类专业人才正不断地走进湖北"两个体系"建设的行列，并在建设中发挥着积极的作用。

但是，必须看到，即使像湖北这样把人才工作放在突出地位来抓，也跟"两个体系"建设的要求有着相当的距离。这里，既有历史原因，也有体制机制上的问题，在"两个体系"建设中，无人可选、后继乏人的情况还很普遍，这个状况不得到切实改变，将直接影响到"两个体系"建设的实际成效。为此，不妨从以下几个方面来寻求对策：

（一）对残疾人"两个体系"建设的人才应明确起码的择才标准。所谓择才标准，简而言之，就是从事残疾人"两个体系"建设的人必须具有的基本素质。国务院副总理回良玉同志在国务院残工委会议上的一次讲话中提出，残疾人工作者要成为"三头牛"：一是做头老黄牛，埋头苦干；二是做头孺子牛，要淡泊名利；三是做头初生牛犊，在工作中要有不怕困难的精神。当然这一切的前提就是要带着深厚的感情做好残疾人工作。残疾人"两个体系"建设的择才标准与"三头牛"的标准应当完全一致，按照这样的标准选拔出来的人才一定能胜任"两个体系"建设的要求。

（二）树立开放性、动态性、开发性的"两个体系"人才培育观。首先，要加大教育培训、实践锻炼的力度，不断增强从事"两个体系"建设的各类人才的开放意识、竞争意识和创新意识，提高他们解放思想的能力、改革创新的能力、把握机遇的能力和抵御风险的能力。同时，要打破片面强调学历、资历、身份等限制，真正建立起开放、竞争、平等的人才体系，营造有利于"两个体系"人才成长的环境。更进一步地说，还要跳出人才单位所有、部门垄断、身份限制的封闭圈子，加快建立和完善机制健全、运行规范、服务周到、监控有力的"两个体系"人才运行机制，使领导人才在公平、开放的环境中脱颖而出。其次，在具体工作中，要注意处理好几个关系，即自主培养人才与引进外来人才的关系，既注重从基础抓起，培养开发"两个体系"建设人才，也要注意采取不同形式，大力引进高素质人才投身"两个体系"建设；人才占有与人才使用的关系，要变"两个体系"人才"为我所有"为"为我所用"；竞争和淘汰关系，要从根本消除人才使用终身制，建立动态可控、竞争有序、优胜劣汰的人才体系，保证"两个体系"建设人才培养、选拔和使用的可持续性。

（三）按照专业化的要求，建立健全"两个体系"人才的培养体系，为切实提高专业素质创造条件。现实地看，我国残疾人工作者的培养体系与实际工作的要求还很不适应，甚至还缺乏专业残疾人工作者的培养途径和方式，长此以往，显然无法全面推进残疾人"两个体系"建设。因此，应当从多个渠道，按照专业化的要求，建立健全"两个体系"人才的培养体系。如，与各大专院校联合开办"两个体系"建设进修班、在各级党校中举办"两个体系"建设研修班、在高校部分专业中增设与"两个体系"建设相关联的课程、与国外相关机构合作开办针对残疾人"两个体系"建设的研究和培训业务，只有在人才培养、选拔和使用上做到了体系化、规模化和科学化，才能说"两个体系"建设的人才保证真正落到了实处，这是一项长期艰巨的庞大工程，务必夯实基础、立足实际、放眼未来，使人才工作与"两个体系"建设相互适应、相互协调、相互促进。

七、组织领导是灵魂，凝聚社会力量

残疾人"两个体系"的提出既是中国残疾人事业向着更高层次发展的重要标志，又是我国社会建设事业向纵深领域全面推进进程中的重要内容，如果没有一个强有力的组织领导机制，不能够凝聚社会力量参与，那么，"两个体系"建设就有可能流于表面和形式，难以取得实质性进展。湖北省在"两个体系"建设中对组织领导体系的构建十分重视，形成了自上而下的"两个体系"建设组织领导机制，不仅落实了"两个体系"建设的具体内容，也充分调动了社会各方面参与"两个体系"建设的积极性。目前，全省13个市州和102个县级残联组织建设已经全部达标；92%的城市街道和农村乡镇建立了残疾人组织。90%已整合的城市社区建立了残疾人协会，80%配有残疾人专职委员和残疾人活动室。这些组织领导机制还发挥了较强的社会辐射功能，凝聚了一大批热心残疾人事业的人士，参与"两个体系"建设，比较健全的各个层次的组织领导机制为"两个体系"建设提供了有力的支撑。

结合湖北省的经验，残疾人"两个体系"建设的组织领导机制可以从以下几个方面进行探索：

第一，建立上下联动、责任明确的工作机制。从省到市、县、乡、村逐级组建"两个体系"建设的领导机构和办事机构，制订《"两个体系"建设实施方案》。形成责任明确、上下联动、密切配合，一级抓一级，一级带一级，层层抓落实的工作机制。

第二，建立整合资源、加大投入的共建机制。尤其是把"两个体系"建设和新农村建设、"新农保"、"新农合"等工作有机地结合起来，充分利用有关部门支持基础设施建设、社会事业发展等方面的资源优势，统筹农、林、水、科、教、文、卫、体、财政、扶贫等部门的资金资源，促进"两个体系"建设具体项目的落实。

第三，建立指导有力、目标明确的指导机制。省残联专人负责"两个体系"建设的具体工作，加强对此项工作的指导和督促力度，解决实施过程出现的各种问题。各级残联组织负起组织领导、牵头抓总、统筹协调的责任。

第四，建立典型引路、示范带动的推进机制。坚持"示范带动、典型引路、以点带面"的路子，把"两个体系"建设由点到面地全面开展起来，让"两个体系"建设的成果早日为广大残疾人的生产、生活造福。

第五，建立舆论引导，群众参与的运行机制。整合广播、电视、报纸、网络等社会宣传媒介，形成"两个体系"建设强大的宣传声势，不断增强社会各界对切实做好"两个体系"建设重要性、紧迫性的认识，营造人人都关心、支持"两个体系"建设的良好氛围。

残疾人"两个体系"建设是体现社会主义制度优越性的政治工程，是全面推动残疾人事业在新的历史起点上不断实现跨越式发展的系统工程，是保障残疾人平等、全面、充分参与社会生活、共享社会文明成果的人道工程，是造福广大残疾人、造福全社会的民心工程。只要我们以邓小平理论、"三个代表"重要思想和科学发展观为指导，以人为本、以残疾人为本，科学规划和布局，统筹资源和力量，认真组织和实施，就一定能够让残疾人社会保障与服务体系得到逐步发展和完善，使广大残疾人都能得到基本公共服务，实现"学有所教、劳有所得、病有所医、老有所养、住有所居"的目标。

残疾人"新农保"工作的实践与创新

陕西省残疾人联合会 段寅生

一、推行残疾人养老制度的紧迫性分析

农村残疾人与其他社会群体相比较,有着特殊的社会和经济属性。随着社会老龄化加剧,他们应当成为社会保障的重点人群,尤其是其养老保险问题已迫在眉睫。

(一)农村残疾人口数量众多,贫困程度严重

第二次全国残疾人抽样调查数据显示,全国残疾人口8296万,占总人口的6.34%。其中,城镇残疾人占25%,农村残疾人占75%。残疾人家庭户的人均年收入,城镇为4864元,农村为2260元。据第二次全国残疾人抽样调查数据公报,陕西省有31.31%的农村残疾人家庭户年人均收入在944元以下。农村残疾人是绝对意义上的特殊而困难的弱势群体。

(二)社会老龄化趋势不可避免,残疾人社会保障面临新挑战

随着经济社会发展,社会老龄化趋势不可避免地日益加深,而我国老龄化又有其自身的特殊性和复杂性。与发达国家相比,我国社会老龄化具有老化速度快、老龄人口规模大、未富先老等特点。据统计资料,宝鸡市老年人口已占全市总人口的12.95%。陕西省第二次全国残疾人抽样调查结果显示"全省残疾人口中,60岁及以上的人口为128.68万人,占51.68%",残疾人中一半以上是老年人,老年人已成为残疾人口的主要组成部分。

(三)农村经济社会深刻变迁,残疾人养老问题突出

自古以来,中国农民的主导性养老观念只有一条,那就是"养儿防老"。过去限于国家的财力,农民的养老保障主要也只能依靠土地、家庭和集体组织解决。随着工业化、城镇化的推进,农村青壮年劳动力大量外出务工,农民的养老保障面临着一系列新情况和新问题,农村养老已经成为重大、现实的民生问题。

（四）推行新型社会养老保险已成为健全和完善残疾人社会保障体系的重点任务。

在各社会阶层中，农民是弱势群体，而残疾人又是另一个特殊、困难的弱势群体，农村残疾人带着双重弱势的烙印。残疾人口处于社会的底层，他们往往收入低下，家庭经济条件十分困难，生存、就业、教育、康复、婚姻、家庭等生活权利都无法得到有力保障。残疾人就业率低，社会保障缺少，社会关照不多也不经常化。此外，有些家庭虽然通过社会扶助，生活上有了改善但还没有达到质的变化，还无法实现脱贫后的自我富裕，仍然靠近贫困线边缘，随时都有返贫的可能。因此，农村残疾人基本生活保障尤其是养老保障已是他们最现实和近切的需求。

党的"十六大"以来，党中央、国务院高度重视农村居民的社会保障问题，相继建立了农村居民最低生活保障、新型农村合作医疗等制度并取得成效，对农村社会养老保险也提出了一系列明确要求。从上世纪90年代初实行的"老农保"，由于没有政府公共财政投入，享受待遇水平过低，缺乏待遇调整机制，实际是一种储蓄式的养老保险，缺乏社会保险应有的社会性和福利性，农民参保积极性不高，难以解决现有农村老人的养老问题。因此，亟需在鼓励、巩固家庭赡养、老人自养的基础上，采取国家、地方、个人和集体按比例分担参保资金的方式，探索建立新型农村养老保障制度（简称"新农保"）。

2008年3月，中共中央国务院颁布了《关于促进残疾人事业发展的意见》，提出了健全完善残疾人社会保障与服务体系的方向性要求。今年，国务院残工委又提出到2015年初步建成"两个体系"、到2020年基本实现残疾人"学有所教、病有所医、劳有所得、老有所养、住有所居"的目标。推行"新农保"，积极鼓励和扶助残疾人广泛参加，享受政策优惠、领取养老金，给予农村残疾人最可靠的心理预期和持久稳定的保障是构建和谐社会的必然要求，是健全和完善"两个体系"的重要内容，是应对国际金融危机影响，启动农村消费市场、拉动内需的有效举措。

二、宝鸡市推行"新农保"工作的主要内容和成效

宝鸡位于陕西关中西部，是内陆经济欠发达中等城市，辖3区9县，总面积1.82万平方公里，总人口376万（其中农业人口279万），2008年全市生产总值714亿元，财税总收入77亿元（其中地方财政收入23.9亿元），年末城市居民人均可支配收入13225元，农民人均纯收入3500元。据2006年7月第二次全国

残疾人抽样调查数据测算，宝鸡市共有残疾人22.3万人，占全市总人口的5.97%，其中农村残疾人16.8万人。中央7号文件出台之后，宝鸡市在全省率先出台了《关于进一步加强残疾人工作的意见》，提出以积极推进农村残疾人养老保险为重点，着力健全完善残疾人社会保障体系和服务体系，制定了《宝鸡市扶持残疾人优待规定》等一系列政策，加大财政投入，采取有力措施，全面推进"新农保"工作的实施，使广大农村残疾人得到了实实在在的利益，取得了良好的社会效果。

宝鸡市委、市政府认真贯彻落实中央关于加快建立覆盖城乡居民社会保障体系的重大部署，坚持以人为本，高度关注民生，把强化劳动保障、特别是保障社会弱势群体的基本生活作为全市经济社会发展的重中之重，在加快经济发展、深化改革开放的同时，加快了城乡全覆盖的社会保障制度的建设步伐。针对残疾人迫切的养老需求，宝鸡市从2006年起开始探索，进行"新农保"试点，经过三年多工作实践，我们深切感受到，开展新型农村社会养老保险制度是实践"三个代表"重要思想，落实科学发展观，实现全面建设小康社会奋斗目标的必然要求；是健全覆盖城乡的社会保障体系的重要保证；是破解"三农"问题的重要途径；是应对老龄化挑战的迫切要求；是破除城乡"二元"结构，统筹城乡发展，促进实现社会公平正义的客观要求；是解决农民"老有所养"的现实选择。近期，党中央、国务院做出在全国开展"新农保"试点工作的重大部署，这是继国家减免农业税、建立粮食直补制度、免除义务教育阶段学杂费、建立"新农合"和农村低保制度等重大强农惠农政策的基础上，又一重大惠农政策，使农民在实现"种地不交税、上学不付费、看病不太贵"的基础上，又将实现"养老不再愁"的夙愿，广大农村残疾人的基本生活也将得到切实可靠的保障。《宝鸡市新型农村社会养老保险试行办法》2007年6月出台，并从当年7月1日起试点，2008年进一步扩大试点范围，经省政府同意，2009年起在全市全面推行新型农村社会养老保险。目前，全面推行工作正健康稳步推进，参保人数已达到115.6万人，领取待遇人数26.3万人，全市45岁以上农村群众参保率达92%，残疾人参保率达95%，基本实现了全覆盖，取得了良好效果，受到全国政协、国家人力资源和社会保障部、财政部、中国残联、省委、省政府和有关部门以及专家学者的高度评价和充分肯定，认为宝鸡市的制度科学合理、简便易行、实惠利民，被誉为"宝鸡模式"，成为国家出台"新农保"试点指导意见的"蓝本"。

（一）保障范围全覆盖。规定凡具有宝鸡市行政区域内农业户籍、年满18周岁以上且未参加其他社会养老保险的农村居民均可参保，从制度设计上使18周岁以上的所有农民都有资格参保，实现了农村居民的全覆盖。

（二）筹资方式多渠道。试行的"新农保"与"老农保"的个人缴费为主、完全个人账户不同，实行个人缴费、集体补助、财政补贴相结合的方式筹集资金，规定参保人员按上年度农民人均纯收入的10%—30%的比例缴费（国家和省确定的缴费标准目前设为一年100元、200元、300元、400元、500元5个档次），"新农保"资金实行县级统筹，采取全部记入农民养老保险个人账户，实行完全个人账户积累制。农村残疾人特别是重度残疾人收入水平最为低下，他们得到长期稳定保障的需求最为迫切，是"新农保"的重点保障对象。为使困难群体不游离在保障之外，充分体现"新农保"的普遍保障、重点保障原则，体现社会公平正义，重度农村贫困残疾人养老保险费，由市、县（区）财政按各承担一半的原则全额补助，为广大残疾人充分享受政策优惠、积极参加"新农保"提供了有力的政策保障。

（三）制度设计科学性。建立了缴费和养老金发放两项财政补贴制度，缴费补贴制度即缴纳养老保险费时，每人每年市、县（区）财政补贴30—50元（进口补）；养老补贴制度即参保人年满60周岁领取养老金时，每人每月市、县（区）财政补贴60元（出口补）。参保农民年满60周岁时，养老保险待遇等于个人账户积累总额除以计发月数139个月加政府养老补贴60元。

（四）激励机制人性化。考虑到农村老年人的实际情况和困难，试行办法还就交费主体进行了明确，只要家庭成员（儿子、儿媳、上门女婿及配偶）按规定参保缴费，从参保缴费起始口年满60周岁的老人不缴费就可按规定每月领取至少60元，形成政府与个人、儿女与父母相互激励、相互约束、良性互动的机制。

三、残联积极推动残疾人参加"新农保"的主要做法

加快残疾人社会保障体系建设，既有一些常规性工作，又有许多实践性、创新性的工作。在具体工作中，我们坚持以科学发展观为指导，以提升残疾人社会保障水平为目标，着力在组织保障、宣传引导、规范运作和优质服务上做实做细，全力确保各项政策措施落到实处，使更多的农村残疾人参保并享受待遇。

（一）加强领导，健全机构。成立了由政府分管副市长任组长，政府一名副秘书长和市劳动和社会保障局局长任副组长，市财政、劳动保障、民政、残联等有关部门领导为成员的"宝鸡市新型农村社会养老保险工作领导小组"，在市残联设立工作小组，负责协调、组织和处理日常工作。12个县区也建立了相应机构，配备了工作人员，集中研究决定重大事项，相互协作配合，精心组织实施；

充分发挥乡镇残联和村残协专职委员的作用,负责残疾人"新农保"的具体工作,落实了岗位补贴。做到了工作机构、办公场地、工作人员、业务经费四到位,保证了残疾人新型农村社会养老保险工作正常开展。

(二)广泛宣传,政策入户。全市通过各种新闻媒体,采取多形式、多渠道、多轮次的方式,开展了立体式、全覆盖的政策宣传;各县区采取层层召开会议、干部进村入户等形式进行宣传动员。广泛深入的宣传使"新农保"制度得到了广大残疾人的真正认识、认知和认同,提高了群众参保的热情,形成了良好的群众工作基础。在残疾人"新农保"实施中,市劳动和社会保障局、残联专门制订了农村重度贫困残疾人审定条件和《重度残疾人参保登记缴费程序》,要求各县区切实做好各项工作,为乡镇残联、村专职委员配发"新农保"工作手册,使他们成为此项工作的宣传员、鼓动员。各级社保干部、基层残疾人工作者密切配合,发扬"走千家万户、吃千辛万苦"的精神,认真负责、一丝不苟地做好调查摸底、审核登记、费用收缴、养老金发放等方面的工作,把党和政府"新农保"的优惠政策和温暖送到了广大残疾人的心坎上,真正把好事办好,实事办实。太白县61岁视力残疾人李存艳按规定得到了政府的全额补贴,今年首次领到了养老金,他激动地说:"现在能和城里人一样拿'退休工资',是我一辈子做梦都不敢想的事。"

(三)强化培训,分类指导。市里采取集中时间、集中人员、集中精力的方法,对各县区分管县长、主管劳动的人劳局副局长、残联理事长等进行业务培训,各县区对乡镇领导、残疾人专干、协理员组织全方位的培训。市、县干部深入到乡(镇)、村采取答疑解惑、算账对比、现场指导的形式,要求在经办工作中注重残疾人特别是重度残疾人的参保动员、审核登记、发放待遇等工作,使他们理解了精神实质,把握了政策要点,掌握了工作关键,提高了工作能力,保证了残疾人"新农保"工作的顺利开展。

(四)规范运作,优质服务。依据国家社保基金管理相关政策,结合农村实际,坚持服务到每村每户。市里统一为各县(区)、乡(镇)配备电脑、打印机,统一开发业务应用软件,健全残疾人"新农保"信息管理系统,为农村残疾人参保提供了优质、高效、便捷的服务。针对农村交通不发达以及残疾人行动不便的实际情况,充分发挥邮政储蓄银行村村通邮、可以服务到每村每户的优势,将养老金的代发业务交给邮政储蓄银行,实行社会化发放。邮政储蓄银行为每位领取养老金的老人办理了邮政储蓄卡,可以就近到邮政储蓄网点领取养老金;对居住偏远或行动不便无法到邮政网点领取养老金的残疾人,邮政储蓄银行与县区农保管理中心、残联联合到乡(镇)、村设点服务,现场发放养老金,尽最大努力方便残疾人。

自2007年起，宝鸡市的新型农村社会养老保险制度共惠及近7万名农村残疾人，使1.5万多名60岁以上的农村残疾人每月开始领取60元以上的养老金，残疾人参与热情高，保障了他们的基本生活，在维护农村社会稳定、拉动农民增收，实现农村残疾人从家庭养老、土地养老到社会养老的转变方面，收到良好成效。在推行残疾人"新农保"工作中，要把握以下几个方面的原则：

——统筹规划，政策倾斜。将残疾人"新农保"纳入全市"新农保"大局之中，统筹规划，同步实施，重点保障。结合农村残疾人生活水平普遍偏低的实际情况，降低门槛，按5%的缴费标准参加"新农保"，对重度残疾人实施重点保障纳入参保范围，费用由财政全额补贴。

——加大财政扶持，确保资金到位。宝鸡市"新农保"工作从2007年的两个试点县拓展到全市12个县区，政府补贴资金由1000万元逐步增加到8000万元，财政资金的及时足额到位为"新农保"工作的顺利推进提供了可靠的经费保障。

——残联主动参与，做好配合服务。在推行"新农保"工作中，各级残联要摸清辖区内残疾人基本情况，准确掌握残疾人参保范围，在建档立卡的基础上及时为同级养老保险机构提供花名册，同时积极配合做好费用收缴和养老金发放等基础性工作，让更多的残疾人纳入参保范围，享受"新农保"补贴。

——搞好宣传动员，调动残疾人参保积极性。通过新闻媒体和丰富多彩的宣传形式大张旗鼓地宣传"新农保"政策对个人和家庭的利益和实惠，宣传政府对残疾人参加"新农保"的特殊扶持和优待政策，切实把政策讲清讲透，使广大农村残疾人真正认识、认知、认同，提高参保的热情，营造浓厚的舆论氛围。

——多措并举保障残疾人基本生活。加快推进残疾人社会保障体系和公共服务体系建设是中央7号文件的核心，是在新时期新形势下加快发展残疾人事业的战略举措。宝鸡市以此为重大契机，突出创建全国残疾人工作示范城市这一阶段性中心目标任务，以在全市全面推行残疾人"新农保"为突破口，引领残疾人事业不断创新发展，促进广大残疾人的生活得到持久稳定的保障。近年来，我市社会保障工作走在全国前列，在各项制度设计和实施中，特别考虑残疾人的特殊困难和需求，使他们普遍纳入，给予优待。目前，农村共有符合低保条件的5.2万名残疾人纳入农村居民最低生活保障范围，占农村残疾人总数的31%，实现了农村贫困残疾人应保尽保的要求。市政府常务会于今年初又通过了《宝鸡市优待和扶助残疾人规定》，明确要求对残疾人低保户在原标准基础上增加20%发放。此外，农村新型合作医疗保险残疾人参保率已达到95.6%，其中，1.35万名特困残疾人得到了财政缴费扶持。最近,市政府在全市建立并实施重度残疾人定期生活补助制度,全市首批1554名重度贫困残疾人每人每月可领取50元的生活补助,加上最低生活保障、养老金、生活补助,可使农村贫困老年残疾人每人每月领取160元以上的各类补贴和保障。市政府还设立了城乡贫困残疾人救助专项资金,5年累计投入资金400多万元,共走访救助残疾人2万余人;另外,在金台、渭滨两个区还启动了8个社区的城镇居民养老保险试点工作,将在更大范围内推广;争取各级立项和资金支持,建设以"宝鸡市残疾人托养服务中心"为资源中心,辐射带动5个县区为基本框架,以日间照料和居家安养为补充的残疾人托养和安养工作格局,建成后每年可解决1700余名精神、智力和重度残疾人安养、生活照料、工疗康复需求。这些措施,将使广大残疾人充分感受到党和政府的特殊关爱和扶持。随着全面推行新型农村养老保险、最低生活保障、新型农村合作医疗保险等制度的有机衔接配套,宝鸡市残疾人社会保障与服务体系将不断得到加强和推进。

四、研究探讨的几个问题

近几年,宝鸡市在推行农村残疾人养老保险工作中,虽然做出了一些探索,但还存在一些不足和难点,也是下一步工作中努力探索的方向。

(一)正确把握和实施国务院《关于开展新型农村社会养老保险试点的指导意见》。《指导意见》明确了"保基本、广覆盖、有弹性、可持续"的基本原则以及"2009年试点覆盖全国10%的县,2020年之前基本实现对农村适龄居民的全覆盖"的目标任务和参保范围、基金筹集、养老金待遇领取、基金监督管理等方面的主要政策。开展此项工作要正确把握原则,瞄准目标,精心组织实施。探索和尝试进一步完善有关按不同标准缴费给予相应补助的激励制度,多渠道筹资,补贴和帮助残疾人缴费,提高残疾人参保积极性;在待遇享受模式上对不同残疾等级、不同年龄段老人分别增加一定标准数额养老金补贴。

(二)扩大补助范围。《2006年第二次全国残疾人抽样调查主要数据公报(第二号)》显示,全国残疾人口中,残疾等级为一、二级的重度残疾人占29.62%;残疾等级为三、四级的中度和轻度残疾人占70.38%。对重度残疾人,财政已按最低标准全额负担其个人缴费部分;最近又按残疾等级对残疾人个人缴费实行差别补助:中度残疾人财政按最低标准补助一半,轻度残疾人给予适当补助,使更多残疾人在参加"新农保"缴费方面得到实惠。

(三)提高补助标准。宝鸡市"新农保"覆盖面虽然较大,但因属于西部欠发达地区，财力有限，还处在"低水平、广覆盖"的初级阶段。农民养老保险工作能否成功，关键在资金，而资金的关键又在于地方的配套资金能否落实到位。各地财力不同，西部地区尤为困难。据宝鸡市财政局统计：从2007年7月1日试点起至今年上半年，市财政共投入7078.55万元，据测算全市全覆盖后参保人数将达到125万人，其中25万人领取养老保险金，每年财政补贴约需2.1亿元，财政压力较大。建议中央加强财政转移支付力度，建立稳定的资金支持。还应积极探索利用残疾人就业保障金、残疾人福利基金补贴，鼓励集体经济组织为残疾人参保并给予相应的政策支持，发动社会多方面筹集资金帮助残疾人参保等等。需进一步完善增加个人缴费标准的弹性，多缴多得，体现政府补贴激励机制。还应根据经济发展和物价变动等情况，适时调整"新农保"基础养老金的最低标准。

（四）积极协调配合。开展"新农保"工作，各级残联要发挥重要的辅助和配合作用，利用残联已建立的组织网络优势，充分利用残疾人证发放过程中掌握的残疾人信息，在参加"新农保"工作中对残疾人记录一生、跟踪一生、服务一生。应进一步加大基层残疾人工作人员培训，使他们熟悉和掌握政策，成为推动残疾人参加"新农保"工作的行家里手，稳步推动残疾人的"新农保"工作迈上新台阶。

关于建立残疾人保障制度的实践与思考

北京市人民政府残疾人工作委员会 厉才茂

建立健全适应国家经济社会发展水平、符合国家社会保障体系建设方向、满足残疾人特殊需要、体现社会公平正义的残疾人社会保障制度，是时代的要求，也是发展残疾人事业的一项战略性任务。残疾人社会保障制度建设，既应有一般性制度安排和普惠性保障，也应有针对残疾人这一特殊人群的专项制度安排和特殊保障形式，即专门的残疾人保障制度，后者无疑是其中的重点和难点。目前，发达国家普遍建立了残疾保险、残疾人津贴或其他针对残疾人的福利制度。我国残疾人保障的制度设计和模式选择，应当尊重历史与逻辑的统一，注重文化、制度、需求三个维度的结合，在总结实践、借鉴经验的基础上，确立残疾人保障的基本理念，形成残疾人保障的制度框架，不断完善残疾人社会保障制度。

一、残疾人保障制度建设问题的提出

（一）传统保障：功能的全面弱化

计划经济时期，劳动福利、集体保障和家庭保障，是残疾人生活保障的主要形式。90年代以来，随着经济体制转轨和社会结构转型，传统保障功能逐步弱化。福利企业发展受市场和政策双重影响，呈现明显的下降趋势，以北京市为例，福利企业已经从1994年的发展峰值2802家安置残疾职工33048人，降至目前的770家13839人。农村集体经济组织功能弱化以及因取消农业税导致"税负减免"优惠政策的消失，削弱了对农村残疾人的集体保障；城市针对精神残疾人和智力残疾人建立的各类工疗机构逐步衰落。生产的社会化和家庭结构的小型化、老龄化，开始撼动了千百年来中国家庭对残疾人的基础保障作用。

（二）托底保障：不可承受之重

伴随着我国经济快速发展的过程，人口贫困问题逐步成为一个严重的社会问题，残疾人由于自身和环境的双重弱势，无疑是贫困人口中的重点人群之一。国家采取系列减贫行动，一方面通过就业支持和生产扶贫，帮助残疾人脱贫解困；

另一方面，近十几年来，全国各地先后从城市到农村建立最低生活保障制度，并实施新的农村"五保"和城市"三无"人员救助办法，对贫困残疾人实施托底保障。截至2008年年底，全国已经有594万残疾人被最低生活保障制度所覆盖，相当一部分重度残疾人享受到标准高于其他贫困人口的分类救助待遇。建立最低生活保障制度，解决了残疾人中贫困人口的温饱问题，依托这一制度衍生的教育、医疗、住房等救助措施，进一步改善了这一部分人群的生活质量，残疾人是该项制度的最大受益群体之一。但是，最低生活保障制度毕竟是针对解决贫困问题而不是残疾问题设计的，这一制度的内在局限性在于，它以家庭为保障单位，没有考虑残疾人家庭结构的特殊性，如一部分成年重度残疾人因其需要家庭监护无法个人立户并自成保障单位，虽然个人没有任何收入，却不能纳入保障范围，因而引起了人们对该项制度公平性的质疑。这一制度的引申问题在于，残疾人医疗、康复、护理、辅助器具、无障碍设施等特殊服务需要，加重了残疾人及其家庭的经济负担，单一的社会救助机制难以承载残疾人特殊性、多样化的服务保障需求。

（三）全民保障：新的机遇与挑战

全民保障，也可称全覆盖保障，即在全国范围建立起覆盖城乡居民的社会保障体系。全民保障的重点是将社会保障的覆盖范围从城镇职工，扩大到农民、城市失业者和老年人、残疾人、儿童等人群。目前，全民保障的制度框架已经基本成形：新型农村合作医疗制度已实现全面覆盖，城镇居民基本医疗保险制度于2010年在全国全面推开；新型农村养老保险制度2009年在全国10%的县（市）试点，2020年前基本实现"全覆盖"；北京、浙江省、重庆等地还先后探索建立了城乡一体的居民养老保险制度。这一系列新的社会保障制度与最低生活保障制度一起，将全面惠及残疾人。

全民保障将失能、无业和非传统就业的人员纳入保障制度建设范围，对于劳动福利日趋减少、托底保障无力覆盖的残疾人群而言，无疑是一个福音。随着全民保障实施广度拓展，其保障深度和力度必将不断加强，包括医疗卫生体制改革、社会化养老服务网络建设与经济保障逐步形成配套，将使残疾人得到更多的实际利益。但是，全民保障对于残疾人群的保障工作，更多的是一种现实的挑战。第一，全民保障的新制度，无论是医疗保障，还是养老保障，实质是建立一种新的非强制性的社会保险制度，强调国家、集体、个人的权利和义务的统一，因此必须充分考虑残疾人的实际承受能力、参与愿望和需求特点，发挥公共财政对残疾人参保的补偿意义和支持作用，对残疾人的保障待遇实施倾斜政策，如何在保证新制度对不同人员保障公平性的前提下，兼顾残疾人的利益，是其中的难点所在。第二，全民保障，从根本上说，属于经济保障范畴，且为一种平均化的保障机制，残疾人特殊性、类别化、多样化的服务需求，如康复、养护、无障碍服务等，极有可能淹没在这种平均化、全民化的保障制度之中从而被忽略了：一方面受国家和地区经济发展水平的限制，现有财力将优先保证新制度的全面实施；另一方面，全民保障可能会被误解为"万能妙药"，削弱针对残疾人特殊服务需求而建立专项残疾人保障制度的正当性和急迫性。

根据第二次全国残疾人抽样调查，残疾人需求的前四项及比例分别为：医疗服务需求的有 72.78%；救助或扶持需求的有 67.78%；辅助器具需求的有 38.56%；康复训练与服务需求的有 27.69%，生活服务和无障碍服务也占相当比例。残疾人需求多样性、特殊性、差异性，需要在全民保障的基础上，对其社会保障做出专门的安排。

二、各地区残疾人保障的实践探索

目前，在全国范围内针对残疾人建立的专项保障制度中，除了传统的劳动福利和近十几年来推行的按比例就业保障外，主要是面向残疾人中的特定人员，包括孤残人员（含孤残儿童、孤残老人）和伤残人员（含伤残军人、工伤致残人员、独生子女伤残人员）的福利和保障。近年来，全国各地特别是东部沿海经济发达地区，从满足残疾人特殊保障需求出发，积极研究出台针对残疾人的特殊保障政策措施，在探索建立残疾人保障制度方面有所创新和突破。按照保障内容分类，主要体现在以下几个方面：

（一）基于残疾的生活保障

实施最低生活保障制度以后，家庭不符合享受低保待遇条件的劳动年龄段无业残疾人和无保障老年残疾人的生活保障问题，就日益凸显出来。通过分类救助，扩大重度残疾人和老残一体家庭残疾人的保障范围，提高一定比例的保障标准，成为各地通行选择解决这一问题的首选方案。上海市（1998年）和深圳市（2002年）则率先打破以家庭人均收入作为残疾人生活保障的唯一衡量指标，对城乡重残无业人员按月发给生活困难补助，在操作方式上均由民政部门具体实施；在保障标准上，上海市与低保待遇联动并每月提高100元。深圳市与低保待遇脱钩，统一按月人均200元给予补贴。尽管两地在重残无业人员生活补助的政策表述和操作方式上仍然带有救济、救助的色彩，但毕竟是第一次将残疾的程度作为生活保障的要件，将残疾与贫困进行切割，初露残疾人保障端倪。随后几年,重残无业人员生活保障政策在许多沿海城市推行。北京市在2006年实施重残无业人员生活补助政策后,又于2009年制订了无业轻度残疾人生活补贴政策,虽然标准较低(每月100元),但是基于残疾的保障制度特征进一步明显。

(二) 基于残疾的养老保障

如前所述,全国推行的新型农村养老保险制度,特别是部分省市实施的城乡居民养老保险制度,将失能、无业和非传统就业的人员纳入保障制度建设范围,虽非专项残疾人保障制度安排,但因其可以覆盖全体残疾人,而成为残疾人保障制度建设的基础。今年起,北京市对参加城乡居民养老保险的重度残疾人和轻度残疾人分别补助个人最低缴费标准的100%和50%,在社会保险领域探索建立残疾人保障制度,其中重度残疾人全额参保补贴政策,实际是在当前福利养老保障不足的环境下,利用社会保险机制实现残疾人养老福利的一条有效途径。

(三) 基于残疾的医疗保障

新型农村合作医疗和城镇居民基本医疗保险制度的建立,为开辟针对残疾人的医疗保障制度奠定了重要基础。数年前,青海省通过各级政府补贴实现农村残疾人全员"参合",给人留下深刻的印象。湖北省规定,城镇丧失劳动能力的重度残疾人参加居民基本医疗保险和农村残疾人参加新型农村合作医疗个人缴费部分由县级以上政府负担。北京市推行"一老一小一残"城镇居民基本医疗保险政策,劳动年龄段重度残疾人单独设立参保缴费系数,免费参加医疗保险,对于这些残疾人而言,基本医疗保险与基本医疗福利,只是概念上的差异。

(四) 基于残疾的服务保障

残疾人的服务需求,与生活、医疗、养老等需求相比,更有其特殊性,包括养护照料、康复训练、辅助器具、无障碍等服务,都是残疾人有别于一般健全人的特殊需要。满足残疾人特殊服务需求,一方面,要发展残疾人专项基本公共服务,包括提供专门的服务项目、设施、人员、技术和环境,主要有赖于充分动员利用社会的资源;另一方面,要为残疾人接受服务提供物质保障,后者正是社会保障的范畴,而且更多地体现为政府的责任。近年来,各地在推进残疾人服务体系建设过程中,非常重视服务保障层面的工作。

1. 基本生活服务。主要指残疾人机构托养、社区照料和居家服务三个方面,重点是养护照料服务。上海、浙江、江苏、青岛等许多地区先后出台了重度残疾人机构托养和居家服务补贴办法,有的年补贴额度近万元。上海的"阳光之家"

和北京的"温馨家园"之所以被称为残疾人社区服务的典型,关键在于建立了长效的运行保障机制。北京市2010年将实施居家养老助残服务的"九养"办法,把居家养老与居家助残服务有机结合,全市80岁以上老年人和79岁以下重度残疾人将享受居家服务和社区日托服务补贴。显然,残疾以及残疾程度,而不是家庭经济,成为政府和社会是否需要提供服务、残疾人是否可以享受服务保障以及享受何种保障的条件或标准。

2. 康复和辅助器具服务。在大部分地区,由于经济条件的限制,康复和辅助器具服务保障,仍然与最低生活保障制度挂钩,优先考虑家庭贫困的残疾人。北京市2009年初已经施行的残疾儿童少年康复补助办法,对残疾儿童少年康复训练给予全覆盖补贴,并免费配备辅助器具,这一政策2010年将延伸到成年残疾人。其中,为聋儿免费配发人工耳蜗,是保障残疾儿童义务康复的一个典型事例,也是残疾人保障福利性质的突出体现。

3. 无障碍服务。这是领域最广、发展空间最大的残疾人服务内容,也是残疾人全面参与社会的关键所在。北京、上海、天津等地开展的免费家庭无障碍改造服务,只是一个开端,信息交流无障碍的服务保障,将是残疾人保障制度建设中一个需要持续加强的工作内容。

各地残疾人专项保障制度建设还在不断地探索实践,从先行地区的经验看,残疾人保障的基本制度特征是:第一,残疾人保障制度或者残疾人专项保障制度,是为满足基于残疾以及残疾的各种特征而产生的特殊需要而设立的,从总体上讲,这项制度属于社会福利的一个部分;第二,残疾人保障与残疾人就业状况密切相关,包含经济保障与服务保障两个主要方面,残疾人保障制度既要融入全民保障的制度安排之中,又要有独立完整的制度设计;第三,残疾人保障是政府的责任,建立残疾人保障制度,公共财政支持是前提;第四,残疾人保障制度是一项多层次、多领域、开放性、渐次完善的制度,可以根据现实的经济基础、服务条件和需求强度,按照"低标准、广覆盖"的原则,分阶段、分重点人群,逐步推进制度建设。

三、关于建立残疾人保障制度的几点思考

中共中央国务院《关于促进残疾人事业发展的意见》,把"健全残疾人社会保障制度"确定为一项重点工作目标,必须"按照重点保障和特殊扶助的要求,研究制订针对残疾人特殊困难和需求的社会保障政策措施"。中央意见强调残疾人社会保障制度建设的针对性、实效性,为建立残疾人保障制度提供了有力支持。最近,国务院有关部委出台了农村残疾人养老保险补贴政策,并在全国推行

残疾人"阳光家园"托养工程,表明残疾人保障制度有了国家层面的行动。我认为,推进残疾人保障制度建设,首先需要"树立一个保障理念、确立一个制度目标与框架、明确一个推进策略"。

(一)树立残疾人保障的社会福利理念

多年来,我国残疾人事业坚持走劳动福利型的路子,国家保障和残疾人自强自立相映生辉,成效卓著。随着传统保障模式功能弱化,促进残疾人就业和加强残疾人社会保障被摆到同样重要的地位。考虑到我国 8300 万残疾人中,就业残疾人不到 2000 万;城镇在业的残疾人更少,只有 297 万人,真正享受劳动福利(就业保障)的人群比例较低,而大部分残疾人原先被排除在社会保障之外。在全民保障的背景下推进残疾人保障制度建设,树立社会福利的理念,体现一定的文化价值:一是抛弃人们长期以来形成的残疾人"非自立、即救济"的观念,确立无劳动能力以及劳动能力受限者生存、参与和发展的固有权利;二是抛弃人们长期以来形成的家庭无限保障责任的观念,确立国家和社会保障无劳动能力以及劳动能力受限者的应有责任;三是抛弃人们长期以来形成的残疾人底层保障的观念,确立无劳动能力以及劳动能力受限者分享经济社会发展成果的良好渠道和有效途径。坚持用社会福利理念,推进残疾人保障制度,与倡导残疾人就业并行不悖,国家既应尊重残疾人的存在价值,也应尊重和帮助残疾人发挥创造价值。

(二)确立残疾人保障制度建设的目标和总体框架

残疾人保障制度建设的目标是,适应国家社会保障体系建设方向,逐步将所有无法实现就业保障的残疾人全面、充分纳入其中,解决针对残疾特征的经济保障与服务保障问题,全面提升残疾人生活质量。

残疾人保障制度建设的总体制度框架分三个部分:一是在国家层次上直接建立三项津贴制度。第一,重残津贴制度。在目前有关省市推行的重残无业人员生活补助政策的基础上,逐步向重残津贴制度过渡。第二,残疾保险津贴制度,对残疾人参加居民基本医疗、基本养老保险,给予补贴。第三,残疾护理津贴制度。对残疾人接受机构托养、居家助残服务和家庭成员护理照料,提供护理补贴。以上三项制度,实行"全国统一,按级定标,允许差别"的补助标准。二是国家指导各地区建立医疗—康复一体化的服务保障制度,全面将残疾人康复训练、康复治疗纳入医保报销范围。三是各地区自主建立无障碍服务保障制度,将辅助器具服务纳入无障碍服务范围,鼓励各地区在残疾人教育、就业、文化和其他社会参与方面提供无障碍设施、技术和服务。

(三) 明确推进残疾人保障制度建设的策略

一是立法推进,明确残疾人保障建设的职责体系和工作机制,使残疾人保障的工作责任回归政府社会保障部门;二是先易后难,把在国家层次上必须建立的有关制度作为重点,从目前已经比较成熟的重残津贴制度入手,逐步推进其他制度建设;三是加强统筹,发挥公共财政转移支付作用,促进不同地区和城乡之间协调推进;四是强化基础,建立完善残疾评估体系和信息交换系统。

"两个体系"建设要突出农村残疾人

大连市残疾人联合会 李福华

大连市有残疾人33.9万,其中近20万长期生活、居住在农村,是大连全面建设小康社会、构建和谐社会的要素,也是"创建中国北方科学发展示范城市"、率先实现东北老工业基地全面振兴的难点和焦点。因为这20万人的生产生活状况得不到真正意义上的改善,全面建设小康社会就不会全面,和谐社会也有失和谐,科学发展示范城就会徒有虚名。这种意识源于我们在"深入学习实践科学发展观活动"中对农村残疾人生产生活状况的深入调研。2009年初,市残联调研组与基层残联组织实地考察了瓦房店市三台乡的青山村、普兰店市安波镇的太阳村和庄河市步云山乡崔店村等3个较为偏远山村的130户残疾人家庭的生存状况(以下简称"三村")。总体看来,农村残疾人生存状况有喜更有忧。随着新农村建设的整体推进,大连农村残疾人的生存状况在逐渐改善,生命健康权、生存发展权基本得到保障,但与"生产发展、生活宽裕"的总要求尚有不小的差距,残疾人的生产生活发展还比较迟缓,残健之间、城乡之间、区域之间的生活水平差距呈拉大趋势,这部分人仍处于社会生活的最底层。

就生产力发展水平而言,这些残疾农户普遍缺乏现代农业的意识,甚至不知现代农业产业为何物;只有5户实现了机械化耕作(小型农机具);9户以发展庭院经济摆脱了传统的生产方式;绝大多数仍维系着畜耕人种、"各自耕农"的传统生产模式。从生活水平上看,2008年三村残疾农户人均收入最高3500元,最低不足1000元,平均在1900元左右,较之国家支农惠农政策前人均年收入普遍提高100—200元;在政府投入和社会的赞助下,基本实现了家家有彩电,还有8户购置了冰箱和洗衣机,11户有少量存款。令人担忧的是,三村均属偏远山区,残疾农民的主要生活来源是粮食和果树,极少数建起了蔬菜大棚,人均耕地多则2—3亩,生产项目单一(主产玉米、少许水稻、果树),生产手段落后,100%自产自销。残疾人的实际生活收入年均增长不足200元,扣除政府对粮农的补贴、税费的减免和物价上涨等因素,实际生活水平近乎零增长。2008年,三村残疾人的人均生活水平不抵当地社会平均水平的三分之一(瓦房店青山村是6000元,普兰店太阳村是5800元,庄河崔店村是6800元);与2008年全市农民人均纯收入9818元相比,仅占五分之一;与全市城镇居民人均可支配收入17500元相比,不足九分之一。

三村残疾人生产生活发展缓慢，原因固然很多，有其自身障碍的一面，也有社会保障不足的一面。就其自身而言，主要有"四多、五难"：一是受文化教育的局限，生产生活理念滞后，安于现状者多。三村130名残疾人中，接受过高中教育的仅有2人，读过初中的25人，绝大多数是文盲或半文盲，相当一部分残疾人满足于"一日三餐能填饱肚子"，很少奢望小康生活。如当询问一位重度肢体残疾人的需求时，他说：能坐上一台轮椅出去晒晒太阳就心满意足了。二是既无劳动能力又无生活自理能力，身患重残者多。130名残疾人中，有47人为2级以上重度残疾，完全靠家人料理日常生活。三是年迈体衰、力不从心，老龄者多。60岁以上老年残疾人达59人，多为体弱多病，行动不便。四是衣食住行靠父母，依老养残者多。有28名重度残疾人靠70岁以上高龄的父母侍候生活，还有9人依靠兄弟姊妹或侄甥辈度日。安波镇太阳村的一位姚姓残疾人，自16岁瘫痪在床，30年未走出过家门，而今87岁的老父亲已经无力帮助他的日常生活，是善良的弟媳妇整天为他烧火做饭、端水送药。在座谈中，许多村民感叹："他们何尝不想过上自食其力、富足美满的生活，可他们是重残缠身，想动动不了；年老体弱，想走走不了；骨肉亲情，想舍舍不了啊！"这部分残疾人陷入了"五难"的窘境，即：自主创业难实现，务工就业难转移，维系农业难增收，生活水平难提高，生存状况难改善。"三村"残疾人这"四多、五难"，在全市广大农村带有一定的普遍性。

从社会保障来看，一是现行残疾人特殊保障政策的落实还不到位。如《农村"五保"供养工作条例》规定："老年、残疾或者未满16周岁的村民，无劳动能力、无生活来源又无法定赡养、抚养、扶养义务人，或者其法定赡养、抚养、扶养义务人无赡养、抚养、扶养能力的，享受农村'五保'供养待遇。农村'五保'供养资金，在地方人民政府财政预算中安排。"按此规定，三村中有21名残疾人符合"五保"供养条件，却只有6人享受此待遇，15人靠微薄的低保金度日。这项政策落实不到位的主要原因在于：有的村镇政府对新政策不清楚，仍按老政策办事；有的对政策的理解有偏差，不进敬老院不给政策；百分之百的残疾人不知道政策内容。这就形成了残疾人自己无申请，村镇政府不过问，残疾人应保不能尽保。二是残疾人新的社会保障措施还不完善。自2006年国家推行减免土地使用税费、义务工，免除义务教育阶段学费、杂费等支农惠农政策后，大连市原来出台的相关特殊优惠政策随之停止，本来提高了的生活水平大幅回落，如：支农惠农政策前，残疾人耕地每亩可减免税费10元不等，而现在与普惠等同，仅此一项，按每个残疾人人均耕种3亩土地计算，其收入就下滑60元。三是适应残疾人特殊需求的服务体系还不健全。目前，乡镇敬老院不仅容量有限，而且缺乏适合精神残疾人、智力残疾人以及重度肢体残疾人集中供养的必要生活环境和专业服务能力,不同程度地制约了残疾人特殊保障政策的落实。

  为此,要继续解放思想,以观念更新推动工作创新,实现科学发展上水平、残疾人群众得实惠,适时调整和转变残疾人事业发展的理念和思路,变以往"重城轻乡、重工轻农"的区域发展观为"城乡并举、重在农村"的统筹发展观,切实把残疾人工作的重心转向农村,加强领导,加大投入,加快发展。

残疾人社会保障
与服务国际论坛
暨第三届中国残疾人
事业发展论坛

残疾人社会服务研究

北京市残疾人服务需求问题的调研报告

中国人民大学　姚远　尹银　范西莹
北京市残疾人联合会　厉才茂　唐春梅

"两个体系"建设是中央7号文件的核心内容之一。随着社会经济发展，残疾人的社会保障制度建设逐渐完善并不断细化，而残疾人社会服务体系建设还刚刚开始。为了更好地了解残疾人的服务需求并提出相应的对策建议，北京市残疾人联合会和中国人民大学社会与人口学院共同主持进行了"北京市残疾人服务需求问题"调查。

一、调查目的及方法

本次调查以北京市重度残疾人为主要对象，从服务类型、服务内容和服务发展方向等方面，具体了解其基本生活服务需求及其满足情况，为北京市政府制定有关残疾人服务业的政策提供基本思路和理论依据。

调查方法包括问卷调查和入户访谈。

二、被调查者的基本情况

本次通过简单随机、等距抽样等方法共抽取1205名被调查者[①]。其中，

（1）性别结构：男性720名，女性485名，男女比例大致为3∶2。

（2）年龄结构：平均年龄47岁。0—15岁占1.58%，16—59岁占82.41%，60—79岁占15.02%，80岁以上占1%。

（3）户口性质：农业户口占30.04%；非农业户口占69.96%；农业与非农业比例大致为3∶7，与北京市人口的整体构成一致。

（4）婚姻状况：已婚占53.94%，未婚占32.70%，离婚占7.97%，丧偶占5.39%。

（5）文化程度：初中文化占1/3，高中文化占1/4，大专及以上不足10%。

（6）残疾状况：①残疾类别：视力残疾占15.68%，肢体残疾占33.53%，

---

① 同时还抽取了同数量的非重度残疾人进行比较，本报告不计。

智力残疾占 20.17%，精神残疾占 30.62%。②残疾等级：一级占 25.64%，二级占 58.67%，三级占 14.69%，四级占 1%。③致残原因：出生缺陷占 26.31%，意外事故占 19.42%，疾病占 44.73%，年老占 0.50%，其他占 11.04%。

（7）健康状况：无疾病占 50.46%，慢性病占 37.93%，重病/大病占 8.96%。

（8）生活自理状况①：①一般生活自理能力：生活完全能够自理的近 80%，完全不能自理者近 8%，其余的是自理有一定困难的；进食、翻身能够自理的比例较高，而其余几项生活活动均存在一定困难。②特殊自理能力：视力残疾人能自己及时求助的占 73.02%，肢体残疾人能自己外出办事的占 40.10%，智力残疾人能自己出门并回家的占 55.14%，精神残疾人能自己按时服药的占 53.66%。③需要全天候照顾的比例：需要的接近 40%，不需要的占 60%。

（9）就业和社会保障情况：①未工作的近 2/3，选择其他的有 1/5。②个人生活主要来源：靠社会救助的近一半，靠家庭供养的 1/3 以上，靠工资性收入和离退休金的 1/3 以上，靠保险收入和财产险收入的 1%。③社会保险状况：城镇残疾人职工参加四大类保险中，医疗和养老保险各占 1/3，失业保险占 1/5，工伤保险占 1/10；城乡居民中不到 1/3 者加入了新型农村合作医疗，不足 1/5 加入城乡居民养老保险和城镇居民大病医疗保险。④享受定期生活救助状况：近 2/5 的残疾人没有任何固定性救助，近 1/3 的享受民政部门的最低生活保障或城市重残人生活补助，1/4 的享受残联的重残无业人员生活补助。

（10）家庭状况：①同住总人口：平均户规模为 4 人。②家庭月总收入（不含支出）：家庭月总收入平均为 2300 元。其中，50% 的家庭月总收入在 2000 元以下；不到 10% 的家庭月总收入超过 5000 元。③家庭人均月收入：家庭人均月收入为 565 元。其中，超过一半以上的家庭人均月收入不足 500 元；超过八成以上的家庭人均月收入不足 1000 元②。④同住成员：一半以上的残疾人和配偶同住；还有 40% 左右的和子女或父母同住；没有和朋友同住的。⑤家庭户类型：重残户将近百分之百；老残一体户占 1/4 以上；一户多残户、老年残疾户比例均超过 10%。⑥对家庭成员的影响：因照顾自己而影响亲属外出工作的占 20%，占需要全天候照顾的残疾人的 50%。

---

① 测度残疾人生活自理状况采取两类指标。第一类，测度一般生活自理能力，采用 ADL 的六项指标；第二类，测度特殊生活自理能力。是否需要全天候照料也在一定程度上反映了自理能力。

② 根据北京市统计局的数据，2006 年北京市人均月总收入已经超过 2000 元，本次调查的残疾人家庭人均月总收入只有其 1/4。

(11) 环境状况：①无障碍改造状况：近1/2的残疾人家庭和社区还没有改造，8%的残疾人家庭和社区均已改造。②社区照料服务设施（包括生活服务设施和康复服务设施）建设状况：近1/5社区两者均有；近1/4社区两者均没有；有康复服务设施的比例高出有生活服务设施的10个百分点。

三、被调查者服务需求分析

分析重点是：①通过对被调查者对主要服务模式选择的分析，了解重度残疾人在整体上更倾向于哪种服务模式；②通过对分别选择三种服务模式残疾人特征的分析，具体了解每种服务模式更适合或更能满足哪类残疾人的需求。

（一）主要服务模式选择

服务模式设定为居家助残服务、社区照料服务、机构托养服务三类①。

按照调查问卷要求，被调查者从中任选两种，并按照意愿程度排序。

（1）第一选择

在本次调查中有服务需求的被调查者中，首选居家助残服务模式的近65%，而首选社区照料服务模式和机构托养服务模式的均略低于20%，两者相差45个百分点。这说明被调查的残疾人最希望的还是居家助残服务模式。

调查数据显示，首选居家助残服务模式的残疾人群体具有广泛和全方位的特征。在三种服务模式的横向比较中，无论性别、年龄、户口性质、婚姻状况、文化程度、残疾类别、残疾等级、健康状况、经济保障水平、家庭规模、家庭经济收入水平、家庭户类型以及自理能力的差别，对居家助残服务模式的选择均是第一位的，选择比例均是最高的。

在排除居家助残服务模式以后的其余两项服务模式的横向比较中：

男性、老年人、非农业、文盲、残疾重（智残、精残、多重残、一级残）、家庭照料困难（未婚、离婚、丧偶、家庭规模低于2人、单残、老残、单亲残、老残一体）、贫困户（未工作、靠救助）倾向于选择机构托养服务模式。

而女性、非老年人、农业、有一定文化程度、视残、肢残、多重残、二级残、有一定收入、家庭规模4人以上、能自理的倾向于选择社区照料服务模式。

---

① 居家助残服务是指服务人员入户实行"一对一"服务的模式。社区照料服务是指残疾人离开家庭但不出社区而由社区提供所需服务的模式。在本次调查中，社区照料的概念扩展至农村，即由村提供给需要帮助的村民。机构托养服务是指残疾人在托养服务机构中接受专业人员服务的模式。

（2）第二选择

第二选择是对第一选择的补充。选择社区照料服务模式的近60%，选择居家助残服务模式或机构托养服务模式的近20%。这说明，无论被调查者的第一选择是什么，社区照料服务均是其退而求其次的选择。

在三种服务模式中，居家助残服务模式是残疾人的第一选择，也是选择人数最多和选择比例最高的服务模式，其他两种服务模式是无法替代居家助残服务模式在残疾人需求中的位置的。

（二）首选居家助残服务模式的残疾人的主要需求

首选居家助残服务模式的残疾人占有服务需求残疾人的64.27%。

（1）选择居家助残服务模式的主要原因：首先是家人能够提供照料和不用离开家，其次是家庭经济负担小。

（2）对居家助残服务内容的选择

在整体上，家政服务、医疗康复、照护者支持、个人照料等依次是选择人数最多的。

在分类上，①家政服务中最需要的是打扫和整理房间、清洗抽油烟机、搬动重物；②个人照料服务中最需要的是基本生活护理、理发和临时照看；③工具性支持服务中最需要的是协助出行、代办事务、代购物品；④医疗康复服务中最需要的是康复训练指导、健康知识指导和辅助器具服务；⑤文化娱乐服务中最需要的是陪伴出游；⑥精神慰藉服务中最需要的是有人关心和心理调整；⑦照护者支持服务中最需要的是经济补贴；⑧制度性支持服务中最需要的是紧急呼叫设备安装，其次是定期上门巡视和家庭无障碍改造。

（三）首选社区照料服务残疾人的主要需求

首选社区照料服务的残疾人占有服务需求残疾人的17.61%。

（1）选择社区照料服务的主要原因：依次是缓解家人负担、离家较近和增加社会交往，因为家人不能全天照料而选择社区照料服务的比例却不高。

（2）希望社区照料服务提供的项目：依次是康复训练（34.6%）、临时照看（31.8%）、文化娱乐（27.5%）、外出参观（22.7%）等。

（3）希望社区照料服务点设立地点：依次是社区活动中心（45.5%）、"温馨家园"（27.5%）、职业康复站（14.2%）。在调查中，有12位（5.7%）被调查者没有回答这个问题。后期访谈时有意识地问了问，原因是多方面的。比如，有的社区根本没有这些社区照料服务点，残疾人无从选择；有的重度残疾人，由于身体不方便,没法出行,不知道或者根本没去过这些社区照料服务点。因此,增加社区照料服务点的设立,成为促进助残社区照料服务的重要任务。

(四) 首选机构托养服务残疾人的主要需求

首选机构托养服务的残疾人占有服务需求残疾人的18.11%。

(1) 选择机构托养的主要原因:依次是需要专业服务、家人不具备照料条件以及增加社会交往等。

(2) 愿意选择托养服务机构的类别:选择专门的残疾人托养机构的占80%以上,还有近20%的愿意选择养老服务机构。

(3) 对托养服务机构地点的选择:①选择城区托养服务机构的占60%以上,选择郊区的占38%左右;②如果去郊区托养机构的可以获得一定政府补助,那么,已经选择城区托养服务机构的残疾人中有近54%的表示愿意改去郊区,依然不愿意去的比例不足20%,还有1/4的处于不定之中。

(4) 对托养服务机构的希望:离家较近、费用不太高、公办或政府监管是残疾人对托养服务机构的三大愿望。

(五) 特殊服务需求

本次调查的"特殊服务需求"为开放式提问。①残疾人对"目前生活中最大的困难"的表述,最强烈的是经济负担太重,其次是需要人照顾和医药费高;②残疾人对"迫切需要政府提供的支持和帮助"的要求,呼声最高的是提高经济待遇,其次是改造房屋/居住和降低医药费。

四、被调查残疾人服务需求的满足情况

在总体上,接受过服务的残疾人中绝大多数是满意的,但依然有需要改进的方面。在分服务类型上,三种服务的满意度均在80%以上,居家助残服务的满意度最高;不满意的方面主要是:居家助残服务项目太少、社区照料服务来去不方便和需要增加服务项目以及机构托养服务费用偏高、离家较远等。

(一) 享受居家助残服务的状况及满意度

①在接受调查的残疾人中,约有九成以上的残疾人都没有享受过由政府定期补贴的居家助残服务;②在享受过居家助残服务的残疾人中,近90%的残疾人对助残服务表示满意,不足10%的残疾人认为服务项目太少、服务费用太高、

服务优惠力度小等。

（二）享受社区照料服务的状况及满意度

①去过社区照料服务机构的情况：没有去过的占80%；去的较多的是"温馨家园"。②对社区照料服务的满意度：满意的占80%以上；近20%的残疾人认为来去不方便（不能接送）、服务项目不能满足需要、服务机构和服务人员太少等。

（三）享受机构托养服务的状况及满意程度

①入住比例及所在机构的性质：入住或者入住过托养机构的残疾人占总体的2.74%；其中，70%是公办的，其余为民办的。②对机构托养服务的满意度：在入住托养机构的残疾人中，满意的占58%，感觉一般的占33%，不满意的占9%。③对机构托养服务不太满意的方面：服务费用偏高、离家较远等。

五、发展残疾人服务业的基本思路和对策建议

从国家整体产业结构来说，残疾人服务业是公共服务业[①]的有机组成部分，但是，作为服务对象的特殊性和特定性，残疾人服务业又具有社会服务业或专项公共服务业的特征。专项公共服务是将服务资源的公共性、服务手段的公共性与服务对象的特定性、服务内容的专业性有机结合，或者说，是以公共性服务资源和手段为特定群体提供专业性服务的一种服务形式。

（一）发展残疾人服务业的基本思路

从调查数据的分析看，发展北京市残疾人服务业的基本思路是：

（1）遵循"311"服务结构模式

"311"服务结构是指3/5的残疾人享有居家助残服务，1/5的残疾人享有社区照料服务，1/5残疾人享有机构托养服务。前述研究表明，影响被调查者选择服务模式的最大因素是残疾人的家庭情结。这种家庭情结表现为，残疾人本人不愿意离家或离家较远，家庭成员不放心残疾家人离家或离家较远。所以，残疾人的家庭情结彰显出大力发展居家助残服务和社区照料服务的重要性。

---

① 公共服务是面向所有群体的，社会服务或专项公共服务是面对特定群体的。两者既有区别又有联系，既有分工又有统一。

(2) 实现体系化、规范化、专业化、融合化的目标

发展残疾人服务业要从系统的、整体的、和谐的角度去推进。具体来说，就是实现"四化"，即体系化、规范化、专业化、融合化。无论是发展哪种服务模式，在结构上均要从目标、内容、资金、管理、质量、监管等诸多方面构建一个完整的体系，实现可持续发展；在管理上均要推行可控可查的标准化、法规化，实现行为有据、说话有规；在质量上均要追求专业化服务，推动服务上水平出效益，实现服务的类别化和效能化；在发展上均要主动融合所有社会资源，充分利用公共服务、社区服务以及家庭服务，实现服务资源的最大化。

(3) "两个体系"建设密切结合

强化"两个体系"建设之间的关系是发展残疾人服务业的重要条件和基础。社会服务体系建设必须以社会保障为依托。残疾人家庭经济状况较拮据，而家庭成员的照料又是居家助残服务的核心，能否为家庭服务提供一定的经济支持，直接关系到居家助残服务的质量和发展。

(4) 充分利用情感和经济杠杆引导残疾人参与服务业发展

残疾人服务业发展需要残疾人的参与。家庭情结和经济杠杆是推动残疾人参与的两大机制。残疾人依恋家庭，家庭不放心残疾成员，残疾人为了减轻家庭负担可以离开社区而进入机构；在有经济补贴的条件下，残疾人可以去郊区或离家较远的服务机构。这些情况说明，利用情感和经济杠杆可以引导残疾人接受服务，有利于构建合理的残疾人服务业结构。

（二）发展北京市残疾人服务业的对策建议

(1) 将三种服务模式有机结合，形成居家的机构服务模式。不离家或离家不远是残疾人对服务的最大希望，而专业化服务只有在服务机构中才能获得。由此提示我们，能否将两者有机结合，既居家又能获得专业服务，建立一种机构型居家服务或居家型机构服务模式。

(2) 以需求为导向，推动三种服务模式的发展。残疾人对三种服务模式的要求是不同的，应根据残疾人的需求推进服务模式的发展，即居家助残服务的支持化、社区照料服务的项目化、机构托养服务的专业化。

(3) 为特殊困难群体提供更有针对性的经济支持政策。残疾人群体是弱势群体，而一户多残、老残一体、老年残疾人等兼有多种弱势特征的群体在经济上、照料上、生活上、心理上更为弱势。目前政府提供的低保、无业重残津贴等能够维持其基本生存需要，无法满足其服药、请保姆等需求。建议对这些群体设立针对性的特殊照料津贴。

残疾人服务的城乡差距研究
——依据山东省第二次残疾人抽样调查分析

山东大学社会学系 林聚任
山东大学残疾人研究中心 陈晓斌

我国的残疾人服务事业经历了数十年的发展已进入了新的历史阶段,开始实现由原来的个别救助型向普惠福利型的转变;由改革开放前的生存型服务到当前发展型服务的转变。过去实行的基本是一种生存型的残疾人服务政策,以保障残疾人的基本生存为目标,主要依靠国家救济与家庭照顾,服务内容单一狭窄,服务标准普遍偏低。而近年来,随着我国经济社会发展水平的提高,残疾人服务理念开始发生转变,将残疾视为社会问题而非个人问题,以残疾人的"平等、参与、共享"为基本目标,强调国家、社区、家庭在残疾人服务上的责任共担。在服务内容上开始重视既满足残疾人的生存需求,又满足其高层次的发展需求;在服务模式上由过去带有隔离性的居养模式,开始转向强调残疾人回归社会的社会模式。

但是,新的残疾人服务理念与现实之间还有较大差距。我国目前提出的以残疾人社会保障体系与服务体系为主体的"两个体系"建设,将会推动残疾人服务的快速转型。不过应注意到,我国目前的残疾人服务仍然存在着许多障碍性的问题,比如服务的城乡差距严重、服务与需求的不对等、服务水平的低层次等等,其中最突出的就是残疾人服务的城乡不平等问题。我国的残疾人近八成在农村,但服务资源却主要集中在城市,无论是在数量上还是在质量上,农村残疾人都难以享受到与城市残疾人同等的服务。这是当前开展"两个体系"建设,做好残疾人服务事业必须面对的问题。

不同领域的学者对改善残疾人服务条件、提高残疾人服务水平也做了探索,并提出了一些不同的解决策略。当前国内对残疾人服务问题的研究主要集中在以下几个方面:

一是从医疗与康复的角度对残疾人服务的研究。该方面的研究把医疗与康复服务当做残疾人服务的最主要内容。他们从残疾人康复服务的指标体系、残疾人康复服务的社会支持等方面对残疾人康复服务进行了专门研究,强调通过为残疾人提供科学有效的医疗服务以增强残疾人的能力。

二是从社会保障制度建设的角度对残疾人服务问题的研究。这类研究提出,目前我国的残疾人社会保障制度建设特别是农村社会保障制度建设尚不完善、保障水平低,难以保障残疾人的基本生活。他们主张通过建立完善的残疾人社会保障制度从而为残疾人服务状况的改善提供制度基础。

三是从社区服务的角度对残疾人服务模式的研究。这一方面的研究主要是在残疾人事业由"医疗模式"向"社会模式"转型的背景下,看到了依靠政府及其委托的残疾人社会组织提供服务的传统社会服务模式的弊端,强调社区服务模式在配置服务资源、提高服务质量、降低服务成本等方面的作用。

相关的这些研究涉及残疾人服务的医疗、保障、社区帮助等诸多方面,都对改善残疾人服务有积极意义。但这些研究多局限于残疾人服务的具体问题,缺乏整体宏观的分析思维。实际上,残疾人服务既涉及具体的服务,更涉及宏观的制度结构因素,后一方面是更根本的。尤其是从我国的现实状况来说,残疾人服务存在突出的城乡差距,这与我国的城乡二元结构矛盾密切相关。本文将依据山东省第二次全国残疾人抽样调查数据资料,首先从教育、就业、生活来源等方面分析残疾人基本生存状况的城乡差距,然后重点说明残疾人在服务需求、服务资源、服务内容等方面的城乡不平等,并在此基础上提出以城乡均等服务、服务全面化、服务专业化、多元服务主体为核心的全新的残疾人服务理念,强调了主导观念转变的重要性。

一、残疾人的基本生活状况较差,城乡差距显著

(一)残疾人主体分布在农村,并以老龄群体为主

山东省第二次全国残疾人抽样调查资料显示,截至2006年4月1日,山东省各类残疾人的总数为569.5万人,占全省人口总数的6.15%。其中以农村残疾人居多,占全省残疾人总数的79.15%,城镇仅占20.85%。这一数字说明只有满足绝大多数农村残疾人的需求,残疾人服务才算真正落到实处。而当前残疾人服务资源却主要集中在城市,农村残疾人享有较少的服务资源,这是导致残疾人总体服务状况低水平的重要原因。

从年龄分布上看,山东省60岁及以上的残疾人占到了残疾人总数的59.92%,残疾人的老龄化趋势明显,这也增加了残疾人服务的难度。一方面从人的生命历程来看,老年阶段是人的能力减弱需求增加的阶段,特别是对养老和医疗的需求要比年轻人迫切得多。另一方面年轻残疾人可以通过社会保障制度的完善与积累来解决其年老时遇到的问题,而现在的老年残疾人却缺乏这种制度积累,其服务也就缺乏必要的保障。

(二)半数残疾人未接受正规教育,且这一比例农村高于城市

残疾人的受教育状况普遍较差。如表1所示,山东省6岁以上的残疾人中,接

受过正规学校教育的仅占47.30%，不足残疾人总数的一半。就是这不足一半的受教育人口中也以初等教育为主，受过高中及以上教育的仅占残疾人总数的4.05%。可见残疾人的受教育程度普遍偏低，文盲率过高，接受中、高等教育的比例很低。

表1　山东省6岁以上残疾人口的受教育程度分布表

教育程度	人口数（人）	比例（%）
不识字	3986	51.61
未上过学	84	1.09
小学	2229	28.86
初中	1111	14.39
高中	208	2.69
中专	72	0.93
大学专科	24	0.31
大学本科	9	0.12
合计	7723	100.00

除了总体受教育程度较低外，山东省残疾人在受教育状况上存在着明显的城乡差距，城市残疾人的受教育状况要普遍好于农村。如图1所示，农村不识字及未上过学的残疾人比例要高出城镇10个百分点，而与此相反，城镇接受过初中及以上教育的残疾人所占比例要高出农村10个百分点；接受过小学教育的残疾人在农村与城镇各自所占的比例基本持平，这主要是农村义务教育阶段针对贫困家庭子女实行"两免一补"的政策使得农村残疾人接受初级教育的比例加大。通过这"一正一反一持平"可以明显看出城市残疾人的受教育状况要好于农村。

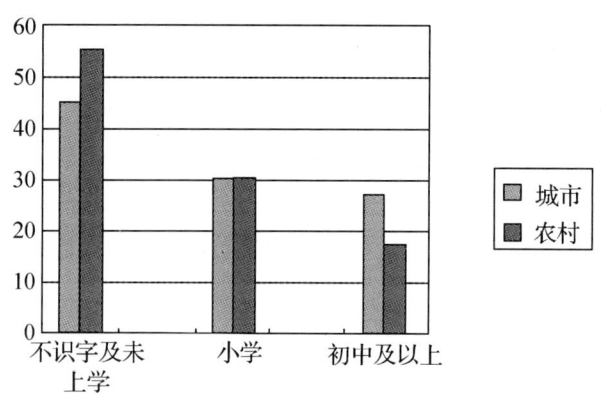

图1　山东省残疾人受教育程度城乡差异

（三）残疾人的就业率极低，且绝大多数以从事农林牧副渔业为主

调查数据显示，山东省15岁以上的残疾人中在业人口仅占30.08%，有七成残疾人处于不在业状态，这一就业率大大低于全省人口的就业率（全省人口的就业率为75.32%）。从就业残疾人所从事的职业来看，如表2所示，就业残疾人在农、林、牧、副、渔及水利生产行业的比例为80.94%，这比全国就业者在相同领域的比重要高。但除此之外，残疾人在其他行业的就业比例都小于全国从业者。也就是说，绝大多数的就业残疾人从事的都是操作简单、以体力劳动为主、收入低微的低层次职业，而从事专业技术、党政机关、商业服务业等较高层次职业的却相对较少。

表2　山东省残疾人职业分布表

职业	人口数（人）	比例（%）
国家机关、党群组织、企事业单位负责人	14	0.61
专业技术人员	37	1.62
办事人员和有关人员	36	1.58
商业、服务业人员	129	5.65
农、林、牧、副、渔、水利业生产人员	1847	80.94
生产、运输设备操作人员及有关人员	213	9.33
不便分类的其他从业人员	6	0.26
合计	2282	100.00

从残疾人就业的城乡分布来看，城镇残疾人的就业率为20.28%，农村残疾人的就业率为32.67%。仅从数字上看，农村残疾人的就业率要高于城市，但这并不能说明农村残疾人的就业状况好于城市残疾人。一方面，从就业残疾人的年龄分布来看，农村就业残疾人中60岁及以上的占32.43%，这一比例高出城镇8个百分点。也就是说，农村残疾人相对较高的就业率相当程度上是由老年人参与生产造成的。在农村，老年人没有明确的退休时间，只要身体允许一般不会放弃农业生产，特别是农村老年残疾人迫于生存的压力，即使在身体、年龄不允许的情况下仍然坚持从事农业生产。另一方面，农村残疾人以从事农业生产为主，就业面比较单一，相比较而言，城市残疾人从事专业技术、商业服务等较高层次职业的比例要高于农村残疾人。由此来说，农村残疾人的实际就业状况要比城市差。

（四）未工作的残疾人主要依靠家庭供养，但残疾人的家庭人均收入普遍较低

山东省第二次全国残疾人抽样调查数据资料显示，有69.92%的残疾人处于未工作状态，其中将家庭其他成员供养作为其主要生活来源的占到了85.78%。可见，绝大多数未工作残疾人依靠的是家庭其他成员的供养，而残疾人家庭的收入普遍较低，这也就决定了大多数残疾人的生活状况较差。

将城镇和农村未工作残疾人的生活来源做一对比，可以发现，两者存在明显差异。如表3所示，农村未工作残疾人90%以上靠的是家庭其他成员的供养，而城镇则不到70%，低了近20个百分点；而城市中靠离退休收入与领取基本生活费的占到了24.17%，这一比例要明显高于农村。所以说，从生活来源的角度看，城镇残疾人的总体生活水平要高于农村，但这也只是相比较而言，从总体来看无论城镇还是农村残疾人生活水平大都处在较低的层次上。

表3　山东省未工作残疾人生活来源城乡差异分布表

生活来源	城市（%）	农村（%）
离退休金	17.75	4.60
领取基本生活费	6.42	2.62
家庭其他成员供养	69.81	90.77
财产性收入	0.71	0.30
保险收入	1.51	0.02
其他	3.80	1.68
合计	100.00	100.00

山东省第二次全国残疾人抽样调查数据资料还显示，残疾人的家庭人均收入普遍较低，而农村仅及城市的三分之二。山东省各地区调查户2005年人均收入为3915元，而其中有残疾人的调查户人均收入为2667元，比前者少了近三分之一。可见，总体上残疾人的家庭人均收入要大大低于普通居民家庭的人均收入。

在有残疾人的调查户中，分布在城镇地区的调查户人均收入为3431元，而农村地区为2453元，两者相差接近一千元。从不同收入阶段的分布上看，如图2所示，有60.63%农村残疾人家庭户人均收入低于2000元，处在绝对贫困线之下的就占到了17.61%，超出了城镇7个百分点；城镇残疾人家庭户人均收入超过2000元的占到了56.50%。如果说残疾人是低收入人群的主体，那么农村残疾人就是低收入群体中的最低收入者。

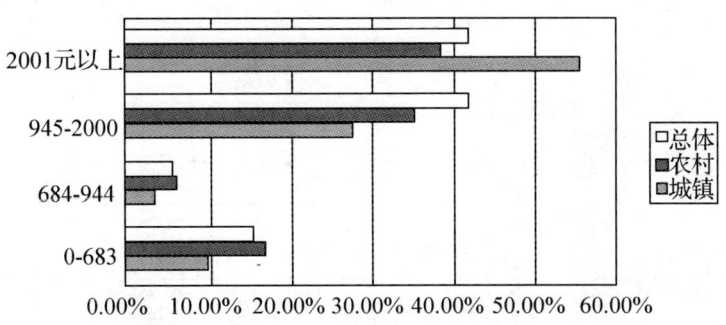

图2 山东省残疾人家庭人均收入的城乡差异

总之,残疾人在教育、就业、生活来源、家庭收入等方面相对于正常人来说,明显处于劣势地位。这一方面说明了残疾人基本生活状况较差,他们多是集老弱病残于一身者,是社会最主要的弱势群体之一,其生存主要依赖于家庭。这种劣势的累积使得残疾人比正常人更难以通过自己的努力来改变自身的弱势地位。另一方面,由于中国城乡二元结构的制约,农村残疾人的基本生存状况更是令人担忧。

二、残疾人的服务与需求极不对等,农村尤为突出

目前,从未接受服务的情况来看,山东省残疾人中48.45%的残疾人没有接受过任何服务或帮助,其中城镇残疾人中有42.66%未接受任何服务,农村为50.06%,相差近8个百分点。但残疾人的服务需求很大,需求与服务的这种不对等情况农村更甚于城市。正是由于农村残疾人较差的生活状况与服务状况导致了其较城市残疾人更为迫切的服务需求,从而在相当程度上导致了残疾人总体服务与需求的不对等。

第一,现有服务难以满足残疾人的基本需求。

残疾人的需求包括残疾人在康复、教育、就业、生活等方面所需要的服务或扶助。山东省第二次全国残疾人抽样调查显示,残疾人需求最大的五种服务依次是:医疗服务与救助、贫困残疾人救助与扶持、辅助器具、康复训练与服务、生活服务,它们占到总需求的94.71%。但如图3所示,无论哪一种服务种类需求的比例都要高于曾接受服务的比例,两者之间的平均差距达到了12.31%。其中差距最大的是贫困残疾人的救助,相差了近20个百分点,也就是说贫困残疾人中相当一部分没有接受应有的救助,可见现有的服务难以满足残疾人的需要。

第二,现有服务以低层次的简单服务为主。

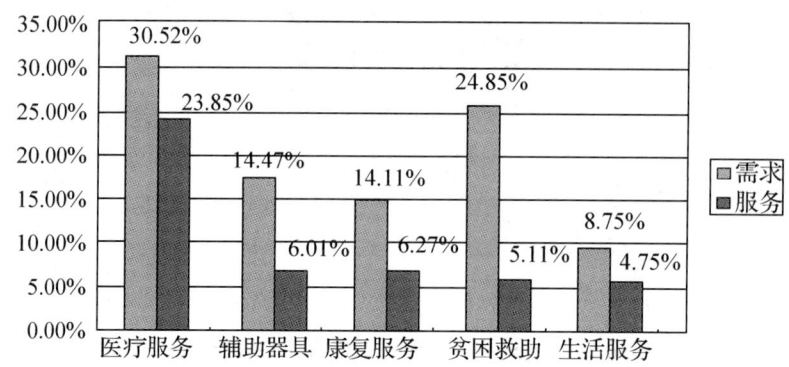

图3 山东省残疾人服务与需求

从残疾人接受服务的具体项目上来看,当前对残疾人的服务主要集中在医疗服务与救助、辅助器具、康复训练与服务、贫困残疾人救助与扶持、生活服务五个方面。接受这些服务的人次占总人次的比例虽然都超过了5%,但这些服务都属于最基本层面的服务,满足的也是残疾人的基本需求。而对于较高层次的服务,如法律援助、无障碍设施、信息无障碍、职业教育与培训等,接受服务的平均比例不超过1%。这说明,当前对残疾人的服务以低层次、简单化的服务为主,这也反映了残疾人生存状况的低水平。

我国残疾人主要分布在农村地区,残疾人服务的低层次也就突出地表现在农村残疾人服务的低水平上。受服务设施、服务资金、制度政策等多方面的限制,当前农村残疾人的服务还只能停留在解决基本生存需求上。这就是我国当前残疾人服务中最为突出的矛盾和问题。因此,只有缩小残疾人服务的城乡差距,提高农村残疾人的服务水平,才能从整体上改善残疾人的生存状况。

三、残疾人服务存在显著的城乡差距,城乡极不平衡

(一)服务设施条件存在极大的城乡差距

服务设施是服务的基础条件,服务设施条件包括两部分内容,一是服务机构的覆盖范围,主要指的是社区内部是否有相关服务机构以及最近服务机构距社区的距离,二是服务机构内部设施的数量、质量与水平,包括服务器材、服务设备、人员配备等。从山东省第二次全国残疾人抽样调查的结果来看,服务设施建设存在着明显的城乡差距。从服务机构的拥有率及便利性上看,城镇社区中有93.67%的社区拥有卫生室,而农村则只有86.67%,相差7个百分点;69.62%

的城镇社区拥有文化活动室,而农村这一比例只有 35.11%,仅及城镇的一半,但是距文化活动室 5 公里以上的农村社区比例却比城镇高 20 多个百分点;在特教学校的拥有率上城市是农村的 3 倍,而距特教学校 5 公里以上的农村社区的比例却比城市高 27 个百分点;在法律服务所的拥有率上城市社区要比农村社区高近 25 个百分点。由此可见,无论是服务机构的社区拥有率还是便利性上,城镇都要优于农村。

这种城乡差距不仅体现在服务机构的覆盖范围上,还体现在服务机构内部服务设施的数量、质量与服务人员的水平上。以医疗服务机构为例,2002 年每千人床位数,城市为 4.78 而农村仅为 0.8,相差近 6 倍;农村卫生室的医疗设备以听诊器、血压计、体温表等老三件为主,医疗设备落后,而城市社区的各种综合性医院、专业医院设施配备齐全;在人员配备上,2002 年我国乡镇卫生院大专以上学历的卫生技术人员只有 10.4%,无专业学历的高达 36.4%,由于编制、待遇、环境等方面的原因,高学历的医学人才难以在农村扎根。这样的医疗条件对正常人的医疗需求都是难以满足的,更不用说是有特殊需求的残疾人。

(二) 服务项目及质量存在突出的城乡不对等

从山东省第二次全国残疾人抽样调查结果来看,全省城镇残疾人中曾接受服务或帮助的占 57.34%,而农村残疾人中这一比例为 49.94%,相差 7.4 个百分点。具体而言,如表 4 所示,除了职业教育与培训以及法律援助与服务两项外,其他各项服务上,城镇残疾人接受服务的比例都要高于农村残疾人,可见这种城乡差距在具体项目上是具有普遍性的,城市残疾人接受服务的总体状况要好于农村。虽然从相差的具体数值来看,差别并不是很大,最多的也不超过 3 个百分点,但是如果考虑到农村残疾人占残疾人总体 80% 的实际数量以及城乡接受服务的具体内容及质量,我们会发现残疾人服务之间的城乡差距不仅仅是数量上的,更重要的是其实质上的差距。

表4 山东省残疾人曾接受服务与扶助的城乡差异分布表

项目	城镇(人次)	比例(%)	农村(人次)	比例(%)
医疗服务与救助	518	23.56	1845	23.35
辅助器具	135	6.14	475	6.01
康复训练与服务	165	7.50	495	6.27
教育费用补助或减免	4	0.18	5	0.06
职业教育与培训	2	0.09	7	0.09

续表

项目	城镇（人次）	比例（%）	农村（人次）	比例（%）
就业安置或扶持	8	0.36	13	0.16
贫困残疾人救助与扶持	117	5.32	404	5.11
法律援助与服务	0	0.00	18	0.23
无障碍设施	21	0.95	41	0.52
信息无障碍	7	0.32	15	0.19
生活服务	142	6.46	375	4.75
文化服务	62	2.82	162	2.05
其他	80	3.64	90	1.14
未曾接受任何服务或帮助	938	42.66	3955	50.06
合计	2199	100.00	7900	100.00

第一，贫困残疾人救助上的城乡差距。

对贫困残疾人的救助分为残疾人救助与残疾人扶助两种，前者主要指最低生活保障制度及"五保"供养制度，以及各种临时救济、残联专项补助；后者主要指政府组织、社会组织等通过各种政策措施帮助残疾人脱贫致富，从实际情况来看，无论哪种救助形式都存在城乡差距。在最低生活保障制度上，首先从参保人数上看，据山东省第二次全国残疾人抽样调查数据测算，农村领过低保的残疾人数占农村残疾人总数的1.58%，而城市为5.81%，两者相差近3.7倍。其次在保障标准上，民政部《2008年民政事业发展统计报告》显示，2008年全国城市居民的最低生活保障平均标准为月人均205.3元，农村低保则仅有82.3元，农村只相当于城市的40%。虽然城乡生活条件存在差别，相应的低保标准存在差别也在所难免，但由于最低生活保障保的是居民的基本生活，而基本的物质生活资料价格城乡差别却并不大，因此，农村的低保标准实际上是偏低的；从接受临时性或定期性的救济情况看，农村残疾人领过救济的占农村残疾人总数的6.56%，城市占7.27%。除了数量上的差别外，农村的救济主要是逢年过节残联等组织所提供的面粉、油等生活用品，具有临时性与低水平性。而城市的残疾人救助则与低保制度相结合日渐制度化、定期化，如有些城市的低保户可以享受每月一定量的粮油补助、廉租房的政策优惠、交通补助等。济南市正在大力进行的慈善超市建设就属于此种情况，他们所提供的救济显然更具有长期性、针对性。

第二，残疾人就业扶助的城乡差距。

当前残疾人就业的形式主要有三种：集中就业，即国家和社会举办残疾人福利企业集中安排残疾人就业；按比例就业，即机关、团体、企事业组织、城乡集体经济组织按照一定比例安排残疾人就业；分散就业，即残疾人通过政府、社会组织的扶持实现联合就业或自主就业。虽然这三种就业形式在规定上不歧视任何残疾人，但在实际的执行过程中更多的是帮助城市残疾人就业，而不是农村残疾人。因为各种福利企业大多建在城市，机关、团体、企事业组织也主要集中在城市，因此它们往往以就近原则安排城市残疾人或近郊残疾人就业，农村残疾人得以通过这两种形式就业的很少。他们更多的还是自主就业，但受生存环境的限制，这种自主就业主要也是从事与农、林、牧、副、渔相关的以体力劳动为主的工作，收入水平不高。

第三，残疾人康复医疗服务的城乡差距。

残疾人康复服务主要包括三种形式：医疗康复、延伸康复、社区和家庭康复三种，山东省第二次全国残疾人抽样调查显示，需要通过这三种形式康复的残疾人的比例分别为47.62%、7.76%、44.61%。前两种康复主要依靠专业的医疗康复机构及专业人员，但是农村地区几乎没有相应的专业机构，农村的乡镇卫生院及基层卫生所也很少有能够开展残疾人康复服务的，这就在相当程度上影响了农村残疾人康复服务的获得。至于社区与家庭康复，农村残疾人受其家庭成员的知识水平及思想观念的影响很难获得相应的康复服务。因此，农村残疾人距离"人人享有康复服务"的目标还有较大差距。

第四，残疾人生活服务的城乡差距。

生活服务是指社区组织、志愿者等为残疾人提供的不定期的日常生活服务，生活服务的提供是以社区共同体的发育为前提的。我国传统的乡村社会是一个以血缘关系为纽带、守望相助的熟人社会共同体，在这一共同体内残疾人能够得到来自社区其他成员的照顾。但是改革开放以后，随着市场经济的侵入，这种共同体逐步解体，农村社会逐步处于一种"原子化"的状态，农村残疾人的社会支持度逐步降低，特别是随着大量青壮年农民工进城，留在农村的残疾人更难得到较好的照顾。而城市情况则有所不同，近几年我国加大了城市社区建设的力度，在一些比较好的城市社区，非营利组织及社区志愿者能够为残疾人提供较专业的生活服务。虽然这些服务目前还难以覆盖到所有的城市社区，但相应的工作正在许多社区展开，所以从发展趋势来看，残疾人生活服务在城市社区是逐步增强，而在农村社区是逐步减弱。

（三）服务资金投入呈现严重的城乡不均衡性

残疾人的需求多种多样，仅第二次全国残疾人抽样调查列出的就有13项，但相比较而言，在当前情况下残疾人最主要的需求是医疗服务与贫困残疾人救助。从这两项服务的资金投入上来看，存在着较大的城乡差距。

从医疗服务上看，根据《2004年中国卫生统计年鉴》的统计结果，我国城市卫生总费用是3259.09亿元，农村是2425.54亿元，相差1.34倍。具体到人均费用上差距更大，城市为932.9元，农村为268.6元，相差3.47倍。资金投入的不平等直接导致了城乡在医疗设施、医疗水平等方面的不平等。调查数据显示山东省医疗卫生资源城市占80%，而占全省70%的农村人口仅占20%，差距之大可见一斑，这也直接导致了农村残疾人难以享受到与城市残疾人同等的医疗服务与康复服务。

从贫困残疾人救助上来看，在农村主要是通过农村"五保"供养制度及最低生活保障制度来实现对贫困残疾人救助的，在城市则主要通过城市最低生活保障制度。单从社会保障总支出上看，据统计1991—2005年城市人均社会保障支出占人均GDP的比重为15%，而农村只有0.18%，城市享有的人均社会保障支出是农村的90倍，并且这种差距是具体到每个项目的；从经费来源上看，"五保"经费由镇、村负担，农村最低生活保障制度资金按照省级财政补助，市、县、乡三级财政按比例分担的模式筹集，而城市低保则主要由省、市、区三级财政按比例分担。随着我国取消农业税，村集体没有了税收保障，没有村集体经济的农村几乎没有了收入，这使得许多地方的"五保"供养经费没有了来源，最低生活保障经费的筹集也打了折扣。而城市最低生活保障的经费由于有各级财政作保证则不会出现上述情况，由此导致了贫困残疾人救助在资金投入上的城乡差距。

四、树立残疾人服务的新理念，实现"四个"转变

我国近八成的残疾人分布在农村地区，这就决定了残疾人工作应该偏重农村，而且只有提高了农村残疾人的服务水平，才能从根本上改善我国残疾人的整体服务状况。我国长期城乡二元结构造成残疾人服务的巨大城乡差距，现在社会发展已经到了应该设法解决这一问题的阶段。因此，我们认为只有用一种全新的、与经济社会发展水平相一致、与残疾人服务发展相契合的服务理念取代传统的服务观念，实现残疾人服务的城乡均等化、服务内容的全面化、服务提供的专业化、服务主体的多元化，才能从根本上改变残疾人服务的整体状况。具体来说，应该实现"四个"的转变。

首先，由"重城轻乡"向城乡均等服务转变。

长期以来，受城乡二元结构体制的影响，在服务资源有限的情况下，我国的残疾人服务采取的是一种先城市后农村、重城轻乡的基本策略。这表现在服务资源绝大多数都集中在城市、财政资金优先保证城市残疾人服务、政策制度优先向城市倾斜等。而占绝大多数的农村残疾人，主要依靠家庭或亲属提供支持。这种残疾人服务政策导向直接导致了我国残疾人服务的城乡差距。因此，要想改善残疾人服务的整体状况，就必须首先改变残疾人服务的城乡不均等问题。在国家政策上，应该从整个残疾人群体的角度统筹残疾人服务事业的发展，而不能仅仅顾及到城市残疾人；在服务资源分配上，要按照城乡均等的原则逐步向农村倾斜，改变大多数服务资源由城市独占的不平等局面；在服务项目建设上，要实现残疾人服务的城乡平等，保证城乡残疾人都能享有同等的服务保障。只有保证基本的"底线公平"，逐步改变残疾人服务的城乡不平等，人人享有基本服务，才能真正践行"平等、参与、共享"的新残疾人观，才能从根本上改善我国残疾人服务的整体状况。

其次，由简单服务向全面服务转变。

从服务内容上来看，我国以往的残疾人服务更多的是救济为主的"生存型"服务。多数残疾人接受的仅是扶贫、医疗康复服务与救助等维持残疾人生存的最基本服务。特别是农村地区，服务内容单一、服务项目少，这些都严重限制了残疾人的发展。但随着我国经济社会发展水平的提高，我们应当为残疾人提供全面的、普惠福利型的服务。满足残疾人更高层次的需求能够充分提高残疾人的自身能力，会更有利于其维持基本的生活。因此，在服务理念上应当实现残疾人服务由简单化服务向全面服务转变，既要满足残疾人基本层面的需求又要保障残疾人发展层面的需求，为残疾人生活提供一切便利。实现残疾人服务的全面化既是残疾人自身发展的要求，也是社会文明发展水平提高的体现。

第三，由服务低层次向服务专业化转变。

从残疾人服务的层次与水平来说，对残疾人的许多服务不是由专业机构提供的，而是分别由不同的社会部门附带提供的。例如残疾儿童更多的是通过学费减免进入普通学校学习，而很少接受专门的特殊教育；残疾人的康复医疗更多的是由常规医疗机构提供的常规服务，而非专门的康复服务等。这种服务方式最大的问题是服务的非专业化，残疾人难以享受专业性的服务，从而直接导致了残疾人服务的低水平与低层次。因此，要改变这种状况，必须尽快提高残疾人服务的专业化。首先要大力加强专业的残疾人服务机构建设以及专业服务人员的培养，大力发展残疾人服务业，这是残疾人服务专业化的基础；其次在服务体系上要实现政府管理、NGO服务、第三部门质量监督三方的有效结合，构建专业化的残疾人服务体系；在服务模式上可以采取由专业介入的社区化服务模式。在我国当前专业化服务尚不发达的情况下，以社区服务为依托实现介入式的专业化是提高残疾人服务专业化水平的可行模式。

最后，由单一服务主体向多元服务主体转变。

以往我国的残疾人服务采取的是以家庭照顾为主、政府救济为辅的模式。这意味着，尤其在农村，残疾人的服务主体主要是家庭，而国家和社区只扮演配角。国家和社会没有担负起更多的服务责任，然而事实证明残疾人家庭的支持是非常有限的。我们应认识到，残疾服务更多的是一个社会问题而非个人问题，因此国家与社会在残疾人服务上负有不可退避的责任。因此，随着社会的发展，在残疾人服务上应强化政府的主导作用以及社会力量的全面参与，实现国家、社会、家庭的相互配合、责任共担。目前正在进行的"两个体系"建设是残疾人服务主体多元化的有益探索。"两个体系"建设突出了"积极福利"的核心理念，以分阶段的福利化与分阶段的专业化为基本模式。最重要的是，它强调了政府和各种社会组织力量在残疾人服务上的作用，这将会极大地推动残疾人服务中多元主体参与的快速发展。

总之，我国已进入了社会发展的新阶段，因此我们的残疾人服务理念也要有相应的新转变。只有突破传统的服务观念的束缚，树立全新的残疾人服务理念，才能从根本上缩小残疾人服务的城乡差距，提高残疾人服务的整体水平。

残疾人福利服务与扶助需求的影响因素分析
——基于第二次全国残疾人抽样调查浙江省数据

浙江大学劳动保障与公共政策研究中心

米　红　朱晓晓

　　残疾人是弱势群体，而且是弱势群体中的弱势，同时又是一个庞大的群体。据第二次全国残疾人抽样调查数据推测，我国现有残疾人约8300万，占全国总人口的6.34%。残疾人的社会保障程度往往从一个侧面反映一个国家的福利、文明及社会和谐程度。残疾人保障作为社会保障系统的一个不可或缺的子系统，它的建立与完善不仅直接造福于广大残疾人，而且将对整个社会的经济、政治和文化发展产生深远的影响。残疾人对社会保障和福利需求与一般社会群体相比有其特殊性。由于残疾人社会活动参与度不高，就业率低，所以想要建立以社会保险为核心的残疾人社会保障体系是不符合实际的。残疾人福利服务和扶助，以及相关的低保救助制度对残疾人社会保障工作来说尤为重要。为提高福利服务和扶助的供给效率，以更好地满足残疾人的福利服务和扶助需求，分析了解哪些因素会影响到残疾人福利需求及其影响程度则显得非常有意义。

一、模型及计量方法

　　在影响因素的分析上，目前用的较普遍的是logit回归的方法。蒋岳祥等利用浙江省老龄科学研究中心2004年4月对浙江省5个城市老年人养老意愿做的调查数据，对老年人的生活照顾方式的偏好做分析。采用多变量logistic模型分析个人特征、家庭状况、身体状况、经济状况四个因素对老年人照顾方式选择的影响作用（蒋岳祥，2006）。彭绩等用非条件逻辑回归的方式分析了慢性病人对社区康复需求的影响因素（彭绩，2005）。江晓峰等用国际通用的美国纽约州立大学设计的功能独立性评测量表（functional independency measure，FIM），评测被调查者的功能独立状况；并调查康复服务认知需求（江晓峰、戴红等，2006）。赖德胜等基于第二次全国残疾人抽样调查数据，运用主成分分析法（Principal Component Analysis），对确定的因子进行回归，分析了残疾人的身体状况、受教育水平、社会保障状况、地区经济发展水平等对残疾人就业的影响（赖德胜、廖娟、刘伟，2008）。尹宗杰等对目前残疾人康复的影响因素研究也采用logit回归，进行统计分析。因此，本论文也将采用多分类的逻辑回归对影响残疾人福利服务与扶助的因素进行分析。

二、残疾人福利影响因素及变量说明

(一) 影响因素分析

从微观经济学角度讲,需求是由许多因素决定的。其中主要因素是该商品的价格、消费者的收入水平、相关商品的价格、消费者的偏好和消费者对该商品的价格预期等。由于残疾人福利服务与扶助作为社会福利的一部分,其供给和价格机制异于一般商品,所以它的需求影响因素与一般商品的需求影响因素将有所区别。将残疾人福利服务与扶助作为一个整体来进行分析,商品的价格和相关商品的价格因素影响不大;残疾人的收入水平将影响到残疾人对福利服务与扶助的需求;残疾人个人的偏好的情况对残疾人福利需求有影响。目前对残疾人福利需求影响因素进行分析的很少。在研究残疾人康复的影响因素上,尹宗杰等对目前康复研究的文献进行了回顾,指出影响康复需求的因素主要有:社会人口学特征、个人基本的健康状况、康复服务的提供情况、康复医疗设备的配备情况、费用的负担、预防保健意识、对所需康复服务的认知情况、其他情况,如是否需要有人陪同等。同样,这些因素也会影响到残疾人相关的福利需求(尹宗杰、戴红,2006)。

综上所述,影响残疾人福利服务与扶助的因素主要有以下几方面,残疾人本身人口学特征因素,如年龄、性别、残疾类别等;残疾人的社会学特征,如受教育程度、户籍、收入等;还有就是其他支持因素,如家庭规模等,具体分析如下:

(二) 数据、变量选取及说明

表1 变量解释及说明表

变量	变量解释
连续变量	
年龄	残疾人年龄
家庭规模	残疾人户家庭登记人数
残疾持续年数	从发现残疾到调查时残疾持续的年数
收入	2005年被调查家庭收入
分类变量	
受教育程度	0=未上过学,1=小学,2=初中,3=高中、中专,4=大学专科、大学本科和研究生

续表

变量	变量解释
生活自理能力	0 = 18 岁以下,1 = 无障碍/无适用,2 = 轻度障碍,3 = 中度障碍,4 = 重度障碍,5 = 极重度障碍/不能完成(18 岁以上填写)
残疾类别	0 = 多重残疾,1 = 视力残疾,2 = 听力残疾,3 = 言语残疾,4 = 肢体残疾,5 = 智力残疾,6 = 精神残疾
虚拟变量	
性别	1 = 男性,2 = 女性
户籍	1 = 农村,2 = 城市
是否就业	1 = 是,2 = 否
福利服务项目	1 = 医疗服务与救助,2 = 辅助器具,3 = 康复训练与服务,4 = 教育及职业发展类服务(包括教育费用补助、职业教育与培训、就业安置与扶持),5 = 生活服务,6 = 高层次服务(包括法律援助与服务、无障碍设施、信息无障碍、文化服务),7 = 不选择

数据以二抽浙江 6063 个样本为基础。由于填写服务需求表的为 6 岁以上的残疾人,故除去年龄为 0—6 岁残疾人的样本数据;由于每个残疾人可以填报 3 个项目,所以填写的每个项目都作为一个独立样本处理。这些样本数据主要通过《住户调查表》和《残疾人调查表》两大问卷获取,以此分析残疾人年龄、收入、性别等因素对残疾人福利服务与扶助的影响。其中残疾人福利划分为医疗服务与救助、辅助器具、康复训练与服务、职业及发展类服务(这是涉及残疾人未来发展特别是职业发展的福利服务,包括教育费用补助、职业教育与培训以及就业安置或扶持)、生活服务以及其他高层次服务(此处是指无障碍设施、信息无障碍、法律援助与服务以及文化服务等较高层次的服务)。

三、模型的估计结果与检验

模型用 SPSS 统计分析软件 11.5 版本,使用多分类逻辑(Multinomial Logistic Regression)回归进行分析,同时通过对模型进行似然比检验,伪决定系数(Pseudo R – Square),Wald 检验。

(一)模型的估计及检验

关于模型的拟合信息,对模型中是否有偏回归系数全为 0 进行似然比检验,模型未引入自变量时 $-2\ln(L)$ 为 25521.607,引入自变量后减小至 22130.128,相差 3391.478,自由度为 132,$P < 0.001$,说明至少有一个自变量的偏回归系数

不为 0，检验为显著，模型具有统计学意义。

表 2 模型拟合信息

Model	−2Log Likelihood	Chi − Square	df	Sig.
Intercept Only	25521.607			
Final	22130.128	3391.478	132	0.000

表 3 Pseudo R − SquarCox and Snell 0.289

Nagelkerke	0.301
McFadden	0.106

输出三种伪决定系数，即类指标。除了拟合优度外，也非常重要，因为它是衡量因变量的变动中由模型的自变量所解释的百分比，但 logistic 回归中没有相应的统计指标，因此，可以使用类似的指标来衡量。Cox & Snell、Nagelkerke 和 McFadden 是三个类指标。自变量与因变量的相关程度越高，它们越接近于 1，反之则越接近于 0。一般如果类在 0.2 至 0.4 之间，已可以证明自变量与因变量是相关的。由此，可以看出本模型的 Cox & Snell 为 0.289，Nagelkerke 为 0.301，代表模型的自变量与因变量是相关的。虽然 McFadden 的值较小，但考虑到模型有多个变量是分类变量和虚拟的二分变量，所以也不能否定模型的拟合度，进而否定模型。

表 4 似然比检验

Effect	−2 Log Likelihood of Reduced Model	Chi − Square	df	Sig.
Intercept	22130.128	0.000	0	.
年龄	22481.219	351.090	6	0.000
残疾持续年数	22182.695	52.566	6	0.000
家庭人数	22144.376	14.248	6	0.027
收入	22173.981	43.852	6	0.000
教育程度	22150.952	20.824	24	0.649
残疾类别	23230.793	1100.665	36	0.000
生活自理	22238.055	107.926	30	0.000
户籍	22213.651	83.522	6	0.000
性别	22140.111	9.983	6	0.125
工作情况	22146.011	15.882	6	0.014

表4为似然比（LR）检验，它可以检验模型引入的自变量是否有统计学意义。对于模型，从影响因素看，年龄、残疾持续年数、家庭规模、收入、残疾类别、自理能力、户籍、是否有工作等自变量都通过显著性检验，有统计学意义。而教育程度、性别则没有通过整体自变量的统计学检验，特别是教育程度，基本对残疾人需要的福利服务与扶助没显著的影响。分析原因，从残疾人整个群体来说，其教育程度普遍不高，分析的残疾人福利服务与扶助类型为残疾人的基本需要，是残疾人为保证正常生活所必需的，所以教育不会影响到残疾人福利服务与扶助的需求。而从性别上看，虽然男性残疾人的需求满足率略高于女性，但由于需求是必需的，所以性别也不会影响残疾人福利需求，同样年龄也不会影响到残疾人的福利需求。

以7＝不选择，即不选择残疾人福利服务与扶助为参照项，各因素对其他服务项目的选择影响因素的估计结果如下：

（二）模型估计的结果

表5 模型回归结果——医疗服务与救助回归结果

	B	Std. Error	Wald	Sig.	Exp（B）	Exp(B)95%的置信区间	
						下界	上界
Intercept	2.2364**		0.910	6.044	0.014		
年龄	-0.0041	0.005	0.636	0.425	0.996	0.986	1.006
残疾年数	0.0085 *	0.004	3.739	0.053	1.009	1.000	1.017
家庭人数	0.1895 ***	0.055	12.023	0.001	1.209	1.086	1.345
收入	-0.0187 ***	0.004	27.297	0.000	0.981	0.975	0.988
［教育程度＝0］	0.3880	0.423	0.840	0.359	1.474	0.643	3.380
［教育程度＝1］	0.2346	0.407	0.333	0.564	1.264	0.570	2.806
［教育程度＝2］	-0.1884	0.407	0.214	0.644	0.828	0.373	1.840
［教育程度＝3］	0.1040	0.440	0.056	0.813	1.110	0.468	2.628
［教育程度＝4］	0.0000	.	.	.	.	.	.
［残疾类别＝0］	0.5531	0.438	1.593	0.207	1.739	0.737	4.104
［残疾类别＝1］	1.0737 ***	0.278	14.922	0.000	2.926	1.697	5.046
［残疾类别＝2］	-0.1461	0.216	0.460	0.498	0.864	0.566	1.318
［残疾类别＝3］	0.3429	0.350	0.960	0.327	1.409	0.710	2.798
［残疾类别＝4］	0.5203**	0.238	4.776	0.029	1.683	1.055	2.683
［残疾类别＝5］	-0.5416	0.279	3.768	0.052	0.582	0.337	1.005
［残疾类别＝6］	0.0000	.	.	.	.	.	.

续表

	B	Std. Error	Wald	Sig.	Exp（B）	Exp(B)95%的置信区间	
						下界	上界
[生活自理=0]	-0.7518	0.985	0.583	0.445	0.472	0.068	3.248
[生活自理=1]	-1.3025*	0.747	3.041	0.081	0.272	0.063	1.175
[生活自理=2]	-0.8402	0.751	1.251	0.263	0.432	0.099	1.881
[生活自理=3]	-0.7156	0.778	0.847	0.357	0.489	0.107	2.244
[生活自理=4]	-0.6782	0.814	0.693	0.405	0.508	0.103	2.504
[生活自理=5]	0.0000	.	.	.	.	.	.
[户籍=1]	1.2195***	0.151	65.217	0.000	3.385	2.518	4.551
[户籍=2]	0.0000	.	.	.	.	.	.
[性别=1]	0.0618	0.133	0.215	0.643	1.064	0.819	1.381
[性别=2]	0.0000	.	.	.	.	.	.
[工作情况=1]	0.2931	0.179	2.688	0.101	1.341	0.944	1.903
[工作情况=2]	0.0000	.	.	.	.	.	.

首先，以不选择服务与扶助为参照，分析各因素对残疾人是否选择医疗服务与扶助的影响。相比较，年龄对残疾人是否选择医疗服务与扶助的影响不显著，而残疾年数在 0.053 的显著性水平下对残疾人选择医疗服务与扶助有微小的正的影响，即残疾越久越倾向于选择医疗服务与扶助。家庭规模越大，即家中的人越多，残疾人越倾向于接受医疗服务与扶助。而可能与预想的有差异，收入与残疾人选择医疗服务与扶助呈负向的关系，即收入越高越不希望接受残疾人医疗服务与扶助。从残疾类别看，相对于精神残疾，多重残疾、视力残疾、言语和肢体残疾的人更倾向于选择医疗服务与扶助；而听力和智力残疾人选择的倾向性较弱。选择医疗服务与扶助倾向性由强到弱依次为视力残疾、多重残疾、肢体残疾、言语残疾、精神残疾、听力残疾，最后为智力残疾，也即智力残疾者较少些需要医疗服务与扶助。生活自理能力显著性水平不是很高，考虑到整个自变量的显著性，可以看到自理能力越差的残疾人越倾向于选择医疗服务与扶助。相对于城市残疾人，农村的残疾人更需要医疗服务而城市残疾人更多地不选择需要服务。同样，有工作的残疾人更多选择了希望接受医疗服务与扶助，这里也有可能是由于工作残疾人参加医疗保险的相对要多，接受医疗服务的成本相对要低导致。

续表5 模型回归结果——辅助器具回归结果

	B	Std. Error	ald	Sig.	Exp (B)	Exp(B)95%的置信区间	
						下界	上界
Intercept	−0.5978	0.948		0.398	0.528		
年龄	0.0068	0.005	1.601	0.206	1.007	0.996	1.017
残疾年数	0.0131***	0.004	8.631	0.003	1.013	1.004	1.022
家庭人数	0.1937***	0.055	12.204	0.000	1.214	1.089	1.353
收入	−0.0201***	0.004	29.513	0.000	0.980	0.973	0.987
[教育程度=0]	0.4730	0.450	1.104	0.293	1.605	0.664	3.877
[教育程度=1]	0.4249	0.434	0.957	0.328	1.529	0.653	3.583
[教育程度=2]	−0.0688	0.437	0.025	0.875	0.933	0.396	2.198
[教育程度=3]	0.1141	0.470	0.059	0.808	1.121	0.446	2.817
[教育程度=4]	0.0000	.	.	.	.	.	.
[残疾类别=0]	1.3492***	0.472	8.156	0.004	3.854	1.527	9.728
[残疾类别=1]	2.2705***	0.311	53.410	0.000	9.684	5.268	17.803
[残疾类别=2]	2.2675***	0.253	80.620	0.000	9.655	5.886	15.839
[残疾类别=3]	2.2286***	0.375	35.282	0.000	9.287	4.451	19.374
[残疾类别=4]	2.0083***	0.274	53.834	0.000	7.451	4.357	12.740
[残疾类别=5]	0.4817	0.324	2.207	0.137	1.619	0.857	3.056
[残疾类别=6]	0.0000	.	.	.	.	.	.
[生活自理=0]	−1.2289	1.029	1.426	0.232	0.293	0.039	2.199
[生活自理=1]	−1.4963**	0.762	3.856	0.050	0.224	0.050	0.997
[生活自理=2]	−1.1784	0.766	2.364	0.124	0.308	0.069	1.382
[生活自理=3]	−0.9894	0.794	1.553	0.213	0.372	0.078	1.762
[生活自理=4]	−0.5169	0.830	0.387	0.534	0.596	0.117	3.036
[生活自理=5]	0.0000	.	.	.	.	.	.
[户籍=1]	1.2711***	0.156	66.772	0.000	3.565	2.628	4.835
[户籍=2]	0.0000	.	.	.	.	.	.
[性别=1]	0.0125	0.136	0.009	0.926	1.013	0.776	1.321
[性别=2]	0.0000	.	.	.	.	.	.
[工作情况=1]	0.2665	0.183	2.129	0.145	1.305	0.913	1.867
[工作情况=2]	0.0000	.	.	.	.	.	.

分析以不选择为参照的残疾人选择辅助器具项目的情况。与前面医疗服务与扶助和不选择相比的情况一样,残疾年数和家庭人数对选择辅助器具有正的影

响，而收入对此有微小的负影响。即残疾的时间越长，家庭人数越多越倾向于选择辅助器具；而收入越高越倾向于不选择任何服务，原因可能在于收入越高，残疾人可以获得的照料越好，其选择辅助器具的必要性可能降低。除残疾类别＝5即智力残疾外，各种残疾类别对辅助器具需求选择的影响都是显著的。而且可以看到与精神残疾相比，其他残疾类别对辅助器具的影响都为正，也即其他类别的残疾人比精神残疾更倾向于选择辅助器具。这与一般的认识相似，精神残疾很难通过辅助器具的帮助来增强其社会活动的能力。生活自理能力对残疾人是否选择辅助器具或不进行需求选择的影响显著性不明显。但从系数上看，相比于生活完全无法自理的人，其他的残疾人更倾向于选择辅助器具。从中可以知道自理能力有极度障碍，基本无法完成的人，对辅助器具的需求较小。而对于残疾程度轻的人，正因为他们可以通过器具完成相关活动，所以他们对辅助器具的需求是最强烈的。同时，相比于城市残疾人，农村残疾人对辅助器具的需求更强烈；相比没有工作的人，有工作的人对辅助器具的需求更强烈。原因可能在于农村残疾人以往获得辅助器具数量较少，而且更想通过辅助器具的帮助恢复到正常的生活和工作状态。

续表5 模型回归结果——康复训练与服务回归结果

	B	Std. Error	ald	Sig.	Exp（B）	Exp(B)95% 的置信区间	
						下界	上界
Intercept	1.4014	0.949	2.181	0.140			
年龄	−0.0051	0.005	0.875	0.350	0.995	0.984	1.006
残疾年数	0.0082 *	0.005	3.093	0.079	1.008	0.999	1.017
家庭人数	0.1817 ***	0.058	9.757	0.002	1.199	1.070	1.344
收入	−0.0154 ***	0.004	14.935	0.000	0.985	0.977	0.992
[教育程度＝0]	0.2139	0.488	0.192	0.661	1.238	0.476	3.220
[教育程度＝1]	0.1598	0.471	0.115	0.734	1.173	0.466	2.953
[教育程度＝2]	−0.3466	0.472	0.539	0.463	0.707	0.280	1.783
[教育程度＝3]	0.0796	0.508	0.025	0.876	1.083	0.400	2.931
[教育程度＝4]	0.0000	.	.	.	.	.	.
[残疾类别＝0]	1.2544 ***	0.451	7.747	0.005	3.506	1.449	8.480
[残疾类别＝1]	0.9109 ***	0.300	9.232	0.002	2.487	1.382	4.475
[残疾类别＝2]	−0.4902 **	0.241	4.128	0.042	0.612	0.382	0.983
[残疾类别＝3]	0.1618	0.387	0.175	0.676	1.176	0.551	2.509
[残疾类别＝4]	1.3985 ***	0.253	30.544	0.000	4.049	2.466	6.649
[残疾类别＝5]	0.6704 **	0.293	5.241	0.022	1.955	1.101	3.471

续表

	B	Std. Error	ald	Sig.	Exp（B）	Exp(B)95%的置信区间	
						下界	上界
［残疾类别＝6］	0.0000	.	.	.	.	.	.
［生活自理＝0］	−0.6434	0.992	0.420	0.517	0.526	0.075	3.674
［生活自理＝1］	−1.6528 **	0.753	4.816	0.028	0.192	0.044	0.838
［生活自理＝2］	−1.2623 *	0.757	2.778	0.096	0.283	0.064	1.249
［生活自理＝3］	−1.2697	0.785	2.615	0.106	0.281	0.060	1.309
［生活自理＝4］	−0.7847	0.821	0.914	0.339	0.456	0.091	2.280
［生活自理＝5］	0.0000	.	.	.	.	.	.
［户籍＝1］	1.1630 ***	0.168	48.078	0.000	3.199	2.303	4.445
［户籍＝2］	0.0000	.	.	.	.	.	.
［性别＝1］	0.1299	0.143	0.827	0.363	1.139	0.861	1.507
［性别＝2］	0.0000	.	.	.	.	.	.
［工作情况＝1］	0.1166	0.190	0.376	0.540	1.124	0.774	1.631
［工作情况＝2］	0.0000	.	.	.	.	.	.

比较各因素对选择康复训练与服务与不进行需求选择的不同影响。残疾持续的年数、家庭规模以及收入对残疾人是选择康复训练与服务还是不进行需求选择的影响与前面两项的比较情况相似。残疾年数对残疾人选择康复训练与服务有正的影响，而收入则有微小的负的影响，家庭规模对残疾人选择康复训练与服务也有正的影响。相比于精神残疾，其他各类残疾更倾向于选择进行康复训练与服务。其倾向性最高为多重残疾，其次为言语残疾和视力残疾，听力残疾选择进行康复训练与服务的偏好也相对要弱一点。分析生活自理能力对残疾人选择康复训练与服务的影响，相比生活有严重障碍的残疾人来说，其他残疾人更倾向于不进行需求选择，即随着生活自理能力降低，残疾人更倾向于选择接受康复训练与服务。原因可能在于，对于生活不能自理的残疾人更有恢复自理能力的需求，同时，也可通过康复训练与服务使自己保持现有状态与健康。同样，相比于城市残疾人，农村残疾人更倾向于选择康复训练与服务，这也可能说明此种福利项目此前在农村的极度缺失，导致农村残疾人的需求迫切。除教育程度、性别变量外，是否有工作变量没有通过显著性检验。

在中国的社会保障体系中，社会福利是社会保障的最高层次，所以它所关注的不仅仅是保障残疾人的基本生活，更要考虑到残疾人及其家庭未来的发展。教育及职业发展类福利包括教育费用补助、职业教育与培训、就业安置与扶持三项，正是体现残疾福利的本质所在。分析残疾人对此项目选择与不进行需求选择的影响差异情况,年龄对残疾人是否倾向于选择教育与职业发展类项目有负的影响。原因也明显,随着年龄增长教育与职业培训所能获得的回报减少,而且其中的教育费用补助是针对学龄阶段的残疾人,而年龄越大,希望获得职业教育与培训、就业安置的需求也会相对减小。残疾持续的年数、收入与家庭规模对残疾人是选择教育与职业发展类服务还是不需要残疾人相关福利服务与扶助与前面几项的情况相同。相比于精神残疾,听力和智力残疾更偏好于不选择教育及职业发展类补助与服务,而视力和肢体残疾则更倾向于选择相关的教育、职业类福利服务与扶助。其原因可能在于其自身是否适合工作,相对精神、肢体和视力残疾可能更适合工作。从残疾人生活自理能力影响因素看,相比于生活有极度障碍的残疾人,除重度障碍外,都更偏好于选择希望接受教育及职业发展类福利服务与扶助。原因也在于生活有重度和极度障碍的残疾人不太适合工作,所以他们选择得到教育、职业发展类福利服务与扶助的偏好也低。同样,农村残疾人比城市残疾人更希望得到此类服务,有工作的残疾人比没有工作的残疾人更倾向于选择接受残疾人教育及职业发展类服务。

续表5 模型回归结果——教育及职业发展类服务回归结果

	B	Std. Error	Wald	Sig.	Exp(B)	Exp(B)95%的置信区间	
						下界	上界
Intercept	1.3226	1.463	0.818	0.366			
年龄	-0.0749***	0.007	126.577	0.000	0.928	0.916	0.940
残疾年数	0.0273***	0.006	23.041	0.000	1.028	1.016	1.039
家庭人数	0.2197***	0.068	10.583	0.001	1.246	1.091	1.422
收入	-0.0287***	0.005	27.404	0.000	0.972	0.961	0.982
[教育程度=0]	0.4878	0.695	0.492	0.483	1.629	0.417	6.364
[教育程度=1]	0.4533	0.676	0.450	0.502	1.574	0.418	5.918
[教育程度=2]	0.0332	0.670	0.002	0.960	1.034	0.278	3.843
[教育程度=3]	0.5821	0.703	0.685	0.408	1.790	0.451	7.101
[教育程度=4]	0.0000	.	.	.	.		
[残疾类别=0]	0.0374	0.486	0.006	0.939	1.038	0.401	2.690
[残疾类别=1]	0.2909	0.360	0.653	0.419	1.338	0.661	2.709
[残疾类别=2]	-1.6796***	0.346	23.603	0.000	0.186	0.095	0.367
[残疾类别=3]	0.0945	0.449	0.044	0.833	1.099	0.456	2.648

续表

	B	Std. Error	Wald	Sig.	Exp（B）	Exp(B)95%的置信区间	
						下界	上界
[残疾类别=4]	0.6361**	0.273	5.438	0.020	1.889	1.107	3.225
[残疾类别=5]	-0.1598	0.311	0.264	0.607	0.852	0.463	1.568
[残疾类别=6]	0.0000	.	.	.	.	.	.
[生活自理=0]	0.4758	1.411	0.114	0.736	1.609	0.101	25.574
[生活自理=1]	0.5302	1.257	0.178	0.673	1.699	0.145	19.965
[生活自理=2]	0.9735	1.260	0.597	0.440	2.647	0.224	31.293
[生活自理=3]	0.5432	1.286	0.178	0.673	1.722	0.138	21.401
[生活自理=4]	-0.1676	1.350	0.015	0.901	0.846	0.060	11.913
[生活自理=5]	0.0000	.	.	.	.	.	.
[户籍=1]	1.4364***	0.225	40.613	0.000	4.206	2.704	6.542
[户籍=2]	0.0000	.	.	.	.	.	.
[性别=1]	0.2251	0.163	1.907	0.167	1.252	0.910	1.724
[性别=2]	0.0000	.	.	.	.	.	.
[工作情况=1]	0.5708***	0.205	7.715	0.005	1.770	1.183	2.647
[工作情况=2]	0.0000	.	.	.	.	.	.

生活服务是指日常社区及志愿者为残疾人提供的日常生活服务，如家务的代办、协助。比较残疾人对它的需求与不选择相关福利服务与扶助的情况可以发现，残疾持续年数、家庭规模及收入对此的影响与前面基本相同。相比于精神残疾人，其他类别的残疾人更倾向于选择希望接受生活服务。而且多重残疾、视力残疾以及肢体残疾这种倾向性更高，而相对听力、言语及智力残疾人则倾向于选择不需要服务。其原因也在于听力、言语、智力和精神残疾人的生活自理能力相对要高，一般日常的生活可以自理，所以他们不需要此种服务；而多重残疾、视力和肢体残疾相比自理能力不高，所以他们更倾向于选择生活服务。相比城市残疾人，农村残疾人更倾向于选择需要生活服务，有工作的残疾人相比于没有工作的残疾人也更倾向于需要此种服务。

续表5 模型回归结果——生活服务回归结果

	B	Std. Error	Wald	Sig.	Exp（B）	Exp(B)95%的置信区间	
						下界	上界
Intercept	-0.0495	1.034	0.002	0.962			
年龄	0.0017	0.006	0.091	0.763	1.002	0.991	1.013
残疾年数	0.0171***	0.005	13.411	0.000	1.017	1.008	1.027
家庭人数	0.1837***	0.059	9.547	0.002	1.202	1.069	1.350
收入	-0.0196***	0.004	21.501	0.000	0.981	0.972	0.989
[教育程度=0]	0.4240	0.594	0.509	0.476	1.528	0.477	4.900
[教育程度=1]	0.3586	0.581	0.381	0.537	1.431	0.458	4.470
[教育程度=2]	-0.0433	0.584	0.005	0.941	0.958	0.305	3.009
[教育程度=3]	0.3027	0.620	0.239	0.625	1.353	0.402	4.559
[教育程度=4]	0.0000	.	.	.	.	.	.
[残疾类别=0]	0.8954**	0.458	3.828	0.050	2.448	0.998	6.003
[残疾类别=1]	1.0926***	0.300	13.261	0.000	2.982	1.656	5.369
[残疾类别=2]	0.1219	0.240	0.257	0.612	1.130	0.705	1.809
[残疾类别=3]	0.2254	0.388	0.338	0.561	1.253	0.586	2.678
[残疾类别=4]	0.5196**	0.260	3.982	0.046	1.681	1.009	2.801
[残疾类别=5]	0.1472	0.302	0.238	0.626	1.159	0.641	2.094
[残疾类别=6]	0.0000	.	.	.	.	.	.
[生活自理=0]	-0.9256	1.044	0.786	0.375	0.396	0.051	3.066
[生活自理=1]	-1.3517*	0.782	2.991	0.084	0.259	0.056	1.198
[生活自理=2]	-0.6237	0.785	0.631	0.427	0.536	0.115	2.498
[生活自理=3]	-0.4294	0.812	0.279	0.597	0.651	0.132	3.199
[生活自理=4]	-0.1663	0.849	0.038	0.845	0.847	0.160	4.473
[生活自理=5]	0.0000	.	.	.	.	.	.
[户籍=1]	1.4417***	0.178	65.771	0.000	4.228	2.984	5.990
[户籍=2]	0.0000	.	.	.	.	.	.
[性别=1]	-0.0330	0.146	0.051	0.821	0.968	0.727	1.288
[性别=2]	0.0000	.	.	.	.	.	.
[工作情况=1]	0.3543*	0.193	3.357	0.067	1.425	0.976	2.082
[工作情况=2]	0.0000	.	.	.	.	.	.

此处的高层次服务包括法律援助与服务、无障碍设施、信息无障碍、文化服务，这些服务相对于生活服务来说，是满足残疾人更高层次需求的一些服务。分析不同影响因素对残疾人两项选择的作用，残疾持续年数与家庭人数对残疾人选择这些高层次福利服务的影响为正，而收入在此没有通过检验，统计学意义不明显。在残疾类别这一影响因素上，以精神残疾人的选择为参照，其他各类别残疾人相比于不进行需求选择，更偏好于选择这些高层次的需求。而分析自理能力这一影响因素，可以看到相比于自理能力弱的，自理能力强的更倾向于不进行需求选择，而自理能力弱的人更希望有这些设施与服务，其原因可能在于他们对这些服务的依赖度更高，所以他们的需求更明显。相比于城市残疾人，农村残疾人更需要此类服务与设施。在此项目上，性别变量通过显著性检验，相比于女性残疾人，男性残疾人更偏好于需要此类设施与服务。而对此类福利设施与服务的需求，工作因素的影响不明显，没有通过显著性检验。

续表5 模型回归结果——高层次服务回归结果

	B	Std. Error	Wald	Sig.	Exp（B）	Exp(B)95%的置信区间	
						下界	上界
Intercept	0.1829	1.090	0.028	0.867			
年龄	-0.0092	0.007	1.907	0.167	0.991	0.978	1.004
残疾年数	0.0185 ***	0.005	11.888	0.001	1.019	1.008	1.029
家庭人数	0.1711 **	0.070	5.931	0.015	1.187	1.034	1.362
收入	-0.0076	0.005	2.360	0.124	0.992	0.983	1.002
[教育程度=0]	0.2035	0.624	0.106	0.744	1.226	0.361	4.161
[教育程度=1]	-0.0606	0.604	0.010	0.920	0.941	0.288	3.074
[教育程度=2]	-0.1831	0.602	0.092	0.761	0.833	0.256	2.710
[教育程度=3]	0.1820	0.644	0.080	0.778	1.200	0.339	4.239
[教育程度=4]	0.0000	.	.	.			
[残疾类别=0]	0.2389	0.592	0.163	0.687	1.270	0.398	4.051
[残疾类别=1]	2.0886 ***	0.368	32.171	0.000	8.074	3.923	16.616
[残疾类别=2]	0.0484	0.338	0.021	0.886	1.050	0.541	2.035
[残疾类别=3]	0.6260	0.516	1.472	0.225	1.870	0.680	5.141
[残疾类别=4]	1.5005 ***	0.330	20.666	0.000	4.484	2.348	8.563
[残疾类别=5]	0.7482 **	0.379	3.893	0.048	2.113	1.005	4.444
[残疾类别=6]	0.0000	.	.	.			
[生活自理=0]	-1.1833	1.090	1.178	0.278	0.306	0.036	2.596
[生活自理=1]	-2.0051 **	0.811	6.113	0.013	0.135	0.027	0.660

续表

	B	Std. Error	Wald	Sig.	Exp（B）	Exp(B)95%的置信区间	
						下界	上界
[生活自理=2]	-1.5515*	0.817	3.610	0.057	0.212	0.043	1.050
[生活自理=3]	-1.3866	0.849	2.670	0.102	0.250	0.047	1.319
[生活自理=4]	-0.9722	0.890	1.194	0.275	0.378	0.066	2.163
[生活自理=5]	0.0000	.	.	.	.	.	.
[户籍=1]	0.8136***	0.211	14.915	0.000	2.256	1.493	3.409
[户籍=2]	0.0000	.	.	.	.	.	.
[性别=1]	0.2943*	0.178	2.746	0.098	1.342	0.948	1.901
[性别=2]	0.0000	.	.	.	.	.	.
[工作情况=1]	0.1807	0.230	0.619	0.432	1.198	0.764	1.879
[工作情况=2]	0.0000	.	.	.	.	.	.

注：a：The reference category is：7 = 不选择
b：This parameter is set to zero because it is redundant.
c：* 表示在10%水平上显著；** 表示在5%水平上显著；*** 表示在1%水平上显著。

四、总结及启示

（一）协调服务供给，实现基本福利服务供给均等化

年龄除对残疾人是否选择教育及职业发展类服务有影响，即年龄越大越不倾向于选择教育及职业发展类服务外，对其他服务与扶助的选择没有影响。性别因素上，除相对于女性残疾人，男性残疾人更倾向于选择较高层次的福利设施与服务外，对其他也没有显著的影响。教育程度这一影响因素没有通过显著性检验，也即没有影响。所以在残疾人福利供给时，不能有所偏颇，使不同年龄、不同性别、不同教育程度的残疾人的福利需求满足度有所不同。

受国家宏观政策环境的影响，现行残疾人社会保障制度体系的形成与我国二元经济社会制度的变迁相一致。我国二元社会经济结构失衡导致残疾人社会保障制度也结构失衡。城市残疾人参加城市社会保障制度，享有较高的福利待遇；农村残疾人参加农村社会保障制度，由于农村社会保障项目严重缺失，导致农村残疾人得不到应有的保障。正因为原来农村各项残疾福利服务与扶助的供给严重不足，农村的残疾人福利需求满足率远低于城市，所以从分析中可知，相对于城市残疾人，农村的残疾人对各项福利服务与扶助有更强的需求愿望。而在提供残疾

人福利时要保证福利供给的公平性,是我们必须遵守的重要福利原则,缩小城乡差距也成为未来残疾人福利建设的重要工作之一。故在残疾人福利投入上,也应该根据残疾人的需求规模,结合一个地区的经济和服务特点有效地进行。调整财政投入方向,加强农村残疾人福利服务与扶助的供给,实现残疾人基本福利服务与扶助供给的均等化。

(二)优化服务供给结构,为不同群体的残疾人提供差异化服务

不同类别的残疾人对各项福利服务与扶助的需求不同,相对于精神残疾,多重和视力残疾对医疗服务与扶助的需求较强烈;视力、听力残疾对辅助器具的需求较强烈;视力和言语残疾人对康复训练与服务的需求较强烈;肢体残疾对教育及职业类服务的需求较强烈;多重、肢体残疾人对生活服务的需求较强烈;视力、言语残疾对各类较高层次的需求相对较强烈。从残疾人生活自理能力看,随着自理能力的降低,残疾人对医疗服务与扶助、康复训练与服务、生活服务及各类高层次设施与服务的需求增加,而对辅助器具、各类教育及职业发展类服务与扶助的需求降低。

因此,应根据不同残疾人群体的不同需要,为不同的残疾人群体提供适合其特点的残疾人福利服务与扶助。随着年龄增长,对教育及职业发展类福利的需求减弱,所以在此类福利服务与扶助的供给上要考虑到年龄的因素。不同类别残疾有不同的福利需求偏好,应根据不同的残疾类别提供不同的福利服务与扶助项目。如听力、视力残疾更偏好于辅助器具这一福利项目,肢体和多重残疾人更需要生活服务,言语残疾人对康复训练与服务需求强烈,肢体残疾人对教育、就业类需求强烈,因此在提供福利服务与扶助时也要考虑到残疾类别这一因素。要考虑到残疾持续时间、家庭规模、收入、残疾人生活自理能力及是否有工作等因素的影响。残疾人持续时间越长,家庭收入越低,在福利服务与扶助方面需求越多,就更应对他们倾斜以满足其需求。同时,自理能力不同的残疾人对各项服务与扶助的偏好也不同,在福利供给时也应考虑到残疾人这一特性的影响。优化供给结构,提高福利供给的效率。

(三)多方筹集资金,创新残疾福利服务与扶助供给方式

不同于正常人群的社会保障,残疾人社会保障资金依靠个人筹集难度相当大。但是残疾人福利服务与扶助要持续开展,必须要有稳定的资金供给为前提。因此,完善各级财政的支持制度,建立稳定的财政资金机制,确保残疾人社会保障的资金供给,对残疾人社会保障的开展具有决定性意义。一方面,应在财政预

算上为残疾人做好物质保障；另一方面，更要充分调动社会、家庭和个人的作用。从构筑和谐社会、实现全面小康社会的目标出发，残疾人的福利制度需要政府的引导和支持，尤其要充分发挥中央公共财政的收入再分配功能，加大倾斜力度，特别是对中西部经济不发达地区的财政倾斜，资助残疾人，实现真正意义上的社会公平。同时，通过制订优惠政策，吸引社会各界慈善捐助资金，提高残疾人福利水平。

在残疾人福利供给方式上，也应有所创新。残疾人福利服务与扶助作为准公共物品，其供给予生产可以分离，虽然福利由政府主导提供，但可以由私人部门生产，政府购买产品与服务即可。如生活服务等项目可以由私人部门提供上门服务，为符合条件的残疾人或家庭提供"服务券"或"消费券"，让残疾人自己选择合适的服务。引入市场因素，加强竞争，提高制度效率。

残疾人服务体系建设几个核心概念与问题的初步研究

中国社会科学院社会学研究所　李　敬
中国康复研究中心　马洪路

导言：残疾人社会服务体系的发展与相关研究成果

中共中央国务院《关于促进残疾人事业发展的意见》第五章"改善对残疾人的服务"正式提出"残疾人服务体系建设"，《意见》明确要求："健全残疾人服务体系。针对残疾人特殊性、多样类别化的服务需求，建立健全以专业机构为骨干、社区为基础、家庭邻里为依托，以生活照料、医疗卫生、康复、社会保障、教育、就业、文化体育、维权为主要内容的残疾人服务体系。"要求"公共服务机构要为残疾人提供优先优惠的服务。专业残疾人服务机构要改善条件，完善功能，规范管理，扩大受益面、服务水平"。官方名词说明指出，"残疾人服务体系建设是指国家和社会为残疾人提供各种服务的总称"，并从服务项目、服务提供者、服务方式、残疾人服务体系建设满足残疾人特殊需要等角度做了更加详细的阐述，并强调，"残疾人服务体系即是公共服务体系和社会服务体系的有机组成部分，也因其服务手段和方式、服务技术和环境支持等方面的特殊性而具有自身特点"。明确了服务体系建设的主要方向与内容是"完善残疾人服务体系建设，主要包括：服务设施和服务网络建设，专业化服务队伍建设，服务运行机制、监督管理机制、筹资机制和政策保障机制建设等"。毋庸置疑，该论述与相关解释可以说是当前国内关于残疾人服务体系建设的最经典、最完善、最具有可操作性的规定，是新时期残疾人服务体系建设的指导思想。

回顾相关文献发现，目前学术界对于残疾人服务体系建设的研究很少，对服务业或社会服务的研究也侧重于经济学、产业发展与宗教组织从事社会服务等方面，对于残疾人服务体系建设的基本内涵、主要内容、体系建立过程、现实状况等一系列重要主题少有关注，仅经济比较发达的广东省有所研究和论述。本文从解读中央7号文件入手，对几个相关概念予以初步探讨，对当前残疾人服务体系建设中的一些问题给予初步思考，以引起社会各界的更深入研究。

一、服务体系中几个相关概念的辨析

残疾人服务体系建设需要明确一些概念,只有这些概念明确了,体系建设才能找准做事的方向与方式。

(一)(残疾人)公共服务

中央7号文件提出残疾人服务体系是公共服务与社会服务的有机组成部分,这里的公共服务到底是什么涵义?

"公共服务这一措词已被相当广泛地使用,但是,对什么是公共服务,却有不同的见解,在很多情况下是含糊不清的,而概念上的混乱又助长了实践中的混乱。(它是)公共组织机构使用公共权力与公共资源提供的公共服务。可见,判断一种服务是否属于公共服务,关键在于提供方及其所使用的权力与资源的性质。所以,现代社会中的所谓公共服务就是指使用公共权力和公共资源向公民(及其被监护的未成年子女等)所提供的各项服务。"按照国务院发展研究中心专家的定义,公共服务可以解释为:由国家相关政府部门利用财政投资兴建的学校,即公办学校,就是国家在为国民提供教育公共服务;投资兴办的医疗卫生机构就是医疗公共服务等。"公共服务是有国家行为介入的一种服务活动;公共服务可以使公民的某种直接需求得到满足;公共服务可以由公民根据个人需要进行一定程度的选择;公共服务涉及的人与人之间的关系是平等的;提供公共服务是国家的职能之一。""公共服务可以根据其内容和形式分为基础公共服务、经济公共服务、社会公共服务、公共安全服务。社会公共服务则是指通过国家权力介入或公共资源投入,为满足公民的社会发展活动的直接需要所提供的服务。社会发展领域包括教育、科学普及、医疗卫生、社会保障以及环境保护等领域。社会公共服务是为满足公民的生存、生活、发展等社会性直接需求的服务,如公办教育、公办医疗、公办社会福利等。"

综上所述,由公共权力机构利用公共财政为残疾人提供的各类服务都属于残疾人公共服务,是社会公共服务领域的重要内容。

"基本公共服务是指建立在一定社会共识基础上,根据一国经济社会发展阶段与总体水平,为维持本国经济社会稳定、基本的社会正义与凝聚力、保护个人最基本的生存权与发展权,为实现人的全面发展所需要的基本社会条件。"

党的十六届六中全会《关于构建社会主义和谐社会若干重大问题的决定》提出了"基本公共服务均等化"概念。目前学界认可的"公共服务均等化"是指在基本公共服务领域应该尽可能地使人民享有同样的权利,特别是生存权与发展权。虽然众人的表述与重点不同,但是对"基本公共服务均等化"的界定有以下几点共识:第一,基本公共服务均等化首先应该是机会均等和基本权利均等;第二,从机会均等出发,基本公共服务的结果应该是比较公平和公正的,这既不能成为计划经济下的绝对平均,也不能相差悬殊;第三,"基本公共服务均等化"并不是完全强制性的。在均等化过程中,关注的重点应该是贫困人口、弱势群体等;关注的领域应该是现阶段最急需解决的重点领域和关键环节。"基本公共服务均等化"并不等于计划经济时代的平均主义,而是在承认客观差异前提下的均等化。——需要通过社会政策调整和公共服务体制完善来缩小这种显著的差异,而不是不顾实际地试图消除这种差异。从基本公共服务均等化的角度来看,必须有所侧重。基本公共服务是"雪中送炭"而不是"锦上添花"。在保证全体社会公民基本健康和生存的前提下,需要更加关注弱势群体。另外,基本公共服务均等化是一个动态和变化的过程。

(二)残疾人社会服务

在明确了"残疾人公共服务的主体在于国家,保障来自于财税,目前国家根据具体国情将重点实施的是基本公共服务均等化的战略"后可以肯定,残疾人的服务属于国家公共服务的有机组成部分。这是目前我国 8300 万左右残疾人口的现实需要,也是因为残障本身的变化以及与环境之间的相互密切影响,使全体国民都潜在地有成为特殊需要群体的客观现实,在保障国家经济健康持续发展与国家公共安全的战略中,必须考虑为残疾人提供必要的公共服务,保证人口质量与素质。而在基本公共服务均等化的过程中,由于历史上残疾人事业发展的滞后以及自身作为特别弱势群体的特殊性,残疾人必然成为基本公共服务均等化的核心服务对象。残疾人公共服务以及基本公共服务均等化强调的就是国家(及具体行政责任部门)在残疾人医疗、教育、就业、养老、社会保障、住房、社会参与与权利维护等领域,要为残疾人提供各种基本公共服务,让"残疾人一个都不能落下",为此残疾人获得的公共服务的水平成为国家和谐发展、小康社会实现的重要测量指标。

与公共服务经常并用或混用的另一重要概念就是(残疾人)社会服务。相对于公共服务相关领域研究的丰硕成果而言,对于社会服务以及残疾人社会服务的研究寥寥无几。《中国大百科全书社会学卷》(第 74 卷)认为:"社会服务,狭义指直接为改善和发展社会成员生活福利而提供的服务,如衣、食、住、行、用等方面的生活福利服务。广义的社会服务包括生活福利性服务、生产性服务和社会性服务。生产性服务指直接为物质生产提供的服务,如原材料运输、信息传递、科技咨询、劳动力培训等。社会性服务指为整个社会正常运行与协调发展提供的服务,如公用事业、文教卫生事业、社会保障和社会管理等。社会服务按服务性质可分物质性服务和精神性服务;按服务的程度又分为基本性服务、发展性服务和享受性服务。"《社会保障辞典》认为:"(社会服务是)社会福利服务的别称。对社会服务的界定至今并没有统一的认识,从广义或一般意义上去理解,社会服务是相对商业服务而言的,前者最主要的特点是非营利性的,而后者是营利性的。从一般意义去理解,社会服务又可分成社会性服务和福利性服务,前者又称社会事业,指对一般人口服务的事业(如教育和卫生),后者又称福利服务或福利事业,专指对社会上的脆弱人群提供的服务。从狭义去理解,社会服务与福利性服务乃是在同一意义上运用的。"在社会保障理论领域,对社会服务的理解常常是取狭义的界定。对于社会服务的外延,即使在社会保障理论领域也尚无定论,国际劳工组织编写的《社会保障基础》对社会服务外延作了这样的叙述:"与社会服务有关的具体内容可能包括健康服务、疾病预防和劳动安全,伤残人员的职业康复,为残疾人和老年人提供的特殊设施,为儿童提供的设施和照顾,计划生育门诊"等等。同样是国际劳工局组织国际著名的 10 位社会保障专家撰写的《21 世纪社会保障展望》,则将保健服务从社会服务中分离出来并将它们并列,这可能是为了强调保健服务(主要是预防和康复)在上世纪 90 年代的社会保障发展中的特殊作用。而社会服务是指:①"能够防止造成损失和伤残的条件"的服务;②"能够保护那些其安全或幸福受到威胁的人"(如老年人、残疾人、被遗弃或受虐待的妻子和无依无靠的孤儿)的服务;③"能够使那些已经不能过正常生活的人改除恶习和恢复生活能力"(如酗酒者、吸毒者、精神病患者、刑满释放者、移民和少数民族)的服务;④"帮助某些人和社区发挥他们的潜力"(如部分丧失劳动能力的人、智障者、因债或其他难题陷于困境的家庭,以及需要发动公民参与和专业人员帮助的社区)的服务。

实践中,国内从事社会服务的组织按其形式总体上可以分为四种:一是执政党努力推动的自上而下与自下而上相结合的社会服务,如天津开发区泰达社会服务中心(等同于社区服务)等,结果容易造成社会服务与公共服务的边界不清;二是各参政党的社会服务项目,多为政府公共服务的拾遗补缺(多为教育、扶贫、卫生类);三是多为宗教团体的传统社会服务项目;最后是 20 多年前开始破土萌生的自下而上的结合部分各类专业社会工作特色的社会服务,主要由各类性质的社会组织,特别是非营利组织实施。

西方学术界认为,社会服务,在英国被称为人身社会服务(Personal Social

Service)，在北欧被称为社会关照服务（Social Care Service），其重要特点就是根据人类的不同需求提供服务。所以 Sainsbury 定义人身社会服务是"关心有需求和困难的人，因为困难阻止了他作为个体在社会上应能够发挥的最大的社会能量，阻止了他自由地发展他的个性和通过与外界的接触实现自己的渴望。这种需要在传统上是被个人和家庭的功能来解决的；而目前改为社会服务来满足需求，并且社会提供了高水平的帮助过程，并不是提供单一化的帮助；服务资源适应个人和群体的不同需求，并不是人与人之间都一样。"该服务强调了行为，重点在关心照顾。它对全部的社会群体根据总的标准区别服务，例如，根据年龄和居住地点、特殊的问题和特定的人口群提供服务。社会服务的几个特点：①社会关照服务强调了行为，重点在关心照顾；②学术和研究范围内的社会服务，不可与其他的社会福利服务项目混淆，它专指社会关照服务和人身社会服务；③是一种社区服务：从医院回归社区；④有别于非正式服务：家属邻里亲戚提供的服务照顾；⑤是一种独立的服务，主要由私人和志愿组织提供。

综合国内外的学术研究和实践，残疾人社会服务是国家或社会为残疾人提供的各种服务的总称，包括社会服务内涵中的生活福利服务（针对残疾人的基本生活需求）、生产性服务（针对残疾人的发展与参与经济生活需求）与社会性服务（获得基本公共服务需求与参与社会管理），但一般多指生活福利服务与生产性服务。

从上述各方论述中可以看出，社会服务与公共服务具有交叉部分，而从残疾人服务的角度看，既包括由公共权力机关运用公共资源提供的公共服务；也包括相关部委及相关事业团体、社会组织或个人利用公共资源或社会资源或个人资源提供的社会服务；还包括残疾者本人或家庭利用私人物品与个人资源为本人或残疾人家庭成员提供的家庭服务。

社会服务与公共服务可以被认为是从不同视角提出的两种"本质目的一致、方向相对、内容有差异的服务"。公共服务强调的是政府主导与公权力的职责，是从上往下的一种视角，社会成员基本公共服务需求的满足是公权力证明自身合法性的必由之路；而社会服务则是从服务获得者的角度进行的阐述，强调的是该种服务获得的个人性与差异性，是一种个体感受与需要的被满足。基本公共服务中如医疗、教育、社会保障、安全等内容是包括残疾人在内所有社会成员均需获得的生存与发展的必要条件，而具体到每一个残疾人是否获得了恰切的服务则是需要通过专业化的社会服务与社会工作才能实现。公共服务的实现（服务落地）需要依赖各类社会组织，所以公共服务分类中才有一类叫做公共社会服务。

残疾人服务体系的建设就是要将公共服务与社会服务中关于残疾人的部分充分动员起来，通过精心的制度设计使国家与社会（包括部分市场）可以充分合作，建立一个为残疾人的完善的服务体系。

(三)（残疾人）服务业

此外，中央 7 号文件也专门从产业经济学角度提出了残疾人服务业这一概念。"残疾人服务业是现代社会服务业的一个方面，是适应我国现代化、老龄化、城镇化和市场化的客观需求，针对残疾人在生活服务领域的特殊需求，按照国家扶持、市场推动的原则要求，充分动员国家、社会（企事业单位、社会组织和个人）和残疾人家庭等多方面的积极性，发展为残疾人提供服务的产业。残疾人服务业由服务项目、服务产品、服务技术等组成，主要服务对象是重度残疾人、老年残疾人、残疾儿童和智力、精神残疾人，主要服务内容是生活照料、康复养护、技能培训、文化娱乐、相关辅助设备和辅助技术及器具的适配。"

如果说残疾人服务体系建设更多的是从社会政策角度提出的国家与社会如何分权与配合，建设相关制度，考虑的是"公平"的话，那么残疾人服务业的提出则更多的是从经济角度提出作为产业化发展的残疾人事业如何能够适应市场经济的需要，通过残疾人购买，提供最有利的资源配置方案，考虑的是"效率"问题。

公平与效率一直是中国社会发展绕不开的话题，改革开放的三十年是追求效率优先的三十年，经济发展成为核心与重中之重，社会的公平与正义被认为是实现经济目标后可以自然而然出现的一种状态。但是从党的"十六大"以来，中央已然认识到在经济建设过程中同步进行社会建设的重要性，公平正义等人类社会的美好理念是需要在制度设计中确立与逐步实现的，而无法随着经济的发展自然而然地从天而降。因此在当前残疾人普遍温饱尚未实现，残疾人的各种发展权利刚刚起步的历史阶段，从人道主义思想出发，在残疾人事业领域侧重追求公平，以期残疾人事业发展速度可以赶上国民经济发展速度可能成为当下的首选。

所谓侧重公平的残疾人（服务）事业的发展，不是不要市场，市场在资源配置上具有天然的优势，我们需要通过相应的政策引导，将市场的力量吸引到残疾人服务体系的某些领域，通过竞争，逐渐培育其优质的服务机构与服务力量。在国家、社会与市场的三方竞技中需要寻找一种动态的优化的平衡。

二、残疾人服务体系的责任主体

(一) 政府是责任主体

残疾人服务体系的建设，或者说残疾人事业的发展，必须是在政治领导与制度保障下的发展。残疾人服务首先是国家公共服务的重要组成部分，是政府的基本职责及其对国民的政治承诺。作为社会主义国家，作为代表最广大人民利益，最先进生产力与最先进文化的执政党，如何将立党为公、执政为民的执政理念体现在公共（服务）领域，对残疾人事业负责任就是最好的体现之一。

明确作为公民的残疾人群体享受与其他社会成员同等的基本生存权与发展权利，明确这些权利将随着国家政治经济社会的发展不断提高与扩充，通过普遍政策与特殊政策将残疾人与普通社会成员之间的差距填平，是党与政府在社会建设中的一项重要任务。

（二）政府主导的内容

政府主导主要体现在政治方向、事业规划及（各类扶持与规管）制度建设、财政资金保障等方面。残疾人事业是中国特色社会主义事业的重要组成部分，残疾人事业的政治方向不能有任何变化，这也是中央7号文件增加党与政府各有一个负责领导同志以加强对残疾人事业领导的潜在涵义。

残疾人事业发展既具有一般性公民所需的公共服务等共性特征，又具有各类残疾造成的特殊性，因此残疾人事业的规划必然是个多部门博弈与权衡的过程，党和政府要站在部门利益之上对残疾人事业做出全局性部署就成为一个必然的政治选择。

残疾人事业的发展本质上也是法治社会中涉及残疾人事业发展的法律法规的建设与落实过程，任何一项事业的发展都不能离开制度建设，特别是在残疾人服务体系建设过程中对如何建立与完善服务体系，如何促进各类社会组织积极投身于残疾人服务，如何促进良性竞争、甄选优质服务机构与服务项目等，需要制订大量的相关制度，能够有效实施的法是良法，而良法必然促进良知与良治。

残疾人事业作为公共事业的重要组成部分，必然需要公共财政的支持，特别是考虑到残疾人事业与整体国民经济发展的巨大差距，如何在最短的时间内迎头赶上，保证"残疾人一个也不能落下"，就要求公共财政在残疾人事业领域增加投入，保证残疾人事业不拖全面建设小康社会的后腿。

这里的"政府主导"或许不能完全明确政府应该做什么，因为世界变化太快，需要也层出不穷。但是政府主导中政府不能做什么或不需要做什么，可以参考其他国家与地区的经验，从我国残疾人事业的历史中得到借鉴。在"小政府·大社会"的政治民主化改革进程中，凡是社会或市场有可能做好的领域政府都应该退居幕后，通过政策扶持与引导等手段为其提供保障，做运动场上的教练员（引领与指导）与裁判员（监督与执法），这里可以引用美国公共经济学家埃利诺·奥斯特罗姆提出的公共服务产业理论。

类推到残疾人事业中,包括残联在内承担社会管理职能的部门与组织需要在提供者的位置上发挥主要作用;而服务的生产者是各类社会组织,包括事业单位、民办非企业、一部分社会企业甚至是企业;使用者就是残疾人群体或个人以及具有潜在需要的普通民众。

三、服务体系建设中的社会组织参与

关于服务体系的基本构成,即各类服务都由谁来提供的问题,中央7号文件指出,"(坚持政府主导)社会参与,(国家扶持)市场推动",形成"公共服务机构"与"专业服务机构"的配合等。可以看出政府主导下的社会参与包括了营利经济组织与非营利性社会组织的共同参与。当然在残疾人服务体系中上述两个组织类型所占比例以及占据的主要领域肯定有差异。由于残疾人事业历史欠账太多,公共财政投入事实上也不可能一下子增加太多,因此残疾人事业发展采取的是两条腿走路的方式,即为不具有获得服务能力的残疾人提供基本保障以及鼓励有购买能力的残疾人去"自由选择"。

福利多元化有意无意地弱化了政府的责任。现实是残疾人普遍获得服务(购买服务)的能力很低,至少在一定程度上持续依靠自身或家庭获得服务的能力很低,因此"市场"很不愿意进入这个在一定意义上无利可图的残疾人服务领域,非营利社会组织不可避免地成为残疾人服务体系建设的主体构成。

那么各类社会组织在服务体系中参与什么?如何参与?如何与国家和市场形成良性合作关系?残疾人社会组织一般指两类,一类是事业单位,一类是由非国有资产投资兴办的各类民间组织,主要是民办非企业单位(俗称民办事业单位),前者在改革的过程中,实际上也在朝着民办事业单位与企业的方向分流改制,这里不做讨论。下面主要讨论民办非企业单位这一社会组织形态。

服务对象各异的"民非企"在残疾人事业发展中已经成为一支重要力量,如在中国残疾人服务体系相对完备的聋儿康复领域,至少10%的国家级重点项目都是由民办聋儿机构承担的,每年服务的聋儿至少是国家计划的15%;在以自闭症儿童为主的学龄前残疾儿童康复教育领域,民办服务机构是服务业的中流砥柱,承担了至少90%以上的社会需求任务。即使是在特殊教育与残疾人就业等这些传统由国家主要承担的领域,民办机构也在为部分残疾特别严重、经济特别困难的孤残儿童提供着及时雨般的服务。由于存在着一定程度的竞争,专业化、职业化的残疾人社会组织服务队伍正在逐渐形成。

政府主导的服务体系建设不是要不要这些组织的问题，而是如何面对他们以及与他们合作的问题。以"民非企"为主体的各类残疾人社会组织（民办事业单位）在服务的三角中属于直接生产服务提供者，是以公共服务中的"伙伴关系"进入残疾人服务体系建设中的。这意味着，在政府的正确主导下，各类社会组织有序地参与到为残疾人提供多种类、类别化、个性化的服务过程中。由于残疾人社会组织扎根基层，规模一般都不大，才有可能更容易了解残疾人的各类需求并有可能快速反应；同时这些服务组织在服务过程中也容易将最基层残疾人的声音向上传达，帮助这些"无声的群体"发出自己的声音。

因此，"国家扶持"在残疾人服务体系中就是要明确各类政府优惠政策：明确残疾人社会服务组织的公益性与非营利性，为这些组织营造一个受人尊重的社会环境与职业氛围；明确残疾人社会组织在兴办残疾人服务过程中可以享受的各类政策优惠，相关部门要协助其获得这些优惠；为这些组织把好进门关，保障其后院不起火，保护其享受到相关政策与扶持的权利等。

市场推动则是着眼于市场在配置资源中的传统优势以及倡导公平竞争的价值理念，通过优胜劣汰，将真正可以为残疾人服务的优质社会组织留在体系中，而逐渐淘汰伪装的非营利组织以及非专业组织。

在非营利机构为什么可以提供社会服务的研究中最为引人注意的就是"市场失灵"与"政府失灵"理论，因为前者容易因无利可图或利润不大而放弃某些领域，后者由于科层制与官僚化而逐渐脱离基层民众。而来自基层的社会组织恰恰具有"高尚而更加纯粹"的社会服务宗旨与来自人民的双重优势，可以弥补上述两个"失灵"所造成的服务空白。但是"志愿"也存在着"失灵"的风险，特别是在制度建设薄弱的领域，依靠人的本性甚至是慈善之心，无疑具有巨大的道德风险。因此，在服务体系建设过程中有效地平衡国家、社会与市场的关系，找到三者动态合作的机制将成为体系建设的关键。这里没有一劳永逸的宝典，需要的是成熟的政治智慧、灵巧的政治策略与必要的手段，更根本的是为残疾人服务的一片赤诚。

四、残疾人服务体系的建设策略

中央7号文件按照生命周期的不同阶段所需服务将残疾人服务体系的内容做了梳理，明确了"生活照料、医疗卫生、康复、社会保障、教育就业、文化体育、维权等主要内容"。在"发展残疾人服务业"专题中，依托社区，针对重度残疾人、智力残疾人、精神残疾人、老年残疾人等对象的特征，确定服务业重点发展"生活照料、康复训练、技能培养、文化娱乐、体育健身等公益性、综合性服务项目"。服务体系建设与服务业的发展有交叉也有不同,分水岭就在于服务体系侧重的是机构提供服务,而服务业则保留了过去社区服务业的传统,以社区康复为基本内容,从服务业在社区内开展的项目看基本属于社区康复或以社区为基础的社会康复,而且社区康复强调对残疾人中的弱势群体的特别关注。

其实不论是服务体系建设还是服务业发展都需遵循"尊重地方性知识"的原则,因为制度设计若要科学、符合实际,就需要服务接受方的参与,服务接受方需要什么,则制度设计就设计什么,而这种参与式的制度设计也会使体系建立在更加科学与坚实的群众基础上。残疾人的官方类别虽然只有7种,但是类别化的服务需求背后是每一个残疾人的个性化极强的服务需要,这对服务体系建设中的统筹兼顾原则形成了一定的挑战。当前虽有第三方参与的机制,但并不完善。已有的机制包括市区级残联本身所具有的代表功能,特别是维权部门是处理残疾人表达的主要设置;残疾人的几个协会作为残疾人本人与残疾人家属的代表,也可以通过一定的途径反映残疾人的需求;各类基层残疾人组织(街道残联与社区残协),特别是当前在社区内设置的残疾人康复协调员与残疾人专干是这一途径的主要传声筒;民间自发生长的互益性残疾人组织以及一部分残疾人服务机构也可以通过一些媒介表达残疾人需求。如何发挥上述各个通道的作用,使其有机会参与到残疾人服务体系设计与建设过程中,是进一步制度设计中需要着重考虑的问题。

服务的专业化与网络化是一个老问题,当前在社会服务体系建设过程中,如何通过社会服务机构培养与专业人才培养提升服务体系的专业素质,通过勾连服务接受方、服务生产方与服务提供方,建立一个纲举目张的残疾人服务体系网络,也是需要深入思考的问题。

五、服务体系建设的三个层次

纲举目张的残疾人服务网络需要在纵向的三个层次下工夫,即面向大众的家庭服务、立足基层的社区服务,以及专业化、职业化的机构服务。只有这样,才能一方面满足最广大残疾人的基本服务需求,并在可能条件下为其提供有质量保证的恰切服务,形成纵向的三重残疾人服务体系金字塔这一最稳定的格局。

首先是面向大众的家庭服务。无论是在城镇还是农村,残疾人都存在着残疾类别、性别、年龄、文化程度、教育背景、家庭状况、性格和志趣等方面的差异,每个残疾人的需求也不相同。因此,残疾人服务必须始终坚持面向各类残疾人及其家庭。这种大众化的服务在强调"面向大众的家庭服务"基础上，既要尽可能专业化，也要尽可能个性化。

其次，是立足基层的社区服务。社区服务可以充分利用社区资源，动员社会力量，使残疾人在社区和家庭得到综合性康复服务，具有就地就便、经济有效、简便易行等优点，它适应了我国残疾人数量多、分布广、经济条件有限等实际情况，是残疾人满足基本需求的一项具有战略意义的长远工作。

社区残疾人服务的主要内容，除了进行残疾预防的宣传教育活动和康复评定外，从康复医学角度看，具体包括：协助社区医疗卫生人员提供综合性服务，包括康复医疗服务、训练指导服务、心理支持服务、知识普及服务、用品用具服务和转介服务。此外还要组织并帮助残疾人广泛开展康复训练，包括开展聋儿听力语言训练、肢体残疾人功能训练、脑瘫儿童早期训练、智力残疾人能力训练和盲人定向行走训练等，以及相应的职业康复、特殊教育。

当然在服务体系分类建设过程中哪一类残疾需要建立一种三类服务形式各占多少比例的子服务体系并无一成不变的规则，要根据子系统残疾人的类别化服务需要进行设计。如残疾儿童的服务子系统，根据早期发现与早期干预的原则，遵循"早期投入1块钱，成年节约100元"的经济规律，就应该在机构设立上多做文章，同时重视家庭康复与社区融合的实地经验，做到"在机构接受专业化（生理性）能力与技能训练，在社区强化社会功能训练，在家庭中接受基于亲情与安全需要的生命体验训练"，只有三方配合，才可能有残疾儿童的早期干预的成功。而针对老年残疾人，特别是存在社区自然支持系统与一定非正规照顾环境的自理或半自理老人，居家养老不失为一个好的选择，在社区内的家政服务中心特别甄选出（或提前培训）懂得老年护理知识的有耐心的工人对其进行一定的生活协助与照顾，既可以达到服务的覆盖又可以节约各种资源，而对于生活不能自理或家庭等非正规支持丧失的老年残疾人，则社区内小规模的老年公寓或远离所处社区的养老机构则可能更适应老人的需要。

第三，是开展专业化、职业化的机构服务。从某种意义上说，机构康复是社区康复的前导与必经阶段，因为机构康复对人才的培养与康复技术的复制起到重要作用。目前在各地的社区康复项目中由康复机构举办的很少，这一方面是由于大量的康复服务机构是民间组织，很难得到管理者的信任，管理者也不愿意将资源放手；另一方面也是传统社区康复不依托机构进行、将社区康复通俗化为在"居委会大娘参与下"的项目式康复思想在作怪；另外，许多机构的职业化、专业化水平有限，也是制约其在社区康复中有所作为的因素。其实社区康复要想做得有效果，怎可离开专业化的服务？利用机构康复的各种技术资源，可以发挥其优势，弥补"社区"的不足。何况机构康复也不能闭门自己搞，它需要与所在地的街道与居委会形成良好的互利合作关系，利用自身的技术优势，为所在地有需求的群体进行专业化服务。社区康复只有是专业化的、以社区为载体的全面康复才可能有持久生命力。

六、结 论

本文从概念辨析入手，对残疾人服务体系的主导、服务提供主体、服务第三方以及体系化的服务是家庭、社区与机构的有机联合等内容做了初步探索。本文认为残疾人服务体系建设是残疾人公共服务与残疾人社会服务的有机组成部分，而残疾人公共服务突出的是政府公权力使用公共财政为残疾人提供的各类服务，是一从上往下的视角，现阶段我们倡导的是基本公共服务均等化，而基本公共服务包括教育、卫生、社会保障与就业服务等，基本公共服务均等化在残疾人服务体系中体现出的是社会公平与正义以及对弱势群体"一个都不能落下"的政治道义。

残疾人社会服务则是从服务第三方（服务接受者）的视角看待每一个残疾人如何获得其所需要的服务的问题。如果说公共服务领域是政府相关部门的舞台，那么社会服务则是各类社会组织，特别是非营利性社会组织的竞技场。残疾人社会服务同公共服务一样需要得到公共财政的支持，只不过社会服务的实施主体中大量的是民间的非营利组织。

残疾人服务体系的构建是服务提供者（政府及其相关部门）、服务生产者（以非营利社会组织为主）与服务接受者（第三方）的一个动态、优化与平衡的过程，三角关系中每个角都要负相应的责任，并因此拥有了相应的权利。

建立适应新时期特点的残疾人服务体系，需要明确政府及相关责任部门的主导权责与内容，需要动员最广泛的社会力量，需要尊重残疾人群体作为当事人的参与与选择自由，需要通过非营利的社会服务机构提供作为服务体系的主要载体，但不忽视社区与家庭的作用。只有这样，才能达到家庭、社区与机构的协调配合与对残疾人服务的无缝衔接。

山东农村残疾人及其照顾者家庭健康护理需求调查研究

山东大学　臧渝梨　侯晓红　李娜　刘婷

残疾人是一个特别需要帮助的社会群体，而农村残疾人更是社会弱势群体中的弱势群体，大部分无法靠自身力量摆脱经济上的低收入性、生活上的贫困性和承受力上的脆弱性。第二次全国残疾人抽样调查显示，全国约有8296万残疾人，占全国总人口的6.34%，约四分之三居住于农村，而且以老年人为主；而山东约有569.5万残疾人，79.2%分布于农村。调查还显示，残疾人尤其需要医疗服务与救助（34.8%）、贫困救助与扶持（33.3%）、康复训练与服务（14.8%）及辅助用具（13.49%）。

中国社会重视亲情、关爱家人，家庭对残疾人具有特别的意义，家庭成员所提供的经济、精神心理、服务和辅助等构成了残疾人赖以生存和发展的核心支持与保障网络。研究证明，基于家庭和社区的卫生服务模式，最有利于减少疾病发生，有助于管理和控制慢性病，并能以最经济的花费确保健康相关生活质量。

本研究通过调查农村残疾人及其家庭照顾者的健康状况、生活质量以及对家庭健康护理的需求，对构建以家庭为中心的农村社区护理服务模式加以探讨。

1. 对　象

共调查了4个村、42户、45名农村残疾人（17名本人回答问卷）和51名农民残疾人照顾者（29名本人回答问卷）。年龄5—90岁（55.5 ± 16.42，± SD），均为汉族。视力残疾11名，听力残疾10名，言语残疾3名，肢体残疾21名，智力和精神残疾各2名，有5名为双重残疾。

2. 方　法

2.1 调查工具

结合采用文献分析法和相关人群访谈法设计问卷，共五部分：人口社会学基本信息、患病基本信息、健康相关生活质量量表（HRQoL, Health Related Quality of Life）、日常活动能力量表（ADL, Activities in Daily Life）及家庭健康护理需求（FHNNs, Family Health Nursing Needs）。

其中，HRQoL采用5点评分法；ADL则采用改良Barthel指数计分，属4点评分法,各点所代表分值可为 15、10、5 或 0。FHNNs 则采取四点或五点评分法,对不适用题项计为 0 分,其余则按照需求强烈程度计 1—4 分,各题项得分总和可反映 FHNN 强弱。

2.2 步骤

调查问卷首先经由两名有临床和社区护理经验的专家审核后,再采用专家小组法逐题审阅并讨论,直至意见达成一致,以确保问卷的内容效度和表面效度,专家组由中外护理学者 2 名、公共卫生学者 3 名及监督员 1 名组成。其中,讨论前首先采用前译法将英文 HRQoL 译成中文,校译后进行表面效度检验,确保各题项简单易懂无歧义。

调查前首先对调查员进行培训,使其掌握调查步骤、指导语及题项解释法。调查时由当地指定村民带领入户,首先解释调查目的及伦理守则(亦即保密、匿名、自愿),获得口头知情许可,根据对象理解力,采用自填法或访谈法。除了 HRQoL,问卷其余各部分可由最了解家庭情况的成员回答。

采取立意取样法,首先根据 2008 年山东省城市总体国民经济总产值选择被调查城市(n = 3),再根据所辖乡镇人口数量及其行政主管的参与意愿选择村(n = 4),对所选村内的农民进行整群抽样调查。此外,就近选择某村 12 户、共 41 名农村居民对 HRQoL、ADL 及 FHNNs 进行了复测信度检验(间隔 7 天),复测信度系数分别为 0.787、0.520、0.844。

2.3 统计分析

采用 SPSS15.0 For Windows 录入和分析数据。采用描述性统计分析分类变量和数值变量。对 HRQoL(Shapiro – Wilk = 0.900,P = 0.002)、ADL(Shapiro – Wilk = 0.349,P < 0.001)及 FHNNs(Shapiro – Wilk = 0.970,P = 0.374)得分进行正态分布检验,结果显示,仅有 FHNNs 得分符合正态分布,因此采用 Spearman 相关分析法分析 HRQoL、ADL 和 FHNNs 的关系,采用 Man Whitney U 检验两分类组(如性别、是否残疾、是否吸烟)、采用 Kruskal – Wallis 检验分析多分类组(如村别、年龄组别)的 HRQoL、ADL 得分差异;采用 One – ANOVA 分析不同类别组 FHNNs 得分差异。此外,参照世界卫生组织国际疾病分类法 ICD – 10 对报告疾病进行归类。

3. 结 果

有 72 人报告患有 116 种疾病(含慢性病和残疾,病名类似者未予合并),大多数是患有一种(59.7%,43/72)或两种(25%,18/72)疾病;进一步分析显示,这些疾病主要是肌肉骨骼系统疾病(37.9%,44/116)、循环系统疾病

(26.7%,31/116)。分别有46名、96名和76名回答了HRQoL、ADL和FHNNs三部分问题。HRQoL得分为10—32（18.0±5.78），ADL得分为0—100（92.6±2.21），FHNNs得分为16—70（41.0±14.13）。FHNNs得分与HRQoL得分显著相关（Spearman rho = 0.400，P = 0.011，n = 39），FHNNs得分与ADL得分的相关系数（Spearman rho = -0.200，P = 0.081，n = 76）以及HRQoL得分与ADL得分的相关系数（Spearman rho = -0.220，P = 0.148，n = 46）均无显著统计学意义。

对FHNNs进一步分析发现，对定期家庭访视、健康生活方式教育、疾病防治知识、意外伤害应对知识、灾害防范应对知识、社会支持、个体疏导、症状控制指导、肢体功能锻炼、静脉输液、肌肉注射、伤口护理、运动指导需求量较大，但需求程度并不高。

对HRQoL、ADL和FHNNs得分进行分类别比较发现，绝大部分类别组的得分之间都没有显著统计学差异，除了残疾人与照顾者的ADL得分（Mann - Whitney U = 799.000，P < 0.000）、40—64岁与65岁及以上组的HRQoL得分（Mann - Whitney U = 102.000，P = 0.002）、小学以下组与小学组的HRQoL得分（Mann - Whitney U = 56.000，P = 0.012）、小学以下组与初中组的HRQoL得分（Mann - Whitney U = 73.000，P = 0.018）。

4. 讨 论

健康是人类自身生存和发展的基础，也是社会赖以存在和不断前行的前提。若要实现社会的健康和谐持续发展，就必须重视对弱势群体的辅助与支持。所谓弱势群体，是指那些由于某些障碍而在经济、政治和机会等各种社会层面上处于不利竞争地位的人群。与健全人相比，残疾人通过自身努力以维持生存、改善生活、提高生存质量的能力和水平都明显不足，导致了残疾、贫困和疾病三者的恶性循环。残疾人群体内部也存在弱势性强弱的不同，农村、老年、妇女都是加剧社会弱势性的重要因素。为改善全社会的健康水平，尤其要注意改善残疾人的弱势性。

然而，在广泛分析文献后发现，除了第二次全国残疾人抽样调查相关研究外，与促进残疾人（尤其是农村残疾人）在个体和群体水平上的健康有关的研究较少，例如，自然村社区康复研究和城乡残疾人抑郁及影响因素研究。另一方面，虽然我国家庭健康护理最早可追溯至上世纪50年代中期的家庭病床服务，1984年，卫生部召开全国家庭病床工作经验交流会，制订了《家庭病床管理条例》，这标志着家庭病床管理正规化的开始，医院家庭随访也随之兴起，2006年开始出现健康新农村家庭病床。可见,家庭健康护理在我国并非新生事物,但围绕家庭护理的研究并不丰富,主要涉及护理内容、服务模式、需求及其影响因素以及家庭病床现状。不难看出,家庭健康护理服务主要是面向城市居民,向农村的覆盖亟待发展,各研究也都未提出残疾人及其主要照顾者可能的家庭健康需要。

根据最新统计,至2007年年底,我国人口近13.3亿,其中约66.4%为农业人口,约54.3%居住在农村,山东省人口已达9417万,约62.4%为农业人口,约53.2%居住在农村[32]。而据第二次全国残疾人抽样调查数据推测,2006年,我国农村残疾人已达6225万人,大约占残疾人总数的3/4。针对如此庞大的农村残疾人弱势群体,如若不能了解其家庭健康护理需求,就不可能提出经济有效的、以初级卫生保健为重点的卫生服务模式。

本调查研究发现,残疾人与残疾人家庭照顾者在健康相关生活质量(Man-Whitney $U = 191.000$,$P = 0.205$)与家庭健康护理需求(Man Whitney $U = 616.000$,$P = 0.279$)方面并无显著差别,这意味着,残疾人照顾者可能也面临许多健康相关困扰,关心残疾人的同时也要关注残疾人照顾者,反之,对残疾人照顾者的关照可能间接有利于改善残疾人的健康相关状况。必须注意到,40—64岁与65岁以上的残疾人或其家庭照顾者在健康相关生活质量方面有显著的差异,这提示,基于家庭的最佳早期健康干预时机是残疾人或其家庭照顾者进入40岁后,但这个过程将是漫长而复杂的,干预如果有效,则有可能显著改善65岁以上老年残疾人和/或其家庭照顾者的生活质量。

这种漫长性和复杂性主要从人们对家庭健康护理需求的广泛性和需求程度上反映出来。具体而言,大多数残疾人和残疾人家庭照顾者,对健康教育、社会心理支持、慢性病管理、介入性护理操作中的大部分服务都有需要,但并非"非常需要"。这说明我国在《国家基本公共卫生服务规范》(2009年版)中专门列出健康教育服务规范的举措是非常合理的:或许大众都需要并且希望通过健康教育来提升个体健康水平与自护能力,但这种需求和希望可能并未达到愿意去购买这些服务的程度。因此,健康教育服务规范作为一项引导和促进改善健康的国策是合乎情理且非常有价值的。

比较特别的发现是,大多数残疾人及残疾人家庭照顾者需要父母养育(16.7%,14/84)、婴幼儿照顾(11.9%,10/84)、免疫接种(14.3%,12/84)及生殖健康指导(9.8%,8/82)方面的家庭健康服务较少,妇幼健康保健也并非残疾人家庭最重要的健康关注点,这可能与一般健全人家庭的关注点存在差别。而残疾人一般人口社会学资料分析显示,被调查者的教育水平普遍偏低,几平均为初中及以下教育水平（44/45），其中50%不足小学教育水平，尽管如此，大约30%被调查者都在外工作，这说明，如何普遍提升残疾人的受教育程度从而增强其社会生存与竞争力将是一项重要的议题。

此外还发现，残疾人及残疾人家庭照顾者中吸烟（20.8%，20/96）与饮酒者（10.4%，10/96）也有相当比例，报道最多的患病是视力障碍（n=11）、听说障碍（n=10）、脊柱四肢活动障碍（n=47）以及心脑血管病变（n=29），然而，本调查无法分析出：视障、听障及脊柱四肢活动障碍是否是心脑血管病变的结果。由于农村残疾人需要从事较多体力劳动，脊柱四肢活动障碍既可能是慢性退行性病变的结果，也可能是体力劳动过度所致。根据ICD-10对疾病进行分类显示，所患最多的疾病是肌肉骨骼系统疾病（37.9%，44/116）和循环系统疾病（26.7%，31/116），这两类疾病都与生活方式有较大关系。可见，针对农村残疾人的健康生活方式指导是非常有必要的，这其实也是国家基本卫生服务规范所规定的。

小 结

作为社会最小单元的家庭对于残疾人具有极为特殊的意义，由家庭成员提供各种支持是保障和促进残疾人健康生存状态的最经济有效手段。本研究显示，无论是残疾人还是残疾人照顾者都普遍需要以健康促进为核心的健康教育和指导，构建以健康教育为主要手段、心血管疾病和肌肉骨骼系统退行性病变为主要内容的农村社区公共卫生服务体系不失为普遍改善残疾人和残疾人照顾者健康状况的良策。

老年残疾人生活照料需求与服务保障供给

西北大学公共管理学院 许 琳

一、背 景

中国是世界上老年人口最多的国家,也是世界上人口老龄化发展速度最快的国家之一。1999年我国已开始进入老龄化社会。截至2008年年底,我国60岁及以上人口15989万人,占全国总人口的12%,65岁及以上人口10956万人,占全国总人口的8.3%。不仅如此,我国还是世界上残疾人口最多的国家。根据2006年第二次全国残疾人抽样调查数据推算,我国各类残疾人总数为8296万人,残疾人口占全国总人口的6.34%。其中,60岁及以上的老年残疾人约为4416万人,老年残疾人占全部残疾人的53.24%,老年残疾人占全国老年人口的24.43%,老年残疾率是总人口残疾率的3.85倍。在造成残疾人口数量和比例上升的诸多原因中,人口老龄化是其中最重要的因素。由于生理机能衰退,脑血管疾病、骨关节病、痴呆等发病率的提高,老年人面临的残疾风险远远高于其他年龄组群。1987年和2006年两次全国残疾人抽样调查的数据对比显示,我国60岁及以上残疾人由1987年的2051万上升到2006年的4416万,增加了2365万,占全国残疾人新增总量的75.5%。老年残疾人占残疾人总数的比例由1987年的39.7%上升到2006年53.24%。随着我国人口老龄化和老年人口高龄化的进一步发展,预计到本世纪上半叶我国老年残疾人的数量和比例将以较快的速度增长。伴随着我国人口老龄化的发展,残疾人口的老龄化将会更加明显。老年残疾人的增多已成为我国人口老龄化过程中的必然趋势。

数量不断增长的老年残疾人面临年老和残疾的双重障碍,自然衰老带来的身体器官功能退化与残疾带来的身心障碍和不便叠加在老年残疾人身上,使得他们在日常生活、社会参与等方面遇到一系列不同于常人的困难。因此,在我国老年残疾人口的绝对规模和相对规模双双增长的态势下,老年残疾人的生活照料或长期护理已成为我国人口老龄化背景下必须面对和亟需解决的重大社会问题。在了解老年残疾人的特殊需求的基础上,加强对老年残疾人的社会保障和社会服务,完善相关福利设施,对老年残疾人给予关怀、照料和扶助,提高其晚年生活质量,使其有尊严地生活,促进其社会参与和融合,共享社会经济发展的成果,已成为全面建设小康社会和构建社会主义和谐社会一项重要而紧迫的任务。

二、方 法

本研究的对象为老年残疾人，围绕老年残疾人的生活照料需求与服务保障供给进行分析，其中，老年残疾人的生活照料供给从家庭照料、社区照料和机构照料三方面来分析。

本研究中的老年残疾人生活照料是指对身体有残障、生活不能自理及半自理、有服务需求的老年人提供生活照料、康复护理、精神慰藉等长期的连续性、综合性支持或服务，使其享有保持自尊的具有一定质量的晚年生活。老年残疾人的生活照料需要跨越医疗康复、个人日常生活以及社会服务等多个领域。

本研究使用第二次全国残疾人抽样调查汇总数据、2008年度全国残疾人状况及小康进程监测报告、2008年中国残疾人事业发展统计公报、2008年民政事业发展统计报告中的相关数据以及其他公开发表的文献资料。采用描述性统计、对比分析方法以及文献研究方法进行分析。

三、结 果

（一）需求分析

第二次全国残疾人抽样调查数据显示，残疾率随年龄增加而提高。全国60—64岁老年人的残疾率为12.35%，而85岁及以上老年人的残疾率超过52%，其残疾率是60—64岁老年人的4倍以上。在不同残疾类别的首位致残因素中，白内障（58.21%）、老年性耳聋（66.87%）、脑梗死（39.11%）、脑血管病（30.57%）、脑疾病（56.01%）和精神分裂症（33.9%）分别是视力残疾、听力残疾、言语残疾、肢体残疾、智力残疾和精神残疾的首位致残原因。可以看出，老年残疾人的主要致残原因是以上这些与年龄因素密切相关的疾病。从老年残疾类别结构看，我国老年残疾人的残疾类别具有高度集中性，听力残疾占38.42%，肢体残疾占26.79%，视力残疾占25.53%，这三类残疾占到老年残疾类别的90.74%，加上多重残疾，这四个类别的老年残疾人合计达到了95.5%。以上四种残疾成为老年残疾人当中最普遍的残疾类别。这些残疾显然都会给老年人的日常生活带来不同程度的不便和困难，会极大地降低老年人的生活质量。

老年残疾绝大部分是随着身体器官功能的老化或丧失而导致的，完全康复的可能性较低。第二次全国残疾人抽样调查数据显示，52%的老年残疾人不同程度地存在生活自理能力方面的障碍，88%的老年残疾人存在生活活动能力方面的障碍。其中，失能老人是老年残疾人中最困难的人群，据民政部的统计，我国目前失能老人已经达到940万，其中城市194万，农村746万；部分失能老人达1894万。老年残疾人身体器官退行性衰变以及完全康复率低的事实导致老年残疾人与其他年龄组残疾人的需求有所不同，他们对医疗服务、生活照料或长期护理、社会救济的需求更为迫切。从老年残疾人的主要需求情况来分析，在听力残疾、肢体残疾、视力残疾和多重残疾这四种老年残疾人最普遍的残疾类别中，医疗服务与救助都是居首位的需求。同时，听力残疾、肢体残疾、视力残疾和多重残疾这四类残疾的老年人对生活服务需求的比例，明显随年龄组的升高而相应上升。由于老年残疾人具有身体功能障碍多、存在生活自理能力障碍的比例高、丧偶比例高、心理异常脆弱、对家庭依赖强、医疗需求大等特点，生活照料（或长期护理）已成为老年残疾人的最大需求。

（二）服务供给分析

一般而言，老年残疾人的生活照料服务提供系统有非正规照料系统和正规照料系统两个方面。非正规照料系统即家庭照料；而正规照料系统一般包括机构照料和社区照料。

2008年，中共中央国务院发布《关于促进残疾人事业发展的意见》，首次把残疾人服务体系建设作为一项重要战略任务提出来，明确要求要坚持重点保障和特殊扶助相结合、一般性制度安排和专项制度安排相结合的原则，将残疾人作为重点对象切实纳入社会保障体系和服务体系，"依托社区开展为重度残疾人、智力残疾人、精神残疾人、老年残疾人等提供生活照料、康复养护等公益性、综合性服务项目，鼓励发展残疾人居家服务"。在老年残疾人生活照料服务体系建设的实践中，正是沿着一般性制度安排和专项制度安排相结合的思路，一方面，依托全社会正在试点和推进的以居家养老为基础、社区养老为依托、机构养老为补充的养老服务社会化工作，把绝大多数老年残疾人的生活照料纳入其中，另一方面，针对残疾人的特殊性、多样性、类别化的服务需求，各级残联机构已开始试点探索开展为重度和老年残疾人提供包括生活照料、康复养护、心理疏导在内的居家安养服务。

据中国残联统计，截至2008年末，全国共已建、改建、新建残疾人托养服务机构1703个，为2.2万智力残疾人和0.8万精神残疾人及1.8万其他类别中度、重度残疾人提供了托养服务。全国有62.7万残疾人在各类福利院、养老院享受集中供养、"五保"供养；民政部门努力加强和完善社区照料对居家养老的依托功能，截至2008年年底，全国共有综合性社区服务中心9873个，街道社区服务中心10798个，居委会社区服务站30021个，其他社区服务设施12.2万个，城市便民、利民服务网点75.9万个。社区志愿服务组织30.4万个。积极构建社区为老服务网络，为老年人提供就近就便的多种服务。

然而，由于民政部门推行的居家养老服务尚在试点推行阶段，残联系统开展的残疾人居家安养服务刚刚起步，尚在探索中，各地发展也不均衡，老年残疾人生活照料的需求与服务供给之间仍存在很多突出矛盾和问题。

（三）问题分析

1. 城乡老年残疾人的生活照料仍主要由残疾人家庭提供，其负担沉重且支撑力脆弱。

大量实证研究表明，目前我国正式照料的比例相当低，在城市不到10%，在农村不到5%。城乡老年残疾人的生活照料仍主要由残疾人家庭提供。就家庭照料而言，由于老年残疾人受教育水平低、在业率低、经济收入低，还由于老年残疾人社会参与度低，导致老年残疾人对家庭依赖性强，其家庭成员负担沉重。尤其是完全失去生活自理能力的老年残疾人（即失能老人），需要家庭成员长期的照料，不仅增加了家庭的经济负担，也影响了家庭成员的就业、收入及发展的机会，还影响到家庭成员的身心健康，使整个家庭陷入收入减少和负担加重的双重困境。另外，普通家庭并不具备长期照料所要求的设施、设备和条件，而所雇佣的家政服务人员也缺乏专业性。由于缺乏正式照料，一个失去生活自理能力的老年残疾人最少影响两个家庭，所以中国现在至少有几千万家庭被老年残疾人的照料护理问题所困扰。与此同时，我国城乡空巢家庭分别已达到49.7%和48.9%。家庭照料负担沉重与空巢家庭问题叠加交织，使家庭照料的支撑力变得更为脆弱。

2. 老年残疾人养老福利机构供需矛盾突出，供需缺口巨大。

机构照料属正式照料，可以为老年人提供专业的生活照料、康复护理和精神慰藉。研究表明，我国85%以上的老年人有享受居家养老服务的意愿，选择住养老院等养老机构养老的只占6%—8%左右，然而，目前我国仍不能完全满足老年人入住养老机构的需求。仅以养老机构床位测算，按照国际通行的5%老年人需要进入机构养老标准，我国至少需要800万张床位，而现在缺口达560多万张。据民政部统计，2008年末全国各类老年福利机构35632个，床位234.5万张，收养各类人员189.6万人，与当年我国老年人口规模比较可知，2008年全国各类老年福利机构的床位数占当年老年人总数的1.46%，已收养各类老年人的数量占老年人总数的1.19%。显而易见，老年人养老福利机构供需矛盾突出，供需缺口巨大。这还仅仅是对老年人整体而言的，养老机构在满足老年残疾人入住需求方面的情况就更不容乐观。实际上，一般的养老院很少接收失去生活自理能力的老人残疾人，或是愿意接收但需要排很长时间甚至几年的队，而住院费用又十分昂贵。调查中有一些老年聋人就反映他们有入住养老机构的愿望，但这些机构不接收聋人。老年残疾人入住养老机构难已是普遍存在的现象。而目前残联系统正在推行的针对智力、精神及多重残疾人的托养服务如"阳光家园"在年龄段上是针对16—45岁的就业年龄段的残疾人，而老年残疾人养老福利机构的建设及服务供给仍然是"短板"。

3. 残疾人居家养老服务的覆盖面小、服务项目少、服务针对性不足、缺少精神慰藉。

居家养老服务属社区照料，是以家庭为核心、以社区为依托、以专业化服务为依靠，为居住在家的老年人提供以解决日常生活困难为主要内容的社会化服务，其形式主要是由社区组织经过专业培训的服务人员上门为老年人提供生活照料、康复护理和精神慰藉等服务。目前，残疾人居家养老服务的覆盖面小，服务项目少且单一。据中国残联统计，2008年度，残疾人社区服务覆盖率为17.8%，尚有82.2%的残疾人没有接受过社区服务。2009年秋进行老年残疾人生活照料需求问卷调查时，对"您居住的社区有没有为老年残疾人提供助老服务"这一问题，受访的老年残疾人回答"没有"的占90%，回答"有"的占3.5%，回答"不清楚"的占6.5%。不仅如此，居家养老服务还存在服务针对性不足、不能照顾到老年残疾人的特殊需求的问题，比如老年视力残疾人出行难、购物难，老年言语及听力残疾人与人交流沟通困难、精神寂寞，老年肢体残疾人尤其是瘫痪老人日常生活困难、家庭照料不堪重负等问题突出。另外，社区照料还存在服务投入不足、缺少精神慰藉、服务设施和专业人员队伍匮乏等问题。

4. 城乡之间、地区之间老年残疾人生活照料服务供给不平衡，正式照料差距大。

我国老年残疾人大部分分布在农村，农村老年残疾人口占全部老年残疾人口的70%以上。据调查，对于需要照料护理的老年残疾人，主要由其配偶、子女、孙子女照护的比例，在城市为90.8%，在农村这一比例为97.3%。农村雇用保姆来照料老年残疾人的情况非常少，只能依靠家庭成员的照料，这与农村残疾人的经济水平有关。2008年度残疾人家庭恩格尔系数为50.4%，高出全国家庭居民恩格尔系数10.4个百分点。其中，城镇残疾人家庭恩格尔系数为47.2%，农村残疾人家庭恩格尔系数为51.5%。贫困残疾人仍占农村残疾人总数的20%以上。另外，以居家养老为基础、社区养老为依托、机构养老为补充的养老服务社会化工作主要在城市社区开展，目前还较少惠及农村老年人。据调查统计，2008年度，城市残疾人接受过社区提供的服务的比例为30.5%，农村这一比例仅为13.8%。这反映出城乡老年残疾人在接受公共服务方面存在巨大差距。本文2009年秋所做的老年残疾人生活照料需求的调查结果也印证了这一点，调查结果显示，100%的农村老年残疾人调查对象回答他们所居住的村没有为老年残疾人提供生活服务。另外，东中西部地区之间老年残疾人生活照料服务供给不平衡问题也很突出。

四、小　结

在发达国家，针对老年残疾人的长期生活照料服务体系是其公共服务的重要制度安排。我国国民经济和社会发展"十一五"规划、党的十六届六中全会决议和"十七大"报告对加快建立覆盖城乡居民的社会保障体系，形成惠及全民的基本公共服务体系，实现基本公共服务均等化都提出明确要求。残疾人是社会保障与公共服务的重点人群之一，残疾人社会保障与服务体系是国家社会保障与公共服务体系的重要组成部分，这开始形成社会共识。老年残疾人生活照料需求与服务供给之间存在的巨大缺口和诸多突出矛盾，反映政府和社会为残疾人服务的数量和质量还远不能满足残疾人的基本需要，也揭示出我国残疾人社会保障与服务体系建设的紧迫性及完善该体系建设的方向。对家庭照料特别是对贫困的老年多重残疾人的家庭照料提供补贴，扩大社区照料的覆盖面，提高其服务质量，加快机构照料的发展应该是今后努力的方向。

新公共服务理论
与我国残疾人公共服务体系的构建

民政部改革研究中心 谈志林

构建残疾人公共服务体系既是残疾人事业发展的需要,也是现代社会文明程度的标志。随着经济社会的发展,我国残疾人群体的公共服务需求不断增长,而当前残疾人公共服务严重不足的弊端日益凸显,这就要求从理论到实践对解决残疾人公共服务问题进行积极的探索。以登哈特夫妇为代表的新公共服务理论可以为我国残疾人公共服务体系的构建提供诸多有益的启示。立足于我国特殊的行政生态,认真汲取新公共服务理论的有益成果,积极探索构建具有中国特色的残疾人公共服务体系,是我国新时期残疾人事业发展的现实选择。

一、残疾人公共服务体系的基本内涵 与新公共服务理论的主要观点

公共服务有广义与狭义之分。广义的公共服务是指公共部门为满足公民基本生活与社会发展需求所提供的所有公共产品的总称,包括制度形态、物质形态和劳务形态等各种公共服务类型。狭义的公共服务是指政府为满足公共需要、提供公共产品时的劳务行为的总和。本文的公共服务概念主要是广义上的。就宏观层面而言,残疾人公共服务包括三类最基本内容:一是从保障残疾人的生存权和满足其基本生存需要出发,为他们提供的基本生活救助服务;二是从保障残疾人的生命健康权和满足其基本健康需要出发,为他们提供的基本的残疾预防、医疗卫生和康复服务;三是从保障残疾人的发展权,满足其基本尊严和基本能力的需要出发,为他们提供的基本教育、就业和文化服务。从具体领域来划分,残疾人公共服务主要包括生活照料服务、社会救助服务、社会福利服务、社会保险服务、医疗康复服务、教育服务、就业服务、文体服务、无障碍环境服务和法律服务等。残疾人公共服务体系就是指公共部门运用公共权力,根据残疾人的需求,通过多种机制和方式的灵活运用,为残疾人所提供的多种内容与形式的公共服务,以及为实现公共服务供给所形成的组织架构和运行机制的总和。残疾人公共服务体系是由服务主体、服务对象、服务内容、服务资源、服务模式和服务制度等多

元因素构成的综合服务网络。随着经济社会的迅速发展和人民生活水平的不断提高，残疾人公共服务的范围将不断拓展，服务水平将不断提高。

新世纪伊始，美国亚利桑那州立大学的登哈特（Robert B. Denhardt）夫妇在对传统行政理论和新公共管理理论进行反思和批判的基础上，在《新公共服务——服务，而不是掌舵》中提出了新公共服务的理论体系。新公共服务理论以民权主义、人本主义、社区主义以及后现代主义为理论基础，强调公共管理过程中公民权的核心理念和公共利益的基本价值追求，主张用一种基于民主、人性和公共利益至上的新公共服务模式来代替基于效率优先和经济导向的旧公共管理模式。

根据登哈特夫妇的归纳，新公共服务理论的主要观点包括七个方面：一是服务而非"掌舵"。"公务员的首要作用乃是帮助公民明确阐述并实现他们的公共利益，而不是试图去控制或驾驭社会。"即公共管理者的重要职责是帮助公民表达并实现自身的利益诉求，而不是试图掌控社会发展的方向，社会的发展方向应由社会公众集体选择。二是公共利益是目标而非副产品。公共利益是公共管理的终极目标，公共管理者必须致力于建立利益攸关的共有共享观念，通过与公民的共同参与来共同承担公共责任，共同创造并共同享有公共利益。三是服务公民，而不是服务顾客。在公共服务中，政府与公民的关系不同于企业与顾客的关系，公共管理者最重要的职责不是如企业般仅仅回应顾客需求，而是在公民之间以及自身和公民之间建立合作和信任关系，积极营造社会资本。四是战略性思考，民主化行动。符合公共需要的公共服务的政策规划要具有战略性和前瞻性，并通过与公民的民主协作来保证决策的民主性和执行的有效性。五是责任并不是单一的。在多元化的政治生态环境中，公共管理者存在复杂的价值冲突，不仅要对上级和市场要求负责，更应关注宪法和法令，关注社会价值观、政治行为准则、职业标准和公民利益。六是重视人而不只是工作效率。公共管理者在工作效率之外，更要以人为本，与公民建立以相互尊重、相互适应和相互支持为基础的共同领导关系，共同提供以公民需求为指向的公共服务。七是超越企业家身份，重视公民权利和公共服务。公共管理者不是企业家，而是公共服务中负责任的参与者。他们应承担公民权利的保障者、公共资源的管理者、公共组织的监督者和社区参与的促进者等多重角色来为公民服务。

在我国当前构建和谐社会和建设服务型政府的过程中，新公共服务理论的人本主义、民权主义、社区主义等价值理念和服务意识，对构建残疾人公共服务体系提供了诸多有益的启示，主要可概括为以下几点：

一是以人为本的价值取向。人是公共管理的出发点和归属点，人本精神是公共部门的思想灵魂。公共部门应高度重视人性价值与尊严，强调发挥人的积极性、主动性和创造性，一切公共服务都必须符合人的发展，只有在充分尊重人，并不断满足不同人的不同利益诉求，公共服务才能取得成效。这就要求公共部门应该具有人性关怀精神，残疾人公共服务的制度安排与供给应从残疾人的基本需求出发，通过人性化的项目设计和人性化的服务方式，向全体残疾人提供高度人性化的公共服务，不断满足残疾人群体日益多元化和个性化的公共服务需求。

二是公共利益至上的服务理念。公共部门是以公共利益为基础的公共权力联合体，是公共利益的守护者和实现者。公共部门通过建立协商对话机制，为公民充分表达意愿、协调各方利益、营造共同价值提供沟通平台和回应性服务。公共部门"应当积极地为公民通过对话清楚地表达共同价值观念并形成共同的公共利益观念提供舞台，应该鼓励公民采取一致行动，而不应该仅仅通过促成妥协而简单地回应不同的利益需求"。这就要求残疾人公共服务必须以残疾人的公共利益为基本出发点，以残疾人公共利益的最大化为基本目标，以残疾人的满意度为最终评判标准。

三是权利保障的服务宗旨。政府是以公民为中心的政府，政府和公民社会之间共同拥有公共事务的治理权，公民不仅是国家的主人也应是公共管理行为主体，公民权在公共管理过程中占据着核心地位。公共服务既是对全体公民不同需求的满足，也是对公民基本权利的维护，必须体现公民权利保障的基本取向。同时，公民应该从以往管理客体或者顾客的被动角色中摆脱出来，成为公共治理过程的积极参与者。这就要求残疾人公共服务要以保障残疾人的基本权利为宗旨，围绕残疾人的基本生存权和社会发展权来设计适当的公共服务制度安排，不断满足残疾人的公共服务需求。

四是民主参与的服务方式。公共服务的过程实质是公民参与式的公共治理过程，也是公共部门对公民意志和利益诉求的回应过程。公共部门可以依靠自身信息、技术和资源优势，通过与公民开展善意对话、交流来积极构建公共服务的平台，达成公共服务的共识。这种互动的协商服务过程体现了公共治理的终极机制。这就要求公共部门应具有高度的开放性和对公民服务需求的回应性，逐步就残疾人公共服务的服务内容、服务方式、服务主体和服务资源等方面展开民主协商，尽最大努力与公民构建相互信任与合作关系，以保证公共服务决策的民主性和实施的有效性，并不断提升服务质量、不断满足服务需求。

二、我国残疾人公共服务存在的主要问题

近年来，残疾人公共服务发展较快，受益对象不断扩大，服务水平逐步提

升。但随着经济社会的发展，残疾人对于公共服务的需求日益旺盛，且逐步呈现现代化、多元化和个性化的发展趋势，与之相比，残疾人公共服务仍存在诸多不足。

一是残疾人服务理念尚未形成。就公共部门而言，从宏观层面分析，我国具有高度集权的行政传统，长期以来过于强调政府等公共部门的管治职能，忽视了公共部门在提供公共服务方面的基础性作用，使公共服务缺少发展的基本文化环境。从中观层面分析，与残疾人服务相关的部门对残疾人公共服务的重视程度不够，对残疾人工作习惯于计划经济时期的劳动福利模式，将残疾人公共服务视为传统社会救济的一部分，导致残疾人公共服务发展的不稳定和不平衡。从微观层面分析，在残疾人公共服务过程中，有些公务人员服务意识较薄弱，或对残疾人的服务需求视而不见，漠不关心；或官僚习气浓重，"主仆"关系倒置，导致"门难进、脸难看、事难办"的现象层出不穷。就公众层面而言，社会公众普遍沿袭计划经济体制下的传统理念，对残疾人公共服务的关注度不高，认为残疾人公共服务是政府的事，社会力量无需过多介入，导致残疾人公共服务的社会氛围较差。就残疾人群体而言，残疾人自身的服务权益保障意识较弱，残疾人公共服务内在的推动力不足。

二是残疾人公共服务供给严重不足。当前，残疾人教育服务、社会救助服务、社会保险、康复医疗服务和无障碍环境服务等基本公共服务非常欠缺，直接影响到残疾人的基本生活质量。第二次全国残疾人抽样调查资料显示，15岁及以上残疾人文盲率高达43.29%。只有13.28%城镇残疾人和5.12%的农村残疾人享受到最低生活保障服务。城镇16岁及以上残疾人参加养老、医疗、工伤、失业社会保险的比例分别为27.87%、36.83%、1.11%、1.35%；农村16岁及以上残疾人参加养老、合作医疗、工伤、失业社会保险的比例分别为1.95%、29.39%、0.10%和0.07%。除京沪等少数大城市外，其他地区的残疾人医疗康复设施建设严重滞后，康复站很少。同时，残疾人公共服务的基础设施建设还未引起足够重视，绝大多数城镇的无障碍设施建设被忽略，残疾人出行受到严重制约。

三是残疾人公共服务的城乡差距相当明显。当前我国农村残疾率普遍高于城市，农村残疾人口数量大约是城镇的3倍，而农村残疾人公共服务的政府投入无论是金额还是比例上均远远低于城镇地区，而使得城乡残疾人公共服务的发展严重失衡。部分城镇残疾人公共服务开始向满足残疾人发展需求推进，而农村残疾人公共服务仍基本上停留在生存需求层面，"因残致贫、因残返贫"的现象比较普遍。当前用于改善和提高残疾人公共服务的各项文化体育设施、无障碍设施和福利活动大多数是围绕城镇残疾人展开的，农村残疾人较少能够参与进来。尤其是在中西部地区，农村残疾人主要依靠家庭帮扶和个人努力来解决生活问题，面向残疾人的公共服务非常少。总体看来，城乡二元差距在残疾人公共服务领域非常明显，且日益呈现扩大趋势。

四是残疾人公共服务体制不健全，运行机制不畅通。在我国当前行政管理体制下，残疾人公共服务涉及民政、财政、卫生、教育、劳动人事、残联等众多部门，服务职能交叉严重，决策程序繁杂，服务资源分割。不同部门由于利益主体不同，容易忽视残疾人公共服务事业的发展全局，导致残疾人公共服务的供给不足与管理失范。而由于管理体制的不顺，有限的公共财政资源没有得到合理配置，服务资源短缺和资源浪费现象并存。各级残联组织是残疾人公共服务的综合管理机构，但残联代表性较弱，在具体业务上容易受制于众多的相关行政管理部门，而且过于行政化的管理风格容易使残疾人公共服务事业缺乏活力。同时，运行机制比较混乱，部门之间就残疾人公共服务的配合协作不足。非营利组织与市场主体对残疾人公共服务的运作参与不足，社会层面的有效监督缺乏。残疾人群体的服务需求表达渠道不畅，公共服务的供给主体与供给渠道单一，传统化服务模式不能满足个性化需求，公共服务的评估体系尚未建立，服务效能较低。

三、构建残疾人公共服务体系的思考

中央 7 号文件明确提出要建立和完善残疾人服务体系，加强残疾人公共服务建设，实现公共服务的均等化。遵照中央 7 号文件的精神，根据服务型政府的本质内涵，针对目前我国残疾人公共服务存在的现实问题，必须始终以残疾人的最根本利益为出发点和落脚点，秉承公共性、基础性、实效性和可行性等服务属性，坚持政府主导、社会参与等基本原则，逐步构建城乡服务一体化、服务主体多元化、服务形式多样化、服务模式本土化、服务队伍专业化的残疾人基本公共服务体系，推进残疾人公共服务的可持续发展，依法保障残疾人的基本生活权和社会发展权。具体而言，构建残疾人公共服务体系应从以下几方面入手：

第一，强化服务型政府意识，逐步推进残疾人公共服务的理念变革。

理念是行为的先导，构建残疾人公共服务体系必须从理念变革开始。一方面，要以权利保障为宗旨，确立残疾人本位的核心服务理念。在现代公共管理的范式中，公民不仅是国家的主人，也应是公共管理的重要行为主体，公民权在公共行政过程中占据着核心地位。这就要求构建残疾人公共服务体系必须从依法保障残疾人的基本权益出发，赋予残疾人在公共服务中的主体地位，树立一切服务为了残疾人、服务为了一切残疾人的残疾人公共服务意识。另一方面，要牢固树立服务型政府意识。服务型政府的本质就是要将公民本位的服务理念作为一种行政文化注入政府的公共行政过程中，推动公共治理理念与主导价值由政府本位到公民本位的深层次转换，并在此基础上完成政府治理模式的战略转型。而落实到残疾人公共服务体系的构建，建设服务型政府，就是要推动与残疾人公共服务相关的公共部门全方位、系统性的服务理念变革，强调"管理就是服务"，寓管理于服务之中，让残疾人群体意志主导的公共服务最终成为与残疾人公共服务相关的公共部门改革和发展的方向。树立服务型政府意识，还必须加强对公务员的行政伦理教育、服务伦理教育，培养公务人员的公仆意识、自律能力和主动服务意识，引导公务人员树立正确的行政理念，推动公务人员实现由管理者向服务者的角色意识转变，力求做到"向残疾人致敬，为残疾人服务，请残疾人评判，让残疾人满意"。同时，还要树立制度化、市场化与专业化的理念，促使残疾人公共服务由人治模式下的随机性、零碎性服务向法制模式下的长效机制转型，由行政化单一供给模式向市场化的多元供给模式转型，由业余关照式服务向科学化、专业化、标准化的服务范式转型。

第二，坚持以人为本，逐步构建以需求为导向的残疾人公共服务体系。

在残疾人公共服务体系的构建中，坚持以人为本，就是要坚持以残疾人为本，也即残疾人公共服务要以残疾人的基本生活需求和社会发展需求为导向，坚持服务为了残疾人、服务依靠残疾人、服务产品由残疾人共享。一般而言，残疾人的需求是多方面，多层次的，既包括衣食住行需求、医疗康复需求，也包括教育需求、就业需求、心理需求、体育需求、政治需求和文化精神需求等社会参与与社会发展需求。与之相对应，残疾人公共服务体系的内容既包括社会救助服务、社会福利服务、医疗康复服务、交通服务等基本生活服务，也包括教育服务、就业服务、文化服务、政治参与服务等社会发展服务。基本生活问题是残疾人的生存与发展的首要问题，基本生活服务是残疾人公共服务的基础和主体。针对当前残疾人基本生活服务供给不足的实情，首先，要从保障残疾人的基本生活权益出发，以社会救助服务、社会福利服务、医疗康复服务、就业服务、交通服务为主体，构建残疾人的衣食住行等项基本生活服务网络，夯实残疾人公共服务的基础，促使残疾人逐步达到全社会的基本生活水平，切实保障残疾人的基本生活权益。其次，在此基础上，逐步发展教育服务、就业服务、文化服务、政治参与服务等社会发展服务，逐步推进残疾人公共服务由生存型向社会发展型的转变。特别是随着我国政治民主建设的推进，残联要切实发挥"代表"和"服务"的职能，高度重视残疾人的政治参与问题，为残疾人的利益表达和民主参与社会治理提供切实有效的制度安排，保证残疾人共享我国民主发展的成果。再次，要大力促进残疾人对于构建公共服务体系的参与。一方面，要尊重残疾人对残疾人公共服务相关事务的知情权、参与权、表达权和监督权，合理设计制度安排，完善残疾人参与公共服务的有效途径，构建残疾人利益表达与政府回应的互动机制，逐步建成信息时代高效、便捷、透明的残疾人参与网络，以保证残疾人对于公共服务体系构建中有关服务内容、服务项目、服务方式等公共决策的参与，实现残疾人公共服务的民主性、针对性、可行性和实效性。另一方面，在残疾人公共服务的供给中，应大力发挥残疾人的服务潜能，发展"增能"型服务。应注重发挥残疾人对于公共服务的主体参与作用，努力提升其服务的参与能力，积极引导残疾人从服务客体转变为服务权益主体，逐步消除残疾人对于公共服务的被动感、疏离感与无助感。最后，要逐步推进个性化服务。不同残疾个体的公共服务需求因年龄、残疾类别、残疾程度和发展阶段不同而各异，应坚持因时制宜、因地制宜和因人制宜，注重推进贴近不同残疾类别群体的针对性服务，逐步实施个性化服务，努力满足不同时期、不同地方、不同残疾人的公共服务需求。

第三，注重公平优先，促进残疾人公共服务的均等化。

公平公正是公共部门的价值追求，也是公共服务的基本原则。构建残疾人公共服务体系，应该从公平公正出发，促进残疾人公共服务的均等化，保证残疾人平等享受公共服务的发展成果。一般而言，残疾人公共服务的均等化应包括三个方面：一是城乡残疾人公共服务的均等化；二是残疾人公共服务与健全人公共服务的均等化；三是重点残疾人与一般残疾人公共服务的均等化。在推进城乡残疾人公共服务的均等化方面，应将残疾人公共服务纳入城乡统筹发展的范畴，逐步缩小残疾人公共服务的城乡差距，构建城乡一体化的残疾人公共服务体系，实现城乡残疾人公共服务的有效对接。立足于我国残疾人公共服务的现有基础与发展需求，在城市，可以把切实保障基本生活、逐步扩大社会参与和适度促进社会发展相结合作为残疾人公共服务发展的方向。城市残疾人公共服务的基本框架应该以市区为支撑，以街道为依托，以社区为基础，完善残疾人的衣食住行等项基本生活服务，逐步加强残疾人社会福利、教育就业、精神文化、政治参与等项发展型服务，努力健全城市残疾人的公共服务网络。各地在继续发展城镇残疾人公共服务的同时，应高度重视构建农村残疾人公共服务网络。应坚持打好基础、消除空白和量力而行的原则，建立以县残疾人公共服务中心为龙头、乡镇残疾人服务站为主体、村残疾人服务员为基础的乡村残疾人公共服务网络。县残疾人公共服务中心可在现有康复服务中心的基础上改建；乡镇残疾人服务站可依托现有敬老院或社会福利中心建立；村残疾人服务员可通过政府购买公益岗位的形式招聘。

为弥补公共财政的不足，可以采取政府、村集体和残疾人家庭按比例分担解决村残疾人服务员的服务收费，亦可采取重残人员津贴的形式予以公共服务的资助。要充分考虑残疾人的实际需求，发展农村残疾人康复医疗；增加农村残疾儿童的教育补贴，提高农村残疾儿童的入学率；逐步推进农村体育文化等公共设施和无障碍环境建设，丰富其精神文化生活。同时，要注重做好农村的残疾预防工作，提高公众的残疾预防意识，减少残疾发生率。在残疾人公共服务与健全人公共服务的均等化方面，首先要倡导全社会共同关注残疾人公共服务的意识，形成全社会理解、尊重、关心和帮助残疾人的基本氛围，为残疾人平等参与公共服务创造良好的环境，在基本生活、康复医疗、教育就业、社会参与和维权等方面为残疾人提供实实在在的帮助，从而实现残疾人事业与经济社会的协调发展。其次要加大对残疾人公共服务的投入，实现残疾人公共服务与整体公共服务网络的对接。要把残疾人服务网络放在国家公共服务体系建设的大背景下规划发展，全面促进公共服务体系和残疾人专门公共服务网络的无缝对接。既要充分发挥公共服务机构的主体优势，促进残疾人与健全人的资源共享，又要大力推进残疾人专业服务，将其列入城乡公益性建设项目规划，纳入政府推动社区建设、基层卫生服务和社会工作人才队伍建设的具体安排，逐步发展多层次、多元化、多向度的专业服务项目，从而使残疾人公共服务项目与健全人的公共服务项目相得益彰，切实提升残疾人公共服务的普惠性和实效性。在推进重点残疾人与一般残疾人公共服务的均等化方面，主要是逐步扩大对于重度残疾人公共服务优惠政策的覆盖面，使针对重度残疾人的服务逐步向一般残疾人延伸，从而提升残疾人群体的整体公共服务水平。

第四，明确残疾人公共服务的责任主体，发展政府、非营利组织与市场合作协商的服务供给模式，推进残疾人公共服务主体的多元化。

残疾人公共服务领域宽泛，对象众多，形式多样，仅靠国家是难以包办的，必须以政府为主导，积极引导非营利组织与市场的协商参与，推进残疾人公共服务主体的多元化。就政府而言，应明确政府责任，建立国家对残疾人公共服务的基本供给制度。从公共行政的角度分析，公共管理与公共服务是政府的两大基本职能。而且由于公共服务属于特殊的公共产品，具有不同于私人服务的效用不可分割性、消费非竞争性和受益非排他性等三大特性，决定了现代意义上的公共服务自诞生之日起就是由政府所主导。残疾人作为特定的弱势群体，为其提供基本生活服务与社会发展服务、保障其基本权益更是政府的基本责任。应该明确政府对残疾人公共服务的主体责任，逐步建立政府对残疾人公共服务的基本供给制度。政府对残疾人公共服务的职责主要在于制订公共服务政策，供给基本公共服务，监管公共服务市场，规范公共服务行为，推动公共服务发展。当务之急，一是与国家经济社会发展相适应，在国家公共服务总体系中，制订国家残疾人公共服务发展规划，确定国家层面的残疾人公共服务发展战略与基本目标，以之指导残疾人公共服务事业发展的基本制度安排。地方各级党委、政府要高度重视残疾人公共服务建设，因地制宜制订地方各级残疾人公共服务体系建设规划。考虑到老年人高龄致残现象日渐凸显的发展趋向，残疾人公共服务体系建设规划应与老龄化社会的发展要求相适应，与养老公共服务相契合，共同列入政府公共服务体系的重要子系统，保证残疾人公共服务的发展方向。二是将制度激励与财政引导相结合，切实保证残疾人基本公共服务的供给。大力推进残疾人公共服务类法规建设，研究制订促进残疾人服务业发展的政策，构建发展残疾人公共服务的长效机制。建立稳定的残疾人公共服务建设经费保障机制，以公共财政投入来推动残疾人社会救助、社会福利、医疗康复、教育就业、辅具服务和无障碍环境等项基本公共服务的发展。三是建立和完善残疾人服务机构的行业标准、服务规范和公共服务评价体系，推进残疾人公共服务的人性化、科学化与规范化建设。同时，要加强对残疾人服务机构的培育扶持和规范管理，充分发挥其在残疾人公共服务行业中的示范引导作用。民间组织是残疾人公共服务的重要参与主体。在市场经济条件下，民间组织主要依靠公益性、志愿性和非营利性的特点，发挥自我组织、自我服务和行业自律的作用，提供政府和市场提供不了或提供不好的公共服务，以满足残疾人日益多元化和个性化的公共服务需要。应注重培育发展草根社区组织、志愿者组织，组织引导志愿者和社会工作者队伍参与残疾人公共服务。并可以动员社会力量，积聚社会资本，整合社会资源，引导民间资本投入残疾人公共服务建设。就市场而言，市场既是残疾人公共服务供给的基本主体，也是残疾人公共服务的活力所在，必须推动残疾人公共服务的市场化。要以残疾人的公共服务偏好为依据，大力培育和发展面向残疾人公共服务的各类市场组织，鼓励各类组织和个人以公办民营、民办公助、政府资助、财政补贴等多种方式积极开展面向残疾人的专门性服务。残疾人公共服务应减少对公共服务供给领域的准入限制，面向民营企业，引入服务竞争机制，通过市场竞争打破政府垄断，形成多元供给主体共同参与的良性竞争格局，以实现公共服务资源的合理配置，逐步提高残疾人公共服务的效率。

第五，立足基层，打好基础，大力发展社区残疾人公共服务。

社区是残疾人的安身之所，是残疾人生存与发展的基本依托。我国8300多万残疾人都生活在城乡社区，他们不仅在日常起居、康复医疗、教育就业、最低生活保障等方面需要得到社区的扶持和帮助，同时在参与社会生活、行使民主权利、展现自身价值等方面，更要通过社区来实现。

因而残疾人公共服务与社区密不可分。社区残疾人公共服务作为和谐社区建设的重要组成部分，是我国公共服务事业的新发展。推进社区残疾人公共服务，为残疾人提供切实有效的扶持和帮助，对于提高残疾人的生活质量、促进残疾人平等参与社会具有重要意义。残疾人公共服务建设应该坚持社区化的工作方向，充分利用社区资源，为残疾人提供就近便利的服务。一是建设社区残疾人公共服务网络，夯实残疾人公共服务的基础。我国城市社区服务以居委会、小区为依托而展开，农村社区服务以村、镇为依托展开，具有明显的地域性特征。应根据社区的地域性特征，立足于残疾人在社区内所能满足的公共服务需求，有针对性地规划残疾人社区服务的基本项目，依托社区组织推进残疾人公共服务网点建设，在社区内逐步建立融康复、就业、教育、文娱体育、生活福利于一体的微型残疾人公共服务网络。二是针对残疾人需求的多样性特点，逐步拓展残疾人公共服务的范畴，丰富服务内容，促进残疾人的社区融合。残疾人社区公共服务的内容主要有生活照料、医疗康复、社会救助、就业培训、文化娱乐和社区无障碍环境等方面。现阶段社区残疾人公共服务应注重落实包括城市最低生活保障制度在内的各项社会救助政策，保障残疾人的基本生活；以家庭为基础，开展残疾人社区康复；为重度残疾人、智力残疾人、精神残疾人、老年残疾人等提供日间照料、居家照顾、康复训练等项服务，推进残疾人公共服务向纵深发展；积极开展心理辅导、文化娱乐、体育健身等服务项目，培养残疾人积极向上的生活情趣，活跃残疾人精神文化生活；加快社区公共服务场所和无障碍设施建设改造，建设社区无障碍环境，方便残疾人参与社会生活；建立社区为基础的残疾预防制度，完善残疾人信息通报机制。三是依托村、居委会等社区自治组织，建立志愿者和专业工作者相结合的残疾人社区服务队伍。依托社区残疾人协会，大力发展社区非营利组织，引导非营利组织组织志愿者积极开展残疾人公共服务，充分发挥非营利组织在残疾人公共服务中的促进作用。同时，还应以社会工作者为主体，逐步发展职业化的社区残疾人公共服务，以推进残疾人公共服务的专业化和规范化。

总之，构建残疾人公共服务体系，是建设和谐社会、发展残疾人事业的内在要求，也是我国经济社会发展和社会文明程度的标志。中国特色的残疾人公共服务体系的建立将全面惠及8300多万残疾人，从而保障他们的基本生活权益，维护他们的社会参与与社会发展权利，使广大残疾人共同沐浴在和谐社会的阳光之下。

社会服务视域下的中国残疾人组织建设研究

山东大学社会学系
山东大学残疾人研究中心　解玉喜

据第二次全国残疾人抽样调查，截至2006年4月1日，我国各类残疾人口达8296万人，占全国总人口的比例高达6.34%。其中，农村残疾人口6225万人，占全国残疾人总数的75.04%。全国有残疾人的家庭户共7050万户，占全国家庭户总数的17.8%。

残疾人组织是推进残疾人权益保护的重要载体，是联系政府、社会与残疾人的桥梁，是做好残疾人工作的重要保障。已有的研究比较多地从政策角度出发去探讨如何为残疾人提供更好的服务，主要集中在残疾人就业、教育、体育、康复以及社会保障制度的设计方面。而从组织角度探讨残疾人事业发展的研究比较少，且多是个案研究，缺少比较研究。本文旨在分析残疾人组织建设的问题和出路，以推进残疾人社会服务体系建设实践。

在研究方法上，本研究采取访谈法。已有的残疾人研究多是采取量化方法，取得了很多成果，但过于偏重面的考察。本文希望通过访谈的方法，能够对已有的研究结论进行检验，并试图挖掘有关残疾人组织建设的新问题。具体而言，本研究根据类型学的原则，将残疾人组织按照一定的标准进行分类，从中选取不同的类型，进行深度访谈，收集研究所需要的信息。

一、残疾人组织的定义和类型

对残疾人概念认识的不同，意味着残疾人组织在目标、结构以及实践上的不同，这直接影响着对残疾人组织的界定。本研究试图从残疾人组织成立的动力来源来对残疾人组织进行界定。

组织是指追求特定社会目标、实现特定社会功能、有意识地组建起来的社会群体。从静态的角度看，组织研究必须关注组织目标和职能、组织权力结构、组织规范等因素。从动态的角度看，研究组织就要关注组织的资源流动以及与此有关的种种社会联结过程。

如何对残疾人组织进行定义是一个棘手的问题。简单点说，残疾人组织是专门为残疾人提供公共服务的公益机构。但要区分和研究不同的残疾人组织，我们必须要对这个概念进行细化。我们在对这个概念操作化的时候，必须避免两个问题：第一个就是概念过于狭窄、具体，以至于根本无法进行相关组织现象的比较，无法获得有关残疾人组织共性的知识；第二个是概念过于宽泛、抽象，以至于失掉残疾人组织的具体特征，无法认识不同残疾人组织的限制条件。韦伯的理想类型分析方法可以为我们提供一些借鉴。理想类型是一种既包含普遍性因素又包含历史个性的概念类型，它是研究者选择和强调对象的某些重要的典型特征，舍弃或忽略一些次要的非典型特征而组合和建构的概念形式。通过这种方法，我们可以对不同的残疾人组织类型进行区分和比较，从而为解决实际问题提供依据。

通过对一手访谈材料的分析，我们认为，残疾人多样性需求以及政府的强力是残疾人组织建构的重要动力来源。根据组织建构的动力是来源于国家政府推动还是民间需要的驱动，我们可以构建两种残疾人组织类型：外生性残疾人组织和内生性残疾人组织，两者反映了在残疾人组织建设和发展中有两种重要的推动力量：政府的强力和残疾人的需要。这种分类并不意味着某一个残疾人组织的性质是一成不变的。实际上，某一残疾人组织即使源于残疾人的实际需要，也可能在发展过程中受到政府力量越来越多的影响而体现出外生性残疾人组织的特征。相反，一个外生性的残疾人组织也可能由于市场化和社会化而表现出内生性组织的某些特质。因此，这种分类只是从组织建立的主要动力来划分，以此作为分析的基础，政府力量和民间需求的驱动也许是残疾人组织健康发展不可或缺的两种力量。而原有的政府组织和民间组织的划分颇有将二者对立起来的意涵，也无法看到二者在实际发展中的复杂情况。

在访谈中，内生性残疾人组织建立的动力来源于实际存在而尚未被发现或重视的隐形的残疾人需要。从残疾人定义的演变可以看出，残疾概念的内涵是不断扩大的。有很多残疾症状并不明显，因此也非常难以把握，更难操作化。直接造成的问题是很多"残疾"没有被认定为残疾。相应地，这些残疾人本身的需要无法得到足够的重视。同时，那些已经被社会承认的残疾人，其需要是多样化的。但长久以来，社会服务的简单化使得这些差异性需要也并没有得到充分的满足。内生性残疾人组织就是适应这些存在的需求产生的。在访谈中，AN自闭症儿童康复中心的建立直接源于负责人孩子所患的疾病。在现有残疾人组织无法满足自身需要的情况下，他们依靠自己的力量去寻找解决的方法，并逐渐整合起来，最终建立了这样一个组织。ZH聋儿听力语言康复中心的某工作人员在该中心筹备期就是主力之一，而帮助自己的孩子是其加入该中心的重要动力。

外生性残疾人组织又可以分为直接服务型残疾人组织和间接服务型残疾人组

织。前者组织目标明确定位于残疾人服务，后者只是部分承担某些功能和服务。前者指直接为残疾人群体提供相应服务的机构；后者指行使管理、咨询、政策和法规设计解释的机构。典型代表是残联。比如，残联是改革的产物，是集"代表、服务、管理"三种职能于一体的"亦官亦民"的社会中介组织。残疾人群体作为社会的一个有机组成部分，国家和政府一直没有忽视这个群体的需要。就中国的历史看，古代各朝都通过一些渠道为残疾人群体提供必要的照顾和服务。中华人民共和国成立后，也一直重视残疾人群体，为他们提供必要的服务。

二、中国残疾人组织的特征

（一）中国外生性残疾人组织的特征

1. 组织框架设计和运作的逻辑是国家残疾人事业的整体和全局性发展要求

外生性残疾人组织着眼于残疾人群体的整体利益和长远目标，并要和国家的其他社会事业的发展相协调。因此，外生性残疾人组织在设计和运作上必须兼顾残疾人群体利益和国家发展的总体规划。如中国残联表述自身性质时就体现出这样的逻辑。中国残联是经国务院批准和国家法律确认的将残疾人自身代表组织、社会福利团体和事业管理机构融为一体的残疾人事业团体，具有"代表、服务、管理"职能：代表残疾人共同利益，维护残疾人合法权益；开展各项业务和活动，直接为残疾人服务；承担政府委托的部分行政职能，发展和管理残疾人事业。

2. 完善的科层制管理

在韦伯看来，组织管理中的科层制具有以下特征：根据组织目标进行劳动分工并实现专业化；实行等级制原则，建立合法权威；科层制通过稳定的规章程序运作；科层制中的职位占有者具有非人格化的理性特征；普遍性的用人标准，量才用人。根据以上标准衡量，中国外生性残疾人组织已经形成了比较完善的科层制管理体系。

在访谈中，外生性残疾人组织规章制度健全，工作人员稳定性高，层级制管理明显（在外生性直接服务型残疾人组织中通常接受残联以及所依托的机构双重领导）。

3. 规范性和成熟度高

无论是直接服务型残疾人组织还是间接服务型残疾人组织，不管是在组织目标设计、组织机构建制，还是在运作机制等方面都形成了比较完善的体系。外生性残疾人组织的规范性和成熟源于较长的发展历史和政府的支持。

4. 服务范围广，门类齐全

以中国残联为例，它的组织构成包括国务院残疾人工作委员会、中国残联全国代表大会、中国残联主席团、中国残联机关部门、中国残联直属事业单位、中国残联专门协会、中国残联主管社会团体。这些机构从职能上看，有的直接为特定残疾人群体提供相应的服务，有的为残疾人群体提供相应的政策指导。

（二）中国内生性残疾人组织的特征

1. 组织设计和运作逻辑是残疾人群体的差异性需要

从中国现实来看，外生性残疾人组织和内生性残疾人组织并存是现阶段残疾人组织的存在状态。但是，这种局面并不是一蹴而就的，而是随着中国社会结构、世界形势的变化而不断变化的。总的看来，残疾人组织经历了一个从大一统的外生性残疾人组织到外生性残疾人组织和内生性残疾人组织并存的过程。

2. 权力运作机制在从个人魅力型向理事会转变

权力的产生、分配是研究组织时必须关注的内容。在访谈中，我们发现内生性残疾人组织权力的运作大都经历了一个从个人魅力型向理事会转变的过程。内生性残疾人组织在成立之初，主要由发起人承担主要的管理责任。这种领导人是典型的克里斯马型权威。克里斯马（Christma）是德国社会学家马克斯·韦伯从早期基督教观念中引入政治社会学的一个概念。韦伯认为克里斯马有这样一类人格特征：他们具有超自然、超人的力量或品质，具有把一些人吸引在其周围成为追随者、信徒的能力，后者以赤诚的态度看待这些领袖人物。这样的领导在内生性残疾人组织的发展初期起着关键性的作用。他们具备一定的能力，对自己做的事情充满热情，这些正是内生性残疾人组织发展初期的不可或缺的要素。但随着组织在发展中遇到的挑战越来越多，组织成员对参与权和监督权越来越重视，这些草根领导的权力合法性开始受到质疑。理事会作为一种新的组织管理模式开始被内生性残疾人组织采纳。管理理事会是在法律上对一个团体负有监管责任的一群人。在营利公司中，理事会通常称为董事会，他对股东或利益相关方——任何对公司感兴趣或会受到公司影响的人负责。在非营利组织中，理事不收任何报酬也不因为在理事会工作而获得任何补贴。非营利组织的章程规定了理事会在组织中的作用。理事会的细则规定了理事会成员的组成、权利、义务和责任。理事会在法律上负责为组织制订政策、监督这些政策的执行，并确保组织的活动合法。理事通过选举或任命，有一定的人气。除非根据理事会细则被解职，在法律上理事有权利为理事会工作。

Q 是 LV 农村残疾人协会的发起者,为该协会的发展做了很多工作。但随着协会的发展,争取到的资源越来越多,由一个人主导的精英管理模式开始遭受到越来越多的质疑,因此开始采取理事会的管理模式。邀请一些权威人士加入到管理阶层,通过集体决策来决定该协会一些重大事件,比如执行层的管理人。Q 就是通过理事会选举当选主要执行者的。这在一定程度上增加了其权威的合法性。而 AN 自闭症儿童康复中心也是采用这样的方式,只是这个理事会的成员是为该中心提供资金支持的主要成员,他们决定一些重大事务,但具体事务由该中心的管理人员负责。

3. 服务针对性强

内生性残疾人组织是适应残疾人多样化、未被满足的需要而产生的。因此它不是关注残疾人群体的共性需要,而是提供针对性很强的服务。以自闭症康复中心为例,直到 2006 年,中国残联才把自闭症纳入精神残疾。但这之前,这种残疾人群就已经存在了,但是外生性残疾人组织还无法提供相应的服务。而内生性残疾人组织则从迫切的实际需要出发,边学习、边摸索、边服务,有效并快捷地满足了这些残疾人群的需要。

三、新形势下中国残疾人组织建设的问题分析

从历史的维度看,残疾人组织的演变总是经历着一个在无序、混沌和结构化、稳定化之间不断摇摆的动态过程。即在某个阶段,组织会有趋同的现象。协同学的某些思想为我们理解这个过程提供了一些工具。我们可以把协同学看成是一门在普遍规律支配下的有序的、自组织规律的集体行为的科学。协同学认为无论是自然界、生物界还是社会都存在着一种现象,即各个散乱的单元总是会自发组织、产生富有意义的过程。就好像有一只无形之手促成的那样自行安排起来,而正是各个单元的协作才创建出这只无形之手。我们称这只使一切事物有条不紊组织起来的无形之手为序参数。序参数由单个部分的协作而产生,反过来,序参数又支配各部分的行为。外生性残疾人组织和内生性残疾人组织在发展过程中,都逐渐呈现出有序性,这种有序性也是特定序参数作用的结果。

(一)残疾人组织建设的核心问题

中国残疾人组织建设最核心的问题可以从两个方面来考察:外生性残疾人组织的职能变革问题与内生性残疾人组织的生存和发展问题。

1. 外生性残疾人组织的职能变革问题

如上所述,外生性残疾人组织一直为中国残疾人事业的发展和残疾人群体的利益做着重要贡献。促使外生性残疾人组织有序化的序参数是政府的强效能。外生性残疾人组织既能够从体制内获得稳定的资源,从而保障残疾人组织的正常和规范化运作,同时也很容易形成规模效应,辐射全国范围内的残疾人群体,在满足残疾人的共通性需要——就业、教育、医疗康复、体育娱乐等方面体现出巨大的优势。但随着社会结构的变迁,面对国内外的挑战和压力,外生性残疾人组织必须努力寻找更有效地发挥政府力量保障残疾人群体权益的路径。外生性残疾人组织现在面临的问题要求其必须实现组织职能的变革。这些问题主要有:

(1) 组织目标单一化。

经济救扶仍占主导地位,同残疾人需求的多层次性相矛盾。中国残疾人事业在发展初期,就以经济救扶为主。因此残疾人就业、残疾人扶贫一直是残疾人工作的重点。从研究现状来看,残疾人就业、扶贫以及社会保障政策研究占据了研究的主流。但是残疾人的需要是多层次的。解决残疾人经济和贫困问题的确非常重要,但同时要清醒地意识到残疾人的需要是一个多层面的系统需要,需要一个系统的工程来满足。但外生性残疾人组织在现阶段很难关注到这些方面。

(2) 直接服务型残疾人组织同专业技术类组织的合作危机问题。

从现实情况来看,许多残疾人组织都是依托一定的技术机构向残疾人提供服务。在访谈中,那些成立比较早的外生性残疾人组织都是和医院结成同盟。但这种合作在种种力量的作用下,正日趋脆弱。如何处理彼此之间的关系已经成为这些组织必须解决的一个难题。ZH聋儿听力语言康复中心就是一个典型的例子。该中心成立于上世纪90年代初,隶属于某医院。其主任是该医院的耳鼻喉科大夫,工作人员都隶属于该医院。但现在的效益非常不好,医院曾经想把它推到社会上去,但由于市残联的干预,并没有成为事实。在访谈中,该机构的原主任L女士指出,尽管残联和该机构有合作,而且也给予了一定的支持,这种支持通常是捐助一些听力设备或者对一定比例的聋童进行资助。起初该中心也配合残联做一些工作,但随着领导层沟通不畅以及支持力度同该中心的实际需要的相距甚远,二者的合作越来越不顺利,几乎停滞。

(3) 外生性直接服务型残疾人组织的生存和发展问题。

"政府购买社会服务"现象起源于20世纪70年代末的欧美发达国家,是指政府在社会福利的预算中拿出一定经费向社会各类提供社会服务的机构直接拨款购买服务或公开招标购买社会服务,由专业的社会服务机构来运作的服务模式。福利性的社会服务基本上由慈善性的非政府组织提供。如果按照这样的一种思路，政府应该从现有的外生性直接服务型组织中撤出来，向别的残疾人服务组织购买服务。但就像 ZH 聋儿听力语言康复中心的原主任 L 女士指出的那样，花钱买服务，但服务从何处来？谁来提供这些服务？国家和政府如果不花力气培育和支持残疾人服务组织，那么花钱买服务也是空中楼阁。事实上，这一类组织的发展状况不一而足，而那些发展不错的组织，通常还是从体制内获得了很多资源。如 MY 艺术团，从注册、硬件建设到日常运作都得到了市残联的大力支持。而 ZH 聋儿听力语言康复中心也是如此，其办公和服务场地、日常运作资金都得到了残联的积极支持。这样的组织一旦失掉政府力量的支持，将很难生存下去。

（4）间接服务机构的职能转换问题：执行性取向明显。

外生性间接服务型残疾人组织半官半民的性质决定了其职能发挥必须考虑国家和政府关于社会发展的整体设想，更多的是执行国家既定的有关残疾人群体的政策。尽管这些组织在残疾人组织的规范化管理、政策和法律的推动、技术的推广等方面做出了重要贡献，但是这种明显的执行性取向会导致残疾人群体实际需要无法得到充分的重视。

（5）工作人员的个体理性与残疾人群体权益保障的冲突。

残联的三大职能是代表、管理、服务。这些职能的发挥是通过工作人员来实现的。完善的科层制管理模式既有优点，也有局限。韦伯曾经指出："科层组织的官员是受过专业训练的，在组织里有自己的职业生涯，成为专业化的人员，其毕生的职业生涯的追求就是在组织制度里不断的晋升。"对于外生性残疾人组织而言，这种个体理性的追求更容易顺应国家和政府的制度安排，残疾人群体的实际需要有时就难以得到重点关注，也难以对政策的不宜之处进行反思和纠正。由于部分工作人员，尤其是处于领导岗位的组织成员所具有的国家干部身份，使他们在行使职责的过程中，往往会倾向于表达政府的利益，或强调政府对残疾人的管理职能而忽略残疾人的心声。这种人员构成及其工作特点不利于残疾人组织的长期发展。但这个问题也与残疾人组织在国家机构中的地位、与其他机构的关系以及工作人员的职业认同和归属感有着密切的关系，不能简单地归结为工作人员素质不高。在访谈中，有的工作人员已经开始反思这些问题，只是苦于难以找到突破的路径。

2. 内生性残疾人组织的生存和发展问题——序参数：残疾人的差异性、非显性需要

从访谈的两家民间非企业机构来看，他们获得内生性资源的能力强，能迅速回应残疾人的差异需要。在访谈的内生性残疾人组织中，主要存在以下问题：

（1）残疾人组织合法化问题：注册难。

民间社团的合法性主要包括社会合法性、政治合法性和行政合法性。社会合

法性，即社团符合社会的某种正当性而赢得一些民众、群体的承认乃至参与；政治合法性，即一个社团或社团活动符合某种政治规范，即"政治上是正确"，中国公共空间的任何存在都要首先解决政治合法性；行政合法性即获得某一级单位领导的承认，他们的承认常常自然延伸为参与，他们的参与更加表示他们的承认。最难获得的就是行政合法性，即社团登记之难。这个问题既涉及国家法律法规，又涉及现有条件下的管理范围，把问题仅仅归结为政府的不作为是不合适的。

（2）领导者的能力提升与管理模式创新问题。

从访谈结果来看，民间残疾人组织资金的主要来源是西方和港台的基金会。在和这些基金会的合作过程中，遇到的重大问题是如何适应基金会对资金使用的管理程序和方式。通常而言，扶持内生性残疾人组织的基金会都要求该组织能科学地预算使用资金、规范使用资金。这个问题的背后其实是内生性残疾人组织如何实现管理的规范化，并同国际残疾人组织的发展水平相适应。从项目申请到项目管理乃至财务制度的建设都要求残疾人组织的领导者能够整合不同的学科知识，依靠现代的科学手段和技术进行项目运作，适应项目管理模式。

（3）内生性残疾人组织资金募集和效用最大化问题。

在访谈中，机构负责人不约而同地认为资金匮乏是制约本组织发展的瓶颈。从资金来源看，基金会、政府资助、个别成员的捐助、收取的服务费用成为主要渠道。而且组织越发展，资金问题就越重要。ZHG启能中心在起步阶段，所需资金较少，发起人的个体捐助就能够满足需要，所以这并没有成为其开始阶段的难题。但随着学员的增加，个体捐助者收入的下降，资金问题就成为组织的巨大障碍。正因为资金问题这个中心就被迫从市区迁到了郊区，直接导致工作人员的流失，也为筹措其他资源带来很大困难。

（4）内生性残疾人组织资源整合能力问题。

访谈发现，残疾人组织的发展必须要有充足的后备资源的支持。但随着组织规模的扩大，如何争取充足和稳定的资源维系组织的发展就成为摆在残疾人组织面前的难题。

3. 协同型的残疾人组织：外生性残疾人组织和内生性残疾人组织的共生问题

从访谈资料看，内生性残疾人组织对外生性残疾人组织抱有矛盾的心态：一方面想和政府合作，争取本组织发展所需要的资源；另一方面，实际的合作情况又使他们彼此有颇多摩擦。内生性残疾人组织的草根性决定了其有旺盛的生命力，但其发展基础的羸弱、组织建设的不规范都削弱了外生性力量的扶持意愿。访谈的两个组织LV农村残疾人协会和AN自闭症儿童康复中心就形成了鲜明的对比。前者一直寻求和外生性残疾人组织的合作，但在某些问题上的分歧，使这种合作很难实现；后者由于其主要领导者在省残联兼任相应职务，二者合作顺畅，实现了双赢。

（二）历史遗留问题：农村残疾人组织的建设问题

根据第二次全国残疾人抽样调查，全国残疾人口中，城镇残疾人口为2071万人，占24.96%；农村残疾人口为6225万人，占75.04%。因此，农村残疾人社会保障和社会服务的质量和水平直接关系到整体社会保障制度的质量和活力，从而关系到落实以人为本的科学发展观，关系到社会的和谐和进步，关系到国家经济、政治、文化发展水平和文明程度。农村残疾人组织是服务农村残疾人群体的重要依托，但其发展状况堪忧。

长期以来中国社会结构呈现出典型的二元特征，农村承担起了社会发展所需要的大部分成本，导致今日的农村一直处于发展的边缘。而乡镇政府改革、村民自治、税费改革对农村残疾人事业的影响并没有引起足够的重视。

总之，我们必须深入调查和研究农村各项改革给农村残疾人事业和组织建设带来的影响，并采取相应对策。

（三）残疾人组织工作人员的职业认同和归属感问题

我们一直更为关注残疾人的需要，因此残疾人组织的核心常常就是如何服务于残疾人。但是为残疾人群体服务需要人来承担这些工作。这些工作人员的需要常常被我们所忽视。最明显的就是外生性残疾人组织中的直接服务型组织以及内生性残疾人组织工作人员的职业归属感问题。从访谈来看，有的工作人员职业归属于某些技术系列，如教育、医疗，有的属于公务员系列，有的属于企业系列，还有的根本无所归属。如何将这些服务人员的职业归属进行统一和规范的定位，直接关系着残疾人组织的稳定和发展。

（四）边界和融合

1. 残疾人群体的区隔化

个体互动边界：残疾人和社会是存在边界的，社会政策、其他公民的态度、其他社会组织的低接纳、自组织的羸弱，这些都使得残疾人和社会存在一定区隔，难以融合。社会排斥理论对这个问题的分析是深刻的。残疾人个体生活在社会中，但缺少与情境的互动和联系，出现原子化特征。这个特征使得残疾人既难以获得足够资源发展自己，也很难去影响社会环境和政策。可以说，残疾人权利的表达和维护遇到的是结构性障碍。我们可称之为玻璃墙效应，这些结构性的障碍看不见、摸不到，但只要你是这个场域中的一员，就会随时感受到压力和阻力。

2. 残疾人组织的机构联结脆弱化

组织始终处于与周围组织的互动关系当中，这种互动关系的性质直接影响着该组织的存在和发展。残疾人组织如何处理与其他组织的边界和联结问题，将会对服务质量产生至关重要的作用。我们以下面三类机构联系来说明这个问题。

（1）医疗和康复服务的断裂。

就现实情况看，医院在接触残疾人群体方面具有先天的优势，但医院在服务残疾人群体方面存在三个比较明显的缺陷。第一，对隐性或新生的残疾类别缺少足够的专业诊疗水准和经验。比如，一个访谈对象说，很多医院对自闭症的判断和诊疗存在明显不足，很多时候仅仅把自闭症当做发育迟缓，耽误了儿童的最佳治疗时间。第二，医院做的工作更多的是诊断、治疗，康复性训练并不多，无法提供相对专业的服务。第三，医院缺少对相应残疾人康复服务机构的了解和信任，再加上一些经济利益的因素，医院不愿意将病人转介到相应服务机构。因此，在医院和残疾人服务组织之间必须建立一个有效的联系。如何在医院与残疾人组织之间形成诊断、转介和康复服务的健康链条是当务之急。

（2）研究和行动与残疾人组织需要相断裂。

高校和研究机构应当为残疾人组织的发展服务。但存在的现实问题是介入时课题取向重，推动型工作少，很难将研究成果与残疾人组织的利益和需要进行有效联结。访谈发现，高校师生和学者都越来越积极地参与残疾人服务和组织建设。但存在的问题是，研究以自我利益取向为主，研究成果也很少能够影响到政策制订和设计。一方面，是介入目标没有同残疾人组织的建设目标和需要紧密结合。Z中心的负责人就谈到，他们非常欢迎高校研究者的介入，但希望能够在政策说明、法律咨询、组织建设方面做些踏踏实实的工作。另一方面，中国知识分子影响力的匮乏也是结构性的阻碍因素。宏观研究多，微观研究少。

（3）媒体的新闻效应需要与残疾人组织的期待相脱节。

媒体是残疾人组织与外界联系的重要渠道。调查中，访谈对象都肯定了媒体对本组织的重要作用。但同时认为，媒体宣传应该定位于残疾人组织的实际需要，不要流于形式。从实际情况来看，节日型、模范型宣传成为媒体宣传残疾人工作的既定模式，忽视了残疾人组织想要表达的意愿，也不具备连续性。ZHG启能中心的负责人CH就指出，本组织在建立之初，与媒体联系还比较多，但后来却不愿意与它们保持联系。因为这些媒体在宣传时侧重中心学员多么可怜，工作人员多么辛苦等内容，而他们希望能更多地从残疾人的尊严、人与人之间的平等等方面去宣传。实际上媒体和残疾人组织的生存和发展是密切相关的。通过他们的宣传,社会和普通人群才能更加了解这个群体,才更愿意为这个群体做些实实在在的事情。但要突破旧有的宣传模式,更多地去考虑残疾人组织的实际需要。

四、中国残疾人组织建设的路径和对策分析

残疾人组织建设是一个包括组织理念设计、结构安排、资源整合、人事调配、组织关系协调等内容的系统过程。中国历史上的残疾人救助实践为当前社会转型期的残疾人群体救助提供了借鉴。唐宋的残疾人群体救助不仅仅是统治者为了统治稳定而给予的恩赐,更是从仁道的角度出发,而且救助的渠道和方式不是一元的,而是多元的、多层次的,有官方的制度安排、符合法定的救助;也有民间自发的、非正式的援助与互助。从京城到地方再到基层的上下联动机制,为有效救助提供了保障。社会救助首先要有法律的保证,国家是救助的责任主体,再有强有力的执行力度和各界人士的共同参与。

就今天中国残疾人组织建设而言,总的看来就是要紧紧围绕残疾人需要表达机制、残疾人权益保障机制以及残疾人需要满足机制三个方面来处理组织建设的实践,这个过程需要外在社会条件的变迁。

在这样的总体框架中,内生性残疾人组织和外生性残疾人组织要进行有机整合。一个思路就是内生性组织首先要承担起表达残疾人群体需要的重任,成为连接政府和残疾人群体的桥梁和纽带;而外生性残疾人组织的首要任务是进行残疾人群体权益保障的制度框架设计、组织建设和评估等;最后内生性组织和外生性组织要联合起来共同满足残疾人群体的需要。图2是对这个思路的图解。

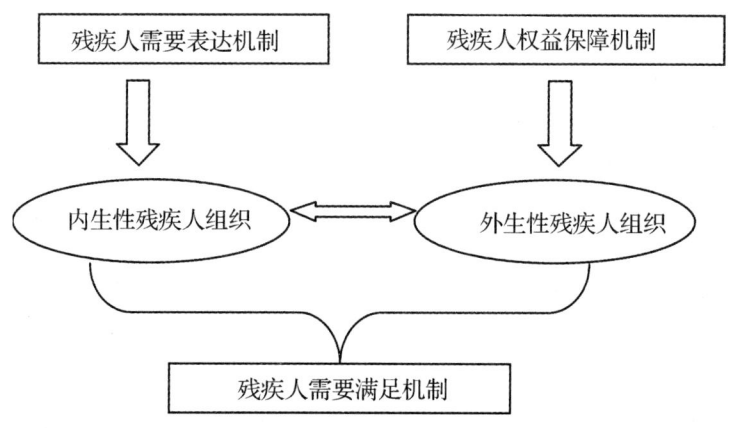

图2 中国残疾人组织建设思路示意图

围绕这个思路，我们今后的研究将重点关注以下几个方面：

1. 从残疾人组织理念看，必须实现主流文化中有关残疾人观念和理念的变迁

理念与制度的双向互动塑造了发达国家残疾人社会保障的制度框架。作为先导，理念的转变为制度的完善提供了有效的基石；反过来，制度的运行则在实践场域推进了理念的更新。从残疾人组织的理念而言，我们必须秉承赋权（empowerment）的价值观，转变救济价值观。社会学家韦伯在《新教伦理与资本主义精神》一书中，深刻剖析了社会主流价值观的变迁对社会经济发展所产生的巨大影响。就中国残疾人组织发展而言，必须首先实现理念的转换。总的看来，残疾人事业的社会价值观正在从收养救济逻辑、劳动福利型逻辑向福利保障和维护（公民权利）逻辑转变。江泽民同志曾经指出："残疾人，有人的尊严和权利，有参与社会生活的愿望和能力。历史和现实表明，他们同样是社会财富的创造者。"

2. 从残疾人组织的主体而言，要形成内生性残疾人组织和外生性残疾人组织的有机分工和协作的组织体系

（1）外生性间接服务型残疾人组织的职能必须实现服务功能纯粹化的转变。

党的"十七大"提出，要进一步深化行政体制改革，国务院及各级政府新一轮机构改革即将启动，事业单位改革逐步深入。这次大部门制整合的核心是政府转型，即政府由经济性建设主体转变为经济性和社会性公共服务主体，进一步明确政府的主要职责是为企业和社会以经济建设为中心提供环境和基础条件。面对新一轮改革，外生性间接服务型残疾人组织必须要找准定位，实现职能服务化的转变。

外生性间接服务型残疾人组织是残疾人事业发展的重要一环，是国家/政府与公民社会之间的中介，其角色应该定位于宏观层面的残疾人权益立法、政策设计、行政以及评估方面的工作，要成为残疾人群体社会保障模式的设计者和实施者，突出其代表和管理（关系协调）的作用，以便其表达残疾人的普遍需求、提供均等化的最低限度福利。其组织目标要致力于消除结构性障碍和制度性偏见。保护残疾人的公民权利不仅仅是反对那些对残疾人的歧视，也不能仅仅是惩罚那些违反其公民权利的行为，同时还必须创造社会福利保障公民权利的实现。因此政府的设计必须要更多地从社会福利权利出发考虑问题。例如，一个企业愿意雇佣残疾人工作，但是残疾人上班的交通不是无障碍设施，那么残疾人可能自己就会放弃，企业去承担这个责任也不太可能。这个时候要政府和国家能够做这些工作。一个思路就是建立有关残疾人权益的福利法，通过法律的形式规定残疾人应享有的社会福利。一般来说，残疾人社会福利是指国家或社会为了使残疾人

享有与正常人同样的工作和生活条件而采取的一种再分配性的行动计划和措施（以资金、设施和服务等形式）。本文在福利内容的解释上以西方的理解为主，即一种包含了社会保障的社会福利，涵盖了残疾人的医疗康复、劳动就业、文化教育、基本生活以及环境建设等内容。对于解决农村残疾人的权益问题也需要外生性间接服务型残疾人组织发挥自己的作用。

（2）外生性直接服务型残疾人组织要致力于提高自身的品质，成为自己所在领域的模范。

外生性直接服务型残疾人组织一般历史都比较悠久，而且与政府的体制内力量联系密切，其资源的相对稳定，使其服务规范性和质量能够得到保障。我们认为外生性直接服务型残疾人组织还有继续存在的必要。但现在必须提升自己的服务品质，成为所在残疾人服务领域的典型，才能为其他组织提供相应的技术指导和服务，从而全面提升残疾人群体服务的水平。一个基本的思路是坚持品质管理。品质管理的基本主张是：比起用额外资源重做或弥补，创造组织优良产品与服务（预防）的成本是比较低的。通过不断提高品质，增强这些组织的辐射力，推动相关组织服务水平的提升。

（3）内生性残疾人组织必须提高自身服务的专业性和规范性。

本研究认为，内生性残疾人组织要与国家形成二元互补关系（因为它属于公民社会范畴）；与外生性残疾人组织的关系，应该是一种分工、合作关系；就其功能而言，既要了解和反映残疾人的多样化需要、充当他们的代言人，还要为残疾人群体提供特殊化、专业化的服务。在这里，评估是指非政府组织对残疾人的问题、所处的社会环境、职业需求以及潜能的整体把握。在评估的过程中，非政府组织应该强调残疾人的参与，了解残疾人的真正需求。

3. 从残疾人组织的运作看，要促进残疾人群体的有效参与

由于自身生理条件的限制、社会支持的欠缺以及建筑环境的阻碍，残疾人的生活通常体现出一种隔离状态。残疾人的有效社会参与包括以下四个层次：共享信息、平等协商、参与决策、独立行动。残疾人要想融入并有效参与社会生活，融入残疾人组织是一个必要的过程。残疾人组织的最终目标应该是促进残疾人群体在社会中的有效参与。残疾人既是残疾人事业发展的剧作者，又是残疾人事业的剧中人物；既是残疾人事业发展的目的，又是残疾人事业发展的动力；既是残疾人事业的承担者，又是残疾人事业发展的受益者。总之，一定要发挥残疾人自身的主体性和积极性，残疾人事业才能取得根本性的突破和发展。

本文认为在残疾人参与模式上，可以尝试社区化模式，即紧紧依托残疾人居住的地区实现服务和生活社区化，即在真实的生活环境中为残疾人提供服务，让

他们走出家庭的小圈子，进入一个范围更大的社区环境中生活。

在残疾人代言人的选择上，要引入竞争机制。残疾人自身的特点决定了其代言人的选择和能力对他们维护自身利益具有重要的意义。要避免残疾人代表的去残疾人群体化，即脱离其所代表的群体的利益。因此竞争机制的引入未尝不是一个选择。要为有志于残疾人服务的人提供一个平台，使其有机会进入各种残疾人组织。

在残疾人参与决策行为的模式上，应该实现制度化。本研究认为，应该针对不同的残疾人群去设计有效地参与决策行为的模式，只有残疾人能真正参与决策，那么其需要才能得到充分满足。

4. 从残疾人组织的操作实践看，要有效运用社会工作的理念和方法

社会工作的理念以及技巧对残疾人组织的实践操作具有重要的意义。社会工作以多种方式帮助人类与环境进行着多样化、复杂的交流。它的宗旨是促进人类发展全部潜能，丰富人类的生活并阻止人类功能失调。职业社会工作专注于问题的解决和变化。社会工作者们正是社会变迁以及个人生活、家庭与社区生活进步的代理人。社会工作是一个融合价值观、理论与实践的多维系统。

残疾人组织在服务时，必须坚持赋权、同理心等价值理念去了解残疾人需要，帮助他们了解满足需要所需的联系和支持网络，建立满足这些需要所需的机构和服务，同时还要积极地去影响政府的决策和立法，从宏观层面上保障残疾人群体的权益。

5. 从残疾人组织的人员构成看，必须建立从教育培训、上岗就业、服务考评到社会评价在内的长效机制

不管是外生性残疾人组织还是内生性残疾人组织，由于其服务对象的特殊性，决定了其工作人员必须获得一定资格才能从事相应的工作。本研究认为，这两种类型的组织必须携起手来制订行业标准、建立资格考评体系、发行服务技能和知识手册，只有这样才能不断提高残疾人组织的服务水平。在访谈中，访谈机构负责人都一致认为现在行业内部缺少统一的标准，直接影响着工作人员的素质提高和工作稳定性。同时因为缺少对服务经验的总结，也使得服务水平很难得到持续提升。

总之，残疾人组织建设是服务残疾人的重要载体，其发展的好坏直接关系到残疾人社会服务的质量。只有积极推进残疾人组织建设，才能使中国残疾人社会服务充分满足残疾人的需要，从而推动中国残疾人事业的发展。

残疾人社区工作及社区服务发展路径选择

浙江工商大学 陈　漭　冯利辉

随着产业结构的调整和第三产业的发展，社区的普及使得社区成为承接社会服务和社会管理职能、基层民主建设和精神文明建设的重要根据地。社区为人们提供了基本生活和服务，是人们生活和社会化的最主要的场所，也是残疾人社会支持系统中的重要方面。上世纪80年代以来，在我国残疾人社会事业起步阶段，就强调了以乡镇、街道为残疾人事业发展的依靠和基础。在残疾社会模式的指引和联合国的积极倡导下，以社区为基础（community-based）为残疾人提供服务成为一种新兴的重要的保障途径。社区不仅"能够更好地满足残疾人的需要，提供更好的经常会为医疗机构和康复机构所忽略的服务"，而且社区环境与寄宿制福利机构或医院、大型服务设施相比，"更能提高残疾人独立生活工作能力和自我抉择、社会交往、休闲活动等与生活质量相关的能力"。

一、残疾人社区工作和社区服务内容及定位

残疾人是社区中特殊的成员，社区规划和建设中要将残疾人基本生活需求纳入社区服务内容之中，在社区布局、功能定位、服务设施和项目等方面，要充分考虑贫困残疾人的需求。2006年联合国大会通过的《残疾人权利公约》确认残疾人有权利并且应该获得各种居家、住所和其他社区支助服务，平等享用为公众提供的社区服务和设施，并要求各缔约国要采取有效和适当的措施，以便残疾人充分享有独立生活的权利以及充分融入和参与社区，避免同社区隔绝或隔离。社会服务的社区化，构建残疾人社区服务网络，以使残疾人工作融入社区和残疾人融入社区，进而重构以残疾人社区服务为核心与基础的残疾人社会工作体系，是20世纪80年代以来世界各国残疾人事业发展的重要趋势。我国也在各种关于发展社区工作和残疾人事业的文件中明确社区的功能和定位，把它当做为残疾人提供服务最直接的工作层面。

广泛的社区服务是指政府、组织或个人针对社区开展的福利性、公益性服务，以及社区居民之间的互助性服务，是免费、非营利或微利性的服务。社区服务是整个社会福利制度的重要组成部分。社区工作和公共服务面对的是社区的所有居民，从公共物品的提供的角度来看，满足公共领域需求的产品带有非竞争性

和非排他性，社区公共服务及其设施被认为具有强烈的非排他性和非竞争性，而被视为纯公共物品。公共物品自身的特性必然要求政府成为公共服务及其设施供给的责任者。"社区服务是一种福利事业，而社会福利政策的本质是社会资源的再分配。而政府又是社会资源的最大所有者，因此，政府理所当然是社会福利的主要投资者。"残疾人社区工作和服务是属于公共物品或准公共物品，本质属性在于其福利性和公益性，政府应该是提供工作和服务的责任主体，这体现了国家对弱势人群的保障责任和对居民的公共福利责任。

我国经济体制和社会结构的双转型，社会分工细化专业化程度的不断提高，政府福利和服务职能的完善和提高，规定了残疾人社区工作和服务的定位和发展要朝着专业化和福利化的方向努力。我国残疾人社区工作和服务应该具备以下四个特点：①公共性，即解决残疾人群面对的公共问题，满足这个群体的公共需要；②公平性，即旨在追求和实现社会地位的公平、社会机会的公平、服务获得的公平；③公益性，即只能以满足社会公共需要和追求社会公共利益为宗旨，不能以追逐利润为目标，应提供免费或非营利或微利的服务；④特殊性，残疾人社区工作和服务的同质化程度很低，要针对不同的残疾类别和残疾程度，提供个性化的专业性的服务。

随着科学发展观与和谐社会施政理念的提出，2005年，党的十六届五中全会提出了"公共服务均等化"的改革命题。其背景是我国基础教育、基础医疗卫生和社会保障等方面非均等状况的存在，农村公共服务水平远远低于城市的状况长期没有改变，残疾人与普通居民长期以来存在社会地位上的差异和社会资源分配方面的不平等，使得残疾人比一般居民距离公共服务均等化更远。残疾人公共服务均等化是公共服务均等化的重要组成部分，它包含两个方面的内容：①基本公共服务均等化。残疾人要和其他公民一样平等地无障碍地享受社会保障、医疗卫生、教育、就业、文体娱乐、便民服务等基本公共服务，扩大和落实残疾人社会保障内容，把残疾人工作纳入经济社会发展的全局，把残疾人纳入各项社会保障与公共服务之中。②残疾人特殊公共服务均等化。以残疾人需要为本，从其现实需求出发，针对残疾人的特殊困难和问题，提出特殊的辅助政策和措施，使残疾人能够享受康复治疗、辅助器具、康复救助、无障碍环境建设、免费手术等补偿或代偿措施，能够和其他公民一样共享经济社会发展的成果。

残疾人社区工作和服务的基本内容应该包括基本的公共服务和特殊的个人服务共四大类：①残疾人社会保障和救助优抚工作，主要是指对残疾证的确认和发放、残疾人社会保险缴纳与获取、优惠政策落实、贫困残疾人救助与扶持工作等内容；②残疾人社会福利服务，如社区康复中心、医疗卫生站、法律援助中心、残疾人婚姻介绍所、日间照料所、社区活动中心等；③无障碍的环境，既包括物质环境无障碍，也包括社会交流参与无障碍和信息获得无障碍；④便民利民服务，除了一般的家务劳动服务和居民生活服务外，还要有针对不同残疾类别和残疾程度提供的专业服务，如对重度多重残疾人的陪护照料。

二、浙江省残疾人事业发展状况

根据第二次全国残疾人抽样调查数据推算，2006年4月1日零时浙江省各类残疾人的总数为311.8万人，占总人口的比例为6.36%。其中，视力残疾42.3万人，听力残疾105.9万人，言语残疾3.3万人，肢体残疾70.6万人，智力残疾19.9万人，精神残疾26.2万人，多重残疾43.6万人。浙江省残疾人口比例在全国各省（区、市）中居第18位，与江苏、福建等周边省的情况基本一致。

与1987年第一次全国残疾人抽样调查比较，浙江省残疾人人数和结构主要发生了以下变化：①残疾人口总量增加：1987年调查推算的残疾人口为195.0万人，2006年推算为311.8万人，2006年比1987年增加了116.8万人；②残疾人口比例上升：1987年调查残疾比例为4.79%，2006年为6.36%，上升1.57个百分点；③残疾类别结构变化：肢体、精神残疾比重有较大幅度上升，视力、多重残疾比重略有上升，听力、言语残疾比重下降，智力残疾人口比重有较大下降。影响数据变化的主要因素有四个方面：①人口基数增加，是残疾人总量增加的重要因素。2006年4月1日零时全省总人口达到4904.0万人，基数增加了783.0万人，增长幅度为19.00%；②人口年龄结构老化，是残疾人比例上升的重要因素，2005年该比例上升到14.19%。老年人由于生理机能衰退，脑血管疾病、骨关节病、痴呆等发病率和致残几率较高；③残疾标准和评定方法略有调整，不仅重视生理结构，也强调功能障碍和社会适应性，在肢体残疾标准上增加了四种残疾情况，残疾评定工具比1987年调查时技术更先进、准确度更高；④经济社会环境变化，既有导致残疾率上升也有导致其下降的因素，但上升是总趋势。

（一）浙江省城乡社区残疾人户数及其比例

从残疾人家庭户比例的地区分布来看，各地市残疾人户数占调查户数的比例较为接近，最大差距约为5个百分点；其中宁波最低，只有13.93%，其后是温州、金华等地区，分别为14.74%、15.00%，最高的地区是丽水市，达19.14%，见图1。

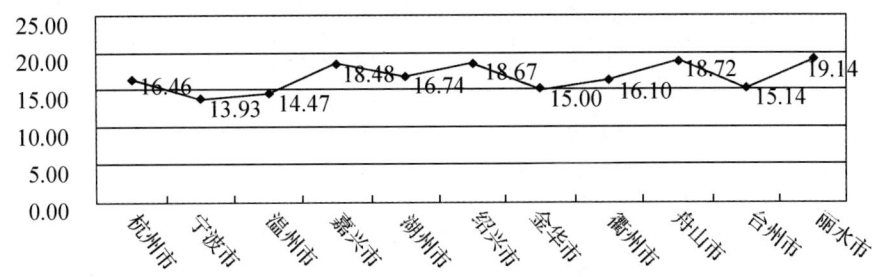

图1 浙江省各地区残疾人调查户占总调查户比例

再从残疾人家庭户比例的城乡分布来看,各地级市的城市和农村的残疾人户数有正相关的关系,即城市残疾人户数比例高的地区,农村也高,反之亦然,但是丽水、绍兴例外。丽水市农村残疾人户数比例高达23.59%,为全省各地市最高,而城市只有9.83%,是最低的几个市之一。绍兴的农村户数比例为19.07%,城市也高达15.92%,是各地市中最高的。

图2还显示,各地级市的农村比例都比城市比例高,只有绍兴市最为接近,相差3个百分点左右。这与全国的情况基本一致。

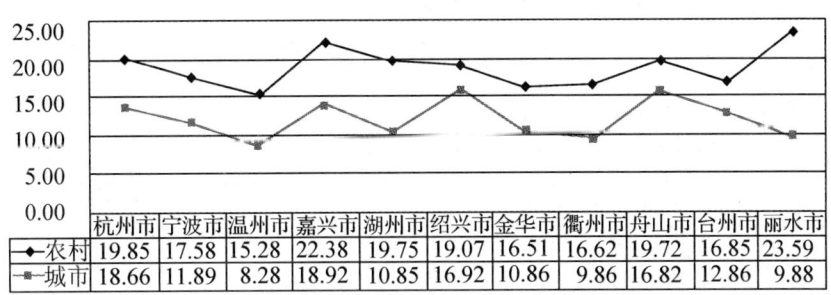

图2 分城乡的浙江省各地区残疾人调查户占总调查户比例

(二) 社区残疾人持证率和享受补助率

据06年的全国调查数据社区持证残疾人人数216074名,残疾人人数624659名,比例为35%,持证残疾人数不到残疾人一半。在浙江省被调查社区的11056名残疾人中,持有残疾证的只有5499人,比例为49%,无证的残疾人数达5607人,比例为51%。与全国平均水平相比,浙江省的残疾人持证率比全国要高14个百分点(如图3),从各省市、自治区对比来看,浙江省的持证率还是比较靠前的,仅次于上海、北京、天津,分别为上75%、67%、54%,与青海一致,其他省、市、自治区都比浙江省低。这表明在残疾人证发放方面浙江省在全国处于领先水平,但是与上海、北京的70%左右还有一定的差距。

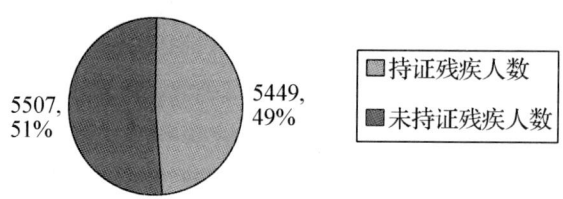

图 3　浙江省持证残疾人比例

从浙江省的各地区来看（图 4），持证率情况差距比较大，其中舟山最高，达 83.43%，这比上海市平均水平 75% 还要高出 8 个百分点；杭州、宁波地区也比较高，分别为 70.90%、72.46%；最低的是台州地区，只有 29.36%，还没有达到全国平均水平，差距近 6 个百分点。低于全国平均水平的还有丽水市，只有 31.13%，温州也比较低，只高出全国平均水平 1 个百分点，为 36.03%。

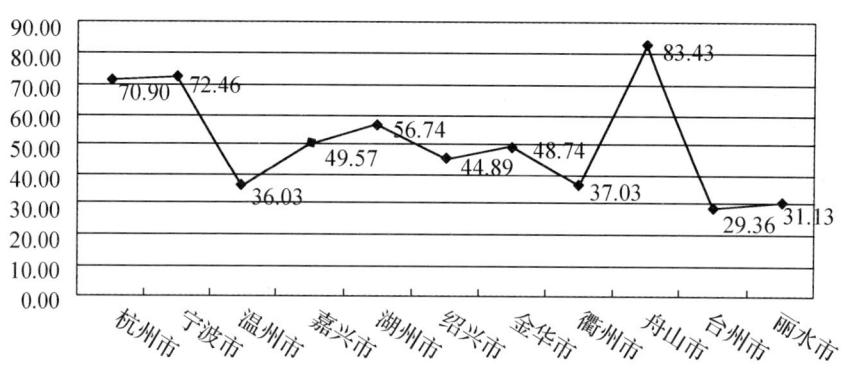

图 4　浙江省各地区持证残疾人数占总残疾人数比例

按照我国民政福利政策，非持证残疾人不能够享受残疾人的福利政策。由此可以推出，残疾人定期受助人数必然低于或等于 35%。在浙江省被调查城乡社区中享受定期救助残疾人人数（1641 人）占社区残疾人总数（11056 人）的 14.8%；享受临时救助残疾人数（2050 人）占被调查社区残疾人的 18.54%；与全国平均水平相比，在临时救助方面，浙江省比全国高 1 个百分点，而在定期救助方面，浙江省则比全国低 3 个百分点。定期受助人数和临时受助人数加起来，占被调查社区残疾人的 34%（详见图 5、图 6），享受救助的比例在全国处于中等水平。从总体上来说，浙江省残疾人社会福利的覆盖率还是比较低。

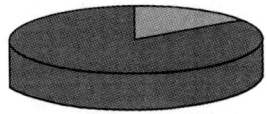

图5 浙江省残疾人享受定期救助情况

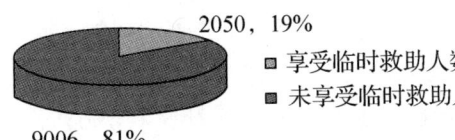

图6 浙江省残疾人享受临时救助情况

从浙江省各地区来看（图7），地区之间的差距是明显的。宁波享受定期救助率为27.94%，临时救助率为30.27%，在各地市中排名最前；定期救助率较高的还有杭州、金华，分别为17.88%、17.65%，定期救助率最低的为绍兴市，为5.82%，较低的还有丽水，为7.12%。临时救助率较高的还有湖州、温州、金华，分别为26.09%、25.98%、22.97%；临时救助率最低为丽水，为12.07%，较低的还有绍兴、杭州，分别为12.63%、14.83%。总的说来，丽水市的定期和临时救助率比较低。

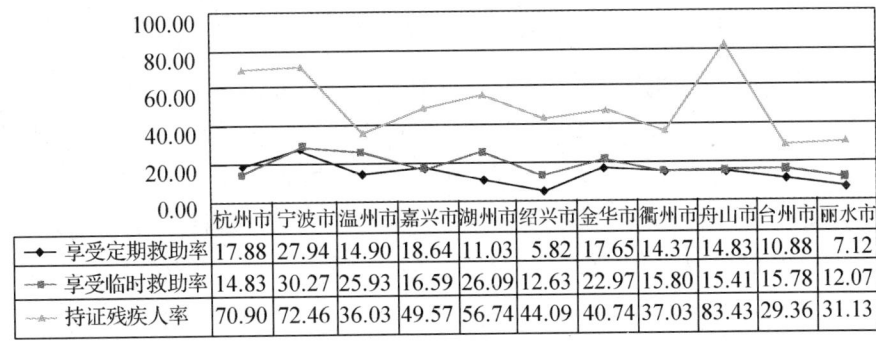

图7 浙江省各地区残疾人享受定期救助率、临时救助率与持证残疾人率比较

根据浙江省各地市的调查情况来看，总体上残疾人的福利覆盖率还是很低，但杭州、宁波等地的救助情况明显好于丽水。除了客观原因，从另一方面也说明

各地区并没有很好地贯彻和执行残疾人政策,我们有必要探究各地没有做好工作的原因,并据此做好整改工作,切实落实国家的各项政策要求。

(三) 社区公共服务机构的覆盖情况——从法律服务所、卫生所、特教学校(班级)和文化活动站这四个方面比较

社区公共服务机构的覆盖情况的调查主要采取的是距离调查,为了处理数据的便利性,我们将距离的公里数赋予权重,即0公里取权重为0.5,1—2公里取权重为1.5,3—5公里取权重为4,5公里以上取权重为5.5。通过公式求得:平均距离=(人数*距特教学校距离权重)加权求和/总人数。

全国数据显示残疾人所在社区有法律服务所(司法所)的有1216个,占到所有调查社区20.4%,而距离5公里以上的社区有1901个,占到31.9%,平均距离为3.13公里。浙江省各地区的法律服务所(司法所)的平均距离都比较近,在3公里左右,而绍兴市和舟山市的距离要稍远一些,分别为4.38公里和4.19公里。这方面浙江省位于全国中等水平。

社区内有特教学校(班),即距离0公里的社区有413个,只占到调查社区的7%,5公里以上的有4660个,占到调查社区的78.1%,平均距离为4.73公里。各省的特教学校(班)的距离主要集中在5公里以上。这非常不利于残疾人特殊教育的开展。浙江省各地区的特教学校(班)的平均距离要较远一些,其中湖州市、绍兴市、衢州市和舟山市的平均距离均为5.50公里,其他的在5公里左右。

社区内有卫生室,即0公里的社区有4291个,占到调查社区的71.9%,5公里以上的有413个,占到调查社区的6.9%,平均距离为1.16公里。从各省的对比图看,绝大多数社区内设有卫生室。这与社区建设的成就相关,我国社区建设的重要一项内容就是建设社区卫生服务中心。残疾人社区服务中有一项康复医疗,一般性、简单的医疗都可以由社区卫生服务中心来完成。

全国社区内有文化活动站,即0公里的社区有2824个,占到调查社区的47.4%,5公里以上的有1610个,占到调查社区的27.0%,平均距离为2.40。浙江省各地区文化活动站的平均距离都比较近,除了衢州市的平均距离为3.34以外,其他市的距离均在2公里左右,这为残疾人提供了较为便利的活动环境,也有助于残疾人文化活动的开展。从便利性来讲,浙江省和全国的情况基本相同,卫生室的便利性最高,其次文化活动室,再次为法律服务所(司法所),最后为特教学校(班)。

从图8中的四个指标的对比来看,四个指标基本独立,没有与其他指标相交叉,其中特教学校的平均距离最远,法律服务所的平均距离次之,文化活动室的

平均距离再次之，卫生室的距离最近，由此形成几个较为独立的层面。

从四个指标的综合分析来看，金华地区最具有优势，即残疾人获得这四方面服务最具有便利性，四条线到了金华地区都向下走，即距离更近。

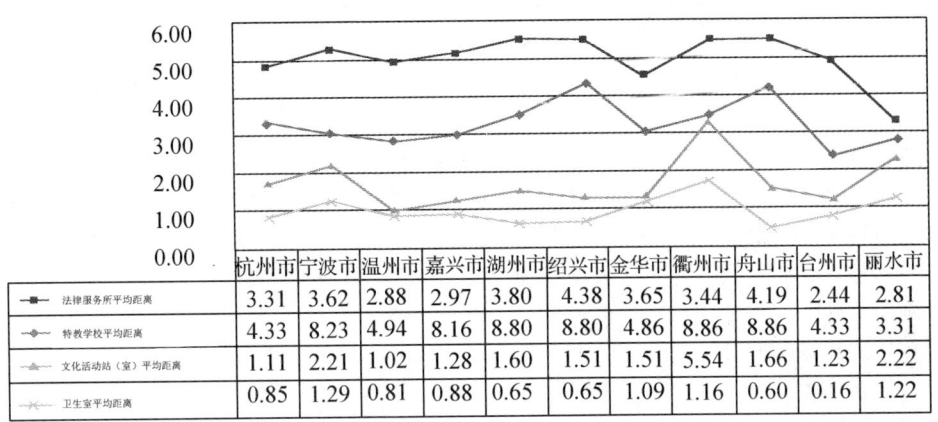

图8 浙江省各地区社区公共服务机构覆盖平均距离比较

（四）浙江省城乡残疾人社区服务需求及其满足

根据问卷内容，残疾人在选填残疾人接受的服务和主要需求问题上不存在回答先后的问题，即各种需求和接受的服务不分主次。本次全省被调查的6063名残疾人中，接受的主要服务为医疗服务与救助、贫困残疾人救助与扶持、辅助器具、康复训练和服务、就业安置和生活服务等，在调查中所占比例分别为36.60%、9.86%、5.51%、4.27%、1.68%和1.62%；主要需求是医疗服务与救助、贫困残疾人救助与扶持、辅助器具、康复训练和服务、就业安置和生活服务，在调查中所占比例为63.47%、51.56%、43.74%、22.20%、6.68%和16.96%。从提供的服务来看也主要是这几项，说明残疾人的服务抓对了方向，符合残疾人的基本需求。而未接受服务的有3262人，占到被调查残疾人数的53.80%，表明全省残疾人对社区服务的需求和满足之间尚存在较大缺口。

从接受服务的数据来看，浙江省的比例几乎都低于全国平均水平，这从未接受服务的比例对比可以看出来，全国未接受服务的比例为51.63%，浙江省则为53.80%，比全国高2个多百分点。表1显示，浙江省残疾人曾接受的主要服务中，医疗服务与救助服务的比例低于全国1.3个百分点；辅助器具服务的比例低于全国2.41个百分点；贫困残疾人救助与扶持服务的比例低于全国2.84个百分点；曾接受康复训练与服务的比例低于全国4.7个百分点；生活服务的比例低于全国 4.26 个百分点；只有曾接受就业安置或扶持服务的比例高于全国 0.82 个百分点，等等。详见表 1。

表 1　全国与浙江省残疾人曾接受服务现状与主要需求比例

项　目	全国残疾人曾接受服务百分比	浙江省残疾人曾接受服务百分比	全国残疾人主要需求百分比	浙江省残疾人主要需求百分比
医疗服务与救助	37.90	36.60	73.18	63.47
辅助器具	7.92	5.51	38.62	43.74
康复训练与服务	8.97	4.27	27.82	22.20
教育费用补助或减免	0.65	0.49	1.80	0.94
职业教育与培训	0.28	0.25	1.13	1.37
就业安置或扶持	0.86	1.68	5.30	6.86
贫困残疾人救助与扶持	12.70	9.86	66.82	51.56
法律援助与服务	0.53	0.10	1.75	0.78
无障碍设施	1.13	0.23	2.74	2.34
信息无障碍	0.72	0.41	1.06	0.73
生活服务	5.88	1.62	19.89	16.96
文化服务	1.90	0.91	2.08	1.62
其他	2.17	1.48	2.00	1.86
未接受服务	51.36	53.80		
不选择			2.52	5.39

注：在调查问卷中，此调查项为多选项。

从残疾人主要需求来看，浙江省与全国有些出入，浙江省的医疗服务与救助的需求比全国低约 10 个百分点，康复训练与服务需求比全国低 5 个多百分点，贫困残疾人救助和扶持的需求比全国低近 15 个百分点，生活服务需求比全国低约 3 个百分点；而对辅助器具的需求则高于全国约 5 个百分点，对就业安置或扶持的需求高于全国 1.5 个百分点以上。

从城乡的对比来看，本次调查中，浙江省城乡残疾人曾接受的主要服务前六项排序基本一致，但接受比例程度上存在较大差别。差距比较大的有医疗服务与救助，城市、农村分别为 33.38%、38.26%，相差 5 个百分点；贫困残疾人救助与扶持一项城乡分别为 6.16%、11.7%，相差 5.5 个百分点；城乡差距最大的是未曾选择服务一项，城市为 39.20%，农村为 61.32%，相差 22 个百分点。城乡残疾人接受的服务都主要集中在医疗服务与救助、康复训练和服务、辅助器具、贫困残疾人救助与扶持、生活服务和就业安置与扶持等。

从曾接受的主要服务来看，浙江省各地区的残疾人曾接受的主要服务项目基本相同，但接受服务的比例有较大差异，发展不平衡。从图 9 看，大多数地区医

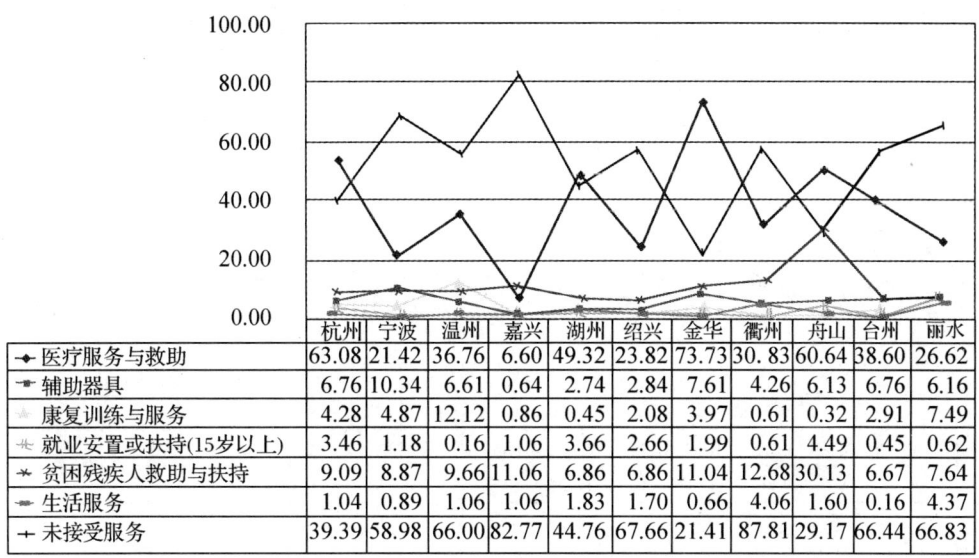

图9 浙江省各地区残疾人接受服务比较

疗服务与救助都远远高于其他接受过的服务,其中金华最高,高达73.73%,但最低的嘉兴市仅有6.60%。其他地区分别是杭州(53.08%)、宁波(21.42%)、温州(35.76%)、湖州(49.32%)、绍兴(23.82%)、衢州(30.83%)、舟山(50.64%)、台州(38.50%)和丽水(26.52%)。

从图9还可以看出,除曾接受医疗服务的比例较高外,大部分地区其他三项服务覆盖率均较低,基本都在10%以内。其中曾接受辅助器具服务的残疾人比例高于10%的地区只有宁波市(10.34%);曾接受康复训练和服务的残疾人比例高于10%的地区只有温州市(12.12%);曾接受贫困残疾人救助与扶持服务的残疾人比例最高的地区为舟山市(30.13%),比例高于10%的地区还有衢州市(12.58%)、嘉兴市(11.06%)和金华市(11.04%)。而曾接受就业安置或扶持和生活服务这两项服务的残疾人比例各地区都很低,最高的也没有超过5%。

但是,浙江省各地区未接受过服务的残疾人比例均较高,最高的是嘉兴市(82.77%),其次是宁波市(68.98%)和丽水市(65.83%);其余地区依次是衢州市(57.81%)、绍兴市(57.66%)、台州市(56.44%)、温州市(55.00%)、湖州市(44.75%)、杭州市(39.39%)、舟山市(29.17%)和金华市(21.41%)。

从主要需求来看,浙江省各地区残疾人前四项需求基本上一致,但各地区需求比例差距较大。如金华市残疾人对医疗服务与救助、辅助器具的需求比例均为全省最高,分别为 87.11%、75.91%;舟山地区对两者的需求比例最低,分别为 0.29%、1.16%,其对康复训练与服务、贫困残疾人救助与扶持的需求比例也比较低,分别为 0.23%、6.98%。详见图10。

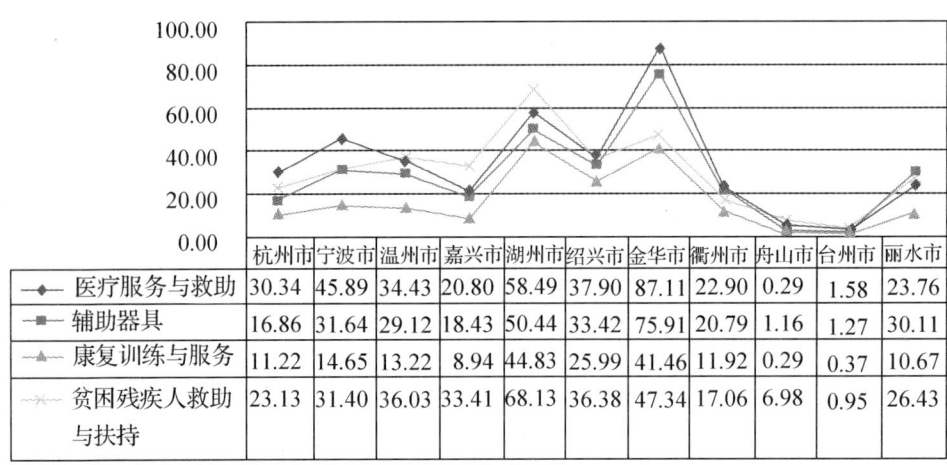

图10 浙江省各地区主要需求情况比较

(五) 浙江省城乡社区康复站和康复协调员配备状况

1. 浙江省社区康复站建设总体情况

社区康复站是我国残疾人实现社区康复的重要场所,对实现社区康复具有重要意义。根据第二次全国残疾人抽样调查浙江省数据分析,此次浙江省调查的社区总数有200个,有康复站的社区有71个,比例为36%。64%的社区没有康复站,难以满足残疾人的康复需求。

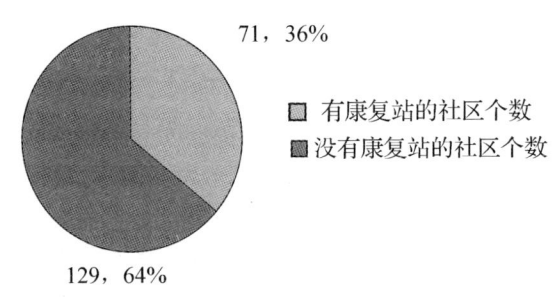

图11 浙江省社区康复站建设情况

但与全国水平相比,全国被调查社区有康复站的平均比例为24%,浙江省为36%,浙江省社区康复站的建设情况好于全国,高于全国12个百分点。

从浙江省各地区来看,杭州、嘉兴、湖州、衢州、台州等地区社区康复站的建设情况相对较好，丽水、绍兴、舟山、温州和金华等地的社区康复站建设情况不容乐观。由于样本太少，可能难以准确反映各地区真实水平。

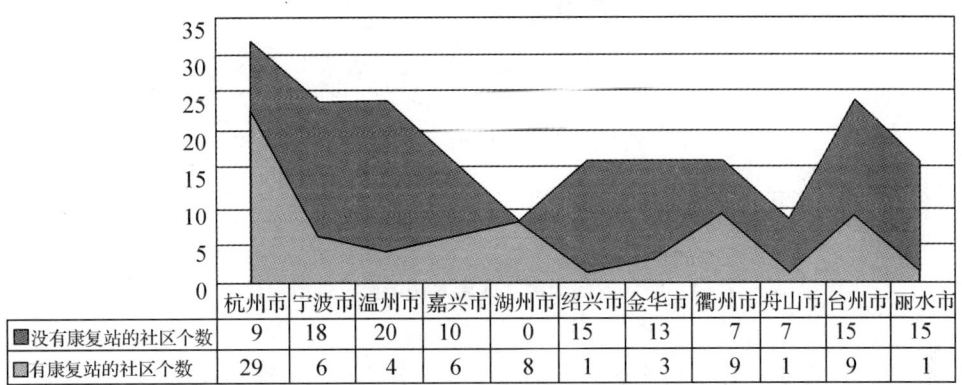

图12 浙江省各地区社区康复站建设情况比较

2. 浙江省社区康复协调员配备情况

社区康复协调员是协调社区康复工作的重要人员配备，对社区康复工作的开展具有重要意义。第二次全国残疾人抽样调查数据显示，浙江省配备社区康复协调员的社区数为79个，约占所有调查社区的40%，与全国平均水平30%相比，浙江省配备比例比全国要高出近10个百分点。数据表明浙江省在支持残疾人社区康复工作中的人员配备还不是很足，需要人力加强。

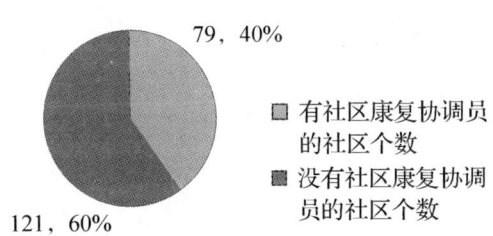

图13 浙江省社区康复协调员配备情况

从浙江省的各地级市情况来看，社区康复协调员配备情况较好的有杭州、湖州、嘉兴、衢州、宁波和台州等地市，较差的地区为温州、丽水、舟山、绍兴和金华等地市。各地区的差距还比较大。详见图14。

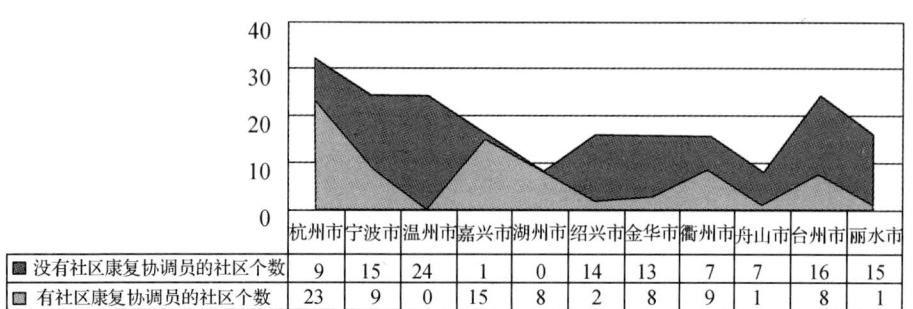

图 14 浙江省各地区社区康复协调员配备情况比较

从社区康复站和康复协调员的配备比例来看,浙江省各地区差异较大,但二者配置的协调情况各地均较一致。如图 15。反映在图表上,就是两条曲线的走势基本一致,湖州之后,两条曲线基本重合。图表显示,湖州市的社区康复站建设和社区康复协调员配备情况最好,比例皆为 100%;而嘉兴市的两者差距最大,社区康复协调员配备的比例为 93.75%,社区康复站的比例只有 27.50%,相差高达 66 个百分点;丽水市此两项比例最低,均只有 6.25%,但两项比例却完全一致;温州市被调查社区有社区康复站的比例为 16.67%,但全都没有配备社区康复协调员。

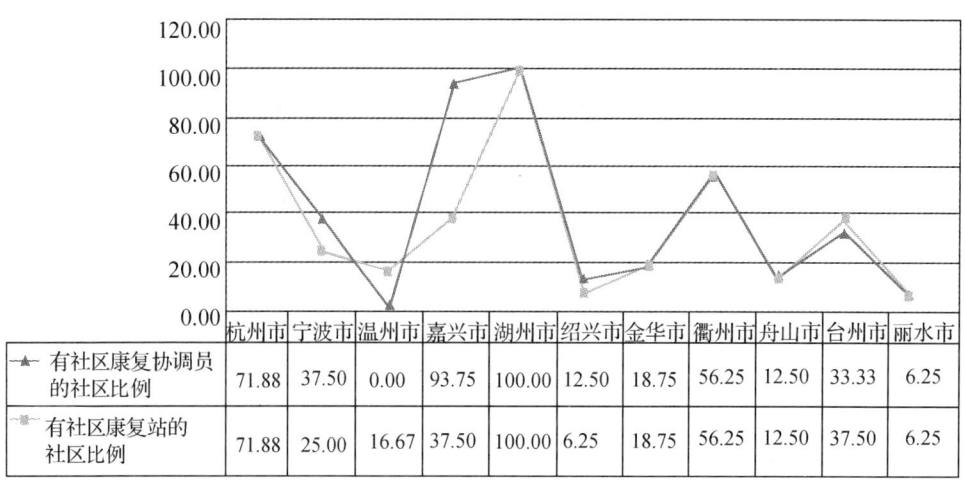

图 15 浙江省各地区社区康复站和社区康复协调员建设情况比较

（六）浙江省社区公共服务机构的覆盖情况

1. 距离法律服务所（司法所）

第二次全国残疾人抽样调查数据显示，浙江省被调查社区中距离法律服务所（司法所）0公里的社区有29个，占到所有调查社区的14.5%，距离5公里以上的社区有53个，占到26.5%，距离1—5公里的社区有118个，占59%，平均距离为3.17公里。与全国平均水平（3.13公里）相比，浙江省的平均距离略长于全国平均距离0.04公里。

在浙江省各地区，被调查社区残疾人到法律服务所（司法所）平均距离有较大差异，平均距离最近的为台州，为2.44公里，较近的还有丽水、温州、嘉兴，平均距离分别为2.81、2.85、2.97公里；最远的是绍兴，平均距离为4.38公里，较远的还有舟山，为4.19公里。平均距离最远和最近相差1.75公里，地区差距很明显。

从图3-28来看，浙江省各地区被调查社区残疾人到法律服务所的距离主要集中在3公里以上，其中3—5公里最为集中，具体到各市不绝对。距离0公里的最少，意味着浙江省各地区社区内较少有法律服务所。

2. 距离特教学校（班）

浙江省被调查社区残疾人距特教学校（班）0公里的社区有12个，只占到被调查社区的6%；5公里以上的有169个，占到被调查社区的84.5%；1—5公里的有19个，占9.5%；平均距离为4.95公里。与全国平均水平相比，浙江省比全国略远，全国平均距离为4.73，相差0.22公里。各地区基本没有太大差别，平均距离主要集中在4—5公里之间。较近的有丽水、金华、杭州，分别为3.31、4.56、4.83公里，较远的有湖州、绍兴、衢州、舟山，均为5.5公里。

3. 距离文化活动站

浙江省被调查社区残疾人距离文化活动站0公里的社区有121个，占到被调查社区的60.5%，5公里以上的有21个，占到调查社区的10.5%，1—5公里的有58个，占被调查社区的29%，平均距离为1.70公里。与全国平均距离2.40公里相比，有一定的优势，要近0.7公里。各地区被调查社区残疾人的平均距离都比较近，其中温州最近，只有1.02公里，其次为台州、嘉兴，平均距离分别为1.23、1.28公里；最远的地区是衢州，为3.34公里，较远的还有丽水、宁波，分别为2.28、2.23公里。这表明浙江省各地区文化基础建设比较成功，对残疾人的文化、休闲具有较好的帮助。

4. 距离卫生室距离

浙江省被调查社区残疾人距社区卫生室0公里的社区有141个，占被调查社区的70.5%；5公里以上的有5个，占被调查社区的2.5%；1—5公里的有54个，占被调查社区的27%；平均距离为0.97公里。与全国平均距离相比，略有优势，近了0.19公里。浙江省各地区被调查社区残疾人离卫生室的距离都比较近，其中最近的为舟山市，平均距离只有0.5公里；较近的还有湖州、绍兴，平均距离都为0.63公里；最远的是衢州，为1.75公里；较远的还有宁波、丽水，平均距离分别为1.29、1.28公里。卫生室较近对残疾人医疗救助和服务有利，残疾人能够更为便利地获得医疗性服务。

从图16中四个指标的对比来看，各地区平均距离的四个指标曲线基本独立，不相交叉，其中特教学校（班）的平均距离最远，法律服务所的平均距离次之，文化活动室的平均距离再次之，卫生室的距离最近，由此形成几个较为独立的层面。

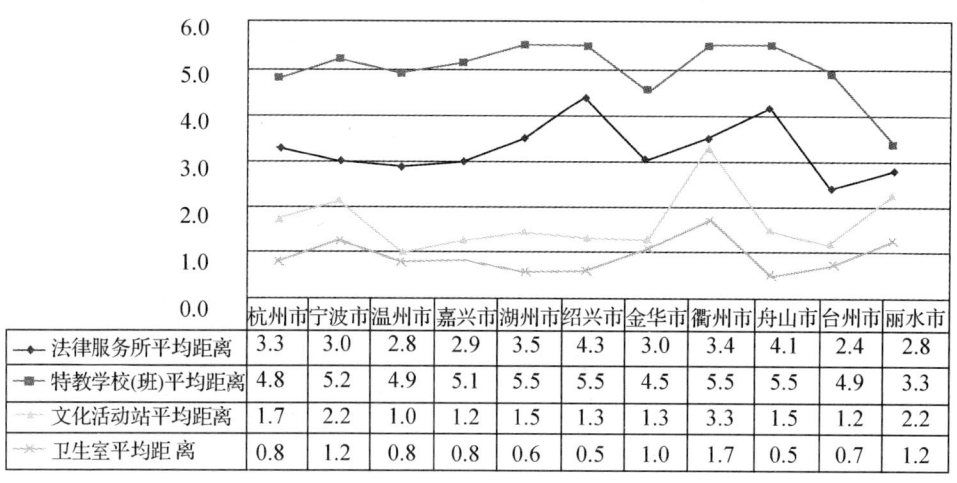

图16 浙江省社区公共服务机构覆盖平均距离比较

（七）浙江省城乡社区老年残疾人分布和养老服务

第二次全国残疾人抽样调查数据显示，全国60岁及以上残疾人的比例为53.24%，而浙江省60岁及以上的残疾人的比例则为61.3%，比全国平均水平要高出8个百分点左右。这说明浙江省老年残疾人社区服务任务比全国更为沉重。从浙江省抽样调查的具体结果来看，随着年龄增长，残疾人人数总趋势是持续增加的，并且在75—79岁年龄段残疾人人数最多，此后年龄段的残疾人人数下降但是仍保持在较高水平。详见图17。由于老年残疾人占了残疾人数的最大比例，因而为老年残疾人提供养老等服务成为残疾人社区服务的主要内容。

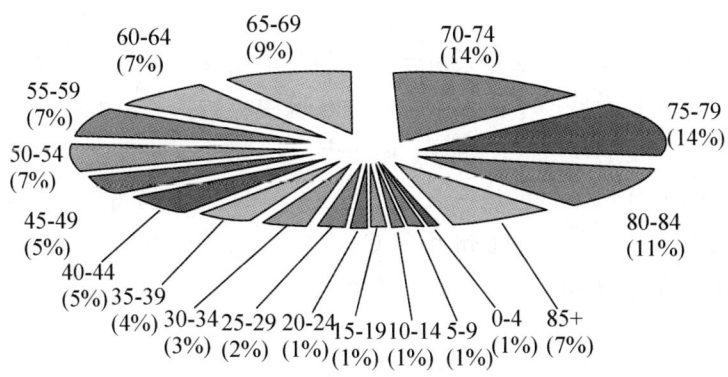

图 17 浙江省残疾人口年龄结构

浙江省老年残疾人的残疾类别主要是听力残疾，此次调查有听力残疾的老年残疾人 1750 人，占到老年残疾人的 48%，其次为视力残疾，占到 18%，再次肢体残疾，占到 17%，言语残疾几乎没有。从残疾类别来看，老年残疾人的残疾与老年病有很大关系，比如听力、肢体、视力残疾，这些都与老年人的身体衰弱有直接关系。

从老年残疾人的生活来源来看，大部分老年残疾人靠家庭其他成员供养，占到老年残疾人总数的 75%，领取离退休金的老年残疾人只有少数，占到 18%，依靠其他收入的比例更低。这表明建立完善的社会保障对老年残疾人和残疾人家庭很重要。

从城乡老年残疾人家庭户均收入水平来看，我国老年残疾人的户均收入比较低，尤其是农村只有 4267 元，而城市有 7748 元。这说明农村老年残疾人家庭抚养的任务比城市更为艰巨，需要社会救助的积极介入。

（八）浙江省社区残疾人无障碍设施建设状况

第二次全国残疾人抽样调查数据显示，浙江省有无障碍设施的城市社区为 26 个，占被调查城市社区总数 42 个的 62%。从数据层面来看，浙江省无障碍设施和环境的建设与全国社区无障碍设施建设率 49% 的平均水平相比，高出近 13 个百分点。

（九）浙江省社区残疾人协会（小组）和社区残疾人专职委员配备情况

浙江省被调查社区 200 个，其中有 122 个社区成立了残疾人协会，占到被调查社区的61%，有99个社区配备了社区专职委员，配备比例近50%，全国平均水平分别只有50.7%、40.7%，浙江省比全国平均水平要高出10个百分点左右。

各地区目前城乡社区残疾人协会（小组）和社区残疾人专职委员配备情况存在着较大差异，发展不平衡。在被调查社区中有残疾人社区协会（小组）的比例最高的地区是湖州市（100%）、衢州市（100%）、舟山市（100%）和绍兴市（93.75%）；比例较低的地区是丽水市（6.25%）和温州市（0%）；其余地区为嘉兴市（87.5%）、杭州市（68.75%）、台州市（62.5%）、宁波市（58.33）和金华市（56.25%）；配备有社区残疾人专职委员的比例最高的是嘉兴市和湖州市，均为100%；比例较低的地区是舟山市（25%）、绍兴市（18.75%）、丽水市（6.25%）、金华市（6.25%）和温州市（0%）；其余地区分别是杭州市（87.5%）、台州市（66.67%）、宁波市（62.5%）和衢州市（56.25%）。

综合上述分析，可以看到与全国的平均情况相比，浙江省残疾人社区服务在各级政府、残联、社区和社会团体的共同努力下，得到了很大的发展，取得了一定的成绩，能够实现向残疾人提供一些诸如医疗救助、贫困残疾人救助与扶持等社区服务基本功能。由于我国残疾人社区服务还处于粗放型的初级阶段，因占有资源、社会理念、政策方针、人才培养等方面的不同而导致发展很不平衡，如城乡差距大、需求和服务满足的差距大、无障碍设施建设滞后、残疾人家庭困难照顾不足等难题的解决还需时日。中国残疾人社区服务的理念、方式、条件还远不能满足残疾人的需求。

残疾人事业的发展是历史问题，要根据历史和现实的实际情况逐步改善。随着我国社会经济的进一步发展和国家《"十一五"社区服务体系发展规划》的实施，2008年中央7号文件提出了"健全残疾人社会保障制度和服务体系"的要求，各地政府纷纷响应。2008年浙江省政府下发文件，要求在全省范围内实施残疾人共享小康工程，并提出了"以保障残疾人基本生活和基本康复为重点，实施残疾人基本生活保障工程、残疾人康复工程和重度残疾人托（安）养工程，努力使广大残疾人残有所助、学有所教、劳有所得、病有所医、老有所养、住有所居，共享小康生活。到2012年，残疾人基本生活得到切实保障，有适应指征的贫困残疾人的助明、助听、助行等康复需求得到基本满足，力争符合条件的重度残疾人基本纳入集中托养、日间照料或居家安养"的目标。就目前而言，应该以实现残疾人人人享有就业、生活、教育、康复医疗、住房和托养保障为目标，着重强调社区的基础作用，公共资源配置要向社区偏重，社区规划建设项目要全面考虑残疾人的特殊需要，建立和完善针对残疾人特殊需求的服务体系。

通过对浙江省残疾人社区工作和建设状况的了解，可以总结出浙江省残疾人社区工作和服务具有五个特点：

①残疾人社区工作和服务总是与政治和经济社会发展的大环境相联系，并从实际情况出发，制订具体可行的战略目标。在国家、地区发展大局中确定残疾人事业发展的方向、战略目标和实施步骤，并通过各部门的协作，将政策层层落实到残疾人个体。

②坚持政府为主导，更加注重调动社会力量。特别强调了以街道、社区、乡镇为基础的社会服务和支持网络，采取社会动员和号召的方式，倡导营造关爱、和谐与融合的社会环境。

③残疾人社区工作和服务内容设计不仅包括了医疗、康复、便民服务等生活内容，还着眼于残疾人的社会参与和社会融合，通过建立"阳光驿站"、"小康家园"等综合服务设施，就近对残疾人进行培训和就业安置，为他们全面参与社会生活创造经济前提和良好的物质、文化环境。

④通过各种医疗康复、教育培训、创造就业机会等手段，强调了对残疾人自身潜力的挖掘，在提高其经济自立能力的同时，也开发了残疾人人力资源，有助于其人生价值的实现。残疾人在其中表现出来的自立、自强、刻苦、拼搏的精神，是社会主义精神文明建设的重要内容和强大动力。

⑤残疾人社区工作和服务发展不平衡的问题非常突出。不同地域、不同城市、不同社区之间的基础设施、服务开发、工作人员素质、居民参与等方面存在很大的差异，不同社区的残疾人所获得的服务水平参差不齐，专业化程度也不能满足需求。

三、提升残疾人社区服务的路径选择

温家宝总理在十届人大二次会议闭幕后的答记者问中明确指出：解决涉及群众利益的问题，从根本上来说，是要靠制度，靠政策，靠法律。残疾人社会理论与政治活动是紧密相连的，任何对残疾人福利待遇的提高都是通过政治的手段来得以修复改变的，如通过制订相应的法律政策来确定残疾人的社会福利和社会地位。残疾人社区工作和服务的开展和提高都必须依赖相应的社会政策出台。"社会政策成为具有社会投资作用的资源配置手段"、"新的生产力要素"。通过建立相应的制度保障、法律保障和政策支持，促使社区对残疾人事务的积极介入，大力发展城乡社区服务，开展具有针对性、高效性的残疾人社区服务，不仅能提升残疾人的生存、生活能力，促进残疾人生理康复，促进残疾人社会功能的恢复，还能从根本上提高社会总体福利水平与和谐程度。更新我国残疾人工作和服务的理念和实践，积极促进残疾人社区建设，促进残疾人事业发展，改善残疾人状况，已成为全面建设小康社会和构建社会主义和谐社会的一项重要而紧迫的任务。

根据文森特·奥斯特罗姆提出的多中心治理模式，不同性质的公共物品和公共服务可以通过多种制度选择来提供，通过公民参与和社群自治，可以寻找到高绩效的公共问题解决途径。残疾人社区工作和服务涉及有五个主体：残疾人、国家、市场、社区和残疾人家庭，各个参与主体承担的责任和活动内容、方式均有不同。理顺五个活动主体的相互关系，明确各方的责任和义务，可以更好地协作来提升残疾人的社会服务水平，增进社会福利。

改革开放三十年来我国残疾人就业工作的回顾与思考

北京工商大学　王　轶
中国残疾人联合会　胡仲明

随着经济发展和社会不断进步，人们越来越清楚地认识到，要建设惠及十几亿人口的小康社会，实现社会的全面进步和人的全面发展，就必须努力推进残疾人事业。改革开放30年来，我国残疾人事业取得了举世瞩目的成就，在残疾人就业与发展方面，也取得了前所未有的成绩。

一、残疾人就业工作30年来取得的主要成就

1. 政府重视残疾人就业

残疾人事业是中国特色社会主义和人权保障事业的重要组成部分，是构建社会主义和谐社会的重要内容。我国政府一直高度重视残疾人事业的发展。1988年成立中国残联，同年国务院首次实施了《残疾人事业五年工作纲要》，做出了"机关、团体、企事业单位分散安排残疾人就业"的规定。"八五"、"九五"、"十五"和"十一五"期间，国务院都发布了残疾人事业发展纲要，这些纲要为残疾人事业的发展起到了重要的作用。

2. 构筑了较为完善的法律保障体系

立法是促进残疾人事业发展和保障残疾人权利最有效的方法和途径。中国残疾人已达8296万，占全国人口的6.34%。作为特殊的群体，中国残疾人的权益保障受到社会各界的广泛关注。改革开放以来，我国非常重视残疾人事业的立法工作，通过全面推进法规化、制度化进程来保障残疾人实现平等、参与的权利。目前已经形成以宪法为依据，以刑事、民事、行政等法律为基础，以《残疾人保障法》为主导，以《残疾人教育条例》《残疾人就业条例》等行政法规为辅助，以优惠和扶助残疾人的地方法规为补充，逐步构建了残疾人就业保障法律体系。

2004年年底，我国启动了《残疾人保障法》的修改工作，2008年4月24日，十一届全国人大常委会第二次会议通过修订后的《残疾人保障法》。《残疾人保障法》中明确规定："残疾人劳动就业，实行集中与分散相结合的方针，采取优惠政策的扶持保护措施，通过多渠道、多层次、多形式，使残疾人就业逐步

普及、稳定、合理。"同时,全国人大和各级地方人大积极对《残疾人保障法》及其实施办法的执行情况开展检查,各级政府及有关部门进行专项检查。2007年,县级以上人大代表进行执法检查1317次,县级以上政协委员进行执法视察1173次,县级以上残疾人工作委员会进行专项检查1885次,有效促进了法律的实施。据了解,我国目前已设立残疾人法律维权服务机构2600多个、维权示范岗3200个,以及3300个律师事务所,为残疾人提供了大量的法律服务和就业维权,有力地维护了残疾人就业的合法权益。

3. 残疾人的就业人口数大幅提升

我国残疾人就业实行分散与集中相结合,以分散为主、多渠道安排的方针。经过各级政府、有关部门、社会各界以及残联组织的共同努力,残疾人劳动就业工作成绩显著。截至2008年年底,全国城镇残疾人就业人数达到451.29万人,其中,集中就业为118.93万人,按比例就业128.72万人,个体就业大概在203.64万人,农村残疾人就业人数为1717.07万人。

由于1996年以前没有残疾人就业的准确数字,所以本文只能就1996—2008年城乡残疾人的就业数据为例说明残疾人的就业情况。

1996—2008年我国城镇残疾人的就业状况:1996—2008年,我们每年新增残疾人就业人数从16.22万人增加到36.76万人。2000年以前失业人口总数高于就业人口总数,2000年以后,残疾人就业人口数大幅提升。截至2008年年底,残疾人的就业率达77.14%。城镇残疾人的就业主要有按比例就业、集中就业和个体就业三种形式。1996—2008年,我国城镇按比例就业的新增残疾人就业人数从2.5万增加到9.86万,是1996年新增按比例就业的3.94倍;集中就业新增残疾人就业人数从5.24万增加到11.34万人,是1996年新增集中就业的2.16倍;个体就业新增残疾人就业人数从8.45万增加到15.56万人,是1996年新增个体就业的1.84倍。

1996—2008年我国农村残疾人的就业状况:从1996年至今的数据可以看出,1997年以前农村残疾人的失业率相对较高,之后农村残疾人的就业率不断提高。2008年农村残疾人的就业率为78.38%,高出1996年残疾人就业率6.5个百分点。

4. 残疾人就业形式趋于多元化,自我创业的比重不断增加

在计划经济时期,政府对残疾人实行"统筹兼顾,适当安排"的就业方针,残疾人主要集中在福利企业就业。随着社会主义市场经济体制的建立,福利企业一方面很难在社会效益和经济效益之间取得平衡,需要残疾人就业形式的多样化探索,另一方面改革也给残疾人就业形式的多样化提供了更为广阔的空间。2008

年国家颁布实施的《残疾人保障法》，为我国残疾人就业形式的多样化起到了极大的推动作用。目前，我国残疾人就业的主要形式有三种：按用人单位比例安排残疾人就业、在政府和社会创办的残疾人福利企业中集中就业和自我创业。其中，残疾人自我创业的就业比重占总就业人口数的比重最大。由于2000年以前残疾人自我创业的数据不完整，所以我们选取2000年以后的数据作为比较。根据《中国统计年鉴（2000—2008）》提供的数据，2000年，残疾人集中就业、按比例就业和自我创业的比重分别占残疾人总就业人数的29.03%、29.29%和41.68%，2008年，这三种就业形式的比例分别为26.35%、28.52%和45.12%。通过比较发现，2000—2008年九年间，残疾人集中就业降低了2.7个百分点，按比例就业降低了0.8个百分点，自我创业却提高了3.5个百分点。这些都说明，残疾人自我创业已经成为残疾人就业的主要形式。

随着市场经济的深入，农村残疾人就业形式也在悄然发生变化，非农就业的比例在逐渐增加。《中国统计年鉴》显示，2006年农村残疾人从事非农就业的人数为313.56万人，2008年新增非农就业8.02万人，增加了25.57个百分点。农村残疾人从事非农就业人数的增加，也可理解为农村残疾人自我创业的人口数在增加。

5. 残疾人就业服务体系逐步建立

残疾人就业服务机构是残联所属的事业单位，是为残疾人就业提供服务的专门机构。2008年年底，全国各级残联建立就业服务机构共计3127个，县级和市辖区的残疾人就业服务机构的数量增加明显。残疾人就业服务机构工作人员的数量增加明显，2005年残疾人服务机构工作人员数为38506人，是1996年的6.73倍。

残疾人培训机构逐步建立，接受职业培训的残疾人的数量稳定增长。《中国统计年鉴》显示，1996年，残联和社会残疾人培训机构共计2214所，2008年残疾人培训机构达3731所，培训机构由省、市、区、县级延伸到街道和乡镇。接受培训的残疾人数量稳步上升，特别是城镇残疾人接受职业培训的数量持续上升，农村残疾人接受职业培训的数量总体趋势也是上升的。1996年，城镇残疾人接受职业培训的人数为7.78万人，2008年人数达到了27.88万人，是1996年的3.58倍。1996年，农村残疾人接受过职业培训的人数为18.49万人，2008年接受职业培训的人数达到49.53万人，是1996年的2.68倍。

6. 残疾人就业研究成果显著

随着残疾人事业的发展，学术界对残疾人这一特殊群体也越来越关注。近年来，我国学者对残疾人就业问题给予了极大的关注，取得了丰硕的研究成果。以往的研究主要集中在以下几个方面：第一，以一手调研数据为基础，分析我国的残疾人就业状况。如:《2008 年度中国残疾人状况及小康进程检测报告》(陈新民等,2009),《中国残疾人就业与教育现状及发展研究》(赖德胜等,2008),《残疾人的就业现状与就业扶持》(赖德胜等,2008),《第二次全国残疾人抽样调查数据分析报告》(北京大学人口研究所,2008),《中国残疾人就业与保障问题研究》(张琪,2004)等;第二,采用国际比较的视野,开展比较研究,然后对我国残疾人的就业问题提出自己的看法或观点。如:《残疾人就业政策:国际经验及对我国的启示》(廖娟,2008)等;第三,对残疾人就业理论、就业模式等方面进行研究,然后对我国残疾人的就业政策与保障等方面提出一系列的政策建议。如:《中国残疾人社会保障问题研究》(赵行良,1998),《论我国残疾人事业的理论基础》(邓大松等,2002),《残疾人就业立法为何选择德国模式》(杨鹏飞,2007)等。

二、目前我国残疾人就业面临的主要困境

1. 残疾人就业的直接困境

残疾人就业率和就业层次低,地区之间存在明显就业差异。

残疾人就业率低。残疾人就业比例不高,和全国整体就业率相比存在极大差距,特别是 1999 年以前,两者之间的差距更为明显。女性残疾人就业比例更低;从年龄结构上看,青壮年就业比例偏低,而老年人就业比例稍高。

残疾人的就业层次低。大部分在业残疾人集中在农、林、牧、渔、水利行业,比例为 77.46%;从事生产、运输设备操作人员及有关人员的比重为 9.86%,居于第二位;处于第三位的是商业、服务人员,所占比重为 8.28%。

残疾人地区之间的就业率存在较大差异。中西部地区残疾人的就业率相差不大,东部地区残疾人的就业率则低于中西部。总体来说,东部残疾人的就业率低于中西部残疾人就业率 10—12 个百分点。

2. 残疾人就业的深层次困境

(1) 残疾人自身的素质有待提高,就业观念有待转变

从个人因素来分析,影响残疾人就业的根本问题是人力资本偏低,主要表现在劳动能力和就业能力两个方面。因为残疾的障碍以及社会不合理的教育资源分配,残疾人接受教育的机会比健全人要少得多,从而导致他们知识和技能水平较低,潜能得不到充分的开发。整体来说,就是文化素质较低,劳动技能单一。调查结果显示,6 岁及以上残疾人中,超过四成的残疾人不识字,近半数文化程度为小学及初中。只有少数残疾人具有高中及以上学历,具有高中学历残疾人占残

疾人总数的 3.77%，具有中专学历的为 1.21%，而具有专科及以上学历的残疾人仅为 1.15%。

(2) 残疾人的职业培训及就业服务不到位

①职业培训是残疾人就业的基础和关键，待业残疾人为了获得工作需要职业培训，已实现就业的残疾人为保有工作需要职业培训，农村的残疾人要想从事非农职业也需要培训。关于残疾人培训方面主要存在以下问题：第一，城镇残疾人接受职业培训的比例明显大于农村残疾人，这就造成农村残疾人就业更加困难；第二，由于残疾人的残疾程度和残疾类别的不同，导致他们对培训的需求是多种多样的，对培训的方式要求也是多种多样的，而大多数残疾人并没有接受过专业培训或职业教育，曾经接受过专业工作培训的仅占了 32%，还不到总人数的 1/3。目前各地大部分是开展短期、初级的实用技术培训，这些培训只能解决残疾人低层次就业的需要，无法从根本上改变残疾人的生活状况及参与社会的能力。

就业服务就是劳动力市场的中介服务。残疾人就业服务机构通过为残疾人和用人单位提供信息服务，为促成残疾人就业发挥了一定的作用。目前，全国各级残疾人就业服务机构达 3127 个，它们的工作主要是进行残疾人待业调查和劳动力资源登记，了解用人单位的需求，培训和推荐残疾人，为残疾人就业提供服务。但是目前我国残疾人的就业服务在实践中还不完善。由于我国劳动力相对过剩，就业竞争十分激烈，加上近些年大量下岗职工进入劳动力市场，残疾人在竞争中更加处于劣势，残疾人就业服务机构为残疾人寻求的就业岗位在数量和质量上都不能充分满足残疾人的就业需求。同时，由于我国对适合残疾人就业的岗位研究和开发不足，残疾人就业门路和职业范围受到很大局限。

②政策落实不到位，限制了残疾人就业。近年来，国家相继出台了不少鼓励残疾人就业的优惠政策。然而，在政策落实方面存在以下突出问题：第一，银行贷款没人担保，小额贷款门槛高。第二，国家扶持残疾人自主就业政策，脱离残疾人生活实际，具体操作上不规范，落实效果不理想。第三，部分残疾人就业场所不固定，遇到政府城市拆迁改造和市容整顿，往往成为被清理对象，很难得到政策补偿和优惠照顾。

3. 残疾人社会保障体系不健全，增加了残疾人以就业求保障的压力

从残疾人总体上看，社会保障体系在我国 16 岁及以上残疾人群体中的覆盖率很低，全国平均有 65.8% 的残疾人未参加任何形式的社会保险，在我国农村地区，这一比例更是高达 70%，即使是在城市地区，被系统排斥在社会保险体系之外的残疾人比例也超过了半数；从各个残疾类别来看，各类型总计未覆盖比率均高于 60%，如农村智力残疾人，他们中的 74.8% 未参加过任何形式的保险。

从保险体系内部来看，残疾人养老保险、医疗保险、工伤保险和失业保险的覆盖率差距明显，其总覆盖率由高到低分别是：医疗保险（32.0%）、养老保险（10.0%）、失业保险（0.6%）和工伤保险（0.4%）。总体来说，正是我国社会保障体系不健全，残疾人参保率低，才加重了我国残疾人就业的压力，增加了残疾人的不安全感。

三、促进我国残疾人就业的几点建议

1. 加强残疾人职业教育和就业培训

提高残疾人职业技能和生产技术，是残疾人实现就业的重要条件。随着市场经济体制的建立和不断完善，我国逐步融入世界开放市场，激烈的市场竞争迫使企业进一步转换经营机制，走依靠科技进步发展生产的新路子，这就要求各企业注重选用综合素质较高或有一技之长的劳动力，对劳动力进行优中选优，这就对就业者的劳动技能、知识结构提出了严峻挑战。而目前我国劳动力整体素质偏低，难以适应科技进步和市场竞争的需要。如何迅速提高自身职业素质，对于残疾人来说，是一个严峻的挑战。为此，本文认为最根本的是要全面实施人才战略。

地方各级人民政府的有关部门，要重视残疾人的职业培训工作，将残疾人的职业培训纳入整体职业教育和职业培训计划，根据市场需求和残疾人的具体情况开设培训班。要加强领导，大力支持，努力提高培训质量。通过大力开展职业培训，提高残疾人职业技能。

2. 大力扶持残疾人个体创业

《残疾人保障法》规定："政府有关部门鼓励、帮助残疾人自愿组织起来从业或者个体开业。"近年来，残疾人个人或自愿组织起来从事个体经营有了很大发展，实践证明，残疾人个人或自愿组织起来从事个体经营不仅可以解决残疾人自身的温饱，实现他们平等参与、奉献社会的愿望，而且可以减轻国家、社会负担以及整个社会的就业压力，是新形势下解决残疾人就业的有效途径。

各级残联和就业服务机构要积极开拓与探索在市场经济形势下，由国家安置残疾人就业转变为市场就业，由集中安置转变为集中与分散安置相结合的残疾人就业新路子，要在监督各类用人单位依法按比例安排残疾人就业的同时，充分合理地运用残疾人就业保障金，大力发展中小企业，积极扶持残疾人个体从业，广开就业门路。要激发残疾人自主创业意识，增强残疾人自主创业能力。同时，残疾人就业服务机构应给予优秀残疾人企业和残疾人个体业主政策和启动资金支持，扶持优秀的残疾人个体从业，发展中小民营企业，特别是劳动密集型服务业和加工制造业类的中小企业，以吸纳更多的残疾人劳动力，创造更多的就业机会。

3. 建立残疾人就业的社会支持网络和信息网络平台

残疾人就业服务机构要与当地各级劳动力市场密切合作，为残疾人就业服务提供专门窗口，将本地所有有求职愿望的残疾人登记入册，免费办理求职登记，免费进行职业指导。要尽可能收集适合残疾人就业的信息，优先推荐就业。对需要参加职业技能培训的，各级就业培训机构、技校要提供方便，积极主动组织培训。经组织和单位介绍的，对残疾人免收培训费；可以参加技能鉴定的，要优先安排参加；对需要保管档案的，给予优先安排。

当今社会是信息高速发展的时代，建立健全残疾人就业的信息平台，可以随时了解各单位的残疾人就业情况、用工情况，以及各单位是否需要安置残疾人工作，要什么样的残疾人等等，做到既能全面了解，又能及时安置，使残联组织与相关单位不但从工作上、技术上进行对接，更重要的是做到了思想上对接，形成纵横交错的残疾人就业服务网络系统。

4. 以加强康复工作为前提，做好残疾人的康复工作

残疾人的康复工作是人力资本投资的一个重要方面，有间接的经济效应。世界卫生组织医疗康复专家委员会曾对康复下过一个定义：康复指的是综合协调地应用科学的、医学的各种措施对残疾患者进行训练，从而减轻致残因素造成的后果，使残疾人的活动能力尽可能达到较高的水平。根据美国的统计，美国政府每向康复工作投入一美元，财政就可以多获得五美元。按照以上分析，我们可以认为，相关数据显示，60%的残疾人具有康复的潜力，他们在各种有效康复措施的帮助下，基本能够实现康复，适应社会环境并重新参与社会生活。由此可见，通过各种康复措施来提高残疾人就业能力具有十分重大的现实意义，因此，社会要切实做好残疾人职业康复工作。其中既要提高对康复工作重要性的认识，还要增强康复工作的有效性，加强康复专业人才的培养，加大康复资金的投入。

5. 提高残疾人的社会保障水平，减轻残疾人的就业压力

全面提高我国残疾人社会保障的覆盖水平和社会保障水平，鼓励、推动和扶持残疾人就业，提高残疾人群体的参保率；另外，制订法律法规，确实保障就业残疾人与其他社会成员平等享受社会保险的权利；再次，对贫困残疾人参加社会保险给予相应的优惠政策，提高他们参加社会保险的能力；最后，大力发展社会化的保险事业，鼓励暂时或永久丧失劳动能力的残疾人通过社会渠道分享社会保险的利益，以此减轻残疾人的就业压力。

残疾人就业服务体系的构建：从分割到融合

北京大学 廖娟

北京师范大学 赖德胜

引 言

根据联合国的报告，世界上任何时候都存在大约10%左右的残疾人口。然而，这10%可能还低估了残疾的影响。因为当残疾人没有完全融入社会经济生活的时候，他们就会把这个额外的成本转嫁给他们的家庭，比如残疾人需要更多的照顾会减少其家人在其他生产活动上所花费的时间。乌干达的一项研究表明，有残疾人的家庭不仅可能变得更贫穷，而且还可能降低他们孩子受教育的比率。在制订残疾人政策时，通常会将残疾人这个群体同其他社会群体割裂开来，就残疾人而论残疾人，所制订政策也会体现这样分割的思想。因此，将残疾人及其家庭和残疾人政策整合起来考虑对我们社会的每一个人都有好处。

残疾人政策有两个主要目标，一个是收入保障，一个是让残疾人融入社会经济生活。只要具备一定的经济基础，实现收入保障的目标较为容易，可以直接给予残疾人现金和实物。食物充足、住房和卫生保健可以确保残疾人过上像样的生活，从贫困和忧虑的生活中解放出来。这一目标的实现需要建立和完善残疾人社会保障体系。而完全融入社会，允许残疾人最大限度地参与到社会、经济生活中去，则是比实现收入保障更高一级的目标。如果能够去除那些阻止残疾人参与劳动力市场的障碍，不仅能提高残疾人的生活质量，而且从整体来看还可以提高整个社会的生产能力、降低失业率、减少残疾人对政府转移支付的依赖。这一目标的实现有赖于构建合理的残疾人就业服务体系。这两个目标有时是相互矛盾的，因为以残疾人完全参与社会生活为目的的政策通常会降低社会安全网的保护程度，产生更多的风险。如果没能成功地达到某种程度融合，残疾人可能会因此而受到伤害。另一方面，那些保障残疾人收入的政策又可能会成为他们参与劳动力市场的阻碍。因此，我们面临的挑战是，确保他们能过上像样的生活，同时还要提供支持和激励来促进残疾人实现充分就业。

大多数OECD国家的残疾人政策的焦点已经从收入保障转移到了经济生活的融合上来了。要加快这种转变，还必须加深对残疾本质的认识。残疾，不仅仅是一种医学意义上的客观存在的状况，在某种程度上，它还是残损与身体、社会和政策环境之间相互作用的结果。在一种容纳了不同残疾人的特殊需要的环境和文化中，残疾的影响将受到较大的限制。因此，营造这种环境和文化将是我们需要努力做到的。而通过就业达到残疾人融入社会经济生活是一条合适的途径，因此构建一个完整而合理的就业服务体系就是相关部门需要完成的重要工作，就业政策又是其中最重要的因素。

一、促进残疾人就业的政策工具

国际上有关促进残疾人就业的几种做法，可以分为以下三种：法规管制政策、平衡型政策和替代型政策。

法规管制型政策（Regulations）对雇主指定某种法律上的义务来直接影响他们的行为。这是通过要求雇主雇用残疾人来影响劳动力市场的需求方。按比例就业（quotas）是一种典型的法规管制型政策，如果企业不按照某种比例雇用残疾人，就会被要求交罚款。另外一种就是制订反歧视法。加拿大和美国的反歧视法规定，如果残疾人因为残疾而影响到雇用或被解雇，或雇主拒绝提供工作的配套设施，残疾人可以向法庭提起控诉。

平衡型政策（Counter balances）是专为劳动力市场的残疾人增加竞争力而设计的。这种政策的假定是残疾人开始工作时缺乏生产力，或者他们需要更多的培训或工作启动成本。平衡型政策可能由工资补贴、职业康复、完善工作场所配套设施的基金和支持性就业（如增加工作教练）组成。这样，这种政策在需求方面减少了雇用残疾人的额外成本，同时在供给方面又增加了残疾人的生产力。

与法规管制和平衡型政策不同的是，替代型政策（Substitutions）暗含残疾人不能完全参与开放的劳动力市场的假定，或者至少认为这是残疾人就业困难的一个重要方面。替代，指的是庇护性就业或是残疾人在公共或私人部门安排的特殊岗位就业。

如果实行的是单独以法规管制为基础的政策，那就意味着政策制订者认为残疾人有权利去开放的劳动力市场就业，他们参与劳动力市场的成本小，容易被私人部门吸纳。我们也可以称这种政策为政府主导型的政策，因为不管是制订法律、法规反对歧视，还是要求用人单位按比例雇用残疾人，都带有强制性质，由政府参与管理。如果残疾人和非残疾人之间的生产率差距较大的话，平衡型政策就足以保证将这种差距所产生的由雇主负担的成本转移到普通大众身上。这种政策是希望通过市场调节的方式来促进残疾人就业，政策制订者希望通过市场机制发生作用。如果残疾人和非残疾人二者之间的生产率差距过大，以至于政策制订者认为对开放的劳动力市场提供替代会使残疾人就业更经济有效时,就采用替代型政策。这种政策的主要形式是通过政府购买的方式实现残疾人的就业,如开发和购买公益性岗位,安排残疾人到特殊岗位就业等。

对替代型政策有一些反对的声音。反对者认为这是一种分割,且认为这种分割会降低残疾人的社会地位。他们还认为,如果不能进入开放的劳动力市场,就会阻碍完全融入经济生活所必需的社会和工作技能的发展。将残疾人与非残疾人分割的这些政策,比如庇护性就业,可能会阻止非残疾人了解残疾人的才能和困扰,加深对残疾人的误解。

除了这些政策工具之外,也可以采用直接的现金或实物补偿,以及支付保险费等。现金福利计划,在提高残疾人生活水平的同时可能造成负面激励。大量研究也证明了伤残补助的水平、申请这种补助的人数与残疾人劳动参与率之间存在着反向联系。

虽然各个国家对促进残疾人就业采用了不同的政策和途径,但目前大多数 OECD 国家已经从补偿性政策转到了融合政策。这体现了发达国家已经能够更加全面地看待残疾人就业问题。

二、我国现行的残疾人就业政策及其问题

在计划经济时期,集中就业是我国安排残疾人就业的主要途径,残疾人在福利企业集中就业,是解决残疾人就业问题的主要形式。转轨时期,在国家法律和优惠政策扶持下,实行了按比例就业的政策,残疾人劳动就业贯彻集中与分散相结合的方针,以多渠道、多种形式迅速发展起来,残疾人就业工作进入了一个全新时期。分散按比例就业是联合国组织倡导、有关国际公约规定和国际社会普遍采取的残疾人就业原则。《中华人民共和国残疾人保障法》、《残疾人就业条例》和《残疾人就业保障金管理暂行规定》以及各省级人大制订的"保障法实施办法"是我国按比例就业的法规依据,是各级残联开展工作的基础。在政策执行的具体过程中,残疾人就业服务机构和基层残联通过对辖区内残疾人和社会单位进行调查、登记,获得有劳动能力残疾人与用人单位岗位情况信息,然后向用人单位推荐合适的残疾人,安排双方面议,签订劳动合同。在此过程中,残疾人和用人单位都有选择的自主权。

将残疾人集中安排在福利企业就业实际上是一种庇护性的就业模式,属于前面所分析的替代型政策,这种政策实际上使残疾人与非残疾人之间产生了隔离,并不利于残疾人完全融入社会经济生活。按比例就业是将残疾人分散地安排到各

种企业和单位中，属于法规管制型政策，促进了残疾人在一定程度上融入社会经济生活。这表明，我国的残疾人就业政策实际上在从分割逐步走向融合。

中共中央、国务院《关于促进残疾人事业发展的意见》指出："依法推进按比例安排残疾人就业，鼓励和扶持兴办福利企业、盲人按摩机构、工（农）疗机构、辅助性工场等残疾人集中就业单位，积极扶持残疾人自主择业、自主创业。多形式开发适合残疾人就业的公益性岗位。党政机关、事业单位及国有企业要带头安置残疾人。完善资金扶持、税费减免、贷款贴息、社会保险补贴、岗位补贴、专产专营等残疾人就业保护政策措施。"由此可以看出，政府倡导的残疾人就业政策仍然是以按比例就业为主，其他政策为辅的方针，但也突出了鼓励兴办福利企业、辅助性工场等集中就业模式，以及鼓励政府机关通过购买公益性岗位等方式促进残疾人就业。这些政策的出发点都是促进残疾人就业，但实际上却可能将残疾人同整个社会分割开来，达不到促进残疾人完全融入社会经济生活的目的。

按比例就业政策实施十余年来，在取得了可观成效的同时，也暴露出了一些问题。首先，残联作为政策执行机构，执行权威和强制力不足。基层残联的工作仍然需要劳动、审计部门、税务、财政部门的多方配合。其次，政策执行中出现偏离情况，实际执行效果与理想目标之间存在差距。按比例安排残疾人就业政策的指导原则是以安置为主，收取保障金作为促进残疾人就业工作开展的代偿措施。然而在实际执行过程中，用人单位往往用缴纳保障金来代替安置残疾人就业。

无论是按比例就业、集中就业，还是政府提供就业岗位，都是通过影响劳动力市场的需求方来实现，而从供给和需求两个方面，也就是前面分析的平衡型政策却较少。平衡型政策除了要减少雇主雇用残疾人的成本，同时还要提高残疾人的就业能力，从而达到需求与供给的均衡。这些政策形式包括，对用人单位进行工资补贴，提供完善残疾人工作场所配套设施的基金，提供职业康复训练，实行支持性就业，如安排个性化的就业辅导等。目前，我国促进残疾人就业的政策实施在这些方面还较为薄弱。

三、对构建就业服务体系的思考

我们的政策目标是，在提供一个可接受的较低的生活标准的基础上，鼓励残疾人积极参与劳动力市场。在残疾人"两个体系"建设中，建设完善的残疾人就业服务体系又是一个重要的目标。构建促进残疾人就业的服务体系，应该从整体着眼，而不应从局部考虑。这就要求政策制订者有一个融合的观念，而非分割的思想；同时，也不能将残疾人看成一个孤立的群体，而应当将其与家庭、社会联系起来。这样，在促进残疾人就业的同时才可以使他们完全融入社会经济生活。而在政策制订时，也应当秉承全局的思想，不能只关注就业政策，而忽视它与其他政策的关联。

第一，从提高残疾人的就业能力方面建设服务体系。大多数残疾人由于自己身体条件限制，总体文化程度偏低，且缺乏一技之长，难以就业。据了解，目前有许多残疾人之所以难以就业，最主要的原因还是缺乏劳动技能。因此，在普及残疾人义务教育的同时，要加强残疾人职业教育和培训，技能是就业之本。

职业康复和培训是一种平衡型政策，它对劳动力市场的供给方产生作用，能够尽可能地提高残疾人的生产率。根据国际劳工组织（ILO）对职业康复的定义："康复是一个持续的、协调的过程，包括提供职业服务。如：职业指导、职业训练、展能就业（selective placement），使残疾人能够获得并保持适合自己的职业。"该过程包含很多方面，如评估工作能力和资质，职业咨询，短期和长期培训，工作安排服务，职业生涯规划咨询。培训有时会在课堂上进行，有时是在工作中的培训。此项政策致力于提高残疾人的能力以增加残疾人在公开劳动力市场中的就业机会。

支持性就业政策是用来帮助残疾人直接与工作场所结合在一起。它由一系列不断发展的支持性服务构成，可以使残疾人在工作中能更好地学习和完成自己的工作任务。工作教练（Job coach）是支持性就业计划的典型代表。工作教练为残疾人提供个性化的服务，使残疾人能够以一个合适的步骤来学习。在未来发展过程中，如果条件允许，可以像发达国家一样，为残疾人提供个别或分组的工作教练。他们不仅能为残疾人提供现场培训，而且也可以及时发现残疾人对工作环境方面的需求，从而将这种需求告知雇主促其改善残疾人的工作环境。这种政策既提升了残疾人的就业能力，从另一方面来看，还为非残疾人创造出了就业岗位（工作教练这一职业）。另外一些支持性就业服务内容还包括交通服务、辅助工具、特殊的工作培训等，所有的这些服务都是为了提高残疾人的生产率而设计的。雇主关心的是残疾人和非残疾人之间的生产率的差距，为了抵消掉这个差距，还可以提供给雇主工资补贴和另外一些财政激励，如税收减免等。

第二，保持残疾人的就业动力。这与残疾人社会保障体系的建设有关。覆盖全体残疾人的基本的社会保障是我们现阶段要完成的主要任务。但在制度设计之时，政策制订者除了要着眼现状外，还应长远考虑来制订一个合适的标准，既可以保障残疾人基本的生活，同时这种保障又不能降低他们的就业积极性。当然，在制订这个标准之前，还应区分重度残疾和一般残疾。对重度残疾人而言，他们已经丧失了大部分的劳动能力，最好采用托养服务的政策。对一般残疾人而言，他们有一定的劳动能力，能进入劳动力市场工作。因此，给他们的保障不能太高，否则他们不愿意进入或回到劳动力市场工作；也不能太低，太低了不能保障基本的生活。如何选择一个适合的保障标准，是政策制订者要关注的重点问题。

可见，只有将就业服务体系与社会保障服务体系、教育服务、职业康复训练等服务联系起来，才可能建设一个比较完善的、从全局出发的合理的残疾人服务体系，这也是我们现阶段要完成的重要任务。

广东省残疾人"两个体系"建设的实践与创新

广东省残疾人联合会 宋卓平

广东省有各类残疾人540万,约占全省总人口的5.86%,数量居全国第四位。随着中央7号文件和国发19号文件的发布,加快推进残疾人社会保障体系和服务体系建设被提上了各级党委和政府重要的议事日程。

一、广东省残疾人"两个体系"建设的初步成果与主要特色

中国改革开放30年来,广东省残疾人事业与经济、社会发展差距明显缩小,残疾人基本生活得到有效保障,残疾人服务有了明显改善,残疾人生活的社会环境不断优化,一个相对完整的残疾人保障与服务体系正在形成。

(一)残疾人生活得到基本保障。1999年,广东省在全国率先宣布全省残疾人基本解决温饱问题。随着全省城乡居民最低生活保障覆盖面的持续扩大,符合条件的残疾人基本实现应保尽保。2008年农村已纳入最低生活保障的残疾人共有160291人,比2005年增加了30302人;享受"五保"供养的残疾人有13457人,增加了4515人;24万农村贫困残疾人基本生活得到保障;针对重度残疾、一户多残或出现临时性困难的残疾人,各地都制订了相应的救济措施。采取临时救助、专项补助、供养等措施让上百万特困残疾人解决了基本生活问题。广州、深圳、东莞等市为重度残疾人发放特别生活补贴。

(二)参加社会保险残疾人比例明显增加。广东省在实现"全民医保"目标的推动下,全省16岁及以上的残疾人中参加社会保险的比例明显增加,尤其是医疗保险和养老保险,所占比例上升最快,其中全省参加医疗保险的残疾人已占残疾人总数的58.3%。残疾人社会保险的项目也日益齐全。为促进残疾人参加社会保险,各地纷纷制订补贴政策,《深圳市残疾人参加社会保险试行办法》规定:从2008年4月1日起,按不同的标准分别对自谋职业残疾人、低保残疾人、失业残疾人和一级残疾人等补贴社会保险费。

(三)残疾人特别扶助措施不断完善。

——深入开展康复救助。1988年至2008年,全省共有260万各类残疾人得

到了不同程度的康复,参与社会生活的能力得到增强,年康复服务能力从几万人提升到40万人。全省共计有24.1%的残疾人得到了医疗康复救助。

——积极落实住房保障。广东省从2006年开始加快实施残疾人危房改造工程。2008年又加大投入,省级财政安排800万元用于补助扶持2300户残疾人危房改造。各地对困难残疾人无房户、危房户新建,一般每户补助8000—15000元不等。至2009年5月,危房改造工程使11500户贫困残疾人住上新房。

——不断强化就业保障。广东省坚持以分散按比例安排为主渠道、集中安置和个体从业为辅的就业安置方式,促进残疾人就业。目前,全省城镇残疾人就业人数累计达34.8万人,农村在业残疾人达90万人,其中分散在社会各单位就业的残疾人有22万名;441家社会福利企业集中安排了7435名残疾人就业;残疾人个体开业、集体从业达16.9万多名;就业最困难的3000多名盲人从事医疗按摩或保健按摩工作,成为全国盲人就业的亮点。通过各级残疾人职业培训机构、农村种养培训就业基地和其他机构的培训,促进残疾人充分就业。2008年,全省共培训残疾人45904名,扶持农村贫困残疾人115351名。

——积极探索残疾人托养模式。残疾人托养在广州已开展10多年,现广州安养院已发展到了近500名重度残疾人的规模。广州"康园工疗"成为与上海"阳光之家"、北京"温馨家园"有所不同的第三个社区日托新模式。近几年,东莞、中山等一些地区也有所发展,深圳市从2007年起,通过政府购买服务的形式,平均每年为200多名重度残疾人提供居家养老保障与服务。今年,《中共广东省委、广东省人民政府关于加快残疾人事业发展的决定》明确建立"重度残疾人托养制度",未来五年,全省每个县都要建设一所残疾人托养机构。

——加强文化教育保障。2006年与1987年相比,全省残疾人口中文盲率下降了12个百分点,"三残"儿童少年入学率达到了90%,接受高等教育的残疾人逐年增多,每年高考分数上线的残疾考生录取率达90%以上。省残联与高校合作,开办了2个残疾人高等教育班。省政府还拨款举办残疾人中专学校。广州市在全省率先分别开办脑瘫和孤独症儿童教养学校,并纳入九年义务教育。

(四)残疾人服务体系初显雏形。广东省残疾人工作已拓展到康复、教育、就业、扶贫、生活保障、文化体育、法制建设、社会环境等多个领域,初步形成各具特色的服务体系。目前全省共有残疾人康复机构1225个,社区卫生服务中心康复室606个,社区康复站2218个;残疾人劳动就业服务机构161个;全省特教学校增加到68所,普校附设特教班189个;残疾人法律维权机构143个,维权示范岗76个,志愿者助残联络站732个;残疾人综合服务设施126个,体育活动场所88处,体育训练基地31个,文化活动场所83个,公共图书馆和残疾人综合服务设施开设盲人有声读物图书馆（室）2个，盲文阅览室及盲人有声读物阅览室26个，建立30多个残疾人信息网站，为残疾人服务的能力明显增强。

二、广东省残疾人"两个体系"建设的经验

经过30年的努力和探索，广东省在推进残疾人社会保障与服务"两个体系"建设中积累了一些实践经验。

（一）注重残疾人事业法规政策建设。广东省在贯彻落实国家有关残疾人事业法规的基础上，先后出台了《广东省实施＜中华人民共和国残疾人保障法＞办法》、《广东省分散按比例安排残疾人就业办法》、《广东省无障碍设施建设管理规定》、《广东省扶助残疾人办法》等有关维护残疾人权益的规章制度。2009年4月，省委省政府做出了《关于加快残疾人事业发展的决定》，各市、区、县也纷纷出台了相应的实施办法、管理规定以及优惠措施等，颁布实施对残疾人优惠扶助规定750项。广东省残疾人事业在规范化、法制化的轨道上逐步推进。近日，《广东省实施＜中华人民共和国残疾人保障法＞办法》的修订基本完成，顺利通过省人大第一次审议。

（二）着力构建高效的残疾人工作机制。党委、政府的重视力度，在很大程度上决定了当地残疾人事业的发展速度。广东省委省政府高度重视残疾人事业，将其列入重要议事日程，党委、政府分别明确分管领导，从政策制订到实际投入等方面都做了大量卓有成效的工作。省和县（市、区）以上政府均成立了残疾人工作委员会，明确了政府各相关部门责任，并加以统筹协调，协同开展工作。社区、企业、各类组织也逐步成为残疾人工作支持系统的重要参与力量。一个"党委领导、政府主导、部门配合、社会参与，以残联组织为主力，以广大残疾人为主体"的残疾人工作新机制已形成。

（三）开拓创新，增强残疾人工作活力。广东省各级残联深入贯彻实施中央7号文件、国发19号文件和《珠江三角洲地区改革发展规划纲要》，积极推进残疾人社会保障和残疾人服务"两个体系"建设先行先试、科学发展，推动残疾人社会福利制度由补缺救助型向适度普惠型模式转变。

——"十一五"以来，广东省在全国率先执行了按行政区域人口数安排残疾人康复经费的制度，对经济欠发达地区实施补助；率先推行了贫困残疾人康复救助行动，使一批贫困残疾人得到及时的康复；率先实行了残疾人康复专业人员资格认证制度；在全国率先成立了省级残疾人康复协会；率先探索学龄前残疾儿童享有义务基本康复服务；创造了以"购买岗位"和"购买服务"开展农村残

疾人康复工作的农村社区康复工作新模式。深圳市于 2008 年在全国率先实现残疾人"人人享有康复服务",目前全省各地正加快向残疾人"人人享有康复服务"目标迈进。

——以促进就业和农村劳动力转移为目标,积极推动就业保障金地税机关代征、保障金全省统筹和转移支付扶持困难地区就业扶贫;积极推动依托农业龙头企业(如茂名化州市光辉养殖场、阳江阳西县金凤经济开发有限公司)采用"公司加基地加农户"的模式建设农村残疾人种养培训就业基地和依托大型民营工业生产企业(如:惠州侨兴集团、深圳富士康有限公司)采用"集中培训、集中就业、集中管理"模式建设劳动力转移培训就业基地,创新残疾人劳动就业模式。

——从代表残疾人利益出发,积极谋求改变残疾人教育滞后现状。通过与教育部门共同努力,争取政府每年安排 3000 万元用于支持解决困难地区特殊教育学校建设,省残联克服经费困难,调剂经费予以支持。通过实施"扶残助学工程",积极推动政府和有关部门解决重度残疾儿童少年教育,成功开办脑瘫和孤独症儿童义务教育学校。广东省在全国率先组织盲人聋人参加自学考试。

——加强残联组织建设和工作网络建设,积极推动基层残疾人组织规范化达标建设和残疾人专职委员配备,创新残疾人服务社会组织建设与管理方式。

——学习借鉴港澳先进经验,推进政府向残疾人服务社会组织转移职能和购买服务在珠江三角洲地区试点。依托残联、街道、社区升办了一批像"康园工疗"模式的民办非企业单位,为残疾人提供高效服务。

(四)建立了残疾人事业经费投入稳定增长机制。经费是残疾人社会保障事业得以持续和快速发展的保障。广东省各级政府将残疾人事业纳入当地财政预算,全省财政资金投入呈现稳步增长态势。省财政不断加大对欠发达地区残疾人事业省级财政转移支付力度,每年安排 3000 多万元对经济欠发达地区县级残疾人日常康复经费进行补贴,安排省级残疾人就业保障金 20%(2007 年 2660 万元,2008 年 3850 万元,2009 年 4053 万元),扶持困难地区开展危房改造、基地建设、整村推进残疾人脱贫、扶残助学工作,落实福利彩票公益金要按 20% 比例安排用于残疾人事业。据统计,"十一五"前 4 年(2006—2009 年),广东省各级财政安排残疾人事业费已超过 30 亿元,比"十五"期间(2001—2005 年)增加了 10 亿多元,而"八五"期间(1991—1995 年)仅 3 亿元。

三、广东省残疾人"两个体系"建设存在的突出问题

广东省残疾人"两个体系"建设已迈出了扎实的步伐,但是目前广东省残疾人社会保障还处于低水平阶段,服务体系仍很薄弱,远远不能满足残疾人的需求。"两个体系"建设任重道远。

应该清醒地看到,广东省以3.5万亿的经济总量位居全国第一,而人均财政收入却排在全国第十六位;珠江三角洲地区世界级城市群初现雏形,而占全省面积近80%的粤东、粤北、粤西地区面临着重大瓶颈制约和深层次矛盾问题,落后于珠江三角洲地区20年,甚至30年;全省人民阔步迈向小康,而残疾人等特殊群体的民生问题却凸现出来。地区发展不平衡、城乡没有一体化、群体权益不平等,使"和谐广东"建设这艘大船放慢了前进的速度,显示了广东省不容忽视的另一面。与广大残疾人不断提高的保障与服务需求相比,与不断加强的城乡社会保障与公共服务体系建设的速度和力度相比,残疾人社会保障与服务体系建设还存在着一些突出矛盾,主要表现在:

一是残疾人社会保障与服务体系还不完备,覆盖面还比较窄,保障服务能力和水平与广大残疾人服务需求之间还存在比较大的差距。

二是残疾人社会保障与服务的投入不足,服务设施和专业人员队伍匮乏。资源不足和现有资源利用不足的问题并存,尚未形成整合政府和社会资源的有效机制。

三是残疾人社会保障与服务的法规、规范、标准还不健全,缺乏总体规划和统筹协调机制。现有的社会保障政策和公共服务缺乏针对残疾人特殊需求的内容和有效措施,残疾人的特殊困难和需求往往被普遍化、平均化的要求所掩盖和忽视。

四是城乡之间、区域之间发展很不平衡,东西两翼、粤北山区经济欠发达地区社会保障与服务能力尤为薄弱,农村残疾人仍然主要依靠家庭照顾和供养。

总之,残疾人日益增长的保障服务需求与社会保障、公共服务能力严重不足的矛盾,是当前,甚至是今后相当一段时期残疾人工作的主要矛盾,是工作的难点和重点。这是全省广大残疾人工作者无法回避的紧迫的现实课题。加快推进残疾人社会保障与服务体系建设,是贯彻落实《珠江三角洲地区改革发展规划纲要》国家战略的重要内容,对于我省实现基本公共服务均等化目标,提高全体人民的福祉具有重要意义。

四、构建广东省残疾人社会保障体系和服务体系的战略思考

《中共广东省委、广东省人民政府关于争当实践科学发展观排头兵的决定》明确提出：力争经过5—10年的努力，基本建立科学发展的体制机制，率先走出一条物质文明、精神文明、政治文明和生态文明相协调的科学发展道路，全面开创科学发展新局面。基本实现以人为本的和谐发展。全民受教育程度明显提高，社会就业更加充分，城乡居民人均收入与经济增长水平相适应，社会保障体系不断完善，人民生活质量显著提高，人的综合素质全面提升，人民群众的合法权益得到保障，基本建成平安和谐广东。广东省残疾人"两个体系"建设要紧紧围绕这一大局要求，全面准确理解科学发展观的内涵，坚持以人为本，把解放思想、改革创新贯穿于实践科学发展观的全过程。

（一）广东省残疾人"两个体系"建设指导原则

1. 解放思想，先行先试。广东省委省政府明确提出，到2012年全省残疾人事业发展总体水平走在全国前列。这就要求抓住难得的历史机遇，解放思想，大胆先行先试。必须用好先行先试的政策，用新体制、新机制，大胆探索残疾人社会保障从"福利救济型"向"劳动福利型"转变、具有广东特色的新路子，为全国残疾人"两个体系"建设科学发展提供示范。

2. 普惠全纳，突出特惠。加快推进残疾人"两个体系"建设，要突出普惠与特惠，缩小差距。只有普惠加特惠，才能进一步改善残疾人的生活状况，缩小与健全人之间的差距。

3. 分类指导，缩小差距。加快推进广东省残疾人"两个体系"建设，要统筹推进、分类指导各区域发展，实施区域协调发展战略，形成珠江三角洲地区领跑、东西两翼起飞、山区崛起的发展格局，健全互助机制。继续加大对欠发达地区残疾人事业的对口扶持，建立援助性的稳定长效互动机制。要从省的层面加强对推进珠江三角洲地区残疾人"两个体系"建设一体化工作的领导，加强对促进粤东、粤西、粤北发展的协调。促进城乡残疾人基本公共服务均等化。加强残疾人合法权益的保护，确保残疾人群体与其他群体在教育、医疗卫生、就业、住房和社会保障等基本公共服务享有同等的待遇，并在特殊需求方面得到重视和照顾。

4. 突出重点，注重实效。根据当前残疾人的最急切需要、最切身利益，开

展抢救性康复工程,优先发展教育,重点发展托养。特别是珠江三角洲地区要率先建立残疾人托养制度和居家服务补贴制度,率先建设一批残疾儿童教养学校。

(二)建立普惠加特惠型的广东省残疾人社会保障体系

根据"加快社会事业发展"的要求,按照"重点保障和特别扶助、一般性制度安排和专项制度安排、普惠和特惠相结合"的原则,将残疾人普遍纳入覆盖城乡的社会保障体系,研究制订针对残疾人特殊困难和需求的社会保障政策措施。进一步完善残疾人社会救助、医疗康复救助、贫困残疾人社会保险补贴、岗位补贴、专产专营、职业技能培训和就业保障、重度残疾人生活补贴、高龄残疾人生活补贴、贫困残疾人住房保障、重度残疾人托养照料、残疾儿童免费基本康复和免费教育等扶持政策,力争到2012年,构建起珠江三角洲地区残疾人社会保障体系的基本框架,残疾人生活率先达到全面小康水平;到2020年建成比较完善、保障有力的残疾人社会保障体系。重点健全六个方面:

1. 残疾人基本生活保障体系。指提供食物、衣物、医疗、住房等最基本的保障,其宗旨是使处于社会最底层,最困难、最需要帮助的残疾人得到必要的扶助,得到实实在在的利益,保证基本生活水平。

2. 残疾人康复服务保障体系。指以机构康复为主体、社区康复为基础、家庭康复为辅助提供社会康复保障。其宗旨是为最基层的残疾人提供就近、便利、收费低廉甚至免费的保障性康复服务。特别要加大康复救助力度,优先开展残疾儿童抢救性康复。

3. 残疾人教育保障体系。指创造一种进入门槛比较低的机制,使残疾人有机会得到教育,并成为某一方面的专才。其宗旨是使残疾人获得自立自强于社会的文化基础。当前,重点要突破特殊教育"老三样"的观念,使所有各类残疾儿童均能享有义务教育权利。

4. 残疾人就业保障体系。指建立残疾人分散按比例就业、集中安置就业和自谋职业的就业保障体系,包括:通过法律手段强化用人单位按比例安排残疾人就业;采取强有力政策措施,大力发展福利机构集中安置残疾人就业;积极扶持残疾人自谋职业,包括提供就业条件、购买就业岗位、免除税费等一系列措施。其宗旨是切实保障残疾人的劳动权益,促使残疾人摆脱贫困迈向小康。

5. 残疾人社会参与保障体系。指建设和发展无障碍环境,使之成为一个覆盖全社会的公共体系;指社会采取各种措施、提供各种条件消除隔阂,减少侵害,实现残健共融、共享、共进,共同建设和谐美好的社会。其宗旨是使残疾人走出家庭、走向社会、参与社会生活,实现残疾人"平等、参与、共享"的崇高目标。

6. 残疾人权益保障法律体系。主要由法制建设、执法与监督、法律援助与司法救助等部分组成。在法制建设方面，切实保障残疾人作为普通公民应当享有的一切权利，并重点解决法律上人人平等而实际上不平等的客观存在，在特别扶助方面以法规、规章的形式加以规范；在执法与监督方面，要落实执法责任制，做到依法办事、依法行政，切实保障残疾人的合法权益；在法律援助和司法救助方面，要通过普法提高残疾人的法律意识，通过法律服务为残疾人解难释疑，通过建立覆盖全社会的残疾人法律援助网络使残疾人就近、就地获得法律帮助。其宗旨是为残疾人各项合法权益得到切实保障提供根本保证。

（三）构建创新型的广东省残疾人服务体系

针对残疾人特殊性、多样性、类别化的服务需求，建立以广东省残疾人联合会为核心和主导，以"以人为本"为基本价值理念，以非营利公益服务为发展方向，广泛地包含事业单位、社会组织、社区组织、社会企业等各种性质的服务机构，为残疾人提供社会照顾、社会支持、社区服务、医疗康复、心理咨询、教育培训、就业辅导和辅助器具的创新型广东省残疾人服务体系。力争到2015年，珠江三角洲地区建成一批多门类、高水平的残疾人服务的专门骨干机构（综合服务设施、专业康复机构、托养机构、工（农）疗机构、辅助性庇护性就业机构、特殊教育与教养机构、职业教育机构、就业服务机构、扶贫基地等），培育发展1000家各类面向残疾人服务的社会组织，残疾人服务体系基本建成，基本需求得到满足，达到港澳台地区水平。2020年，残疾人服务业相对发达，接近或达到发达国家水平，残疾人服务实现全覆盖，残疾人享有较高质量的个性化服务。当前广东省残疾人服务体系首先重点解决以下问题：

1. 加强总体规划和制度创新。要将残疾人服务体系建设纳入政府公共服务的大局，研究制订总体发展规划，完善法律法规体系和有关政策措施；各个服务领域要创新理念，积极探索更好的制度安排，形成长效发展机制，使残疾人真正享受到均等、便利的公共服务。

2. 建立残疾人服务业协会。加强对残疾人服务的支持引导和监督管理，力争尽快成立残疾人服务业协会。完善残疾人服务行业管理扶持政策和技术标准，建立监督管理和绩效评估机制，探索残疾人服务的行业管理模式，提高信息化水平，鼓励和支持残疾人服务领域的科技研究、引进、应用和创新。

3. 大力培育和发展为残疾人服务的社会组织，加快完善残疾人服务网络。创新残疾人社会服务管理体制和运行机制，建立多元化的公共服务供给模式，政府除直接提供外，通过委托社会组织提供或购买服务等形式，引导、扶持各类残疾人社会服务机构为残疾人提供服务并得到发展壮大。创造条件建设残疾人社会组织发展孵化基地。完善政府购买服务机制，培植残疾人服务"新型事业单位"，建立一批"民办公助"或"公办民营"的残疾人服务机构。推动珠江三角洲地区为残疾人服务的社会组织在省内其他地区开办连锁机构、独立机构或合作机构。加快完善社区残疾人服务网络，积极培育发展助残志愿者队伍。鼓励支持狮子会等慈善组织开展残疾人服务活动。

4. 加强人才队伍建设。制订残疾人社会保障、社会服务人才培养规划，大力培养和训练大批残疾人社会保障、社会服务领域的专门人才，满足残疾人事业对专门人才的需求。推动制订公立残疾人服务机构的岗位配置标准及特殊补贴办法，落实现有机构的人员编制、职称序列和经费。推进残疾人服务机构设置社工岗位，政府购买。对从事残疾人社会保障、社会服务的在职工作人员进行轮训，实行继续教育制度，并经考核达到国家有关专业技术标准。加大力度引进、聘用各类急需的专门人才，填补残疾人社会保障、社会服务行业的空白。

5. 加强残疾人服务基础设施建设。将各类残疾人服务设施建设纳入城乡公益性项目建设规划，列入重点建设项目，按照教育用地或社会福利用地等用地形式，优先、简化征地手续，并在立项审批、财政投入、土地划拨、税费减免等方面提供支持和保障。确立公办残疾人服务骨干机构政府财政为投资主体。力争在未来五年内，省级重点兴建省残疾人康复教育基地、省残疾人综合服务基地、华南特殊教育学院、华南残疾人职业技术学院、省残疾人技工学校和华南残疾人辅助器具科技研发中心。县级重点建设"五个一工程"：力争在五年内各县（市、区）分别建设一所残疾人综合服务机构、一所重度残疾儿童教养学校、一所残疾人托养机构、一个以广州"康园工疗"为模式的连锁工疗机构网络和一个残疾人扶贫培训基地等五个残疾人专业服务机构和设施。

6. 推动泛珠江三角洲地区特别是粤港澳残疾人服务业的合作与交流。以珠江三角洲区域经济一体化建设为契机，推进区域残疾人事业管理协作，推进区域基本公共服务一体化。建立区域残疾人服务转介、政府购买服务转移支付、资源共享等机制。加强国际和地区间的残疾人事务交流与合作；认真落实 CEPA 补充协议，残疾人服务业对港澳开放。鼓励和支持港澳服务提供者以独资、合资、合作民办非企业单位形式在粤举办残疾人服务机构。

推进基本现代化残疾人服务体系建设的实践与探索

江苏省残疾人联合会 高晓平

江苏省位于中国东部沿海地区,面积10.26万平方公里,下辖13个省辖市、106个县(市、区),总人口7600多万,2008年人均GDP39622元。2020年在全国率先实现全面小康、率先实现基本现代化,是我省经济社会发展的基本定位。目前,苏南3个省辖市已实现了全面小康的目标,在未来5至6年时间内,苏中地区5个省辖市也将陆续进入全面小康并开始向基本现代化的目标迈进。中国残联明确提出,东部沿海省市残疾人工作要向中等发达国家残疾人事业发展水平靠拢。如何学习借鉴发达国家残疾人事业发展的经验,从中国实际出发,科学合理界定有中国特色残疾人事业基本现代化的目标任务,研究制订残疾人事业"十二五"发展规划,推进基本现代化残疾人服务体系建设,已成为江苏省残疾人工作者的一个重要而紧迫的课题。

一、江苏省残疾人服务体系建设的现状和存在的问题

经过建国60年特别是改革开放30多年来的快速发展,江苏省已初步形成了以劳动福利为主要特点的残疾人服务体系的基本框架。

形成了有效的残疾人就业保障服务体系。新中国的残疾人事业是从残疾人劳动就业政策开始起步的。1958年,我国开始实施举办福利企业集中安置残疾人就业的政策,随着改革开放带来的各种所有制企业蓬勃发展的格局,福利企业也高速增长。上世纪90年代,江苏省福利企业曾达到6000多家,安置了约23万名残疾人就业。1992年,无锡市吸收了西方发达国家的做法,通过地方法规,开始实施按比例分散安置残疾人就业的新政策,并很快在全国推广。目前,各级民政部门和残联组织都建立了残疾人就业管理服务机构,残疾人就业率达到了较高的水平。

建立了较为先进的残疾人教育服务体系。江苏省是残疾人现代教育的发祥地,在20世纪初,清末状元张謇就在家乡南通市创办了我国第一所聋哑人学校。迄今,江苏省已建立109所特殊教育学校,其中51所成为"江苏省特殊教育现

代化示范学校",在校盲、聋、智障学生 4 万多人,均为全国第一。实现了各省辖市都有聋校和盲校、30 万人口县(市、区)都有培智学校的目标,全省残疾儿童接受义务教育入学率达 96%,肢体残疾人进入各类学校学习的障碍已基本消除。

初步形成了残疾人康复服务体系。康复工作在我国起步较晚,1988 年中国残联成立后,立即在全国开展小儿麻痹症矫治、聋儿语训和白内障复明为主的三项康复工作,以后逐步扩展康复项目。目前,江苏省已初步形成由各大医院专业康复机构、县以上残联举办的 85 所公益性残疾人康复中心、各类民办康复机构以及基层社区卫生服务中心康复站等组成的康复服务网络体系。

开始创建残疾人托养服务体系。近年来,江苏省各级残联从残疾人和残疾人家庭的需求出发,采取残联自办、联办、民办公助、支持社区和个人兴办等方式,加快智力、精神残疾人托养服务机构建设步伐,目前已举办贴近社区、小型分散、功能齐全的残疾人庇护安养和工(农)疗机构 190 多个。省政府已开始实施向生活不能自理残疾人给予护理补贴以及建设公益性残疾人集中托养机构计划。

快速发展残疾人文化体育服务体系。残联组织成立后,形成了定期举办残疾人运动会和残疾人文艺演出的制度,并建立了残疾人体育各项运动集训队、演出团体和文化社团,促进了残疾人文化体育的蓬勃发展。同时,县以上残联都建成了综合服务设施,为开展经常性的残疾人文化体育活动提供了条件。

基本构建了残疾人无障碍服务体系。在改革开放的推动下,借鉴西方发达国家的做法,江苏省大中城市已普遍推行了公共交通道路、公共服务设施无障碍和信息交流无障碍环境建设。各级残联、残疾人辅助器具服务中心也为普及推广残疾人无障碍服务发挥了积极作用。

但是,江苏省残疾人服务体系建设仍然存在一些不足,主要表现在:

缺乏统一规划,发展很不平衡。总体上看,对残疾人服务体系特别是什么是现代化残疾人服务体系还缺乏完整的认识,缺乏既定目标和整体规划。因此,在残疾人服务体系建设中,地域分布不合理,机构设置失衡。比如,残疾人就业和教育服务体系相对比较完整,政策和机构发展也比较成熟,而康复和托养服务体系建设还处于初始阶段,除了少数项目外,还未能纳入地方经济社会发展规划。

缺少配套的扶持政策,机构发展举步维艰。残疾人能够享受的普惠福利和服务补贴政策偏少。现阶段缺乏对公益性残疾人服务机构的投资计划、正常经费的拨付和所需人员编制的规定,也没有对民办残疾人福利机构的认定和扶持政策,与文化、教育、卫生、老龄等服务体系相比,存在很大的反差,残疾人康复项目还未能完全列入城乡医疗保险报销体系之中,大部分残疾人服务机构没有编制和正常业务经费,导致生存困难,难以正常维持和发展。

城乡差距较大,服务覆盖面窄。目前,各类残疾人服务机构数量偏少,机构规模小,分布不均匀,大部分集中在大中城市,农村地区普及面还相对较小,致使农村残疾人普遍难以得到与城市残疾人相同的服务。如残疾人就业服务主要是保障城镇残疾人,农村残疾人享受康复服务的人数不足30%,无障碍设施还没有在小城镇得到推广。

管理服务水平低,专业人才匮乏。目前,各类残疾人服务机构缺乏统一规划和有效的行业管理,管理责任不明确,标准不统一,短期行为突出,随意性较强。服务机构的市场和效率意识不强,运行机制不灵活,自我生存和发展的能力较弱。残疾人服务机构普遍缺少专业人员,大部分人员都没有经过系统业务培训,也缺乏基本的管理经验,导致服务机构专业水准层次低,不能满足残疾人对服务的要求。

二、推进基本现代化残疾人服务体系建设是江苏省"两个率先"的客观要求

推进现代化残疾人服务体系建设,是江苏省经济社会发展的必然要求。江苏省已进入了工业化的中后期发展阶段,在"十二五"发展期间,大部分地区将实现全面小康并向基本现代化进军。经济的迅速发展,为加快残疾人事业现代化建设提供了有力支撑。但必须看到,与教育、文化、卫生等社会事业现代化建设的成效相比,残疾人事业发展还明显滞后。加快残疾人服务体系现代化建设,是落实科学发展观,实现社会事业全面协调发展,如期实现"两个率先"目标不可或缺的重要环节。当前,全省各地正在采取转移支付、政府购买公共服务等方式,不断加大财政投入力度,加快建立以教育、文化、卫生、体育等为主要内容的城乡均等、地区均等公共服务体系。推进现代化残疾人服务体系建设,也是缩小城乡之间、地区之间残疾人享受公共服务差别,打破城乡二元结构的重要内容。

推进现代化残疾人服务体系建设,是广大残疾人跟上全省"两个率先"步伐的重要载体。随着生活状况的改善,特别是"两个率先"目标的提出,广大残疾人对改善生活与服务需求的愿望不断增强,他们的生活福利水平与健全人的总体差距还比较大,渴望通过各种政策和各类服务机构提供的服务解决自身迫切需要解决的困难和问题。从发达国家的经验看,随着经济的发展,人们对社会保障和社会服务的要求越来越全面具体,从而促进了社会保障制度和服务体系的健

全完善。帮助残疾人跟上"两个率先"的步伐,既是党的中心工作的要求,也是广大残疾人的最大愿望。推进现代化残疾人服务体系建设,是尽快缩小残疾人与社会平均水平的差距,与全体人民一道共享改革发展成果,跟上社会前进步伐的必然要求。

推进现代化残疾人服务体系建设,是制订全省残疾人事业"十二五"发展规划的重要内容。十七届三中全会提出了"到2020年要建立促进城乡经济社会发展一体化制度,逐步建立城乡统一的公共服务制度"等战略目标。江苏省委省政府明确提出了在2020年以前实现全面小康和基本现代化的奋斗目标。推进现代化残疾人服务体系建设,是实现以上目标不可分离的组成部分。当前,各级党委政府和各行各业正在制订"十二五"经济社会发展规划,加快基本现代化建设必然成为"十二五"规划的重要内容。客观形势要求各级残联必须认真研究制订残疾人事业基本现代化建设的目标任务和基本框架,并使之融入当地经济社会发展大局。

三、推进基本现代化残疾人服务体系建设的主要目标

按照一般定义,现代化是指人类社会工业革命以来所经历的一场涉及社会生活诸领域的深刻变革。这一过程以某些特定的出现作为完结的标志,表明社会实现了由传统向现代的转变。现代化的理论十分复杂,然而残疾人事业如何区分传统与现代是一个需要探讨的问题。总体而言,我国残疾人事业处于由传统保障体制向现代化社会保障体制过渡时期。一是我国残疾人的保障还是以家庭保障为主,由于缺乏专项保障制度,残疾人的生活以及护理必须靠其家庭提供,只有整个家庭陷入贫困才有可能得到政府的帮助;二是缺乏针对残疾人的普惠性制度安排,作为现代化保障制度主要形式的社会保险还没有全面覆盖残疾人,特别是针对残疾人设立的社会保险险种基本处于空白,残疾人的康复、辅具、矫形器配备还没有列入医疗保险报销范围;三是城乡二元结构比较明显,还不能向残疾人提供均等的社会服务。由于向残疾人提供服务的机构较少,只能一般性满足城镇残疾人的需求,广大农村残疾人还不能得到有效的服务;四是除了特殊教育学校外,由国家出资建设的公益性残疾人福利机构都还处于起步阶段,规模小,数量少,管理运营和服务技术都处于比较低的水平。因此,从以家庭社区型保障为主的传统型残疾人事业向以国家制度保障为主的现代化残疾人事业转变,从照顾少部分人向为全体残疾人提供均等的基本服务转变,从粗放型、简单型服务向现代

科技水平的服务转变,是建设基本现代化残疾人服务体系的主要内涵。由于家庭小型化、传统社区经济功能的退化,传统型保障体系已开始瓦解,如果新的以国家制度为主的现代化保障体系不能尽快地建立起来,将有可能出现新的甚至是严重的社会问题。参照发达国家特别是中等发达国家残疾人事业发展水平,基本现代化的残疾人事业至少包括以下几个方面的内容:

有国家社会保障和社会福利以及相关法规为主的政策支持。现代化的残疾人事业必须有可靠的国家法律、法规、政策的支撑,主要内容有:一是城乡一体的残疾人社会保障与社会福利政策,使残疾人在生活、护理、康复、住房、就业等方面都有可靠的保障扶持和补贴制度;二是有比较完善的专项保险制度,把残疾人在就业、康复、医疗、养老等方面的特殊需求纳入社会保险体系;三是对各类残疾人福利机构的建设和运转有补贴支持投入政策。

有门类齐全、公办与民办相结合的残疾人福利机构。要在各级政府和有关部门明确的扶持政策支持下,大力发展系统化的残疾人服务机构。在残疾人服务机构的种类上,要能够满足各类残疾人不同阶段的需求。各级各类残疾人服务机构的功能一般各有侧重,但大体可以分为以下几种:一是就业培训与就业指导服务机构,通过职业培训、就业介绍服务帮助残疾人实现就业;二是教育机构,即从残疾人学前教育到高等教育的特殊教育学校与随班就学制度;三是各类专业性康复机构,包括各类残疾人的医疗康复、职业康复、心理康复等;四是托养机构,主要针对智力、精神和中重度残疾人,以集中劳动、工疗为主实行医疗监护和生活照料为一体的服务机构;五是文体服务机构,能够满足各类残疾人精神文化生活和文体技能训练需求;六是科研机构,能够开展科研和国际交流活动,指导基层提高服务质量和层次。总之,应通过全方位的覆盖,最大程度地满足残疾人多样化的需求。

有专业化、现代化的服务水平。除了必须具备现代化的服务理念和专业化的服务设备技术外,最重要的是建立专业化、职业化的人才队伍,积极开展系统的专业培训、资格认证、职称评聘等工作。特别需要建立完整的残疾人特殊教育师资队伍、各类残疾人康复专业技术队伍,以及能有效开展残疾人就业康复指导、心理辅导的社工队伍。

有完善的管理体系和科学的内部运行机制。残疾人服务机构的管理,应参照学校、医院等机构的管理办法,从硬件设施建设、专业人才配置、服务质量评价、收费标准核定等方面建立一整套管理标准;建立申办准入、年检审查、达标升级制度。充分发挥行业协会专业化管理的职能,完善质量控制体系,促进各类服务机构提档升级、健康发展,步入专业化、精细化、标准化发展轨道。同时,要有福利机构公益化性质与市场化运作结合的运行机制,保证机构的可持续发展活力。

四、积极探索有中国特色的基本现代化残疾人事业发展方向

西方发达国家包括我国周边中等发达国家,都有比较完善和水平较高的现代化残疾人服务体系,无疑值得我们学习借鉴,其主要特点是完善的福利补贴制度和高水平的各类服务机构以及政府扶持与市场化运作相结合的管理运行机制。学习借鉴国外好的经验做法,必须与中国的实际相结合,才能取得较好的效果。对发达国家已被多年实践证明需要改进的问题,更要高度关注,避免重蹈覆辙。比如,高福利政策导致政府福利开支居高不下、难以维系的问题,以及高福利政策导致残疾人创业自立动机弱化的问题;大规模的服务机构产生费用高昂、管理不善以及残疾人与亲属和社区的关系疏远、感情冷漠等问题。总之,在设计中国残疾人事业现代化框架时,必须充分考虑中国的政治制度、民族传统、社会结构、居住方式等方面与国外的差异,扬长避短,融会贯通,符合国情,体现中国特色。我们认为应当注意以下几个方面的关系:

加强社会保障与加强家庭保障的结合。针对残疾人的特殊社会保障与社会福利制度的缺失,是制约残疾人事业发展的重要问题。现代化的残疾人事业,必须强化国家社会保障制度的功能,迅速提高残疾人的保障水平和社会福利水平。但与此同时,要努力避免家庭保障作用的弱化。中国的民族传统一大亮点是重视家庭、重视亲情,绝大部分家庭对残疾人都是不离不弃、关爱照顾、感天动地,使残疾人感受到家庭的温暖亲情,这一点是任何高水平的服务都无法替代的。我们制订政策的出发点既要考虑全面保障残疾人的合法权益,又要支持帮助亲属更加关心、照顾残疾人,着重开展服务进家庭活动,使国家制度的保障与家庭的保障作用紧密结合,相得益彰。

加强机构服务与加强社区服务的结合。缺乏各类高水平专业服务机构是当前制约残疾人事业发展的瓶颈问题,特别是康复托养机构严重不足,使我们无法提供对残疾人的有效服务。但高水平服务机构耗费大,建设周期长,管理复杂,人才培养难。而我国残疾人数量庞大,且大部分居住在农村,生活不够富裕,靠专业机构难以普及对残疾人的服务。我国有特殊的行政构架,基层政府机构健全、功能完善,村、社区组织体系完整,力量较强,城市与农村居民居住地相对较为集中。如果对基层政府的教育、卫生、就业机构加以改造并增添设备,就可以为残疾人提供便捷有效的基本服务。同时,组织社区人员进行培训后也可以就近就便为残疾人提供各项基本服务。如果把高水平的专业机构和社区普及型的服务机

构以及有组织的社区服务有效结合起来,就可以形成既有专业水平又有较高覆盖率的可靠服务网络。

加强普惠福利与加强劳动福利的结合。我国残疾人事业的主导政策是劳动福利型政策,即主要通过加强残疾人就业保护,保证大部分残疾人参与共享社会。这一政策符合广大残疾人的根本要求,也符合中国国情,是具有中国特色的制度安排,其主要缺陷是不能为一些无法正常就业的残疾人提供有效的保障与福利。残疾人不能就业,只能依靠家庭保障与照顾。现在必须从全面保护残疾人的合法权益出发,针对各类残疾人不同需求,积极建立普惠型的残疾人保障与福利制度,有效地保障残疾人基本生活。在不断提高普惠型残疾人生活福利水平的同时,不能弱化劳动福利型残疾人政策的主导地位。一切政策的出发点都要立足于提高残疾人融入社会、自立自强的愿望与信心,提高参与社会的素质与技能,使广大残疾人能在社会生活中找到应有的位置并安居乐业,要防止出现不恰当的高福利政策导致残疾人边缘化倾向。

强化公益性原则与强化市场化运作的结合。残疾人服务体系应该是一个由政府主导公平公益均等化的服务事业,是为了向广大残疾人提供基本的均等的社会服务,无法靠市场需求的导向自发产生,主要依靠政府的规划、投资和管理,是社会主义制度公平正义本质的集中体现。但在强化公益原则的同时,不能排斥市场化的高效率运作方式;不能重蹈计划经济时期国家大包大揽、独家经营的僵化模式,也不能重复排斥竞争、吃大锅饭的弊病。具体应体现在:既加大公益性机构建设,使之成为残疾人事业的主导力量,又大力扶持民办机构的建设与发展,形成投资主体多元化的良性竞争格局;既保证提供普及型均等化的社会服务,又鼓励不同水平不同层次社会服务的发展,以满足不同经济收入水平残疾人的服务要求;既要保证各类机构正确的服务方向,又要充分引进竞争机制,鼓励各个福利机构提高服务质量和水平,提高运行效率,降低运营成本。要让有爱心、会管理经营的能人脱颖而出,高效率地管理运营国家和社会的服务资源。通过公办民营、民办公助、购买服务等有效的市场运作手段,使残疾人服务体系充满可持续发展的活力。

五、基本现代化残疾人服务体系建设展望

2006年,江苏省政府批准的《江苏省残疾人事业"十一五"发展纲要》中就提出了加强残疾人服务体系建设,建立残疾人就业和培训、扶贫、康复、托养、文化体育、信息化等六大服务体系,并制订了一系列政策与资金扶持计划。

经过4年多的努力,全省残疾人服务体系建设取得了明显的成绩。但与国外残疾人服务体系相比,还存在相当大的差距。在"十二五"期间,我们将根据全省"两个率先"的进程,梯度推进,建立城乡一体、门类较为齐全、覆盖面广、水平不断提高的基本现代化残疾人服务体系。

建立城乡一体的残疾人就业培训服务体系。要随着全省城市化进程的不断加快,初步形成城乡一体化的就业再就业格局,实现城乡残疾人就业服务共享、就业机会均等。一是调整结构稳定集中就业政策,引导福利企业逐步向专门招收盲人、聋哑人、智障人等适合集中就业人群过渡。二是城乡一体全面推进分散按比例就业工作向乡镇延伸,逐步覆盖全体城乡残疾人,重点解决大批农村残疾人向二三产业转移就业,重点解决肢体残疾人的就业问题。三是制订税收、社会保险等优惠政策,促进残疾人个体创业和灵活就业。四是积极探索建立专业化的残疾人就业指导服务队伍,使之能够为每位残疾人提供个性化的就业培训与指导服务。五是推动以反就业歧视为主要内容的残疾人就业法规体系建设,不断提高残疾人的就业层次和就业质量。

建立专业康复机构、公益性康复中心和乡镇社区康复室相结合的残疾人康复服务体系。一是推进全省大中医院专业化康复科室建设,提高康复医疗技术水平,培育康复技术研究和指导力量。二是大力发展各级残联的公益性残疾人康复中心,优先解决各类残疾儿童的功能性康复需求。三是在全省基层卫生服务中心普遍建立残疾人康复室,保证住院治疗后残疾人特别是中风偏瘫老年人的免费基本康复训练。四是健全残疾人社区康复服务体系,对社区医技人员进行康复业务技术培训,并配合租送残疾人康复器具、开展康复基本技术培训等活动,为残疾人提供社区和家庭康复服务。

建立集中托养、日间照料和居家服务相结合的中重度残疾人托养服务体系。结合国家实施的"阳光家园"计划,建立层次不同的集收养、教育、康复、娱乐、劳动为一体的残疾人庇护场所,为生活自理有困难、家庭无力照料的残疾人提供服务保障。一是广泛动员民间和社会力量在城区街道和乡镇大力发展以工疗为主的日托性服务机构,采取适当收费、社会捐助、政府补贴等方式,就地就近为家庭照料有困难的中度肢体、智力和精神残疾人提供安养、工疗、日托场所。二是发展集中安养的全托型服务机构,充分借鉴养老机构建设的经验,在每个市、县(市、区)建立政府公办的残疾人集中托养机构,主要为重度或者生活部分不能自理的残疾人提供全托型服务。三是发展居家服务体系,通过社区、居家养老服务体系,建立居家养残服务机制,向生活不能自理的残疾人发放护理补贴和护理券,提供具有专业知识和特色服务的队伍和人员,开展切实可行、行之有效的居家养残服务工作。

建立更加完整的特殊教育服务体系。形成学前教育、九年义务教育、职业及高中教育、高等教育、特殊教育与随班就读相配套衔接的更为完整的教育格局。一是利用普通幼儿教育机构、残疾儿童福利康复机构和特殊教育学校开展残疾儿童学前教育。二是确保残疾学生都能接受12年义务教育（包括高中），入学率达到当地健全儿童少年同等水平。三是基本普及残疾人职业及高中教育，特殊教育学校能满足盲人、聋哑人高中教育需求。四是提高残疾人高等教育水平，对接受高等教育的残疾人实行减免学费政策，保证残疾学生能优先获得助学金和助学贷款。办好以接收盲人、聋哑人为主的特殊教育大学，最大程度地适应和满足残疾人高等教育需求。

建立残疾人文化体育服务体系。推动市、县残联普遍建立残疾人文体活动场所，并依托现有文化体育设施，广泛开展残疾人文化体育活动。建立以业余为主的残疾人文化体育专业人才队伍。定期举办残疾人运动会、特奥会、文艺汇演、书画摄影和工艺品展。推动社区开展经常性的残疾人文体活动，提高残疾人竞技体育水平，改善残疾人身心健康，提高参与社会的能力。

建立有效的残疾人权益维护体系。完善残疾人法律服务网络，在省市县成立残疾人法律援助机构，在乡（镇）成立残疾人法律援助站，建立健全省、市、县（区）、乡镇（街道）四级残疾人维权网，并与大调解机制对接，为残疾人提供及时有效的维权服务。

建立现代化的残疾人事业信息化服务体系。构建覆盖全省残联系统的电子政务网络平台，完善"全省残疾人基础信息采集系统"和"残疾人证管理系统"，构建全省残联业务数据和信息管理网络，成为为残疾人提供服务的信息平台。提高统计数据的科学性和准确性，为领导决策和业务工作提供支持。建立和完善省、市、县三级网站群，为残疾人建立信息交流平台和信息服务。

建立全面的残疾人无障碍服务体系。推进无障碍设施建设向小城镇、农村延伸，加强对住宅、社区、学校、福利机构、公共服务场所的无障碍改造。全面推进公共交通无障碍化。推动实行更加严格的公共建筑无障碍设计审批把关制度和无障碍设计失误责任追究制度。积极推动信息无障碍标准与产品的研发与推广，倡导全社会信息无障碍理念。

六、推进基本现代化残疾人服务体系建设的基本策略

坚持科学合理的规划布局。围绕经济社会发展进程和"十一五"、"十二五"

规划的要求，以科学发展观为指导，以中央7号文件和江苏省委、省政府《关于加快残疾人事业发展的意见》为依据，因地制宜，全面谋划，统筹安排，合理布局，认真调查研究，统筹制订各级各类残疾人服务体系建设和发展规划。要明确服务体系建设的分工定位。省一级以建设示范性、研究性、指导性残疾人服务机构为重点，成为全省残疾人服务体系建设的指导中心、资源中心、示范中心、研究中心、管理中心。市一级以建设一批技术先进、设施完善、专业优势突出的残疾人专业服务设施为重点，在发挥为残疾人服务功能的同时，具体指导、引导和帮助所辖各县（市、区）的残疾人服务机构建设。县一级残疾人服务机构以普及实用、综合性服务为主并向乡镇、街道和社区、村延伸，力争让残疾人就近就便享有基本的康复、教育、就业、文化生活等方面的服务。

争取均等优惠的扶持政策。要提出明确的基本现代化残疾人服务体系建设的目标任务，纳入公共服务体系建设的总体规划，加快推进。争取在项目规划、土地预留和出让、建设规费减免上给予优先。同时要完善激励政策，扶持各种所有制的残疾人服务机构的建设和发展。一是按建设规模和实际投资的一定比例给予补贴；二是根据服务机构的等级和床位给予一定额度的运行补贴；三是不断完善残疾人保险福利和各种服务补贴政策，逐步提高保障水平。

加强行业管理。要加强残疾人服务机构建设的统筹规划和行业管理，指导各级服务机构在业务拓展、项目管理、制度建设、服务质量等方面逐步建立专业化、规范化的管理体系，制订相应的工作规程和服务质量标准。形成服务质量检查评估制度，提升整体服务质量和水平，实施品牌战略和连锁经营。

建立公益性和市场化并举的运作机制。在现阶段，应大力发展满足残疾人基本需求的普及型、公益性（非营利）服务机构。同时，要支持残疾人服务机构探索产业化发展的路径，遵循市场规律，讲求投入效益，形成合理的收费机制和对贫困残疾人的补助政策，不搞包揽，增强可持续发展能力。

建立职业化、专业化人才队伍。人才资源是第一资源，加强专业人才队伍建设，是提高残疾人服务机构现代化水平的重要环节。要建立残疾人服务体系各层次专业人才的培养和进修基地；建立从业人员资格认证、岗前培训、职称评定等制度；要加强从业人员的思想、业务和职业道德建设，提高服务质量。

对残疾人"两个体系"建设的几点思考

内蒙古自治区残疾人联合会　杨志民

一、"两个体系"的定位与内涵

2008年3月，中共中央、国务院发布《关于促进残疾人事业发展的意见》，对在新的起点上加快残疾人事业发展进行了全面部署，提出了明确的目标任务和政策措施。推进残疾人社会保障体系和服务体系（以下简称"两个体系"）建设，是帮助残疾人改善基本生存、发展条件，促进残疾人全面发展，共同奔小康的根本措施，是发展残疾人事业的核心内容。残疾人社会保障是整个社会保障体系的重要组成部分，残疾人服务体系是政府公共服务体系的重要内容。因此，必须在整个社会保障与公共服务的全局中推动"两个体系"建设。

残疾人由于存在精神、智力、身体等缺陷，必然在社会保障、公共服务等方面存在与健全人不同的特殊需求。因此，残疾人"两个体系"建设必须充分考虑残疾人需求的特殊性。在整个社会保障体系和公共服务体系的总体框架内，在全社会保障与服务总体水平的基础上，构建适合残疾人特殊需要的社会保障体系和服务体系。残疾人社会保障，主要是指政府和社会对残疾人的基本生存和发展给予有效的保障。这种保障以社会物质和精神财富为基础，以法律法规和政策为核心，以政府和社会组织的服务为主导。保障残疾人的基本生活、医疗、康复、教育、就业、文化体育活动和社会政治参与。残疾人社会保障体系集中体现在法律政策的健全程度、社会物质财富的有效保障能力、政府及社会组织的服务水平上。残疾人服务，主要是指政府和社会为满足残疾人基本生活和全面发展的需求，提供及时有效的服务，并随着经济社会的发展不断提高服务能力和水平，不断满足残疾人日益增长的服务需求。残疾人服务体系集中体现在政府和社会组织为残疾人提供服务的领域、项目、基础设施、组织和机制上。残疾人服务水平，主要取决于社会对残疾人的有效保障程度。由此可见，残疾人社会保障体系和服务体系二者之间存在着不可分割的内在联系，是一个有机的整体。保障程度决定服务水平，服务水平体现保障的效果。保障通过服务来实现，服务是保障的有效载体。因此，"两个体系"建设必须统筹规划，同步实施，做到相辅相成，协调发展。从而进一步促进和保障残疾人平等参与社会生活，共享改革发展成果，共同步入全面小康社会。

二、"两个体系"建设的总体思路

改革开放以来,我国经济社会虽然有了较快的发展,人民生活水平有了明显的提高,残疾人的状况有了很大改善。但是,我国仍处在社会主义初级阶段,经济社会发展的整体水平还不够高。特别是残疾人事业起步晚、起点低、底子薄、欠账多、差距大,仍然滞后于经济社会各项事业发展的平均水平。残疾人在基本生活、医疗康复、教育、就业、文化体育、社会政治参与和自身发展等方面,还存在很多实际困难。残疾人状况还没有得到根本的改善,与社会平均水平还有很大的差距,而且还有继续扩大的趋势。我国残疾人"两个体系"建设刚刚开始起步,与城乡社会保障与公共服务的平均水平相比,与广大残疾人日益增长的社会保障与服务需求相比,还存在着很大的差距。我们必须立足于这样的现实基础,来认识、规划和构建残疾人"两个体系"建设。

"两个体系"建设的提出和实施,是在新的历史起点上发展残疾人事业的重要标志,是关系到残疾人事业长远发展和残疾人根本利益的战略任务。必须坚持以科学发展观为指导,以深入贯彻落实中共中央、国务院《关于促进残疾人事业发展的意见》为统领,以促进制订和完善专门惠及残疾人的专项配套法规政策为切入点,以政府加大投入为主体,以完善领导体制和工作机制为保证。从保障和改善残疾人最直接、最关心、最迫切的基本生活、基本服务需求起步,按照普惠与特惠相结合、一般性制度安排和专项制度安排相结合的原则,将残疾人普遍纳入覆盖城乡的社会保障体系,特别是社会保险、社会救助和社会福利等保障范围。统筹发展生活照料、医疗卫生、康复、社会保障、教育、就业、文化体育、维权等各项服务,优先发展残疾人迫切需要、受益面广、社会效益好的服务项目,不断扩大覆盖面。经过努力,"2015 年形成'两个体系'的基本框架,到 2020 年,建立起比较完善的残疾人社会保障体系和服务体系",社会保障水平和服务能力得到明显的提升;残疾人基本的公共服务得到保证,文化教育水平明显提高,就业更加充分,生活状况显著改善,参与社会更加广泛,实现"学有所教、劳有所得、病有所医、老有所养、住有所居",同全国人民一起实现全面小康。

三、推进"两个体系"建设把握的几个重点

"两个体系"建设工作量大、涉及面广,在实施过程中必须把握重点,突破难点,全面推进。

（一）积极推动制订与《中华人民共和国残疾人保障法》和中共中央国务院《关于促进残疾人事业发展的意见》相配套的法规、政策，为"两个体系"建设提供更强有力的法律、政策保障。《残疾人保障法》是我国保障残疾人合法权益的专项法律，依据这部法律制订行政法规和地方法规，把法律条规进一步细化、具体化，对涉及残疾人切身利益而又急需解决的突出问题，在其基本生活、康复、教育、就业等方面制订专门的法规、条例，做出明确具体的规定，以便于把握和执行，使其得到更有效的法律保障。中共中央、国务院《意见》的核心内容是推进"两个体系"建设。地方各级党委、政府依据《意见》，结合本地实际制订具体的《意见》实施方案，统筹安排，全面部署，层层落实。各有关部门按照《意见》的要求和部门职责，提出具体的配套政策，逐项细化落实，专项推进。如：对贫困残疾人帮扶、享受最低生活保障、参加城镇居民基本医疗保险及农村新型合作医疗、教育、就业、基本养老保险等涉及残疾人切身利益的现实问题做出明确具体的政策规定，就能使"两个体系"建设得到更具体、更有力的政策保障。

（二）推动制订和实施"两个体系"建设规划，保证各项目标任务落到实处。"两个体系"建设是一个庞大的社会系统工程，必须统筹安排，科学规划。既要有总体规划，又要有若干配套的专项规划，具体实施的年度计划，并纳入国家和地方各级政府经济社会发展的整体规划、专项规划和年度计划，与国家和各地区的社会保障、公共服务体系建设同步实施、协调发展。"两个体系"建设的总体目标和骨干项目，由国家统一规划，分年度组织实施。各省市（自治区）、地（盟、州）市、县旗（区、市）在国家总体规划、专项规划和年度计划的框架内，层层制订本地区的实施规划和重点项目，并逐级负责组织，按年度实施。要把残疾人综合服务设施建设项目列入民生优先工程。县以上地方行政区域都要建立服务功能比较齐全的残疾人综合服务设施，由国家分期分批审核立项，重点实施。乡镇（街道）、村（社区）的服务设施建设，由各地根据国家的总体规划要求，结合本地区实际制订实施计划，并负责组织实施。在总体目标任务上，应与国家和地区经济社会发展的总体目标相一致，与整个社会保障与公共服务体系建设相衔接。国家对中西部地区、边疆少数民族地区要给予政策倾斜和资金扶持，缩小地区间的发展差距，使全国各地区都能在2015年形成基本框架，到2020年形成基本完善的体系，与我国实现全面小康的目标相一致。在实施的具体时间安排上，要与国家的第十二和十三个五年计划相对接。"两个体系"建设项目、所需经费，应按规划、分年度列入各级财政预算。在政府主导下，各有关部门按职能职责分工具体实施，由各级政府残工委负责综合、协调、落实，各级残联及时向同级政府残工委报告规划的实施情况。

（三）积极推动妥善解决机构、编制问题，突破"两个体系"建设的难点。我国残疾人事业起点低、欠账多，许多地方还没有基础服务设施，没有服务机构，没有人员编制；或者有了基础服务设施，但机构编制不足，服务功能不全，许多急需的服务项目不能开展，严重不适应残疾人事业发展的需要。在这样的条件下构建"两个体系"，不可避免地要涉及增加服务机构、人员编制和队伍建设问题。这是当前和今后一个时期严重影响和制约残疾人"两个体系"建设的突出问题。首先，各级政府应当从全面建设小康社会、关注民生的高度，面对残疾人事业发展相对滞后的现实，采取特殊政策，给予重点支持。根据"两个体系"建设的实际需要，科学合理地增设专门面向残疾人的服务机构。现在，新增加机构、编制难度非常大，要抓住各项改革不断深入的有利时机，积极争取在事业单位转制、调整撤并职能萎缩的部门和单位的过程中，得到政府的政策支持和倾斜，按照精干、高效的原则，合理增设机构，适当增加人员编制。二是要动员整合社会力量为残疾人提供服务。采取公办民营、民办公助、政府购买服务、民间组织和企业参与服务、发展助残志愿者队伍等多种形式为残疾人提供服务。同时，根据实际需要，充实加强残联等有关部门的力量，保证服务管理和具体指导及时到位，以适应残疾人不断增长的特殊服务需求。

（四）全面加强残疾人基层组织建设，夯实"两个体系"建设的组织基础。绝大多数残疾人生活、工作在农村和城镇社区，保障与服务的对象主要在农村和社区。因此，"两个体系"建设必须立足基层，面向残疾人群众。加强基层残疾人组织建设，既是"两个体系"建设的重要组成部分，又是推进"两个体系"建设的组织保障。基层残疾人组织建设的重点在乡镇（街道）、村（社区），难点在残疾人专职委员的选拔配备。所谓重点，就是乡镇（街道）、村（社区）残疾人组织处在最基层，与残疾人接触最多，对残疾人的服务最直接、最具体，在整个残疾人组织中处于基础的地位，同时又是目前残疾人组织建设最薄弱的环节。所谓难点，主要是配备专职委员所需的工作补贴和误工补贴资金难以落实，解决专职委员所必需的工作条件有一定的难度。在最近召开的全国农村基层残疾人组织建设工作会议上，中国残联进一步明确了基层残疾人组织建设的总体要求和目标任务，提出了解决重点、难点问题的政策措施。编制部门首次对县（市、区）、乡镇（街道）残联和村（社区）残疾人协会在机构设置、规格、编制、人员等问题上有了明确意见。财政部门首次明确残疾人专职委员的工作补贴、误工补贴和培训经费由财政负担，并通过在乡镇（街道）、村（社区）开发公益岗位，解决专职委员的待遇问题；在总体部署上突出了基层残疾人组织建设的重点，在政策措施上突破了工作中的难点。但是，把各项政策措施落到实处，实现基层残疾人组织建设的目标，任务仍很艰巨，还需要各地结合实际，把基层残疾人组织建设纳入"两个体系"建设的工作重点，采取具体措施，认真落实，统筹安排，专项推进。

四、进一步理顺领导体制和工作机制

"两个体系"建设是一项复杂的社会系统工程，仅靠哪一个工作部门、哪一个社会组织都不能承担此项重大任务。必须坚持政府主导、社会参与、国家扶持、市场推动、统筹兼顾、分类指导、立足基层、面向群众的领导体制和工作机制。

坚持政府主导，是"两个体系"建设的根本保证。政府主导就是要把"两个体系"建设纳入各级政府经济社会发展的总体规划、年度计划和专项计划，纳入社会保障体系建设和公共服务均等化的总体安排，统筹规划，同步实施。各级政府要把残疾人事业经费纳入财政预算，并随着经济发展和财政收入的增长而逐步增加。加大对残疾人基本生活、医疗、康复、教育、就业、养老保险及残疾人托养服务、综合服务基础设施建设等的投入，形成稳定的经费保障机制。统筹地区和城乡发展，不断缩小地区间和城乡间的差距。国家要进一步加大对西部地区、边疆少数民族地区、贫困地区扶持的力度，使残疾人事业均衡协调发展，残疾人服务设施布局更加合理，条件不断改善，服务能力不断增强。

残疾人工作委员会是各级政府发展残疾人事业的协调议事机构。充分发挥残工委的作用，是实现政府主导的有效途径。政府分管残疾人事业的领导担任残工委主任，政府各有关部门的负责人为残工委成员，秘书处设在同级残联，为残联组织及时向领导汇报工作、与有关部门沟通提供了平台；有利于政府加强对残疾人事业发展的领导，有利于各部门之间工作的协调配合，形成工作的合力；重要事项由秘书处提交残工委会议研究，特别重大的事项由残工委提交政府常务会议决定，为"两个体系"建设提供了体制和组织上的重要保障。但在实际工作中，一些地方还存在着制度不够完善、工作运行机制不够顺畅、各成员单位之间协调配合不够的问题。这些问题在一定程度上影响了残工委作用的充分发挥，需要认真研究解决。

坚持政府主导，要重视发挥残疾人联合会（以下简称残联）的作用。各级残联组织是党和政府联系广大残疾人的桥梁和纽带。中共中央、国务院《关于促进残疾人事业发展的意见》中明确残联具有"代表残疾人共同利益，维护残疾人的合法权益，努力为残疾人服务，发展和管理残疾人事业"的职能，因此，残联在"两个体系"建设中负有重要责任，具有其他组织不可替代的作用。但在实践中，仍不同程度地存在着职能作用不到位，作用发挥不充分的问题，与"两个体系"建设的实际需要有很大的距离。这个问题主要来自以下几个方面：一是残联的具体职能权限不明确。残联组织职能中的"发展和管理残疾人事业"，与政府有关部门的职能交叉重叠，残联具体管理哪些残疾人事业，怎样管理残疾人事业，没有明确具体的规定，在实践中很难实施。很多时候不是按照清晰明确的职责任务来工作，而是靠残疾人工作者对事业的热心、对残疾人的爱心。二是残工委是政府的一个协调议事机构，没有重要事项的决定权。承担残工委秘书处工作的残联，对各成员单位协调、落实工作的权威性和力度也因此大打折扣。很多时候不是靠机制而是靠个人的面子、关系去协调工作。三是残联建言和参与政府决策的渠道还不够畅通。由于残疾人事业涉及面广，基本都按职责分工分配到政府各有关部门，而这些部门又分别由不同的领导分管，因此导致政府召开研究涉及残疾人事业的某项工作会议，或研究制订某项政策时，往往不通知残联参加。由于职责不清，工作关系不顺，往往是残联自己找事做，自己要求参与某项工作，有时还引起有关部门的不理解，甚至误解。在推进"两个体系"建设中，迫切需要明确残联的具体职责，理顺关系。前提是明确职责，职责不清，关系就无法理顺。残联在"发展和管理残疾人事业"，推进"两个体系"建设方面，应当进一步明确：①提出本地区"两个体系"建设的发展规划、专项规划和年度计划，报政府审定实施；②牵头协调有关部门对本地区"两个体系"建设各项规划、计划实施情况进行综合、督查、指导，及时汇总向政府残工委报告；③具体负责本地区"两个体系"建设重要项目的协调实施，其中有些项目要直接组织实施；④对推进"两个体系"建设情况开展调查研究，及时向政府报告调研情况；⑤协调制订残疾人服务领域的行业管理政策和相关标准；⑥承办政府残工委交办的具体事项。明确职责后，残联就可以按职责开展工作，理顺与相关部门的关系，更好地发挥作用。同时，这也对残联组织提出了新的更高的要求，在工作中必须有主动性和超前性。所谓主动性，就是要积极主动地想工作、找工作、干工作，及时向领导汇报工作；不要等工作、等领导分配任务。所谓超前性，就是要走在残疾人事业发展的前列，在经济社会发展的全局中超前谋划残疾人事业的发展，始终成为残疾人事业发展的推动力量。有主动性，残联工作才有位置；有超前性，残联工作才有活力。否则，残联工作就会被边缘化，残联组织就失去了生机和活力。因此，残联组织必须更加注重自身建设，努力提高工作效率和工作质量，更好地发挥职能作用，以适应新形势、新任务的要求。

在坚持政府主导的同时，要广泛动员社会力量积极参与"两个体系"建设。这是加快推进"两个体系"建设的重要条件和社会基础。要充分利用各级残疾人福利基金会、慈善总会、红十字会等慈善组织为残疾人事业募集资金，倡导和吸收更多的社会力量参与和支持残疾人社会保障与服务体系建设。按照政府的统筹规划，采取公办民营、民办公助、政府购买服务等多种方法和途径，鼓励各类民间组织、企业和个人参与发展残疾人公共服务，积极鼓励和发展助残志愿服务，进一步整合、优化社会资源，加快推进"两个体系"建设。

广州残疾人服务体系的实践与前瞻

广州市残疾人联合会　梁左宜

一、广州残疾人服务体系的特点

（一）时间早：1989—1994年，广州市残疾人服务大楼（含康复门诊等服务机构）建成启用，市残疾人康复中心大楼奠基。

（二）规模较大：市残疾人康复中心（博爱医院）、市残疾人安养院、市康复实验学校、市康纳学校（广州市儿童孤独症康复研究中心）、市残疾人展能中心、市残疾人奥林匹克运动管理中心等。

（三）为精神残疾人提供服务机构"链条"基本成型：广州利康家属资源中心（利康模式）、市残疾人职业培训中心春晖工场、市康宁果园场、市康宁农场（筹建）；市、区、街康园工疗机构。缺项：城区中途宿舍。

（四）学习借鉴香港同行经验受益匪浅：穗港合作、穗港交流、港人来穗指导、我方派员赴港接受培训、香港社工督导。

二、发展趋势前瞻

（一）普惠与特惠取得动态平衡：符合条件的贫困残疾人落实最低生活保障，帮助参加养老、医疗、失业、生育、新型农村合作医疗，随指数逐步提高专项补助额，重度残疾人基本医疗保险及医疗救助，精神病免费门诊（提供精神科基本药物）。

（二）"先行先试"重在借鉴制度：购买服务制度、评估转介轮候制度。

（三）重点项目加快建设：康宁农场、康宁果园场、残疾人康复中心（新址）、康复实验学校（新址）、残疾人就业基地。

（四）完善社区服务：康园工疗站推广至镇，街道可办第二个站。

广州市康复、教育、就业、抚养等残疾人服务机构的兴办与管理，既有残疾人联合会，也有民政、教育、卫生等部门，还有来自民间的。

本文着重探讨广州市残疾人联合会兴办与管理的残疾人服务机构。

三、广州残疾人服务机构发展轨迹

(一) 上世纪80年代至90年代初

广州市残疾人联合会成立后,即在政府支持下开展残疾人服务机构的选址规划工作,1993年初,高9层、建筑面积2389平方米的市残疾人职业培训中心大楼建成使用。这是广州市第一栋残疾人综合服务大楼。建成两年后,已有广州市残疾人职业介绍所(1995年改名为"广州市残疾人劳动就业服务中心")、广州市残疾人职业培训中心、广州市残疾人用品用具供应服务中心、广州市残疾人电脑资料库、广州市盲人图书馆、广州市盲人按摩指导中心等服务单位进驻,提供各种专门服务,并设康复门诊。全国第三、全省首个盲人图书馆的揭幕成为当年广州十大新闻之一。广州市残疾人培训中心大楼的建成使用,奠定了广州市残疾人工作服务为先的事业基础。

康复是残疾人工作的重要内容,也是残联成立后主抓的抢救性工作。1994年5月,广州市残疾人康复中心奠基兴建。

(二) 1994至2003年

历经5年建设,至1999年12月,高19层、建筑面积10000多平方米的广州市残疾人康复中心大楼正式投入使用。市残联机关、广州市残疾人康复中心(博爱医院)以及原位于培训中心大楼的多个残疾人服务机构进驻大楼提供服务,成为当时极少数100%用于服务的综合服务大楼。

广州市残疾人康复中心大楼的建成使用,成为广州市残疾人服务发展的转折点,自此,广州市残疾人服务特别是残疾人服务基础设施建设进入了快车道。

2000年广州市残疾人安养院正式成立,成为国内最早的专门接收残疾人的终身托养机构之一。该院占地面积120亩,建筑面积15000平方米。该院为残疾人提供终身托养服务,并接收市社会福利院的孤残人士。

2002年10月广州市残疾人体育训练中心奠基,2006年,更名为"广州残疾人奥林匹克运动管理中心",同年5月正式落成,成为当时最大的市级残疾人专门体育场馆。该中心占地面积4.4万平方米,由体育馆、游泳馆、田径运动场、网球场、综合楼等组成,主要为发展残疾人竞技体育运动和普及残疾人群众体育运动提供专业服务。

2002年11月广州康复实验学校正式成立,填补国内脑瘫及中重度肢体残疾儿童少年"康教一体"的义务教育特殊学校的空白。该校选址占地近400亩,建筑面积4万平方米。由于建设周期较长,为使残疾儿童尽快得到义务教育,学校成立后即在市区借用临时校舍,建筑面积为5010平方米,活动面积为4020平方米,随着招生人数增多,即将增加校舍约3000平方米。

2003年9月广州市残疾人展能中心正式成立,成为以辅助就业和公开就业为目标的示范性训练和支援基地。该中心建筑面积2700多平方米,户外活动面积300多平方米,配备印刷加工、缝纫加工、餐饮服务、康复服务、课堂教学等设备。

(三) 2003至2008年

2005年12月广州市康宁农场正式成立,开启了我市为精神残疾人提供农疗服务的先河。该农场占地面积26万平方米,农业种植区域划分为:果树区、蔬菜区、园林区、温室区和湖面区。

2005年"广州市孤独症康复研究中心"项目成立,2008年12月广州市康纳学校(广州市孤独症康复研究中心)正式成立,成为国内第一家为孤独症儿童提供义务教育的公办学校。该校设有学前部和小学部,建筑面积分别为2000平方米和4000平方米。户外活动面积达6000多平方米。

2006年1月荔新大厦改建完成,就业中心、培训中心、用品用具供应服务中心相继搬入。就业中心和培训中心面积分别达到2400和3000平方米,成为全国残联系统同行业办公面积最大场所;用品用具供应服务中心面积达1200平方米,成为全国示范站。

四、广州残疾人服务机构建设的特点

以广州市残联兴办和管理的服务机构为主线的广州残疾人服务机构的发展历程,可以归纳出以下特点:

(一) 为残疾人提供服务的意识比较浓厚,对机构建设的重要性认识比较早,机构建设起步时间相对较早。

有观点认为,对残疾人的服务可以大致分为两个范畴,一是指惠及所有残疾人,或至少是惠及某一类别某一群体的社会保障性法律法规和政策措施;二是为残疾人提供专业服务的机构。广州市残联对此认识比较明晰,机构建设方面投入力度大,起步时间早于省内乃至省外城市同类组织。

(二) 为残疾人提供服务的机构具有填补空白的性质,且规模较大,专业服务特征明显。

广州市残联所兴办的服务机构,均为当时当地其他组织或机构未及提供的专为满足残疾人特殊需求的服务。其他组织或机构未及提供的原因,或是这些服务位于其他组织或机构服务范围的边缘;或是这些服务涉及传统意义上部门分工的多个部门分管领域,而残疾人服务机构横跨了康复、教育、就业、托养多个领域;其次是残疾人事业起点低,基础薄弱,有不少服务在社会上尚处于无人提供的状态。换言之,残联的服务机构具备了"边缘性、综合性、填补空白性"的特征。广州残疾人服务机构的发展得到了当地政府的高度重视,在场地选择与建设、人才财力等资源配置上得到了较为充分的保障,上述机构的规模不少在省内国内都属于大型之列,既充分体现了体制的优势,也与同时兴建多个同类的小型机构相比更为节省了行政后勤等成本开支。而且广州残疾人服务机构也已由一个综合性的基础设施提供多种服务,逐步过渡到各个机构按所服务的残疾人类别分类设置,各类服务更加有针对性,机构内配备有康复治疗师、生活护理师、社会工作者等多个专业的人员,所提供的服务更加专业化。

(三)为精神残疾人提供服务机构"链条"基本成型。

精神残疾人由于其自身的特殊性,在服务的需求上与其他类别的残疾人有着很大的差异,需要提供短期的训练和就业援助以及长期的进行性、支持性就业计划和社区家庭的支援服务等。这就要求建立专业服务机构系列。

目前,广州市为精神残疾人提供服务的有:康园工疗服务体系、广州市残疾人职业培训中心春晖庇护工场、广州市康宁农场、广州市康宁果园场(筹)、利康家属资源中心等。除了城区中途宿舍外,基本涵盖了精神病康复者服务系列。

2006年成立的康园工疗服务体系和春晖庇护工场均为精神残疾人提供职业训练和庇护性就业服务,同时提供社会适应性训练和日间活动服务,部分工疗站兼有社区支援服务。康园工疗服务体系是广州市政府"惠民66条"目标之一,并于2010年发文要求在全省推广。目前已在市和各区(县级市)建立了"民非企"性质的康园工疗站服务中心,并在各个街道和部分镇建立了130多个连锁式的康园工疗站,已有4000多名残疾人到站接受服务。工疗站体系侧重于让尽量多的社区残疾人就近得到专业服务。春晖庇护工场是广州市残疾人职业培训中心的一个训练项目,致力于运用社会工作的辅导方式,为精神残疾人提供过渡性的就业训练,为公开就业打下良好基础。现在训学员143人,实现公开就业6人。

康宁农场和康宁果园场(筹)均是为精神残疾人提供农疗康复和住宿服务的机构。康宁农场主要是提供精神病人康复过渡期的生活照顾、生活与劳动技能训练,采取每周往返一次的方式,可接收120名康复者入场培训。康宁果园场尚在试运行阶段，占地 209 亩，建筑面积 4000 平方米，设计床位 100 张，提供较长时间的住宿训练和生活照顾，主要以农业、养殖业劳动技能训练为主，接收对象为不堪承受城市生活压力的市区康复者和农村的精神病康复者。

利康家属资源中心是精神病康复者家属服务的专业化服务机构，提供资讯和辅导服务，举办讲座和小组活动，建立支援网络；同时提供康复者日间活动服务和社会支援服务，举办社区精神健康教育活动。2001 年正式成立以来，共接待家属和康复者申请逾 700 份，现固定参加活动的家属有 120 人，长年开设兴趣班有 20 个，日均服务使用者为 50 人次。

在实践中，广州市残联还有意识培养各机构的相互支援、相互转介和相互兼容的服务意识，使整个"链条"成为一个有机整体。如利康家属资源中心发挥社区工作的优势，为庇护工场和农场提供转介服务和"学前班"服务，工场发挥技能训练优势为利康中心康复者提供职业康复和就业推介等服务，农场发挥农疗优势为利康中心康复者提供短期训练服务。

（四）学习借鉴香港社会保障和社会服务理念有助于加快广州服务机构发展。

毗邻港澳，一直是广州市残疾人事业快速发展的有利条件之一。从上世纪 80 年代起，我市残疾人工作者就与香港服务界人士广泛联系，以穗港合作、交流、港人来穗指导、派员赴港接受培训以及香港社工督导等各种形式切实促进广州市残疾人服务方面的发展。多年来，广州市学习香港经验经历了服务启蒙、资金援助、项目合作和理念支持等阶段。

在上世纪 90 年代初期以前，主要是通过互访和举办活动来了解香港的残疾人服务，如广州市盲人聋哑人协会与香港盲人辅导会的长期联系、1991 年穗港两地盲人交流营、1994 年穗港聋生夏令营和智障儿童夏令营等。当时广州残疾人事业还是全新的事业，香港较完善的残疾人服务机构对我市如何开展残疾人工作起到了很好的启蒙作用。

上世纪 90 年代初、中期，是广州市残疾人事业从无到有的重要发展阶段，香港有关机构在资金、技术、项目上的支持对广州市残疾人服务的起飞起到了重要的作用：1992 年 11 月在港举行的穗港澳台著名画家书画展为兴建广州市残疾人职业培训中心募款 1000 多万元；1994 年 9 月香港有关人士为兴建广州市残疾人康复中心共捐赠 1700 万元；香港盲人辅导会为盲人图书馆捐赠 28 万元的盲人教学设备，并资助举办初级导向师资培训班和赴港参加中级导向师资培训；1994 年香港盲人辅导会与广州合办防盲治盲的光明行动。

上世纪 90 年代后期至本世纪初期，随着经济社会的快速发展，广州市残疾人事业有了一定基础，与香港之间更多的是项目合作，借助香港的技术和理念，拓展广州市残疾人服务的领域，提高服务水平，填补服务空白，扩大在国内外的影响。1996年6月由香港盲人辅导会主办，中国残联和广州市残联协办的东亚太平洋地区按摩研讨会在广州举行。1997年香港失明人协进会与市残联合作研发的广东话电脑发声系统暨视障人士应用中文电脑系统正式启用。同年12月香港福幼基金会的广州市福幼黄道益康复培训中心成立，该项目引入的引导式教育发展成为广州康复工作的一个品牌。1998年6月市残联、地铁总公司邀请穗港盲人代表召开广州市地铁盲人导向研讨会，广州地铁建成后无障碍设施建设受到国内外人士的肯定。从2000年起轮流主办每年一届的穗港澳台四地残疾人运动会，使广州在硬地滚球等新兴项目上比国内其他城市先行一步。

进入新世纪后，广州市各项事业快速发展，残疾人的需求不断增长，广州有必要也有条件加快残疾人服务的发展。在这个阶段，广州市主动引进香港社会工作的理念和服务模式，结合本地情况，树立起有广州特色的残疾人服务品牌。利康家属资源中心是由香港利民会和广州市残联合作的服务机构，2000年6月正式成立。2000年至2003年由利民会负责筹资及管理运作，派出香港专职社工为中心主任，完全按照香港的服务模式运作。2003年至2006年，利民会不再负责筹资和管理运作，仅负责聘用专职督导和提供培训、教育师资以及工作人员到港培训。2006年后派员担任中心理事会理事，并为中心社工提供技术支持，定期安排专家向家属和康复者提供讲座。该中心一直坚持香港有关服务的理念和模式，服务效果显著，给本地的精神康复专业人士带来了触动，受到服务对象和社区的高度认同，荔湾、越秀和番禺区残联主动请中心协助成立区级利康家属资源中心。其社会工作模式也受到市社工办的认可，将其列入广州市社工人才建设试点范围。该中心的成长将对未来广州市的精神康复工作有着深远而正面的影响。

广州市残疾人展能中心是另一个借鉴香港先进经验的成功典型。中心发展早期，多次主动联系、考察香港职业训练局残疾人训练组和劳工处展能就业科，迅速开创有广州特色的智障残疾人庇护性就业服务项目。其后，一直坚持与香港有关机构的合作，争取安排更多的员工外出考察了解香港机构的工作理念和服务方法，使其尽可能地把先进经验运用到自己的日常工作中。深入研究香港的经验做法和变化发展，不断改进服务办法，初步形成有自己特色的，以单元化教学、个性化辅导、制度化联络为重点的服务方法体系，多年来已有50名学员实现公开就业。该中心的有效服务得到香港同行的认同和关注，某香港机构到展能中心作访问交流，其职业康复服务经理回港后发表题为《从广州市残疾人展能中心看香港职业康复服务》的文章。

（五）提供服务的主体与方式更趋多元。

目前广州残疾人服务机构中,有政府批准的事业单位,也有民办非企业性质的服务机构,政府购买服务实现的形式也更加多种多样。

五、发展趋势前瞻

(一) 普惠与特惠取得动态平衡

对于发展中国家而言,特定时间段能够用于残疾人福利方面的资源总是有限度的,因此,发展服务机构要与推行普惠性社会保障措施之间取得动态的平衡。广州近年来也在以下领域推行一系列工作,包括:符合条件的贫困残疾人落实最低生活保障;帮助参加养老、医疗、失业、生育、新型农村合作医疗;随指数逐步提高专项补助额;重度残疾人基本医疗保险及医疗救助;精神病免费门诊(提供精神科基本药物)。

(二)"先行先试"重在借鉴制度

2008年广东省要求广州在学习香港社会管理经验方面先行先试。随后一年多来,广州开展学习借鉴香港先进经验推进社会管理改革先行先试的工作,印发了政府文件,残疾人服务是重要内容之一。香港拥有完善有效的服务体系,要全盘学习是不现实的,先行先试重在借鉴制度。其中最中心的两个制度就是政府购买服务制度和评估转介轮候制度。

要建立完善的服务体系,必须要发展和稳定大量民办残疾人服务机构。香港已有比较成熟的政府资助非政府机构的制度,非政府机构在政府的资助下持续科学发展,并不断创新,残疾人得到稳定而优质的服务。我市在这方面还没有相关政策,操作遇到困难。目前,我们正在制订《广州市民办残疾人服务机构资助试行办法》,在严格规范服务素质和完善监管制度的前提下对民办残疾人服务机构给予资助,使它们从市场的经营者转变为社会福利服务的提供者。这个办法一旦通过,广州市的残疾人服务业将面临一次重要的发展机遇。

评估转介轮候制度是与资助制度相依相存的一个制度。香港社会福利署通过中央转介系统对残疾人服务集中处理转介个案和服务名额,有利于确保各受资助服务单位的转介程序和取录标准得以划一,并对政府制订政策和规划提供需求依据。如果没有转介系统,难以确保政府资源的善用和公平使用,不能形成供求的有机制约,政府在制订服务发展计划时也没有了依据。目前,广州市残联正在制订相关制度,拟近期在残联辖下各服务机构内试行,改进后将在更大范围铺开。

（三）重点项目加快建设

加强残疾人服务体系建设，必须继续加大服务机构建设力度，把市级公办服务机构建设成为行业骨干。市残联现有基建项目8个，其中已纳入市重点建设项目5个，这些项目主要是为了满足残疾人就业、教育、康复、文化等需求，考虑到目前财力承受程度以及规划、建设手续办理的繁易程度，我们考虑将上述项目分成当前确保项目、预备保障项目、后续完善项目三类，具体如下：

第一类为当前确保项目，主要包括广州市残疾人就业和培训基地、广州康复实验学校、广州国际残障人文化交流中心，这些项目必须确保建设进度如期完成。

第二类为预备保障项目，主要包括广州市残疾人康复中心易地扩建、广州市农村特殊教育学校，这类项目的工作设想是视资金承受能力，逐步进行建设。

第三类为后续完善项目，包括广州市康宁农场、广州市康宁果园场、广州市残疾人技工学校，这类项目的工作设想是完善手续，保住用地资源，适时投入建设。

（四）完善社区服务

残疾人服务回归社区，是残疾人事业发展到一定水平的内在要求，也是国际残疾人服务的发展趋势。目前广州市在社区的服务主要是通过街道残联、社区康复站、康园工疗站等来提供的，无论是内容、形式还是数量、质量都与残疾人的需求存在差距。今后要以社区专业机构为载体，开展广覆盖的社区服务，可以采用政府购买服务的形式，增加民办社区服务机构的数量，康园工疗站推广至每个镇，有条件的街道可建设2个康园工疗站，充实社区康复站和康园工疗站的人力物力，配备社工、物理治疗师、职业治疗师等专业人才，使它们成为社区专业服务机构，为社区残疾人居民提供规范化、专业化的社区康复服务。

重视和加强残疾人公共服务建设

深圳市残疾人联合会 高建伟

加快推进残疾人社会保障体系和服务体系建设（以下简称"两个体系"建设），发展残疾人公共服务，着力解决残疾人最关心、最根本、最现实的利益问题，不仅是新时期发展残疾人事业的核心内容和动力，而且是一个持续推进残疾人事业发展的过程。因此，重视和加强残疾人公共服务建设，对于发展残疾人事业，保障残疾人权利的全面实现，让他们以平等的地位和均等的机会，参与社会生活和国家建设，共享社会发展文明成果，促进社会主义和谐社会建设等，都具有重要意义。

一、全面理解残疾人公共服务的基本内涵

所谓残疾人公共服务，就是政府在普惠的基本公共服务基础上为残疾人群体提供享有公民均等权利和特殊社会保障的扶助服务，是政府基本公共服务不可或缺的重要组成部分。

（一）从基本属性看，与基本公共服务相比，残疾人公共服务有六个鲜明的特性：一是服务对象的特殊性。残疾是指因肢体的、感觉的、精神的、智力的、心理的和社会的损害所导致的功能缺陷。我国目前确定的残疾有七类，即视力（盲和低视力）残疾、听力残疾、言语残疾、肢体残疾、精神残疾、智力残疾、多重残疾（存在两种或两种以上残疾）。同时，每类残疾又根据残疾程度不同分为四个等级。目前，全国约有8300万残疾人，是一个数量众多、特性突出、特别需要帮助的社会群体。二是服务过程的长期性。残疾是由环境造成的，有的残疾是先天的、终身的，其服务是一个漫长的过程（尤其是先天性的智力残疾），特别是许多残疾儿童的早期抢救性康复，需要持续的终身的经济援助、生活照料、心理辅导等服务。残疾服务的长期性，导致其家庭和个人背负沉重的负担。三是服务需求的多样性。各类别、各等级、各年龄段、不同时期的残疾人有不同的服务需求，门类众多，方式多样，呈现多元化和个性化的特征。四是服务内容的综合性。就某类残疾服务而言，其服务内容随着服务需求不断开拓和完善，逐渐形成一个完整的服务体系。如残疾人康复服务，逐步从医疗康复向职业康复、社会康复、心理康复等内容拓展，形成一个"全面康复"理念的综合康复服务

体系。对个人来说也呈综合性,往往需要多个方面的服务。五是服务项目的专业性。残疾人服务是挖掘潜能、克服身心障碍、最终帮助残疾对象实现回归社会生活的特殊服务,要求在服务过程中提供系统的专业服务项目和服务手段,包括专业服务机构、专业服务设施、专业服务队伍、专业服务技术、专业服务标准等。如辅助器具服务,目前国际标准化组织已将其专门设为一个门类,涉及康复矫治、功能代偿、生活自理、社会交流、文体娱乐等方面。共分11个主类、129个次类、707个支类,每个支类根据功能与适用不同障碍又有几十到几百种具体产品。其专业性强,适用服务对象涵盖面广。六是整个行业的公益福利性。残疾人公共服务本质上是非营利、公益性和福利性的,要求提供服务的组织以谋求社会公益为目的,按照公益宗旨和理念开展各种形式的社会服务。

(二)从基本内容看,残疾人公共服务是专门满足残疾人特殊需求的群体特色服务,是随着社会公共服务事业推进而有待于开发的新的公共服务领域。如:综合评估服务,包括对各类残疾人的功能评估、不同年龄段的残疾评估和各种服务需求的评估。特殊教育服务,包括学前教育、义务教育(随班就读和特殊学校就读)、高中阶段教育、高等教育、职业教育以及扫盲教育等。就业扶持服务,包括开展职业评估、职业指导、职业技能培训、职业推介、庇护就业、就业维权等就业服务。生活照料服务,包括日常生活起居照顾、各项家政服务、娱乐休闲服务等。

(三)从工作要求看,要按照国家的总体部署,在现有基础上,通过一段时间的努力,使全市残疾人公共服务体系趋于完备,服务能力得到较大提升,残疾人都能得到基本公共服务,文化教育水平明显提高,参与社会更加广泛,能够实现充分就业,生活状况得到显著改善,普遍达到小康水平,实现"学有所教、劳有所得、病有所医、老有所养、住有所居"。

二、充分认识残疾人公共服务建设的现状

近几年来,我市各级党委和政府不断提高为残疾人服务的能力和水平,探索积累了一些行之有效的做法和经验。主要有:残疾人人人享有康复、职业康复服务、特殊教育服务、就业扶持服务、辅助器具个性化适配、生活照料服务等。

残疾人公共服务建设仍处于起步阶段,与广大残疾人不断增长的服务需求和不断加强的基本公共服务水平相比还存在较大差距。主要表现在:残疾人服务缺乏总体规划和统筹运作机制,专业服务机构少,专业服务人才队伍匮乏,服务规范和标准缺失,服务覆盖面比较窄,不能满足残疾人的特殊困难和需求。

从近年全市残疾人抽样调查的数据来看,在基本生活方面,目前残疾人家庭人均收入比全市人均收入水平低30%,其中15%的残疾人家庭人均收入低于最低保障水平;在残疾人服务方面,残疾人对社会服务和社会救助的需求十分突出和强烈,其中有医疗服务与救助需求的为71.49%;有康复训练服务需求的为49.72%;有辅助器具需求的为47.52%;有贫困救助与扶持需求的有26.03%。此外,根据调查结果,残疾人在职业教育、就业扶持、无障碍设施、生活服务、文化服务等方面也都存在需求大于服务的情况。因此,要从根本上改善残疾人生活状况,保证残疾人在社会生活各个领域获得均等机会,必须重视和加快推进我市残疾人公共服务发展。

三、正确把握残疾人公共服务建设的导向

加强残疾人公共服务建设,应立足基本国情,在当前基本公共服务资源配置不足和社会总福利水平不高的情况下,正确处理好"有限的公共服务"和"无限的残疾人需求"之间的关系,处理好社会发展与残疾人群体利益之间的关系,处理好政府、社会和家庭之间的责任关系,有助于实现发展目的与发展手段的统一、效率和公平的统一。在具体工作中,要认真把握以下几个原则和导向。

(一)坚持政府主导

作为政府基本公共服务的重要组成部分,残疾人公共服务应充分发挥各级政府的主导作用,千方百计争取更多政策、资金支持,加快建立公共资源向残疾人社会保障与服务方面的优化配置,让广大残疾人尤其是低收入残疾人得到公共财政的更多帮助。

(二)注重全面服务

残疾人公共服务的目的是保障和改善残疾人民生。要实现这一目标,必须注重全面开发、全方位服务。要根据残疾人的不同需求,着力加强服务项目的开发和服务方式的拓展,不断充实服务内涵,扩大服务覆盖面,使服务和保障覆盖到不同类别、不同等级、不同年龄段、不同时期的残疾人。

(三)强化专业服务

从提升服务的质量和效能来看,专业服务是残疾人公共服务的本质要求。只有大力加强残疾人专业服务机构、专业服务设施、专业服务队伍、专业服务技

术、专业服务标准的建设，才能有效地提升为残疾人服务的综合能力和实效。

（四）实行普惠服务

残疾人公共服务是建立在"有限的公共服务"总体框架内的特殊保障服务。目前，要按照"低水平、广覆盖"的原则，积极发展普惠型、特惠制、均等化的残疾人公共服务，着力解决当前残疾人的特殊困难问题。

（五）发展社会化服务

从服务的资源来看，只有发展社会化服务，才能实现残疾人公共服务的良性发展。要积极适应社会服务多样化、专业化和精细化的趋势，加大政策引导和扶持，充分整合社会资源，调动社会力量，大力发展社会服务组织，培育残疾人服务业发展。

（六）坚持效率优先

从服务的长期性来看，政府对残疾人提供的社会保障与服务应随着经济社会发展而不断提高，但不可能实行"全包"政策。为此，要借鉴国际经验，本着政府、社会、家庭三方共同承担的原则，推进残疾人公共服务健康持续发展。

四、加强残疾人公共服务建设的措施

残疾人公共服务是一项新的系统工程。要以改革发展的思路，切实加强政策力度，加快推进建设步伐。

（一）落实政府主导作用，做好总体发展规划

贯彻落实党中央国务院、省委市委关于促进残疾人事业发展的文件精神，将残疾人公共服务纳入政府公共服务均等化的总体安排，统筹规划，同步实施，并作为优先和重点领域给予更多的政策安排和扶持。要在全市促进社会服务业发展的框架下，抓紧研究制订我市残疾人公共服务建设的发展规划，包括服务设施建设规划、专业服务机构总体布局规划、专业服务人才队伍建设规划、无障碍设施与环境建设规划等。由市政府牵头，进一步明确各部门相关职责和任务，将残疾人公共服务项目任务分解到责任部门和单位，确保广大残疾人真正享受到均等化、便利的公共服务。

（二）加大服务机构、服务设施和服务项目开发建设的力度

将残疾人服务机构建设纳入城市公益性建设规划和扶持项目，加快建设一批适应残疾人服务需要的专业服务机构。如：残疾鉴定评估中心、重度残疾儿童少年教养中心、残疾人辅助器具服务中心、视障人士康复服务中心、重度精神病人康复养护中心、各类残疾人家长（亲属）资源中心、庇护就业中心等。通过建立各类残疾人专业服务机构，提供个性化的专业服务。在服务设施建设方面，残疾人服务设施建设规模要与残疾人需求相适应，并纳入城市公益性建设项目给予立项、规划、建设经费、用地或征地等方面的扶持。在服务项目开发方面，要统筹发展特殊教育、职业康复、文化体育、法律服务、托（安）养服务、社区和居家生活照料服务、心理辅导、辅具研制与适配服务、无障碍交通与信息服务等各项符合残疾人需求的服务，优先发展残疾人急需、受益面广、社会效益好的服务项目，不断扩大残疾人服务体系覆盖面，不断提高为残疾人服务的能力和水平。

（三）培育和发展社会服务组织

出台政策，鼓励各类组织和个人以公办民营、民办公助等多种方式举办专门面向残疾人服务的社会组织，鼓励港澳服务提供者以独资、合资、合作民办服务组织的形式来深举办残疾人服务机构。建立完善政府补贴或政府购买服务的运作机制，加快培育残疾人社会服务组织，支持残疾人服务业的发展。

（四）加强专业服务人才队伍建设

利用高等院校资源开设有关残疾人服务专业，有计划地为残疾人专业服务机构和公共服务机构培养专业技术人才。建立激励机制，采取多种形式，引进培养中高级残疾人服务专业人才，如康复咨询师、康复治疗师、心理咨询师、视光师、辅具技师、特殊教师、残障服务社工等。加强社区残疾人专职委员职业化建设，提高基层残疾人工作者的服务能力。落实特殊教育教职工和手语翻译人员特殊岗位津贴政策。

（五）完善残疾人服务政策和法规建设

抓紧制订一批残疾人服务的政策措施。全面推行贫困残疾人康复服务优惠政策，完善残疾学生助学政策，实行系列扶持残疾人就业政策，实施重度残疾人托（安）养服务救助政策，实行公共文化、体育设施对残疾人优惠开放政策，支持

残疾人参与各类公共文化体育活动等,并确保残疾人各项公共服务通过政策制度安排和法规保障得以实现。

(六) 规范残疾人公共服务发展

加快制订残疾人服务的行业标准、服务规范和行业管理政策,建立监督管理和绩效评估机制,促进我市残疾人公共服务建设健康持续发展。

残疾人服务体系建设的实践与思考

重庆市残疾人联合会 谢嘉庆

重庆辖40个区县（自治县），幅员8.2万平方公里，人口3200多万，集大城市、大农村、大库区和大山区于一体，是我国目前行政辖区最大、人口最多、管理行政单元最多的特大型城市。全市现有各类残疾人169.4万人，其中：城镇残疾人42.8万人，占25.3%；农村残疾人126.6万人，占74.7%。为给全国统筹城乡改革提供示范，2007年6月，重庆被国务院批准为全国统筹城乡综合配套改革试验区；2009年1月，国务院出台了《关于推进重庆市统筹城乡改革和发展的若干意见》（国发〔2009〕3号）。在此背景下，研究重庆市统筹城乡残疾人服务体系建设面临的深层次制约因素，探讨加快统筹城乡残疾人服务体系建设的对策措施，对全国实施"两个体系"建设具有重要借鉴意义。

一、城乡残疾人服务体系建设的现状与问题

重庆被确定为全国统筹城乡综合配套改革试验区和中国残联实施"两个体系"建设以来，市残联紧紧抓住机遇，在统筹城乡残疾人服务基础设施、人才队伍建设等方面狠下功夫，城乡残疾人服务体系建设取得明显成效，但由于基础先天不足，发展面临多重制约，工作仍存在问题。

（一）残疾人服务机构发展不平衡

市与区县之间差距大。经过近几年的努力，全市建立残疾人服务机构54个，总建筑面积达99293平方米，但市与区县之间发展差距大，3个市级服务机构共28243平方米，占51个区县级服务机构总面积71050平方米的40%。区县之间发展差距大。从整体来看，19个区、21个县，区比县发展得好。从个体来看，区县间差距明显，如：涪陵区有残障儿童康复中心、残疾人培训中心、残疾人服装缝纫基地、残疾人剪纸艺术基地、残疾人肢体康复医院、精防中心、残疾人后勤服务中心和残疾人用品用具服务站等8个独立的专业服务机构，建筑面积共计11380平方米，仅残疾人肢体康复医院就达7800平方米。而约有50%的区县均只有一个综合服务中心，且面积较小。有4个县还没有专门的残疾人服务机构，乡镇、农村的残疾人服务机构更是缺乏。

(二) 服务能力与残疾人的需求差距大

服务机构服务能力有限。全市服务机构普遍缺乏硬软件设施设备。康复服务内容单一，形式简单，层次原始，多以实施项目为主，距2015年实现残疾人"人人享有康复服务"的要求还有一定差距。残疾人就业、托养、教育、无障碍建设等服务还远远不能满足残疾人的需要。服务机构专业化程度不够，全市54个残疾人服务机构：综合服务设施31个，康复中心3个，托养机构4个，其他16个。服务机构多数为"综合服务"型，无论服务规模、服务质量，还是服务的专业化、个性化，均不能适应残疾人的需求。

(三) 人才队伍难以支撑城乡服务体系建设

人员紧缺：全市残疾人服务机构共有人员编制463人，实有工作人员533人，服务对象却达169.4万人。随着经济社会的进步和残疾人事业的迅速发展，人员配备与残疾人事业发展不相适应的矛盾将会日益加剧。缺乏专业技术人才：为残疾人服务的各类人才匮乏，从业人员素质亟待提高。全市残疾人服务机构工作人员中，高端技术人才缺乏。

二、统筹城乡残疾人服务体系建设面临的制约因素

总体上来看，重庆市城乡残疾人服务体系的状况仍是基础弱、网络小、能力低，不适应重庆残疾人事业城乡统筹发展的要求，深入分析其原因，主要存在以下制约因素。

(一) 重庆城乡二元结构矛盾突出

重庆农村占全市总面积的97%，农村人口占全市总人口的78.62%。城乡居民收入差距大是城乡二元结构矛盾突出最直接的表现。2008年，城市居民人均可支配收入为15709元，农村居民人均纯收入仅为4126元，城乡居民收入比达到3.8∶1，导致重庆城乡之间残疾人事业发展差距大，这是加快统筹城乡残疾人服务体系建设的根本原因，也是最根本的制约因素。

(二) 统筹城乡残疾人服务体系建设方面的政策法规不完善

国家虽然十分重视残疾人服务体系建设，但残疾人事业的法律法规，还需进

一步完善，尤其需要制订服务体系建设相关各方面的专项法律，以适应"两个体系"建设的需要。重庆统筹城乡残疾人服务体系建设是改革探索之举，相关的政策法规显得更加缺乏，需要对此做专门研究，在推进统筹城乡残疾人服务体系建设中争取更多政策支持。

（三）统筹城乡残疾人服务体系建设工作机制亟待健全

为统筹不同区域的残疾人事业发展，重庆市建立了"一圈"对"两翼"的结对帮扶工作机制，但工作机制简单，帮扶形式多是由帮扶区县向受扶区县提供一定资金，难以产生长久的扶持带动效应，帮扶效果不明显。没有建立长远的规范化、制度化的统筹城乡建设的工作机制，导致残疾人服务机构布局不尽合理，专业性不强。

（四）统筹城乡残疾人服务体系建设资金投入不足

筹资渠道不畅，资金来源单一。重庆地处中西部，经济基础弱，社会事业欠账较多，政府财力有限，资金的投入远远不能满足统筹城乡服务体系建设的需要。目前，城乡残疾人服务体系建设主要依靠政府有限的资金，缺乏引导社会资金向残疾人服务体系建设投入的机制。

三、加快城乡统筹残疾人服务体系建设的对策

重庆统筹城乡残疾人服务体系建设最终体现为城乡残疾人服务业的双向互动和平衡发展。

要通过对发展相对滞后地区的倾斜和帮扶，缩小城乡间、区域间残疾人服务基础设施建设的差距，引导城乡残疾人服务机构广泛协作，促进城乡残疾人服务资源自由互动与整合，使城乡残疾人服务业得到平衡发展，从而实现城乡残疾人享受服务的公平。

（一）建立和完善与统筹城乡残疾人服务体系建设相适应的法规与政策

1. 出台贯彻中央7号文件的地方配套政策。市委、市政府出台了《关于促进残疾人事业发展的意见》（渝委发〔2008〕27号），将残疾人事业的发展纳入到市委、市政府的工作大局。积极争取相关部门支持，在各部门制订统筹城乡发展政策时，把统筹城乡残疾人服务发展作为重要内容，如：卫生等部门将"白内障患者复明手术、精神病患者治疗、肢残儿童矫治手术、残疾儿童抢救性治疗等

病种纳入城乡居民医疗报销范围，在相同条件下适当提高报销比例"。各区县在出台地方贯彻意见时，围绕统筹城乡残疾人服务体系建设做出了不少创新之举。重庆将以此为契机，继续争取更多的优惠政策。

2. 建立完善涉及残疾人服务体系建设各方面的法律、政策。重庆市要加快新的《〈残疾人保障法〉实施办法》的制订，把统筹城乡残疾人服务体系建设纳入到该实施办法中。今年，市残联、市民政局等部门联合制订了《重庆市残疾人基本医疗保障办法（试行）》。市政府印发了《关于开展城乡居民社会养老保险试点工作的通知》（渝府发〔2009〕85号），我们将及时对接、超前设计试点工作推开后的相关政策措施。结合重庆统筹城乡残疾人服务体系建设的实践经验，积极为中国残联制订《残疾人康复条例》建言献策。通过法律法规和政策，为统筹城乡残疾人服务体系建设提供强有力支持。

3. 制订完善残疾人服务的规范管理办法。围绕更好地为残疾人服务的目标，加快制订残疾人服务的各项服务标准。制订《综合服务设施建设标准》、《残疾人扶贫基地建设标准》、《残疾人扶贫贷款管理办法》，完善《盲人按摩管理办法》、《残疾人工（农）疗站建设规范》等残疾人服务行业管理政策和技术标准，建立监督管理和绩效评估机制，提升服务质量。同时，推广残疾人心理咨询、辅助器具个性化适配等服务，满足各类残疾人日益增长的物质和精神文化需求。

（二）建立和完善与统筹城乡残疾人服务体系建设相协调的基层残疾人组织

1. 加强乡镇残疾人组织建设。统筹城乡残疾人服务体系建设，最薄弱的环节在乡镇，因此，要强化基层残疾人组织建设，成立乡镇（街道）残联，由同级政府领导，设在编专职理事长主持日常工作，残联主席由乡镇（街道）分管领导担任，副主席任兼职理事长。每个乡镇（街道）设理事3—5人，把残疾人所盼、所求、所需落实到服务工作中。

2. 统筹配备城乡残疾人专职委员。采取公开选拔的方式，分期分批为每个村（居）委会配一名残疾人专职委员，尤其是要把优秀残疾人选聘为专职委员。力争到2010年，100%的城市社区和农村社区（村）配齐残疾人专职委员，把对残疾人日常事务的服务落到实处。

3. 强化管理。制订《重庆市基层残疾人组织规范化建设达标验收办法》，实行基层残疾人组织规范化建设，每年安排适当经费，用以奖励先进村级残疾人组织；实施残疾人组织上下级双向考核办法，奖惩齐下，不断提升基层残疾人组织为残疾人的服务能力。

（三）建设和完善与统筹城乡残疾人服务体系建设相适合的基础服务设施

1. 加快完善市级残疾人服务机构。尽快建成和完善市残疾人文体活动中心、托养服务中心，到 2012 年，市级残疾人综合服务设施总面积达 4 万平方米，切实改善全市残疾人基础服务设施。进一步完善市残疾人康复中心、市残疾人劳动就业服务指导中心和盲人按摩指导中心的服务功能，增强市级服务设施的辐射和带动功能，为广大残疾人提供更加广泛、便捷和优质的服务。

2. 进一步提高区县对残疾人的服务能力。制订区域性残疾人服务机构建设规划，按照"分类指导、错位发展"的要求，在不同区域性中心城市建设不同类别的残疾人服务机构。普及区县残疾人综合服务设施建设，到 2012 年，消除区县残疾人综合服务设施空白，并且，要达到主城区和区域性中心城市不低于 3000 平方米、其余的区不低于 2000 平方米、县（自治县）不低于 1000 平方米的规模标准，满足残疾人康复训练、职业培训、就业指导和开展文体、娱乐活动等需要。

3. 整合残疾人服务设施建设的资源。加强残工委成员单位的合作，将组织部门的基层组织建设、农委的新农村建设、民政部门的社区建设、卫生部门的村级卫生室，文化部门的农村书屋等部门优势资源，在残工委的领导下，统筹整合建设残疾人服务设施。同时，建立能够使残疾人服务设施资产集约配置、多部门共享、有效整合与调配、促进城乡之间资产流动的资产管理体制。

（四）建立和完善与统筹城乡残疾人服务体系建设相衔接的工作机制

1. 强化"一圈两翼"帮扶机制。市残联加强"一圈"对"两翼"的帮扶指导，制订帮扶规划和考核办法，落实帮扶责任。在市级层面，市残联继续加大对"两翼"投入，安排专项资金支持远郊区县残疾人综合服务设施建设，确保不留"空白"和"死角"。在区县层面，继续推进"一圈两翼"对口帮扶，落实融资支持、就业转移、特殊教育互助、人才交流、扶贫开发等年度帮扶计划。

2. 建立城乡残疾人服务资源双向对进引导机制。围绕消除城乡残疾人服务资源要素双向对进的体制机制障碍为着力点，制订引导城市残疾人服务资源下乡发展的政策。如：支持各类民办残疾人服务企业到乡镇实施项目，引导发展农村残疾人劳务公司和农村残疾人劳务经纪人，鼓励城市资本通过参与农村土地流转整理、利用地方公共闲置资产等方式兴办实体，使农村残疾人享受到便捷的服务。

3. 突出"五个倾斜"。为及时有效解决在统筹城乡残疾人服务体系建设中基层最薄弱的问题，工作重心要做到向"下、弱、实、小、优"倾斜。向"下"，即在三级残疾人服务体系建设中，把重心放在乡村一级，残疾人服务设施建设向乡镇延伸；向"弱"，即重点解决农村低收入残疾人群体享有服务的问题，使有限的公共资源真正能"雪中送炭"；向"实"，即加快发展残疾人就业服务和康复服务，优先发展面向农村残疾人的实用技能培训和抢救性康复服务；向"小"，即加快基层点多面广的小型残疾人服务机构、民办残疾人服务机构的发展；向"优"，即对残疾人工作先进单位和地区优先安排资金项目，鼓励争先创优，通过激励机制，多为残疾人办实事、办好事。

（五）建立和完善与统筹城乡残疾人服务体系建设相符合的保障措施

1. 体制保障。在统筹规划、人事、人才方面狠下功夫，进一步发挥各级残联的服务职能。统筹规划、谋划一批关系城乡残疾人服务体系建设的重大项目，并将其纳入《重庆市国民经济和社会发展"十二五"规划》中，举全市之力进行建设。统筹人事，落实"干部双管"，对工作薄弱地区残联班子强化补充；抓住实施大部制改革的契机，补充残联系统编制。统筹技术人才队伍建设，建立市、县级专家人才库，采取人员互派、医务培训、科研咨询等措施，向边远、贫困地区输出人才，逐渐建立城乡、区域之间专技人员充分流动的管理体制。

2. 政策保障。结合贯彻中央7号文件和市委27号文件，利用重庆现有的、特有的惠民政策平台，落实"普惠加特惠"政策，尽可能地在统筹城乡残疾人服务体系建设方面出台特惠政策。加大政府购买政策实施力度，通过民办公助、政府补贴、税收优惠、土地费减免等形式，弥补公办残疾人服务机构供给能力的不足。

3. 资金保障。统筹城乡残疾人服务体系建设需要较多的资金投入。要建立统筹城乡残疾人服务体系建设专项资金，加大对农村残疾人服务设施建设的倾斜。把残疾人事业经费纳入政府财政预算，并随经济增长而逐年增长，保证残疾人服务发展的需要。加大区县（自治县）征收残疾人就业保障金的力度，扩大其使用范围。增加福利彩票公益金中用于残疾人事业发展的比例，做大资金总量。争取部门资金，使部门资金用于残疾人服务体系建设达到最大化。通过残疾人福利基金会等形式向社会广泛筹集资金，引导社会资本进入残疾人服务业，构建多渠道、多元化的资金投入格局。

构建智力残疾人社区康复和辅助就业服务模式
——广州市民办非企业的探索与实践

广州康智乐务中心　徐凤菊　周燕婷

2006年第二次全国残疾人抽样调查结果显示，我国有智力残疾人554万。2006年广州市残疾人抽样调查数据显示，广州市有25591个智力残疾人。智力残疾人是一个人数众多、特性突出、特别困难的群体。《中国残疾人联合会关于进一步做好智力残疾人工作的意见》明确指出，在新形势下需要进一步做好智力残疾人工作，改善智力残疾人状况，推进智力残疾人的社会融合，并提出了"着力解决智力残疾人的基本生活与社会融合问题，缩小智力残疾人状况与社会平均水平的差距，建立长效工作机制，全面提高智力残疾人的康复、教育、就业和社会保障水平，促进智力残疾人以平等的地位，充分参与社会生活，共享改革发展成果"的任务目标。

广州市康智乐务中心（以下简称"中心"）是广州市残疾人联合会主管的残疾人服务机构，2006年开始筹建，2007年8月办理民办非企业单位（法人）注册登记，2009年4月获得广东省、广州市残联颁发的"广东省集中安置残疾人机构证书"，成为广州市社会福利服务机构的单位成员，走上了公益性民间组织的发展道路。中心的主要服务对象是具有广州市户籍的轻、中度成年智力残疾人，因应智力残疾人特点，通过培训、训练和辅导等形式，采用保洁职业作为康复手段，提供职业康复训练，不断提升其适应社会的能力，实行岗前培训、岗位实训、辅助就业一条龙服务。

中心开办3年来，训练智力残疾学员约100人次，推荐5位智力残疾学员成功公开就业。目前，中心已经建立"智力残疾学员招募评估系统"、"职业康复训练服务系统"和"训练后续跟踪系统"等三大系统，提供系统性的服务。中心坚持"短期与中长期训练相结合、训练和康复相融合、训练与辅助就业相配合"的"三合"思路。利用社工、义工、家属和社会等资源，开展职业培训、素质拓展、社会适应能力培养等课程，促进智力残疾人全面发展，为智力残疾人回归主流社会打下基础。

本文从工作模式、政策支持、服务工作创新与成效、面临的困难及建议等五个方面，介绍和分析广州市康智乐务中心集中安置智力残疾人的现状，展示新时期"民非企"在成年智力残疾人社区康复和辅助就业领域的探索与实践成果。

一、残疾人观念进步带来工作模式转变：从隔离到回归社会

（一）现代文明社会残疾人观

如何看待残疾人？不同的时代有不同的观念。

珂维曾经把人类社会分为三个阶段：神的时代、英雄时代和人的时代。前两个是无知和迷信的阶段，人们在当时的知识范畴内无法解释残疾的原因，相信因果循环的宿命论，把残疾看做是上天对个人的惩罚，忽视残疾人的能力，把残疾人等同于"罪人"、"废人"。因此主流社会普遍对残疾人持批判、摒弃或同情的态度；在"人的时代"，人类文明发展到了一定程度，人们认识到残疾不再是个人问题，而是与社会环境、医疗技术等因素相关，是人类发展进程中不可避免要付出的代价，形成了以"平等、参与、共享"为核心的现代文明社会残疾人观。

（二）服务的转变：从隔离到回归主流社会

在旧残疾人观下，一般采取院舍照顾模式（以精神残疾人和智力残疾人为主），把残疾人集中起来，由政府统一给予救济、供养。这种方法虽然起到集中照顾的作用，却把残疾人和主流社会隔离开来，忽视了人的社会属性。同时，残疾人生活在一起，其能力不但不能得到发展，相反还有倒退的可能，人为地拉大了残疾人与主流社会的距离。因此，院舍照顾模式逐渐被淘汰。

现代社会意识到残疾人也有发展的要求，也希望能够获得平等的权利、均等的机会，充分参与社会，共享社会物质文化成果。于是，为残疾人提供的服务由院舍式照顾逐渐被社区康复逐渐取代，并以就业为手段实现残疾人回归主流社会的目标。

广州市康智乐务中心以"乐助社群，竭尽所能，务实进取，回归社会"为服务理念，向智力残疾人提供职业康复训练和辅助就业服务，并辅以素质拓展训练，为智力残疾人探索一条回归主流社会的道路。

1. 职业康复训练

提到残疾人康复，多数人能想到的都是身体机能及功能恢复性训练，例如肌肉的锻炼、辅助器械的使用等。智力残疾人比较特别，很少直观的肌体功能障碍，没有直接的康复训练方法。工作是残疾人参与社会、回归社会的最直接途径，因此，成年智力残疾人选择职业康复是比较现实的做法。他们在进行职业技

能学习的同时，通过肢体活动而带动脑神经活动，从而也刺激了智力发展。

中心根据智力残疾人的能力和市场需求状况，采用保洁职业训练作为康复手段。训练包括岗前培训和岗位实训两个阶段。

（1）岗前培训

岗前培训，即接受保洁技能的学习。所有进入中心的智力残疾学员，都必须接受岗前培训，培训通常需半年左右。这个阶段，中心设计了应知学习和应会训练对智力残疾学员进行系统训练，方便智力残疾学员尽快地掌握基本的保洁操作技能和操作程序。

a. 应知学习

中心根据广州市劳动和社会保障局的培训教材，整理出保洁知识、技术和操作规程的要点，文字简洁，深入浅出，供智力残疾学员反复读写，直至系统地掌握，为应会训练做准备。

有人说，智力残疾人脑筋不好使，只能让他们做一些简单的手工劳动，读书写字这些事情能免即免。其实这是一个误区。研究证明，智力残疾人的智力发育速度不如健全人，智力退化速度也较健全人快，大脑长期不思考会加快智力退化的速度；反之，多动脑筋多思考可以减缓退化的速度。因此，培训不会避开文化课，而且要强化文化训练。这样，智力残疾学员在学习保洁技能的同时，智力也可以得到一定程度的康复。

智力残疾人对色彩、图画特别敏感，导师在做课件的时候要有意识地加入这些元素，辅以通俗易懂的语言讲解和示范，力争方便智力残疾学员的学习和记忆。

b. 应会训练

实操是衡量保洁员技能水平的主要标准，中心把应会训练作为训练的重点，着重训练智力残疾学员的动手能力。

应会训练一般安排在应知学习之后，每完成一节新的应知学习，紧接着就会有几节相应的应会训练，应知与应会的课程比例约为1∶8。应会训练把抽象的理论转变成为具体的操作，让智力残疾学员在导师的带领下自己动手，印象会更加深刻。从扫把、抹布、保洁器械等工具的使用，到外围、卫生间、办公室等场所的保洁，训练导师都要手把手地进行个性化指导。"只要功夫深，铁杵磨成针"，通过导师和学员的不懈努力，学员最终会从一个毫无劳动经验的新人成长为能够负责一个楼层保洁工作的保洁员。

（2）岗位实训

岗位实训，即模拟就业的环境、工作要求和工作量，安排智力残疾学员在正式上岗前进行实习。岗位实训可以巩固已有的知识和技能,并且能发现上一阶段学习的不足,让智力残疾学员在总结、巩固、完善中不断进步。

2. 辅助就业服务

就业是参与社会的最重要途径。就业可以为社会创造财富,得到社会认可,获得尊严,实现人生价值。智力残疾人受主流社会歧视和排斥的主要原因就是没有工作的能力。中心因应智力残疾人的情况,开设了辅助就业服务。

辅助就业,指的是智力残疾学员在导师的带领和指导下就业。智力残疾学员没有完全民事能力,动手能力有限,不能独立完成所有工作,必须要有导师的辅助,因此他们比较适合辅助就业这种工作模式。

在市残联的大力支持下,中心从2008年年初开始承接了广州市残疾人联合会下属五个单位(包括广州市残疾人事业服务中心、广州残疾人奥林匹克运动管理中心、广州市残疾人劳动就业服务中心、广州市残疾人用品用具供应服务中心和广州市才华职业技能培训学校)的保洁服务工作,集中安置了15名智力残疾学员辅助就业。智力残疾学员辅助就业所获得的补贴,解决了他们的基本生活费用,为家庭和社会减轻了负担。为了保证智力残疾学员的保洁质量,中心每月进行一次保洁质量满意度调查,从保洁服务使用单位的反馈意见看来,智力残疾学员提供的保洁服务还是令人比较满意的,对智力残疾人群体的印象也有了改观,辅助就业服务获得了良好的社会效益和经济效益。作为智力残疾的个体,也通过自己的劳动获得了社会认可,为回归社会迈出了重要的一步。辅助就业服务为智力残疾学员回归社会提供了硬件准备。

3. 拓展培训、提高素质

为了丰富智力残疾学员的训练生活,拓展其多方面的兴趣,展示他们的才艺,中心开办了形式多样的素质拓展课程,如电脑兴趣班、文化补习班、绘画兴趣小组、钢琴韵律课等等。这些课程受到了热烈欢迎,"在中心不仅可以学到保洁技能,还能学到很多其他有趣的东西",这既是智力残疾学员对中心的评价,也是中心"快乐学习"训练模式的效果。

除了课堂学习之外,中心还会组织社会实践活动,给智力残疾学员创造更多的接触主流社会的机会:2009年全国特奥日,广东省、广州市残联联合举办了粤、港、澳特奥足球欢乐嘉年华活动,智力残疾学员组成的足球队在比赛中顽强拼搏,夺得B组季军,中心被广东省、广州市残联授予"优秀组织奖";助残日期间,中心组织智力残疾学员参加广州大学第三届手语歌大赛,与大学生同台竞技,并获得认可,智力残疾学员的节目获得"最受欢迎奖";在广州市残联和广州图书馆联合举办的"心灵的交汇——广州市残疾人书画作品展"中,中心两位智力残疾学员的绘画作品入选,并在图书馆画廊展出;举世震惊的汶川地震以后,智力残疾学员捐出了自己的部分训练津补贴,捐赠现金及物资折合人民币约6千元,尽管数额不大,但充分体现了学员参与社会、贡献社会的愿望和积极性。

实践活动也是智力残疾学员参与社会的过程,他们借此认识社会,了解社会,逐渐学习怎样面对成功与失败、美好与苦难,锻炼心理承受能力,树立正确的社会观念。一位公开就业的学员在讲述自己求职过程时说:"7个多月的培训使我有了很大进步,在各位主任、老师和同学的关心和爱护下,我学会了公共保洁的基本知识和技能,学会了做人,增加了自信心,克服了心理障碍,敢于面对社会,敢于多次见工。"正是有了这样的成长经历,许多学员敢于多次挑战,直至实现公开就业。素质拓展训练为智力残疾学员回归社会提供了软件准备。

二、政策支持:从政策落实到行动

智力残疾人服务,离不开政府的政策支持。

(一)鼓励社会力量参与服务残疾人事业

党的"十七大"提出了构建社会主义和谐社会的目标,我国8300万残疾人的生存状况、残疾人事业发展的好坏,直接影响到构建社会主义和谐社会这个目标的实现进程。如何对待残疾人和解决残疾人问题,也是衡量一个社会文明程度的重要标准。中共中央国务院《关于促进残疾人事业发展的意见》全面阐述了促进残疾人事业发展的意义和指导思想,提出了当前和今后一个时期的目标任务、指导原则和一系列重大措施,对发展残疾人事业做出了重大部署,为残疾人服务的发展提供了强有力的政策支持,也为"民非企"发展营造了较好的社会环境。

早在二十多年前,就有学者提出了"小政府、大社会"的设想。2001年,我国加入世界贸易组织,市场竞争力、政府效率被认为是"入世"后面临的最大考验,"小政府、大社会"再次受到关注,政府转变职能的改革如箭在弦。于是,有了这样一个说法:市场能够做的,政府不必争着去做;市场与政府都可以做的事,政府应该慎重决定做与不做;核心性保障性的服务,政府应毫不犹豫地去做。民政部颁发的《关于支持社会力量兴办社会福利机构的意见》明确提出了"政府购买服务"的思路,"政府购买服务"由设想变成现实,其中,"民非企"是提供服务的主体之一。

广州市康智乐务中心作为新成立不久的"民非企",在启动资金支持和确立职业康复训练项目等方面得到了广州市残联的大力支持,在残疾人服务领域做出有益的探索。

(二) 税收优惠和岗位保障

《残疾人就业条例》第 17 条规定:"国家对集中使用残疾人的用人单位依法给予税收优惠,并在生产、经营、技术、资金、物资、场地使用等方面给予扶持。"广州市康智乐务中心是广东省残联和广州市残联认定的广州市首批符合集中安置残疾人资格的用人单位,目前集中安置辅助就业的智力残疾人达 15 人,占单位职工总人数 62.5%,符合减税标准,通过了减税申请,获得了每年 50 多万元的减税额度,大大降低了中心的营运成本,减轻了中心的经济压力,对中心的长期发展作用很大,大大推进了智力残疾人就业的进程。

《残疾人就业条例》第 18 条规定:"县级以上地方人民政府及其有关部门应当确定适合残疾人生产、经营的产品、项目,优先安排集中使用残疾人的用人单位生产或经营,并根据集中使用残疾人的用人单位的生产特点确定某些产品由其转产。政府采购,在同等条件下,应当优先购买集中使用残疾人的用人单位的产品或者服务。"广州市残联积极响应,动员 5 个下属单位与中心签订保洁服务协议,使用智力残疾学员提供的保洁服务,创造了 15 个辅助就业岗位。经过 2008 年的尝试,这些单位对中心智力残疾学员提供的保洁服务给予了较高评价,并续签了 2009 年服务协议。在残联系统内实行辅助就业的尝试,为智力残疾学员提供了锻炼的机会,鼓舞了他们的训练热情,也为将来进军社会保洁市场增强了信心。

(三) 建立健全社会保障体系

《中国残疾人联合会关于进一步做好智力残疾人工作的意见》提出,要加强和改进对智力残疾人的服务,在加强社会保障方面,鼓励并组织自谋职业的智力残疾人参加社会保险,落实对自谋职业智力残疾人参加基本养老保险给予适当补贴的政策。

根据中国残联的精神,中心试行"三三三制"养老保险计划。这个计划采用智力残疾学员参与、家属支持和中心补助三位一体的形式,即智力残疾学员拿出部分训练津补贴,负担三分之一费用,家属支持三分之一,中心出资补助三分之一。这个计划,解决了智力残疾学员的养老问题,减轻了家庭负担,解决了家属的后顾之忧,而且智力残疾学员参与到计划可以增强他们的参与感和自豪感。目前,中心有 15 位智力残疾学员参与了本计划。计划试行一年来,受到了参保智力残疾学员和家属的好评。

三、服务创新与工作成效

中心总结了几年的摸索和实践，经过调整进行了服务创新，并取得了一定的成效。

（一）服务创新

1. 试行"三三三制"养老保险计划
2. 创建"三个系统"

"三个系统"是指智力残疾学员招募评估系统、职业康复训练服务系统和训练后续跟踪系统，这三个系统环环紧扣、逐层递进。

"智力残疾学员招募评估系统"在开班前发挥作用。中心的智力残疾学员，主要来自广州市内 5 间特殊学校、社区康复机构和普通学校随班就读学生。中心举办训练班之前，会通过互联网、现场推介会、中心开放日等形式进行招募。有意愿的智力残疾人及其监护人可与中心预约评估，评估一般由社工、训练导师和医务专业人员参与。中心现行使用的评估工具为评估套表，包括监护人填写的《公共区域保洁员训练班学员申请表1》、申请人填写的《公共区域保洁员训练班学员申请表2》和工作人员填写的《公共区域保洁员训练班申请人综合评估表》、《申请人基本情况表》、《公共区域保洁员训练班申请人评估结果》等 5 份表格。通过这个评估套表，可以科学客观地选择服务使用者，提高服务效率。

"职业康复训练服务系统"上文已有提及，此不赘述。

"训练后续跟踪系统"是延续性服务，主要应用于公开就业智力残疾学员以及已转介智力残疾学员。

智力残疾学员成功公开就业，是其职业生涯的第一步，如何处理职业生涯中遇到的问题，如同事关系、工作挫折等，是学员能否融入主流社会的关键；同样的，转介到其他机构的学员也存在适应新环境的问题，而应变能力正是智力残疾人所缺乏的，需要协调者、引导者给予帮助，训练后续跟踪系统正是要解决这个问题。系统主要由社工、心理咨询师和训练导师运作，他们通过电话联系、探访等形式定期与智力残疾学员及其家属联系、沟通，及时了解智力残疾学员在服务单位的工作情况，指导学员处理面临的困扰和问题，缓解他们的压力，促进他们就业的稳定性，从而减少再次退出主流社会的情况。

3. 提出"三合"思路

"三合"思路是指短期与中长期训练相结合，训练与康复相融合，训练与辅助就业相配合，这个思路指导着中心开展业务。

短期与中长期训练相结合，是指中心设定的训练阶段：适应期（1个月），岗前培训期半年，岗位实训期半年，辅助就业期（因应阶段评估结果而定）。这四个阶段是递进的，时间有长有短，一般来讲，智力残疾学员必须循序渐进地完成这四个阶段。也有个别能力比较强的智力残疾学员可以跨阶段训练。短期与中长期训练相结合，可以客观地评估智力残疾学员的训练，有利于及时调整智力残疾学员的训练方案。

训练和康复相融合。训练和康复不是毫无联系的两个部分，而是相辅相成，可以同时进行的。保洁训练带动脑神经活跃，有利于智力康复；智力康复又有利于降低训练难度，提高训练质量。

训练与辅助就业相配合。训练和辅助就业之间没有明确的界线，训练阶段的学员有机会进阶到辅助就业阶段，辅助就业阶段的学员也可能需要回到训练阶段接受再培训。这是由智力残疾学员状态的不稳定性决定的。

（二）工作成效

1. 社会效益

截至2009年7月，中心共举办5期智力残疾人公共区域保洁员训练班，累计训练智力残疾学员100余人次，目前在训智力残疾学员55人，其中，辅助就业阶段15人，岗位实训阶段25人，岗前培训阶段15人。

智力残疾人职业康复训练项目的实施，取得了良好的社会效益：前中国残联主席邓朴方曾亲切接见智力残疾学员，对中心和智力残疾学员是一个巨大的鼓舞；省市领导、中国社会科学院专家组曾先后到中心调研，对中心的尝试给予了充分肯定；服务单位对智力残疾学员保洁服务的认可，更加坚定了中心实施辅助就业项目的信心。

中心将提供保洁服务的收入，部分用于发放辅助就业学员的劳动津贴、灵活就业社保补贴，一年多来共发放约20万元（包括训练津贴、灵活就业社保补贴和辅助就业补贴）。津贴数量虽然有限，但代表了对智力残疾学员能力的认可，也让他们认识到了自我的价值，体会到只要自己努力就会有回报。

2. 保洁服务受到肯定

职业康复训练必须以保洁服务市场的标准来要求，但智力残疾学员因智力限制，服务意识的训练和持续提升都存在着巨大困难，这就要求训练导师对保洁质量进行严格的监控，一个正常保洁员完成的工作任务，我们可以让两个、甚至三四个智力残疾学员来分担，保证保洁服务质量。不会因为学员的原因而忽视或迁就服务质量，否则学员的保洁服务将失去竞争力，最后被市场淘汰。为了监控智力残疾学员的服务质量，中心按月向5个保洁服务使用单位发放《广州市康智乐务中心保洁服务评价表》，对学员的服务质量进行调查。从保洁服务使用单位的反馈意见来看，智力残疾学员提供的保洁服务受到了肯定。

3. 智力残疾学员成为专业工作者

2008年到2009年，中心先后组织两批共20位智力残疾学员参加了由广州市劳动和社会保障局组织的初级公共区域保洁员职业技能考核，参加考核的智力残疾学员全部通过，并获得了广州市劳动和社会保障局颁发的"初级公共区域保洁员职业资格证书"，成了保洁行业的专业工作者。通过这次职业技能考核，中心的训练成果得到了专业机构的认可，智力残疾学员的自信心得到了很大提升，社会也认识到了智力残疾学员可以通过自身坚持不懈的努力成为专业工作者。

4. 家属认同

家属工作是中心日常工作的重要组成部分。中心通过电话、面谈、家访、家庭联系簿及家长开放日等形式，与家属进行双向沟通，将中心、学员、家属三者联系起来，及时反馈学员的职业康复训练情况、情绪状况及生活状态，有效促进学员的康复。另外，中心还组织家属参加知识讲座、亲子活动等活动，争取家属对项目的理解和支持。现在，中心已成为社区、家属和残疾人沟通交流的平台。

中心的工作得到了残疾人及其家属的广泛好评，一位家属在《不可估量的收获》一文中欣喜地写道："儿子已经把训练班当成了第二个家，成了他的精神寄托。我一直不明白，训练中心用了什么法宝，可以让孩子变得如此积极、热情，如此的开心。训练对他的帮助真是难以估量。"

四、面临的困难

中心在广州市残联的帮助和支持下取得了一定的成绩，但也面临着一些发展困境。

（一）资金不足，中心运作受制约

中心的资金十分有限，来源比较单一，后果就是中心的很多设想不能付诸实施，中心的发展处处受到制约。中心在起步阶段需要多向外界学习，员工需要提高业务素质，但缺乏交流和培训经费；社会对保洁服务的要求越来越高，原始工具已不能满足保洁作业的需要，然而中心预算有限，难以跟上市场步伐；另外，学员需要提高训练津补贴，购买训练意外保险，开展社会实践活动等等，无不需要资金的支持。

(二) 加快落实养老保险补贴

目前,中心试行的"三三三制"养老保险中,机构部分从中心日常运作经费中支出,给中心带来了不小的财政压力。随着保险费用的刚性增长,要求参保智力残疾学员人数越来越多,中心的压力会越来越大。希望政府能够早日落实养老保险补贴,减轻学员、家属和中心的经济压力。

五、建 议

(一) 加大对"民非企"的支持力度,落实政策,给予财政支持

"民非企"在中国是一个新生事物,它的发展需要政府给予更多的政策支持和发展空间,也需要社会的认可。处于新生阶段的"民非企",经济基础比较薄弱,如果得到更多的财政支持,发展就会更加顺利,会更多地分担社会事务,成为政府的助手,发挥更大的作用。

(二) 广泛宣传,营造良好社会氛围和就业环境

残疾人要回归主流社会,单凭自身的努力是不够的,更需要良好的社会氛围和就业环境。希望政府广泛宣传,让社会对残疾人有全面的认识,从而营造接纳和包容的良好社会氛围;对残疾人就业给予更多的扶持,对安置残疾人就业的企业给予更多的政策优惠,为残疾人营造更加有利的就业环境。

(三) 积极推动落实残疾人参加社会保险政策

残疾人和健全人一样,需要参加社会保险以保障基本生活。目前,只有少部分残疾人能够公开就业,得到参与社会保险的机会,在养老、医疗、失业、工伤和生育方面得到了一定保障。但是未能公开就业的残疾人却不能享受社会保障政策,而他们恰恰是最需要这些保障的群体。如果政府能够积极推动、落实残疾人参加社会保险,相信对改善残疾人生活状况能够有更大帮助,对维护社会稳定、加快社会主义和谐社会构建进程起到更大的促进作用。

民办社会工作服务机构的管理和作用

深圳市特殊需要儿童早期干预中心　殷　芳

一、民办社会工作服务机构概述

近十年来，专门提供专业社会工作服务的民办机构开始出现，但数量相对较少，社会对这类新的事物还缺乏深入认识。

（一）民办社会工作服务机构的类型

根据机构参与或提供社会工作服务的不同方式，民办社会工作服务机构可以分为如下三类：

（1）以提供专业社会工作服务为主要业务的社会组织，本文称之为"民办专业社会工作机构"；

（2）设置社会工作岗位的民办社会服务机构，其主要业务是提供其他社会服务，但为了服务需要，设置了相应的社会工作岗位，本文称之为"民办社会服务机构"；

（3）为社会工作者服务的社会工作专业性行业组织，本文称之为"社会工作行业性组织"。

（二）民办社会工作服务机构的特征

民办社会工作服务机构是指主要由企业、民间组织或个人出资兴办的以提供社会工作服务为主要业务的非营利性组织。民办社会工作服务机构具有一般非营利组织的五个特性，同时又不完全等同于一般非营利组织。民办社会工作服务机构具有更强的公益性。

（1）民间性：强调与政府组织体系完全不同的特征，独立于政府行政体系之外。

（2）非营利性：指机构不是商业性的，理事、管理层和成员不从机构利润中分红。机构可以经营收费，并从中获得盈余，但所有盈余必须重新投资于机构的目标事业。

（3）志愿性：组织的成立基于志愿，成员的参加基于志愿，服务的提供基于志愿。志愿精神是组织的重要精神资源。

(4) 公益性：多数组织强调服务受益群体为不特定的人群。
(5) 自治性：指机构具有独立的内部治理机制，能完全控制自身事务。

这些特征决定了民办社会工作服务机构既不同于政府，也不同于企业，而是属于第三部门组织，其组织运作有其自身独特的逻辑，同时承担了独特的社会功能。

二、民办社会工作服务机构的功能

社会工作最先起源于西方社会。为了解决工业化与现代化过程中出现的各种社会问题，尤其是社会弱势群体的社会救助与社会融合问题，不少民间志愿机构纷纷成立，提供针对弱势群体的社会援助与社会服务。社会工作在社会援助与社会服务专业化需求下应运而生。当国家在社会福利提供与社会政策制订当中扮演越来越主要的角色时，社会工作迅速地专业化与职业化。伴随着社会工作的专业化与职业化，民办社会工作服务机构的角色作用会越来越重要。

（一）国际经验与趋势

民办社会工作服务机构有助于弥补"政府失灵"与"市场失灵"。在解决社会工作服务提供过程中信息不对称导致的"契约失灵"时，民办社会工作服务机构也具有营利机构所不具备的优势。因此，民办社会工作服务机构也常被称为"第三方政府"，在政府主导的社会服务中扮演关键角色，作用不可或缺。

(1) 合作伙伴关系成为政府与民办社会工作服务机构关系的主导模式。尽管各国政府的福利支出与非营利部门并不相同，民办社会服务领域的规模大小也存在较大差别，但是政府资助都是民办社会工作服务机构的主要收入来源之一，其比例超过非营利部门的平均水平。

(2) 各国政府越来越接受由民办社会工作服务机构充当社会服务的直接提供者。在自由主义模式中，由于受到第三方政府思想的影响，政府对直接参与社会福利服务保持警惕。在社会民主主义模式中，由于福利国家危机，人们也开始改变对政府提供服务的态度，转而更加愿意授权给民办社会工作服务机构以更低成本、更高效率提供社会服务，以减轻福利国家的负担。国家主义模式也遇到了同样的危机，一方面政府需要在社会福利中承担更大的责任，另一方面受到社会的压力，政府也开始退出社会服务提供领域，转向依靠民办社会工作服务机构。

(3) "民办社会工作服务机构提供服务＋公共筹资"成为共同发展趋势。政府退出直接提供服务的角色，并不代表政府不再承担社会福利和社会服务的责任。政府的责任由服务提供者，转向资金提供者；由划桨角色转变为更为关键的掌舵角色。民办社会工作服务机构在筹资方面存在志愿失灵和慈善不足的缺陷，同时由于社会服务对象的特点，服务收费和会费也难以支付社会服务的成本，因此必须依靠政府发挥公共筹资的角色。

（二）民办社会工作服务机构是构建和谐社会的重要力量

结合我国经验，可以发现民办社会工作服务机构不仅有助于社会工作专业化与职业化，更重要的是能弥补政府与企业之不足，有力地推动社会和谐。

（1）民办社会工作服务机构通过调动民间参与和志愿精神，弥补公共资源不足。约翰·霍普金斯大学对36个国家的跨国研究表明，第三部门总支出占到这些国家国内生产总值的5.4%，动员了至少1.32亿志愿者，相当于这些国家10%的成年人口。调动民间志愿参与对于发展中国家更有特殊意义，起到了对总量不足的经济体系和财政体系的补充支持作用。在我国，过去十年，民办学校以及民办养老院、民办福利院等社会服务机构大量兴起，也在一定程度上缓解了这些领域公共资源投入不足的矛盾。

（2）民办社会工作服务机构提供了大量的就业机会。约翰·霍普金斯大学的研究表明，36个国家第三部门共吸纳4550万全职工作人员，占经济活跃人口的4.4%。社会服务往往具有劳动密集型的特点。发展民办社会工作服务机构，充分挖掘其就业潜力，对缓解我国面临的巨大就业压力，解决社会工作者"有专业、少就业"将大有助益。以深圳为例，仅为社区司法矫正、医疗、残障、妇联（阳光妈妈）、老年人家庭照顾、民政（婚姻）、禁毒、失管青少年行为矫正提供服务的多个民办专业社工机构就聘用了800多名专业社会工作者。据统计，2009年我国民办非营利机构共提供了425万社会就业岗位。

（3）民办社会工作服务机构具有社会缓冲器的作用，有助于维护社会稳定、促进社会和谐。民办社会工作服务机构作为社会服务的直接提供者，立足基层，了解群众，以专业手段帮助困难群体和问题群体，及时预防与解决社会问题，化解社会矛盾。当政府由于资源的限制和价值优先顺序的限制而无法充分履行其社会福利功能时，民办社会工作服务机构可以透过其多样性、灵活性的服务传输，弥补政府的不足，与此同时也为公众提供更多的可选择的机会。另一方面，民办社会工作服务机构直接参与服务提供，政府给予政策和财政支持，也有助于实现政府从"划桨"到"掌舵"的角色转换。脱离了服务提供者的角色，政府可以更加公正、客观地充当社会服务提供的监督者，保证服务质量。

（4）民办社会工作服务机构提供了社会创新的实验场所。民办社会工作服务机构立足基层社区，对社会问题更为敏感，可以在及时发现社会问题的同时，创造性地解决社会问题。比如，深圳景田社区服务总站在全市率先尝试"阳光妈妈"项目，龙岗大浪社区中心率先开展针对残疾人康复的社会工作服务，光明社会服务社率先尝试在社区为学校（小学、初中、高中）提供辅导和援助。这些机构的工作，减轻了政府压力，是政府购买服务体制的有益探索。

（5）民办社会工作服务机构提供社会服务的效率更高。这些机构为了从政府和社会争取更多的资源，需要不断改善服务质量，降低服务成本，容易形成良性竞争态势，改变国有社会服务机构成本高、效率低的局面。民办社会工作服务机构能克服行政机构官僚化倾向，会更加平等地面对服务对象，与服务使用者之间更容易建立平等信任关系，一方面有助于促进社会公平发展，另一方面有助于改善社会道德水平。

三、民办社会工作服务机构的现状

与发达国家相比，我国民办社会工作服务机构还处于初级阶段。在计划经济体制下，我国社会呈现单位化格局，单位承揽了大部分社会福利和社会服务，民办社会工作服务机构没有存在的必要。改革开放之后，随着市场经济的建立和单位体制的衰落，社会福利与社会服务供应不足，大量民办社会工作服务机构开始出现，以填补社会转型过程中出现的服务真空，虽然还处在起步阶段，但出现了很多很有意义的尝试，并取得了良好的社会效果。

（1）民办专业社会工作机构

民办专业社会工作机构以专业社会工作作为主要业务。从法人类型上看，一般为民办非企业单位。也有部分组织因为找不到业务主管单位，采取了工商登记注册。民办专业社会工作机构是近几年才出现的新型组织，数量不多，主要分布在大城市，如上海、北京、广州、青岛、深圳等地。民办社会工作机构根据成立模式的区别可以分为两类。

第一类是由政府相关部门批准成立的机构。如深圳市民爱特殊儿童福利院于2006年挂牌成立，业务主管单位为市民政局。有些机构由于有政府支持，不但登记注册不成问题，还能得到政府购买服务的合同，因此一般规模比较大，专业性强，运作规范。民办专业社会工作机构对于快速推进社会工作专业化与职业化有着重要意义。

第二类是纯粹由民间发起成立的机构。这些机构一般规模较小，具有较大灵活性，创新性强，如成立于2006年2月的深圳市星光特殊儿童训练中心，目前有3名专业社会工作者和2名来自香港的社工督导。由于政府购买服务并不普遍，这类机构争取政府支持比较困难。甚至不少机构由于找不到业务主管单位，无法在民政部门登记，不得不采取工商登记，如深圳市金色年华潜能开发中心等。

(2) 设置社会工作岗位的民办社会服务机构

这类机构以社会服务为主要业务，根据需要在其中设置社会工作岗位，或者设置与社会工作类似的岗位。从法人类型上看，包括社会团体、基金会、民办非企业单位等三类社会组织，以民办非企业单位为主。

民办非企业单位的登记注册始于1999年，民政部在2003年首次公布了对民办非企业单位的类型统计数据。根据《中国民政统计年鉴2005》的统计，中国教育类民办非企业单位占51%，卫生类占18%，文化与体育类占7.2%，劳动类占8.2%，民政类占7%，中介类占1%，法律类占0.45%，其他类占3.4%。由此可见，民办非企业单位是教育主导型。从业务类型看，民办非企业单位基本上都属于广义的社会服务范畴。使用社会工作比较多的领域集中在民政、教育、卫生、劳动等，尤其是民政类民办非企业单位，从业务性质上看基本上集中在社会福利领域，使用社会工作更为密集。根据清华大学2003年的调查，社会服务类（狭义）民办非企业单位在样本中占到7.03%，其他涉及社会工作的领域所占比重约为83%，这一比例与民政部门的统计数据基本一致。由此可初步估算，2005年在民政部门登记的提供社会工作或对社会工作存在潜在需求的民办社会服务机构至少12万家。这些民办社会工作服务机构大都有从事与社会工作相关的岗位和人员。但正式设置社会工作岗位的还非常少。这与社会对社会工作的认知度低、社会工作专业化程度低都有关系。

(3) 社会工作行业性组织

社会工作行业性组织是指为社会工作者提供服务，促进社会工作教育，规范社会工作行业的行业性组织，如各级社会工作者协会、康复医学方面的协会，从法人类型上看，属于社会团体。受到社会工作专业化与职业化进程的制约，目前我国社会工作行业性组织数量有限。中国社会工作者协会成立于1991年，协会致力于推动社会工作专业化、职业化建设。一些省、市、县也成立地方性社会工作社团，如北京社会工作协会、上海社会工作者协会、沈阳市社会工作者协会、河南省周口市社工协会、深圳社会工作协会等。这些地方社会工作协会在推动当地社会工作发展方面也做了不少新的尝试。上海市社会工作者协会率先在全国试点了社会工作者的认证与注册制度。但各地对社会工作认识差异很大，个别地方的社会工作协会与慈善协会、社会福利协会没有区别，直接从事社会福利与慈善工作，而没有将重点放在社会工作的职业化上。

四、民办社会工作服务机构面临的问题与困难

我国民办社会工作服务机构刚刚起步，由于自身能力不足，政策制度环境不健全，面临着大量具体的问题与困难。根据2007年5月对73家提供社会服务的民办机构的问卷调查，结合个案调查发现，民办社会工作服务机构目前主要面临如下问题和困难：

(1) 资金不足。一方面，政府福利彩票等支持不够。这是大部分民办社会工作服务机构所面临的主要问题。政府对公共服务投入力度小，政府采购服务仍然缺乏普遍、完善的机制，绝大多数民办社会工作服务机构无法获得政府财政支持。另一方面，受社会意识与税收优惠限制，民办社会工作服务机构融资渠道单一，社会筹资困难。

(2) 税收优惠力度不够。经过改革，不少民办社会工作服务机构现在能够获得运营环节的税收优惠。但是在捐赠等筹资环节，政府税收优惠力度不够，缺乏统一的免税资格认定机制。税收优惠需要机构向税务部门单独申请争取，小机构在争取过程中尤为困难。

(3) 社会认知度低。社会对社会工作缺乏认识，不理解非营利组织的特点。一方面政府对民办社会工作服务机构了解不够，得不到政府充分信任，因此难以承接到政府转移的职能或委托的社会服务。而争取到政府转移职能或服务的机构又面临行政化的压力，难以维持自主、专业、规范的运作。另一方面，民办社会工作服务机构刚刚开始发育，部分机构透明度低、公信力差，社会对民办社会工作服务机构的信任程度不高，难以得到义工或志愿者的支持。

(4) 人力资源不足。由于资金不足，民办社会工作服务机构专职工作人员数量较少，在其中就业的社会工作人才待遇较低，人才流失问题比较严重。以深圳市为例，目前大专毕业的社工每月工资为1500元，本科毕业生为3000元，低于深圳市平均工资3500元。许多社工只要找到更好的工作，就会跳槽离去。虽然居委会干部职业声望比社工低，但由于收入高，许多社工更愿意去居委会工作。社工每年流失约占总量的5%。

(5) 管理能力不足。一方面，部分民办社会工作服务机构由于管理人员缺乏非营利组织方面的管理知识，组织内部的财务管理、人事管理等较为混乱，没有完善的治理结构，缺乏内部自律。另一方面，部分业务主管部门对民办社会工作服务机构放任不管，而部分民政部门，特别是基层民政部门由于人财物有限，

年检工作制约力不强,导致部分民办社会工作服务机构缺乏外部有效监督,服务能力和社会公信力都显不足。

(6) 登记困难。有些民办社会工作服务机构找不到业务主管单位,往往进行工商登记或不登记,未登记的组织游离于法律监督之外,缺乏合法性,无法取得政府的制度性支持。

五、加强民办社会工作服务机构管理的建议

发展社会工作,为困难群体、问题群体和其他有需要的群众提供专业的社会工作服务,应当重点培育发展专业社会工作机构,也即本文所称的"民办专业社会工作机构",并兼顾其他类型的民办社会工作服务机构的发展。我们认为,要促进民办社会工作服务机构健康发展,特别是培育发展民办专业社会工作机构,有三个层次的问题需要解决。

第一个层次:解决民办专业社会工作机构登记难问题,使其获得合法身份。

目前,我国对民间组织实行双重负责的登记管理制度。双重管理体制强化了民间组织的准入条件,将不利于社会稳定的组织挡在门外,也造成了一些社会需要的民间组织由于找不到业务主管单位而无法进行登记,其中许多转向工商部门登记或不登记就开展活动。未经登记的草根组织游离于法律监管之外,既没有合法身份,又在客观上加剧了政府对这类组织的不信任。

当然,并非所有类型的民办社会工作服务机构都面临登记难的问题。根据分类,社会工作行业性组织的业务主管单位一般是民政部门,不存在登记难问题。设置了社会工作岗位的民办社会服务机构的登记难问题也不突出。面临登记难问题的主要是民办专业社会工作机构。由于全国大部分地区对社会工作还不熟悉,民办专业社会工作机构还面临着不同程度的登记困难,如深圳的"金色年华潜能开发中心"、北京"惠泽人"咨询服务中心都是由于找不到业务主管单位而转向工商部门登记的专业社工组织。

建议:找不到业务主管单位的民办专业社会工作机构,其主要宗旨和活动内容是直接提供专业的社会工作服务。民政部门作为社会工作的倡导和推动部门,作为民间组织的登记管理机关,有责任帮助民办社会工作机构联系业务主管单位;对确实找不到业务主管单位的民办专业社会工作机构,可主动担任其业务主管单位,以解决这类组织登记难的问题,给予其合法的身份。

第二个层次,完善扶持发展民办社会工作服务机构的制度环境、政策环境和社会环境,同时加强监督管理,引导其健康有序发展。

(1) 要完善制度环境

财政部门要设立政府购买社会工作服务的科目,将政府及事业单位提供不足或成本较高的公共服务委托给民办社会工作服务机构承担,建立政府购买社会工作服务的有效机制,同时加强对服务效果的评估,提高财政资金的使用效率,让民办社会工作服务机构有事可做,有钱做事,有责任做好。

从经济学角度看,公共服务属于公共品(public goods)。按照萨缪尔森的定义,公共品是在使用和消费上不具有排他性的物品。其中,外交、国防、法律等属于纯公共品,只能由政府提供;而基础设施、社会福利、教育卫生等属于介于纯公共品与私人品之间的准公共品,可以由政府,也可以由市场或民间组织提供。提供公共产品和公共服务是现代政府的重要责任。然而,公共选择理论表明,政府在提供公共品方面具有效率低、成本高等不利因素。经济学家提供了理论上的解决方案:将"掌舵"(决策)与"划桨"(执行)分开,由政府以委托方的身份,将公共服务的供给职能委托给企业或民间组织,出钱雇用它们"划桨",政府负责"掌舵"和监督服务效果。20世纪70年代西方各国行政改革正是遵循了这一思路,普遍采取政府购买服务的方式(Purchase of service contracting),将社会福利服务等公共服务委托给民间组织,取得了良好的效果。

党的"十六大"以来,中央提出了以人为本的科学发展观和构建社会主义和谐社会的理论,明确将公共服务作为政府的重要职责,将社会建设和经济建设、政治建设、文化建设一道纳入国家建设的总体布局。十六届六中全会又进一步明确将建立宏大的社会工作人才队伍,发展社会工作作为构建和谐社会的一项重要举措。社会工作作为一种新型的公共服务,已明确列入政府的职责。

目前尚不存在专门提供社会工作服务的事业单位,在发展社会工作的路径选择上,我国可以学习和借鉴国外的成功经验,采取"政府财政支持+民办社会工作服务机构提供直接服务"的模式,鼓励民办社会工作服务机构参与竞争,提供成本更低、效果更好的服务。

政府购买民办社会工作服务机构提供的工作服务有以下几个优点:

一是引入了竞争机制,建立了有效监督的契约制度,有利于降低成本,提高服务质量。政府购买服务实质上是一种"委托—代理"关系,委托方必须有强有力的监督和制裁措施,才能保证代理方按照协议规定提供优质高效的服务。由于民办社会工作服务机构不是政府的外延组织,双方除了委托代理协议之外不存在权利义务上的纠葛,政府能够客观地从众多竞争者中选择低成本高效率的组织,签订购买服务合同并实施有效监督。如果服务效果不佳,政府可以加以制裁甚至另选其他代理组织。

二是有利于深化行政体制改革，促进政府向"有限政府、责任政府、服务型政府"转变。公共服务是政府的职责，并不代表政府事必躬亲，直接提供服务，只意味着政府有责任给予提供公共服务的机构以财政支持，有责任监督公共服务的提供效果。通俗来说，政府出资委托社会组织"划桨"，并负责"掌舵"和监督，这正是行政体制改革的方向。

三是有利于解决民办专业社会工作机构资金短缺的问题，促进其发展壮大，增强其服务社会的功能。民办专业社会工作机构的服务对象多为困难群体和问题群体，这些服务对象一般没有支付能力，提供社会工作服务并不能带来相应的服务收入，这也是民办社工服务机构与民办学校、民办医院等其他民办机构的不同之处。政府购买服务，有利于民办专业社会工作机构获得稳定的财政资金支持，有利于其提高专业化水平，增强服务能力。

四是有利于保证民办社会工作服务机构正确的政治方向。作为民间组织的一种，民办社会工作服务机构也存在两面性，必须加以正确引导。中亚颜色革命以来，境外敌对势力往往通过资助国内草根民间组织的手段，推销其"民主"价值观，与党和政府争夺群众。社会工作直接服务群众，特别是困难群体和问题群体，关系社会稳定和谐，潜在影响力大。政府通过财政资金购买社会工作服务的手段引导民办社会工作服务机构健康发展，不仅是更好地提供公共服务的问题，更是一个重大的现实政治问题。

要建立完善的政府购买社会工作服务机制，必须解决以下几个问题：

一是科学界定政府购买社会工作服务的范围和内容。我们建议将三个必要条件作为是否列入政府购买社工服务的标准：一是必须是政府职责范围内的公共服务才能由政府买单；二是公益性强，有利于社会和谐稳定的服务才能列入政府购买的范围；三是目前政府和事业单位不能直接提供或者提供成本过高及供给不足的公共服务才能列入购买范围，由公共财政买单。符合这三个必要条件的社会工作服务领域主要包括儿童社会工作、青少年社会工作、老年人社会工作、残疾人社会工作、戒毒社会工作、司法矫治社会工作、流动人口（农民工）社会工作、预防爱滋病社会工作等等。可以根据本地的需要，确定优先购买社会工作服务的领域，将购买服务的财政资金用好。

二是确定政府购买社会工作服务的主体（对象）。政府可以将部分具体的行业管理职能委托给社会工作行业性组织，发挥其维护会员利益、加强行业自律、促进专业发展的作用。可以将社会需求大且事业单位供给不足的部分公共服务，如社会福利、教育、卫生等项目，委托给民办社会服务机构，发挥其提供有效补充、促进竞争、提高效率的作用。可以将大部分政府职责范围内的社会工作服务委托给民办专业社会工作机构,发挥其切近服务对象、服务水准专业、成本相对低廉的优势。由于政府优先购买的服务多为直接的专业社会工作服务,因此,政府购买社会工作服务的对象或主体应当主要是"民办专业社会工作机构"。在香港社会福利开支中,除了政府直接提供服务外,间接服务项目经费中的70%用于购买民间社会工作机构的社会服务,2006年度资金就达67亿港元。

三是财政要设立政府购买社会工作服务的科目,并合理确定资金规模。社会工作作为政府的职责,应当由政府买单。设立专门的预算科目,是政府购买民办专业社会工作机构服务的前提。在我国部门预算财政体制下,如果没有专门的政府购买社会工作服务的预算科目,要各部门从本部门预算中切出一部分用于购买服务不现实。建议在财政设置专门预算科目的同时,要求提出购买某项社会工作服务的具体主管部门配套少量资金,这样可以防止所有部门都要将本部门主管的业务列入政府购买社会工作服务科目,有利于优先发展重点领域。科目设立后,要根据购买服务的项目情况确定资金规模。各地政府根据本地实际确定了优先购买服务的领域,调查得出服务对象的数量和所需服务的规模,科学测定购买服务的资金规模。

四是要理清政府与民办专业社会工作机构的委托代理关系,严格按照采购程序,执行竞争性采购,并由政府主管部门与受托方签订权利义务明晰的购买服务合同。合同要载明双方的权利义务,既提出明确的服务任务,又保障相应的购买服务资金,还要规定有效的评估指标。在合同期结束后,通过客观的评估,评价购买服务执行的成本、效果和效率,以保障财政资金的使用效率和使用效果。

(2) 要完善政策环境和社会环境,扶持民办专业社会工作机构的发展

要像建立高新技术开发区培育孵化高科技企业一样,在有条件的地区建立民办专业社会工作机构的"孵化器",提供免费或低价的办公住所和服务场所,解决其场地困难的问题。许多国家将政府的写字楼免费或低价租借给民间组织。如日本大阪的PIA NPO,政府将旧办公楼装修后委托给"关西国际交流团体协议会"(民间组织)管理,大阪有几十家小型民间组织在该写字楼低价租赁办公住所和活动场地。在香港,根据《城市规划条例》,政府拨出土地建设福利服务设施或购买已建楼房用于福利服务。这些福利服务设施的相当部分依照一定的法律程序,提供给被确定承担服务项目的民办社会工作机构使用。上海市浦东新区市民中心功能与此相似,由浦东社工协会负责管理,运作不到一年,已成为浦东民间社工机构活动的基地,成效非常显著。

要完善对民办专业社会工作机构的税收优惠政策。民办专业社会工作机构是非营利组织,其服务宗旨也是为困难群体、问题群体及其他有需要的群体提供社

会工作服务，而且其活动资金，将来也主要依靠财政资金的支持，给予民办专业社会工作机构一定的税收优惠应当说是发展社会工作的应有之意。从深圳了解到的情况看，民办专业社会工作机构一般登记为民办非企业单位，而国家只对基金会和公益性社团在接受捐赠方面有相应的税收优惠政策。目前，财政、税务和民政部门正在考虑制订认定公益性民间组织的有关政策，建议有关部门将民办专业社会工作机构纳入公益性组织的范畴，为其争取更多的税收优惠，创造更好的条件。

要加强民办社会服务机构的能力建设，扶持其做大做强。与其他类型的现代组织一样，民办社会服务机构也需要具有现代组织运营能力的秘书长（经理人或CEO）。乐群社工服务社的案例表明，如果没有一位称职的秘书长，服务社就没有能力处理诸如项目开发、财务管理和人力资源管理方面的问题。而自强社会服务总社之所以能够通过ISO9001：2000质量体系认证，很重要的原因是拥有健全的组织机构、治理模式和人才。加强民办社会服务机构能力建设的捷径是加大对其秘书长的培训力度，提高他们的组织运营能力，管理层的能力建设可以带动整个机构的能力建设水平。

要提高民办社会服务机构社会工作专业人才的待遇。他们普遍受过大学以上教育，但与其他行业同等学历的人相比，收入却非常低。以深圳为例，无论是自闭症协会、协康残疾人康复服务中心、华阳三家大型机构的社工，还是在小型民间机构就业的社工，月工资都未达到深圳市平均工资水平。这是社工人才流失的重要原因。要为民办社会工作机构留住人才，就应当在有条件的地区建立社会工作专业人才薪酬指导标准，参照当地专业技术人员的工资水平确定社工最低工资。对于确有资金困难的民办社会服务机构，政府应为其社工提供工资补差。

另外，还要加大对社会工作及民办社会服务机构的宣传力度，提高公众对社会工作的接受度和对民间机构的信任度，为民办社会服务机构开展社会工作创造良好的社会氛围，还有利于动员公众参与，成为民办社会服务机构的义工（志愿者），缓解民办社会服务机构普遍存在的人力资源不足问题。

（3）要加强对民办社会工作服务机构的监督管理，引导其健康有序发展

同所有的民间组织一样，对民办社会工作服务机构必须既重视培育发展，又加强监督管理。首先，要在民办社会工作服务机构中普遍建立党组织，以保证其正确的发展方向。其次，要通过年度检查、社会评估等手段对各类民办社会工作服务机构加强监督管理。再次，对其中承接政府公共服务项目的民办社会工作服务机构，要加强对财政资金使用的财务审计，加强对其提供公共服务效果的评估，并将审计和评估的结果向社会公布，便于公众进行社会监督。最后，对年度检查不合格或违法的民办社会工作服务机构，要依法予以处罚，建立奖优罚劣的

机制，以保证民办社会工作服务机构健康发展。

第三个层次，发展模式上提倡因地制宜，多元发展；发展路径上，建议从补贴岗位到补贴服务逐步过渡。

目前，我国社会工作事业正处于自上而下推动与自下而上发展相交织的启动阶段，发展民办社会工作服务机构，推进社会工作事业，需要选择适当的发展模式，确定合理的发展路径。我们认为，各地因地制宜地采取适合本地实际的发展模式；由于社会工作尚处于普及阶段，应当遵循从补贴岗位到补贴服务的发展路径。

（1）发展模式：因地制宜，多元发展

扶持民办社会工作服务机构发展，促进社会工作的普及，可以参照上海的经验，发展纵向大型专业社会工作机构，也可以扶持发展扎根基层社区的小型专业社会工作机构。两种模式从理论上说各有利弊。

发展大型专业社工机构的优势在于：一是有利于从上到下迅速建立工作网络，有利于社会工作的快速推广普及。二是一般由政府发起，有相对稳定的服务领域和资金保障，有相对丰富的社会关系资源，迅速得到社会认可。三是有开展社工培训和在职教育的资源，有助于社工的专业化和职业化。劣势在于：业务主管单位与社工机构的关系不明晰，政府倾向于按照管理下属单位的办法来管理社工机构，并将许多临时性事务工作交给社工机构去做，社工们忙于非专业任务，面临反职业化、去专业化的压力，社工机构的行政化压力较大。

发展扎根基层社区的小型专业社工机构的优势在于：一是这类组织多由民间发起，独立性较强，不存在行政化的压力；二是扎根社区，贴近服务对象，对需求的响应迅速，便于开展工作；三是如果承接政府购买服务项目，政府可以客观公正地开展评估，有利于提高财政资金的使用效率。劣势在于：小型机构一般很难获得持续的政府购买服务项目，资金短缺，发展困难。

基层小型社工机构以及纵向大型社工机构的基层社工点，与居委会的社会工作站有很大差别。前者提供的是专业的社会工作服务，后者开展的是传统意义上的社区工作。在推广社会工作，建立民办社会服务机构过程中，一定要保持社会工作的专业性，避免社会工作的泛化。当然，居委会干部开展的社区工作也需要借鉴专业社会工作的理念和方法，同时，经过基础社会工作培训的居委会工作人员还可以开展转介业务，将社区中有需要的个人、家庭转介给各类专业社会工作机构，由专业社工接案并提供专业服务。

（2）发展路径：从补贴岗位到补贴服务

香港等地的经验表明，在社会工作普及阶段，必须先补贴岗位，对所有聘用社会工作人才的机构按社工岗位数量进行财政补贴。在社会工作发展相对成熟时，再采取补贴服务的方式，只针对服务项目进行补贴。

补贴岗位的优势在于：一是社会工作人才的工资、福利、社会保险等全部由政府买单，便于统一在各类组织中就业的社会工作人才的待遇，有利于这些组织设置社会工作岗位。二是有利于民办专业社会工作机构在创立初期的发展。民办专业社会工作机构在成立之初需要相对稳定的资金支持，采取补贴岗位的方式，有利于解除社会工作人才工资福利和社会保障等方面的后顾之忧，专注于提供专业的社会工作服务，在较短时间内将社会工作普及开来，并逐步做大做强。劣势在于：补贴岗位不利于监督服务效果，长期补贴岗位，容易造成专业社工机构的行政化。

补贴服务的优势在于：一是政府通过招标等竞争性方式，将社会工作项目委托给具有服务资质且成本较低的组织，只需要关注服务的效果，不必考虑民办专业社会工作机构雇用多少社工，成本从总体上得到控制。二是政府与专业社工机构是纯粹的"委托—代理"关系，权利义务关系明晰，便于政府对服务效果开展客观评估，保证了公共服务的质量。劣势在于：不利于各类组织雇佣社会工作人才，不利于社会工作的普及。

为了更好地发展社会工作，建议采取从补贴岗位向补贴服务逐步过渡的发展路径。在社会工作普及阶段，应当采取补贴岗位的方式，鼓励各类组织聘用社会工作人才，扶持民办专业社会服务机构做大做强。社会工作发展较为成熟时，再采取严格的政府购买服务模式，只补贴承接政府公共服务项目的组织。

残疾人社会保障
与服务国际论坛
暨第三届中国残疾人
事业发展论坛

国际经验交流

澳大利亚残疾人社会保障与公共服务的基本经验及对我国的启示

国务院研究室社会发展司 刘文海

澳大利亚残疾人社会保障与服务体系建设的基本经验有三条：一是建立了基本收入补贴制度，每个残疾人均享有基本收入保障和生活保障；二是在反歧视法律的约束下，政府和社会以较大的投入创造条件帮助残疾人融入主流社会特别是致力于保障残疾人得到便携的护理、良好的教育和适宜的就业岗位；三是与残疾人相关的社会服务主要由政府引导、非营利性社会组织承担，全社会公共建筑、公共交通和公共传媒都采取了比较完善的无障碍措施。

借鉴澳大利亚经验并充分考虑我国国情，当前应优先推动残疾人收入补贴等基础性制度建设，保障残疾人基本生活和基本权益，并逐步提高残疾人的社会参与和社会融合，使残疾人得到全面发展：

第一，建立一个基本的残疾人收入补贴制度，应当是我国残疾人事业发展中最为关键、最为优先的制度建设，也是残疾人基本权益保障和维护尊严体面的根本举措。

第二，在经济条件较好的地区，加快探索建立残疾人护理补贴制度。

第三，把全社会范围内的无障碍设施建设纳入公共服务体系，确立基本标准，在公共建筑、公共交通等立法中作出明确规定。

第四，政府和社会要创造条件，让残疾人更多地融入普通人的社会生活，尤其是在受教育、就业和日常社会生活方面。

第五，大力发展专业化社会组织，为残疾人提供相关服务。

英国实施残疾人社会保障和社会政策所面临的挑战

隆纳济世助残

(Leonard Cheshire Disability and Inclusive Development Centre)

荣誉高级研究员　Raymond Lang 博士

  本文简述了英国的残疾人社会保障和社会护理的提供情况。会涉及对现任的工党政府所提供的社会护理的最新评述，以及其对残疾人社会融入的未来影响，包括已经觉察到的这些提案可能会产生的一些未来负面影响。这包括残疾人面临的贫困水平的上升，保障长期就业的困难的净增长，以及残疾人在主流社会的逐渐边缘化。本文也讨论了为残疾人提供"个人化预算"的趋势，目的在于让他们能够购买适合于他们自己的特定需求的、他们自己的护理套餐。此外，还展示了当前隆纳济世助残政策和运动部所进行的关于社会护理和服务有效性的研究成果。

卢森堡大公国的长期护理保险现状概述

附属保险评估和指导小组社会保障部
安德烈·克尔格尔

在过去的 50 年里，因私营部门和国家的资助，帮助人们居家生活的住房机构和服务得到了发展。社会保障事实上并没有介入对长期护理的资助，长期护理是由护理受益人和国家来处理的。卢森堡人口的老龄化，已经使得这种随意的工作的缺点日益突出：变化不定的财政资助、因信息的缺乏导致难以获得健康保险等。同时，各国政府注意到了管理长期护理费用的这种不均衡性，他们反复重申他们的第一要务是让人们生活在家里。

1994—1999 年，老年人和残疾人的长期护理发生了最重大的变化。

立法机构制订了几项法律，从根本上改变了需要长期护理的老年人和残疾人的健康保险：

——规定了涉及社会、家庭和医疗领域的行政机关之间关系的法律，它构成了卢森堡有关老年人和残疾人护理行政人员的审批法规的法律背景；

——通过国家基金（Fonds national de solidarité）向在针对综合家居、保健诊所和监督式住房住户的老年人护理保险框架内提供的福利缴款的法律；

——引入一项长期护理保险的法律，以及给予残疾人社会教育、护理等福利的机构。

这些法律定义了针对老年人和残疾人的长期护理组织的现有框架。

1999 年以来，除了社会保障的完善带来的各种好处之外，随着家庭部、青年部和社会团结部的完善，带来了有利于老年人和残疾人的方向。2009 年以来，随着家庭和融合部的完善，也带来了有利因素。

涵盖长期护理保险的法律

1998 年 6 月 19 日通过法律引入了长期护理保险，按社会保障原则运营，也就是说，缴纳义务的社会保障缴款能够无条件地让残疾人享受到长期护理保险服务，而无需考虑财力、年龄问题。其目的在于弥补救助一名残疾人使之能够进行日常生活基本活动的需求所产生的费用。有了这样一部法律，长期护理才被看做一项社会保障风险，其风险承受能力与疾病、工伤事故、永久丧失工作能力和老龄相同。

涵盖长期护理保险的法律做了以下安排：

——建立一个义务性的社会保障制度；

——建立一种无条件的权利，使得受保护人群有权享受实物服务，并使得辅助者有权享受现金服务，从而使得他们能够从一名旁人那里，获得他们日常生活的基本活动所需的协助和护理；

——具有一个残疾人福利的评估、定位和授予体系的机构；

——处理与协助和护理提供者的关系的组织，这取决于残疾人是住在家中还是住在一家护理机构之中；具有稳定的财务制度的机构（社会保障税和国家捐款。参加健康保险的所有人群均同时参加长期护理保险）。

1. 依赖状态的定义

在1998年6月颁布的法律框架之内，依赖状态的定义是："因身体或者精神疾病或者同样性质的缺陷，日常生活的基本活动明显并经常需要旁人的协助的一个人的状态。"这一定义的基础是需要旁人协助的概念，这一中心概念自身的定义有四个因素：

——与医学上的原因有联系。协助需求必须是一种身体或者精神疾病，或者同样性质的缺陷的结果；

——对其目的的限制。协助需求必须产生于日常生活的基本活动，即与三个领域紧密相关的那些活动：个人卫生、营养和行动自由；

——强度下限，准入门槛。协助需求必须证明规定的重要性。这一所需最低限度的帮助必须达到每星期至少3.5小时；

——时间下限，持续时间。协助需求必须延续一个规定的时长或者一种不可逆转的健康状况，并且必须呈现时间上的规律性。这一时长被设定为六个月。

2. 依赖状态和协助需求的评估

依赖状态的评估具有两个基本特征：协助需求评估的专业跨学科性和护理计划的个体化。

（1）评估协助需求的跨学科性

依赖状态的评估被委托给依据案例而选择的一名医生和一名健康专业人员（心理医生、护士、物理治疗师、职业治疗师、社会工作者）。它包括体格检查，接着是与服务申请者面谈。这种面谈的目的是描述影响此人日常生活基本活动的各种限制。评估通常在此人的生活环境中进行。

（2）护理计划的个体化

在卢森堡的长期护理保险的框架之中，对残疾人并未按他们的依赖程度而是按一套个人评估体系来进行分类,由此受益人有权享受适合于他们自己需求的护理计划。

为残疾人考虑的每项护理或者帮助,是按一个标准的时长来进行分配的。这个标准时长的总数客观说明残疾人的依赖状态。它是服务款项和准入门槛(享受服务所需的最少帮助)的参考以及各种福利上限(保险所给予的最高福利)的基础。

3. 长期护理保险服务

(1) 被评估和倾向小组(the Evaluation and Orientation Unit)认定为处于依赖状态的人,有权按照他们自己的需求,获得以下服务:

——他们日常生活基本活动需要的协助和护理;

——帮助照料家务,比如清洁和洗涤;

——以辅助活动的形式给予的帮助。这些活动主要是为了激励残疾人的自理能力,并防止依赖状态的恶化,也是为了让非正式的护理员能有计划地休假;

——以专业咨询的形式给予的帮助,其目的是防止限制残疾人的自理潜力,并让残疾人的亲人熟人学习合适的协助和护理动作。

(2) 该法律对其他服务作了规定。长期护理保险也考虑到了:

——为非正式护理员买养老金缴款保险;

——购买或者租用技术辅助设备:轮椅、适用床(adaptable bed)、助行架、定位壳(positioning shell)等;

——必需的住房改造,以更便于活动,从而提高受益人的自理能力,并让他们能在家生活;

——用于购买协助和护理所需的器材的财政补贴。

当残疾人待在家中时,可以用现金服务来部分或全部替代实物服务(专业人员提供的协助和护理);

——现金服务的目的是让受益人自己购买他所需要的护理,方式是召唤旁人或者长期护理保险的提供者。可以是一位近亲或者朋友,也可以是残疾人直接付费的一名专业人员。

——但是,这种转换的可能性是有限的。头七个小时的协助和护理可以完全被现金服务所取代。

在七个小时和十四个小时之间,只能替代一半。如果是十四个小时以上,就不允许替代。

(3) 服务的上限

——一名受益人的日常生活基本活动,每星期最多能享受 24.5 小时的协助。严重或例外的情形，上限可以提高到每星期 38.5 小时。

对于家务，提供的水准是每星期 2.5 小时。对于因依赖状态所产生的特殊需求，每周水准可以提高到 4 小时。

支持活动限于每星期 14 小时。

在护理计划的开始阶段，需要咨询服务，会持续有限的一段时间。

4. 长期护理保险的组织

长期护理保险是由一个行政机构运营的，称为"Caisse nationale de santé"。它作出所有个人的决定，并管理长期护理保险的预算。关于个人决定的通知由评估和倾向小组表述，该小组评估依赖状态并确定残疾人所享受的服务。它也负责控制提供给残疾人的服务的数量和质量。

咨询委员会负责给出以下方面的意见：

——依赖状态评估的工具，也就是评估问卷和标准声明（或者护理计划）；

——长期护理保险框架中的有利于特定人群的试验性措施的项目；

——长期护理保险所维护的技术辅助设备的清单。

质量委员会定义对服务所要求的质量标准。

5. 与服务提供者的关系

长期护理保险承认几种服务提供者：

（1）护理机构是指向残疾人昼夜提供膳宿，并根据他们的依赖状态，向他们提供他们所需的所有协助和护理的机构，包括：可让残疾人永久居留的连续居留机构及专为残疾人预备并可让残疾人定期离开的间歇逗留机构。

（2）护理网络是指有组织的一个或一个以上的自然人或者法人，分散在一个既定的地理区域，具有不同并且互补的技能，从而能够提供和协调对残疾人的全球护理。这个网络使得残疾人能够联系一名对话者。它也能够在残疾人在家里生活时，确保协助和护理的持续性。该网络必须有一个半静态的中心，让残疾人可以在白天或者晚上到达。

（3）通过协助和护理合同实现框架协议的批准和会员资格。为被允许代表长期护理保险提供协助和护理，服务提供者必须获得监督部（the supervising ministry）的批准。批准定义了服务提供者为履行其活动所必须满足的条件。

此外，他们还必须通过一份协助和护理合同，成为框架协议的一方。该框架协议是在长期护理保险行政机关和服务提供者之间协商的。它指明了各方的权利和义务，介入了长期护理保险。

6. 长期护理保险的资助

资助保险所需的资源由以下各项构成：

——国家预算所支付的一笔缴款，占所有费用的 45%；

——最大的电力消费者所支付的一笔特别缴款；一笔长期护理缴款。这最后一笔缴款是每个健康护理保险被保险人应交的：

——这笔缴款的计税基础包括职业收入、替代收入和资本收入；

——关于职业收入和替代收入，每月计税基础要减去等于受保障最低工资的一笔免税额；

——没有最低和最高缴款水平，固定税率为 1.4%。

注：

1. 为认知残疾人护理的特殊性，监督部已经决定引入社会教育护理的概念，它包括照料残疾人所需的特殊和附加服务。其定义为"以支持残疾人达到并保持最佳的身体、知觉、智力和精神生活方式自理水平以及最佳的社会融入水平的想法和权利为目标的注册服务提供者的结构化的一套安排和活动"。

监督部以个人固定费用介入资助这种社会教育护理，"目的是让管理者能够面对没有参加长期护理保险的残疾人的特定需求所产生的特定费用"。

2. 在营养方面，主要包括帮助准备食物，以促进吸收，还有帮助吸收。

在人体卫生方面，包括帮助清洗、清洁牙齿，保证皮肤和体表护理，帮助排泄。

在行动能力方面，如帮助移位、改变姿势，帮助残疾人保持一个合适的姿势，帮助穿衣和脱衣，帮助在家和在楼梯上移动，以及帮助外出和回家。

3. 非正式护理：不属于一个护理网络的、在家帮助并照料残疾人的社交圈中的一个成员（通常是一名家庭成员或者一名近亲）。他/她也可以是不属于一个正式护理网络的一名专业人员。

4. 支持活动可能包括让不能独处的某人在家处于专业监督之下，专门的个人监督，陪同外出、购物或者支持参与群体活动，特别是去专门的日托中心。

挪威的残疾人社会保障和社会服务

挪威残联　Stian Oen　Hanne Erdal Witsee

挪威残疾人组织联合会（FFO）

挪威残疾人组织联合会是挪威的残疾伞式组织。与中国相比，挪威很小很透明，只有450万居民。FFO包括70个成员组织，总共有35万名个人会员。按照挪威的标准，FFO是个比较大的，并且在其领域内比较有影响的倡导型非政府组织。

FFO的工作基础是这样一种信念，即基于团结的社会——一个确保所有自由、社会保障和参与权利的社会。FFO的理想是这样一个社会：残疾人享有平等的机会参与社会的所有领域，在一切方面都是平等的。60年来，FFO一直在游说为残疾人改善生活条件、社会保障和社会服务。

FFO是挪威官方承认的残疾人组织的协调机构。挪威政府和FFO通过协议成立了一个联络委员会。当前的问题和难题都要经过委员会讨论，例如，FFO对年度政府预算提案发表看法。FFO连同挪威退休者协会和挪威工会联合会（LO）一道，参加与政府之间的年度社会保障谈判。

许多公共机构和当局将FFO视为一个咨询机构。在所有三个政府层面（国家、县级和市级层面），FFO在各个管理委员会、代表委员会都有代表。FFO宣传其成员组织的共同意见，比如涉及健康、康复、教育、可融入性、技术辅助设备、养老金、社会福利和劳务市场等领域的问题。

FFO和中国残疾人联合会（CDPF）的合作

FFO与中国残疾人联合会已经合作多年。2009年主要是强化组织和人权层面的社区服务，其立足点是《残疾人权利公约》。

北欧福利制度

挪威的福利制度与其他北欧国家的制度密切相关。北欧福利国家的基础是一个共同的政治目标，即倡导强大的社会凝聚力。北欧社会模式因其福利服务的普遍性而闻名，而这种福利的基础是机会平等、面向所有人的社会团结和保障的核心价值观。该模式提倡社会权利和人人有权平等享受社会和健康服务、教育和文化的原则。

该模式的目的也在于保护不被社会接纳的弱势群体，例如残疾人。一个中心目标是为所有人创造机会，使之参与市民生活和社会决策过程。北欧模式的特点还包括福利和劳务市场政策之间的牢固联系。该福利制度主要通过税收进行收入再分配。挪威的税相对比较高，高收入群体要比低收入群体交更多的税（累进式）。

社会保障

人人都应当享有平等的机会、权利和义务，以融入社会和利用他们的资源，无论其经济或者社会背景如何。挪威政府压倒一切的长期目标是摆脱贫困社会，并且希望改善那些收入最低和生活条件最贫困的社会成员所能获得的生活条件和机会。

残疾人应当与其他公民一样有机会来实现个人发展、参与和自我实现。人人都应当享有平等的权利，并且能够尽可能地决定他或者她自己的生活。这是FFO的目标。要实现这一目标，对残疾人进行补偿是必要的，补偿要通过诸如服务或者技术辅助设备等手段，尽可能地减轻残疾的后果。社会的可融入性越差，需要的补偿就越多。

挪威的残疾问题不仅仅关系到社会保障，社会的每个部门都对它自己的残疾问题负有责任（主流化）。例如，教育部承担着所有人的教育责任——也包括各年龄段的残疾学生。

劳务市场——一项挑战

挪威是世界上工业化水平最高的国家之一，劳务市场的参与水平很高。但是，在一般情况下，残疾人也面临着寻找工作和维持工作的双重挑战。这是FFO最重要的辩护议题之一，因为受雇用对收入水平和社会生活水平而言都意义重大。许多雇主将残疾人视为"有生产力的"劳动力。在结合雇佣和福利方面，挪威也有一个十分严格的制度。

挪威政府的中国策略

挪威政府制订了一项策略，确定了挪威针对中国的目标和优先事项，目标之一就是推广挪威的社会福利政策，目的是提升残疾人的权利和服务。

为中国残疾人事业的发展略尽绵薄之力

丹麦残联顾问　Steen Christiansen

中国正以风驰电掣般的速度迈入一个现代社会，但现代社会也有它的黑暗面：如车祸造成了大量残疾，糖尿病人数也增加了。这些问题要求我们注意一个社会应当如何应对其残疾公民的福祉。

丹麦和中国的社会制度是不同的。但是，我们都有着相同的任务，那就是为那些残疾人创造机会，使他们有机会过上优质的生活，有机会量力而为地为社会作出或多或少的贡献。丹麦评判社会的一个重要标准，就是看它如何对待其最弱势的公民。这些人包括一般的残疾人，特别是那些有着严重残疾的人。

无论一个人的残疾有多严重，都希望成为社会的一分子，保持积极的态度以避免与社会隔绝或隔离，希望像别人一样对社区有所贡献。这些动机就是促使残疾人努力参与社会的驱动力。那些在私人部门找不到工作的残疾人，国家或者地方公共部门必须为他们提供适合的工作，包括为严重残疾人寻找并非普通常见的工作。残疾人工作的目的不在于赚钱或者实现职业提升，而在于成为社会的一分子。实现的途径主要是参与多数有残疾的其他人的活动来获得优质的生活。亦即必须有工作人员来发起和组织活动，并且在残疾人自己作出努力的同时协助他们，必须根据每一位残疾人的能力来设计活动。这种活动可以是画一张画，或者是在工作人员的帮助下制作泥塑工艺品，也可以是由工作人员推着，坐着轮椅在树林中散步，了解关于鸟类的知识。这种活动可以是在工作人员尽力帮助下为其他残疾人做饭，也可以是欣赏一次展览、音乐会或者戏剧，之后讲述你的见闻。这种活动可以是骑马，虽然你不能够真正地骑马驰骋，但是你可以用鼻子嗅一嗅马、看一看马、拍打一下马，或者如果你有足够的本事的话，可以和一位老师一起骑马，让老师坐在你后面。所有这些活动既可以个人单独进行，也可以集体进行。创造力是无穷的，但是要加以组织。事情虽小，对个人的影响和效果却很大。对于许多人而言，这种活动可以称之为娱乐，但对残疾人而言，它是隔绝和隔离的重要替代。

也可以创设一种服务，残疾人通过它可以寻求协助，以便看演出、购物、拜访朋友或者只是去散散步。你可以组织一批可以帮助完成这些事情的志愿者。

残疾人无论是独自生活，还是和家人一起生活，或在一家机构里面生活，建议应当有日常活动和作息表。建议残疾人应当始终住在一楼，以方便随时到公园里去。建议这些地方的环境应当在设备和组织形式上都考虑为残疾人提供，比如安全出行的专门道路。无论是在身体上还是在精神上，工作人员都应当承担提升残疾人生活品质的任务，帮助他们获得尽量接近社会其他成员的生活机会。这就是说，残疾人应当生活在社区里面，具有与他人平等的选择权，并且应当采取有效的、适当的措施来方便残疾人全面享有这种权利，方便他们完全融入和参与到社区之中。

中国的残疾人社会保障和社会服务

国际助残驻华代表　Jean Van Wetter（尚维德）

中国在过去的 30 年里，生活环境得到了显著改善，但贫困人口依然数量庞大。残疾人代表着最弱势的群体，贫困既是残疾的原因，又是残疾的后果。世界银行最近报告显示，收入对获得和实现健康而言，现在比过去要起更大作用，所以贫困者的健康支出负担增加了。其结果是，陷入贫困的风险十分普遍，特别是在中国农村，在一个给定的年份，那些面临随时陷入贫困风险的人口是贫困人口的两倍。

根据第二次全国残疾人抽样调查（2006），残疾人平均收入不到全国人均水平的一半。残疾人占农村地区贫困人口的 1/3。中国的残疾人口超过 8300 万，并且现在那些需要康复服务的人之中仅有 1/3 能够享受这种服务，那些需要辅助器具的人里面仅有 1/5 得到了满足。类似的数字也适用于教育和就业的获得情况。

因此，建立一种妥善的社会保障制度所面临的挑战是巨大的。2008 年 6 月，中国政府批准加入《残疾人权利公约》，对改善残疾人社会福利作出了庄重承诺。中国的关键问题是找到提供能让更多的人享受优质服务（康复、教育、职业培训等）的社会福利与同时避免对正在建立起来的长期残疾福利的依赖之间的恰当平衡。

根据国际社会保障协会（ISSA）的说法，多数发达的经济体确实已经看到，在过去 20 年里，接受长期残疾福利的人口数量出现了明显增长，而那些制度的财政可持续性是一个关键问题。许多经济合作与发展组织（OECD）成员国家的残疾福利费用是失业福利费用的两倍。因此，现在国际社会保障协会推行了几项措施，以减少残疾和需要长期残疾福利的人数，这些措施包括以下几条：

——促进早期康复、再培训和预防；

——鼓励保留工作和恢复工作；

——激励雇主参与员工康复。

改善康复服务是一个巨大挑战，即使政府增加财政鼓励措施以改善康复服务的享受情况，合格康复治疗师的巨大缺口也是一个问题。例如，人民大学的一项研究显示，中国目前物理治疗师的人数是 5000 人，这表示每 260000 人才有一名物理治疗师，而发达国家每 1400 人就有一名物理治疗师。

中国面临的另一个挑战是找到解决农村问题的灵活方案,那里生活着占全国残疾人总数量75%的残疾人口。除了国家的社会保障制度和服务之外,旨在增强农村残疾人权利、由私人部门和民间团体发挥作用的措施也要进一步强化,这包括职业培训、小额贷款和基层民众生财创收策略。

丹麦的残疾人社会保障

丹麦残疾人组织主席　Stig Langvad

1. 关于丹麦残疾人组织（DPOD）

它是丹麦残疾人运动的一个伞式组织，成立于1934年，有32个成员组织，超过32万名会员，他们代表了所有类别的残疾（包括上级组织）。DPOD从事于残疾人的政治事务，涵盖了社会的各个方面——主流化。DPOD的主要目标是维护成员组织商定的共同利益。典型的共同任务是就社会养老金和其他社会福利、医疗、健康护理、技术辅助设备以及其他对所有残疾团体都比较重要的普遍问题——比如教育、劳务市场问题、保险和人权问题，与国家政府谈判，与残疾人协商，或者希望有人代表残疾人，DPOD都作为进行协商的组织或者被要求派出代表。这是丹麦几乎所有的政府部门和社会领域的情况。

2. 丹麦残疾运动的各个层面

DPOD的基础是《残疾人权利公约》规定的独立生活和自我决定的原则。公约的目的是促进、保护和保证所有残疾人全面和平等享有所有人权和基本自由，并促进对他们的人格尊严的尊重。残疾人包括那些有长期的身体、精神、智力或者感觉损伤，从而带来多种障碍，妨碍他们平等、全面、有效地融入社会的人。

残疾人个体应当有权对在哪里和如何生活作出自己的决定，而与其残疾无关。当他们有视觉损伤、听觉损伤、行动能力损伤或者精神功能损伤时，应当有权作出自己的决定，并得到有尊严的对待。父母要依据儿童和残疾公约，尊重患有残疾的儿童。

3. 丹麦的残疾人政策和社会保障

丹麦是一个很小的国家，居民大约为550万。丹麦福利社会的基础是一种收入税收融资型分配政策，通过税收来对收入进行再分配，国家和地方城市才得以能够为一系列的服务付费。例如，儿童护理、教育、住院和健康护理。国家和行政市都有权征税。税收制度是渐进式的，这就是说，收入较高的人群要交更多的税。丹麦是世界上税率最高的国家之一，福利政策的代价是昂贵的。

丹麦残疾人政策的目标是机会均等，残疾人应当能够在同等水平上参与所有的社会活动。补偿原则是丹麦机会均等原则的核心元素，即社会需要为残疾人提供一系列服务和扶助，以尽量限制或者抵消残疾带来的后果。补偿可能涉及个人支援和服务，例如，一把轮椅或者一项额外费用的补贴。除了少量例外，提供服务时不考虑残疾人的收入或资本——即一种普遍权利。事实上，融入社会和个人需求之间有着紧密的联系，如果一位残疾人几乎不可能在大街上四处走动、走进建筑物以及使用公共交通等，那么他们无疑就会需要更多的个人帮助。

4. 社会保障意味着宽泛的视角

另一个重要的原则是主流化原则（部门责任），这一原则意味着残疾人机会均等的责任依托于对一个特殊社会领域负有一般责任的权力机构上，每个公共部门都要考虑到残疾人的特殊需求。这意味着每个部门都愿意在所有有障碍和不足的地方对残疾人进行补偿，同时意味着残疾问题不能被简化为社会政策，而是把这种理念贯穿于所有领域。

社会保障意味着能进入劳务市场，能接受教育，能享受健康护理，享受文化资源，进行体育活动，当然还能够获得补偿。

5. 残疾运动的影响

丹麦制度的特点表现在分散式的公共部门，行政市有权决定地方层面的服务。这种分散的特点意味着高效的投诉，即个人有机会对决策进行投诉，另一个权威机构有机会推翻决策，只要那些决策是错误的。这会同时导致一定且必要的一致性。DPOD 是在该投诉体系中担任代表的理事会和委员会之一。

DPOD 寻求通过与地方和中央层面以及欧盟层面的从政人士的接触来施加影响。在中央层面，DPOD 与丹麦各个国家部委合作，并寻求通过听证会过程来影响立法。

瑞典的残疾人政策

瑞典辅助用具协会董事　Kerstin Heinemann

确保残疾人的生活权利和社会参与是瑞典残疾人政策主要的长期目标，现在，这个目标转向了民主和人权。

残疾人必须有机会行使作为公民的权利并履行他们的义务。在瑞典其理念是将残疾人主流化到整个社会之中，而不仅仅局限于健康护理和社会服务部门。

瑞典2000年有一项称为"从病人到公民"的关于残疾人政策的国家计划。在此之前，政府在这一领域的行动只涉及社会问题和福利事务，现在的重点更偏向于民主和人权。瑞典残疾人政策具有鲜明的公民观点。

瑞典制订了覆盖面广的解决方案，以建立一个在尽可能多的领域中都可以让尽可能多的公民融入其中的社会，这被视为避免需要为特定人群提供特别解决方案的一种方法。因此，瑞典的残疾人政策目前集中在：

——确定和去除阻碍公民全面参与和完全平等的社会障碍；

——防止和打击歧视；

——促进残疾男孩和女孩、残疾成年男子和女子之间的平等。

残疾视角要成为决策和所有公共活动的一个自然组成部分。政府官员要在残疾问题方面接受培训，避免因忽视、有辱人格的待遇或者二者兼而有之，而阻止残疾人行使他们作为公民的权利。

《残疾人机会均等标准规则》是瑞典残疾人政策的奠基石。1994年，瑞典进行了涉及补充性支援和有关专题的最重要的改革，残疾人获得了个人协助的权利。这对于残疾人群意味着一种革命，他们所获得的协助开创了他们过去不曾有过的机会，比如在自己的日常生活中决定各项事务，以及在家管理学习和工作。

1994年，还任命了一名残疾调查官来监督该规则的履行情况。

当瑞典国会在2000年正式通过残疾人政策国家行动计划的时候，瑞典便朝一个普遍可融入的社会迈进了一步。该计划延续到了下一年。

瑞典政府也参与了联合国的残疾人工作，即制订《残疾人权利公约》。公约增强了对残疾人人权的尊重，具有法律上的约束力。

残疾人志愿组织对瑞典残疾人政策起了重要的作用。50年多年来，它们一直在影响着政策的方向，并且与所有层面的瑞典政策制订者建立了良好的合作。拿我来说，作为县议会的成员，后来又成为瑞典国会的成员，我可以告诉你们，志愿组织对我在这个领域的工作一直十分重要。

政府和国会制订残疾人政策的指导原则，主要是通过立法。政府机构对一些特定部门负有一种国家责任，这些部门包括教育、健康护理和就业，他们的任务是推进部门的发展步伐并确保符合既定的政策。

县议会负责健康和医疗，包括康复/小儿康复、辅助技术、口译服务（对于听力受损者）以及针对某些残疾人的牙科护理。

行政市负责这类事情，比如学校教育和社会服务。他们也有责任以公共支持服务的形式为每个公民提供基本保障，旨在让残疾人能够过上独立的、积极的生活。就此类活动提供给行政市的政府津贴是残疾人政策的一个重要特点。

我们必须继续改善我们的国家，许多事情不仅对残疾人有好处，也对每个人都有好处。

要创建一个可以让尽可能多的公民融入其中的社会，有一个覆盖面广的解决方案比较重要。我相信那是实现全民共享的社会的必由之路。

德国的残疾人社会保障和社会服务

Stefanie Pagel

德国的残疾人大约占总人口的 10%，如果考虑到他们的家庭成员，那么残疾人政策涉及的人口会更多。本文概述德国残疾人政策的基本原则、主要法律框架以及提供面向残疾人的社会保障的有关参与者，还有这一政策领域所面临的未来挑战。

德国从 1998 年发起了目的在于培养残疾人自理和参与社会生活的计划。为了实现这一目标，建立一个法律框架是必要的。德国的这种法律框架主要基于三个法律支柱：《一般平等待遇法》禁止歧视残疾人，包括职业生活和日常生活中的非歧视原则；《社会法典第九编》是现代康复制度的基础；《平等法》旨在促进社会的可融入性。

德国的残疾人政策是一个多层面的政策领域（联邦、州和地方层面），同时也包含多个部门（国家、私人和非营利部门）。在联邦层面，劳工和社会事务部是领导部门，不但负责残疾人政策的某些方面，也作为一个接口在不同的部委之间进行协调，以保证残疾问题得到考虑。州也负责残疾人政策的某些方面，还有地方层面。另外，考察为残疾人提供社会服务的国家和非营利部门也比较重要，非营利部门的福利组织是德国社会保障制度的一个基本特征。

2009 年残疾人政策的一个里程碑是将《残疾人权利公约》移植到德国法律之中。对德国而言，公约会带来新的动力，加强和深化残疾人的参与。联邦劳工和社会事务部初步设想将一项国家行动计划作为全面和长期实施公约的一个手段，涵盖了所有主要参与者，包括民间团体。在一个国家行动计划的框架之内，德国也努力应对即将来临的挑战，比如人口变化、残疾和移民问题等。